ギリシア哲学30講 人類の原初の思索から 上

「存在の故郷」を求めて

日下部吉信

明石書店

ギリシア哲学30講 人類の原初の思索から（上）——「存在の故郷」を求めて◎目次

まえがき 9

本書（上巻）に登場する主な哲学者 生没年早見表 10
紀元前5世紀ごろのギリシアと周辺諸国地図 12

第1講 ギリシア哲学俯瞰 13
言語について 30
本講義の記述方針 38

第2講 ミレトスの哲学者（Ⅰ） タレス 44
哲学者、タレス。 44
タレスの哲学 52
コラム：逸話 60

第3講 ミレトスの哲学者（Ⅱ） アナクシマンドロス 62
アナクシマンドロス哲学の原理 62
ヒューマニズムを徹底的に超える哲学 78

アナクシマンドロス、自然の境内に住まう。 83

第4講　ミレトスの哲学者（Ⅲ）アナクシメネス 88

哲学者、アナクシメネス。 88
アナクシメネスの自然哲学 97
コラム：太古的概念「ピュシス」（φύσις） 102

第5講　ピュタゴラス 107

哲学者、ピュタゴラス。 107
ピュタゴラスとテラトポイイア 130

第6講　アルキュタス 139

ギリシア世界に確信を持つ哲学者、アルキュタス。 139
アルキュタスの哲学 148
コラム一：ピュタゴラス教団 156
コラム二：ピュタゴラス派の数形而上学 160

第7講　ヘラクレイトス　167
ロゴスvs主観性　167
ヘラクレイトスの自然哲学　185
コラム一：世界大火　191
コラム二：ヘラクレイトスの出自と著作　192
第8講　エレア派(I)　故郷喪失の哲学者クセノパネス　195
クセノパネスの神観　195
クセノパネスの哲学　211
コラム：漂泊の哲学者クセノパネス　216
第9講　エレア派(II)　パルメニデス(其の一)　219
天才も存在の構造を脱しえず、パルメニデス。　219
パルメニデスの「存在のテーゼ」　225／古代のパルメニデス評価　235
第10講　エレア派(III)　パルメニデス(其の二)　244

近代のパルメニデス解釈史、ないしは誤解史 244
再び歴史的存在としてのパルメニデスに 256
コラム：哲学者パルメニデス 259

第11講 エレア派(Ⅳ) ゼノンとメリッソス 262

(1)ゼノン 262
哲学者、ゼノン。 263／ゼノンの哲学 271
(2)メリッソス 281

第12講 エンペドクレス 294

哲学者エンペドクレス 294
エンペドクレスの自然哲学 308
コラム：アクラガスの哲学者エンペドクレス 317

第13講 アナクサゴラス 319

伝統の哲学者、アナクサゴラス。 319

アナクサゴラスの自然哲学 341
コラム：クラゾメナイの哲学者アナクサゴラス 351

第14講 デモクリトス 353
哲学者、デモクリトス。 353
原子論哲学概観 380

第15講 ハイデガーと原初の哲学者たち
——アナクシマンドロス、ヘラクレイトス、パルメニデス—— 387
初期ギリシアに対するハイデガーの基本スタンス 387
アナクシマンドロス 392
ヘラクレイトス 394
パルメニデス 397
回顧と展望 399

人名索引 418

まえがき

本書は同志社大学大学院文学研究科の講義科目「古代哲学史特講」の年間30回にわたる講義の講義原稿を書籍化したものである。

講義は、90分の講義時間の内、前半の60分を講義（Vorlesung）、後半の30分を自由討議とする形式で行われた。本講義においては、ソクラテス・プラトン哲学を中心に据えた従来型のギリシア哲学史観は採用せず、ハイデガーと共に初期ギリシアをより重要視する観点から、むしろ初期ギリシア哲学をギリシア哲学の本体とみなし、ソクラテス・プラトン哲学を初期ギリシア哲学とアリストテレス哲学の間に挟まれた一エピソードとするこれまでにないギリシア哲学史観が採られている。もちろん教示的な部分も含むが、全体として講義がコントロヴァーシアルなものになっていることは否めないであろう。その都度講義を討議に付す必要があると判断し、そのような形式が採られたものと理解されたい。

自由討議の部分は残念ながら復元することができなかったが、どの講義にもおそらく問題とされて当然のところがあるであろうからして、批判的に接していただけば講義者としては欣快である。

本書（上巻）に登場する主な哲学者生没年早見表

紀元前六〇〇　五五〇　五〇〇

タレス

前624年～前546年／
万物のアルケーは水である→第2講

アナクシマンドロス

前610年頃～前547年頃／
「無限なもの」（ト・アペイロン）が諸存在の原理である
→第3講

アナクシメネス

前585年頃～前528年頃／
万物のアルケーは「無限な空気」である
→第4講

ピュタゴラス

前570年頃～前496年／
万物の根源は数である→第5講

ヘラクレイトス

前540年頃～前480年頃／
万物は流転する・万物の原理は火である
→第7講

クセノパネス

前570年～前475年頃／
万物のアルケーは「土」である→第8講

パルメニデス

前515年頃～前450年頃／
「ある、そしてないはない」
→第9・10講

四五〇	四〇〇	三五〇

※人名、生没年、代表的な言葉または哲学の概略、詳しく扱う講義の順に記載。
※ソクラテス、プラトン、アリストテレスについては、生没年のみを記載した。
※生没年については諸説あるものも含まれるが、著者・編集部の判断によった。

ゼノン
前490年頃～前420年頃／
否定性こそアルケー→第11講

メリッソス
前470年頃～没年不明／
存在の哲学の肯定版→第11講

エンペドクレス
前494年頃～前434年頃／
万物のアルケーは火、空気、水、土である→第12講

アナクサゴラス
前500年～前428年／
すべてのものの中にすべてのものがある
→第13講

アルキュタス
前428年頃～前347年頃／
肉体の快楽以上に致命的な疾病はない→第6講

デモクリトス
前460年頃～前370年頃／原子は数である→第14講

ソクラテス
前470年～前399年

プラトン
前427年～前347年

アリストテレス
前384年～前322年

●紀元前5世紀ごろのギリシアと周辺諸国地図

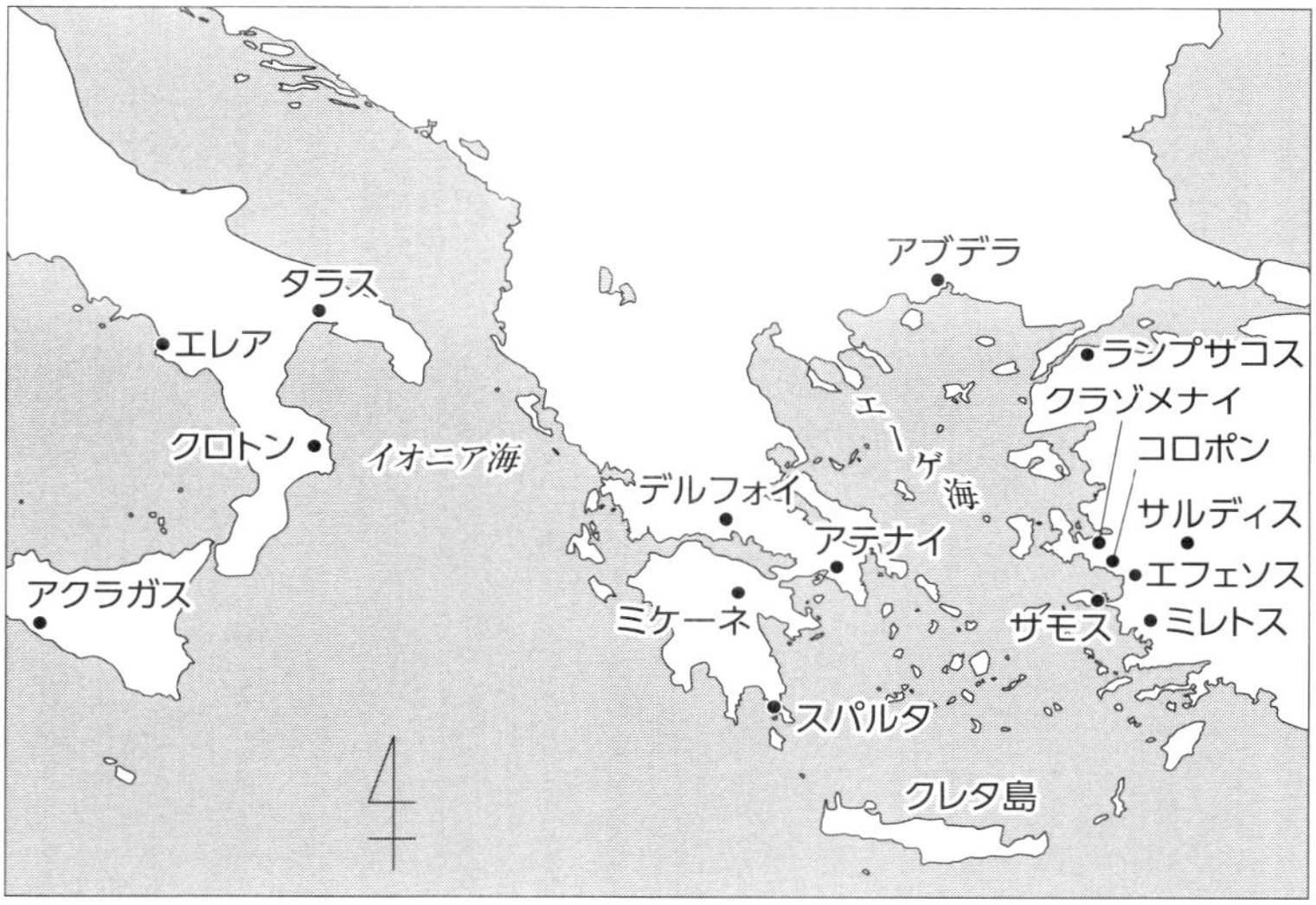

凡例

一、本書に収めた外国語文献からの訳は、すべて著者によるものである。

一、文中の〔　〕は、著者が補った部分を表す。

第1講 ギリシア哲学俯瞰

二五〇〇年の西洋形而上学の歴史は存在と主観性の抗争の歴史であった。「存在と主観性」という二大原理が西洋形而上学を根底において規定してきた原理であり、それ以外の動因はその派生態に過ぎない。本講義ではこれら両原理の古代ギリシア期における抗争を見定めるべく、ギリシア哲学を俯瞰する。

ギリシア哲学を三〇回にわたり講義します（上巻は十五回まで）。存在と主観性のギリシア期における抗争を見定めるのが講義全体の課題であるとご理解ください。

ギリシアの基層文化は何か。

ギリシア哲学の世界に踏み入るにあたり、わたしたちがまず問わねばならないことは、ギリシアの基層文化は何であったかということであります。φυ-語根を基幹とする構造的な自然概念（ピュシス）にこそギリシア人の深層意識はあり、それがいわばギリシアの基層ともいうべきものを形成していたとわたしは考えます。それがギリシア人にとっての本来の存在でした。その基層、存在の上に前六世紀のはじめ頃、ミレトスの哲学者タレスによって幾何学、代数、天文学といった先進的知識がエジプト、フェニキア、カルダイア（バビロニア）などといった東方オリエントの先進諸地域からギリシア世界に移植され、それらの知をベースに「哲学」が生み出されたのであります。

タレスによってギリシアに移植された諸知識は、いわばギリシアの基層文化という「地」の上に描かれた「図」のごときものでした。哲学はギリシアにおいても本来は外国産の知識に基づく知であり（哲学外国起源説）、この新しい知は当然ギリシアの基層、ギリシア本来の伝統意識との間に何がしか軋轢を生じずにいなかったことでありましょう。しかしその軋轢は、少なくともタレスの時代には、決定的なものとはならず、この外国産の知は比較的スムーズにギリシアの伝統意識と融合し合ったと考えられます。わたしたちが現存する断片資料から確認する限り、幾何学、天文学、代数などといった先進的知識をギリシア人たちは周辺のオリエント諸世界から素直に学び取ったようであります。そのあたりの状況をオックスフォードのギリシア古典学者、E・ハッセイは「この時期はバルバロイが先生で、ギリシア人は一般に覚えの早い生徒であった」と表現しています（E・ハッセイ『プレソクラティクス』法政大学出版局、二〇一〇年、三頁）。そしてそれらの知識をベースにして生み出された知がイオニアの自然哲学であり、わたしたちはアナクシマンドロス、アナクシメネスの哲学にタレスによって移植された新興の知とギリシア伝来の自然概念の見事な融合を見出すのであります。

断片資料からわたしたちの知る限り、イオニアの自然哲学は初期ギリシア世界においてほぼ完全にギリシア人のものとなり、ギリシア文化のひとつになっています。前五世紀の前半にイオニアの自然哲学者アナクサゴラスがアテナイに現れたとき、彼はギリシア自然哲学の伝統を体現する哲学者として立ち現れました。少なくとも哲学者アナクサゴラスは当時のアテナイ人にそのような存在として受け止められています。時のアテナイの政治的指導者ペリクレスによる重用、悲劇作家エウリピデスのアナクサゴラスへの尋常ならざる傾倒などが、そのことを雄弁に証言しています。しかし基層文化と新興の知（哲学）との間に葛藤がまったくなかったわけではなく、例えばヘロドトスによる「タレス、フェニキア人説」（タレス、非ギリシア人説）の主張の執拗さなどにその片鱗を見ることができます。

ヘロドトスはギリシアに深く思いを寄せる歴史家であり、新興の知に対するその根深い反撥意識によって彼は、歴史的事実の証言者である以上に、歴史の深層事実の証言者となっています。当時の世界のほぼすべてを見聞したギリシア一級の国際人ともいうべきヘロドトスは、意外にも、その心底においては偏狭ともいうべきナショナリストなのであります。

ピュタゴラスによる主観性原理のギリシア世界への導入

ギリシアに真の葛藤をもたらしたのはピュタゴラスによる主観性原理（Subjektivität）のギリシア世界への導入でした。東西のいずれからであるかは必ずしも定かでありませんが、魂転生説（σῶμα-σῆμα-theory）のギリシア世界への導入と共に主観性（アートマン）が前六世紀の後半にギリシアに出現したのであって、そのことによってギリシア哲学は構造的な自然概念（ピュシス）と主観性の相克と葛藤の修羅場と化しました。主観性と存在の対立と葛藤の最初の顕在化をわたしたちはピュタゴラス以降の初期ギリシア哲学において見るのであります。その相克と葛藤がどのようなものであったか、またその深度はどうであったか、このことを問うことが本講義の最も主要な課題であります。

主観性と存在の対立・葛藤こそギリシア哲学全体の基本性格ですが、この葛藤がやがて西洋二五〇〇年の形而上学の基本的対立となったことを考えるとき、ピュタゴラスによる主観性原理のギリシア世界への導入がいかに決定的な事件であったかが知られます。「存在と主観性の抗争」、「ピュシスとイデアの戦い」をプラトンは「存在をめぐる巨人闘争」（γιγαντομαχία περὶ τῆς οὐσίας）と呼んでいますが（『ソピステス』246 A）、この抗争が根本的であることをプラトンは認識していたのでありましょう。

主観性（Subjektivität）はその当時のギリシア世界に衝撃的な原理として受け止められたようであり、多くの知識人がそれに魅入られ、その影響を受けましたが、他面それに対する反撥もまた激しいものがありました。イアンブリコスは二一八名（女性を含めれば、二三五名）のピュタゴラス学徒の名前を挙げていますが（イアンブリコス『ピュタゴラス伝』267）、これは当時の哲学人口としては驚くべき数であります。主観性原理が当時のギリシアの知識人層をいかに魅了したか、この数字が雄弁に物語っています。それほどにも主観性のギリシア世界への登場は鮮烈だったのであります（この時の衝撃は、一九六〇年代のサルトルの実存主義哲学のブームを想えば、いくばくかイメージできるのではないでしょうか）。それだけにそれに対する反撥もまた激しいものがありました。クセノパネスのピュタゴラス蔑視、魂転生説へのヘロドトスの根深い嫌悪感、ヘラクレイトスの猛烈なピュタゴラス攻撃などに反撥意識の強さを見ることができます。「ピュタゴラス、嘘つきの元祖」（ヘラクレイトス断片B 81）。ヘラクレイトスにとってピュタゴラスは「嘘つき」以外の何ものでもありませんでした。ヘラクレイトスはピュタゴラスの「知恵」（哲学）を「博識、まやかしに過ぎぬ」と一刀のもとに切り捨てています。

ディオゲネス・ラエルティオス（『ギリシア哲学者列伝』VIII 6）

ところでピュタゴラスは一冊も著作を残さなかったといっている人たちもいるが、それは冗談である。少なくとも自然学者のヘラクレイトスはほとんど叫ばんばかりに次のようにいっている。「ムネサルコスの子ピュタゴラスは誰よりも研究に励んだ。そしてこれらの著書を選び出して自分の知恵としたが、博識、まやかしに過ぎぬ。」

主観性の形而上学の立ち上がり

当然それはまたギリシア世界一般の伝統意識からも猛烈な反撃を受けずにいませんでした。事実初期ギリシアの世界はこの新参の原理を徹底的に否定しました。その決定的な現れがイタリアにおけるピュタゴラス派大迫害であります。ピュタゴラス派に対する迫害はギリシア伝統社会の反動ということができると思いますが、そういった反動がむしろギリシアの新興の地、南部イタリアのマグナ・グライキアにおいて生起したことが注目されます。新興の地の方がしばしば伝統に対する想いは深く、反動もまた苛烈にならずにいないのであります。（わが国でも、大東亜戦争敗戦後、その事実を受け容れるかどうかで「勝ち組」と「負け組」の間で激しい抗争が起ったのは、日本本土においてではなく、ブラジルの日系人社会においてでありました。）それによってイタリアにおけるピュタゴラス派はほぼ壊滅しましたが、しかしピュタゴラスによってギリシアに植え付けられた主観性因子がギリシアから完全に駆逐されるということはなく、それはやがてギリシア中央部に移植され、ソクラテス・プラトン哲学によって継承されるところとなりました。ソクラテス・プラトン哲学によって主観性（Subjektivität）がギリシア中央部に鎮座することになったのであります。そして、こともあろうに、存在（ピュシス）を封じ込める壮麗な形而上学として立ち上がることになりました。これがソクラテス・プラトン哲学の歴史的意味であります。

これはまさに戦慄すべき出来事であって、主観性（Subjektivität）は一旦植え付けられるや、それを根絶することはもはや不可能なのであります。それは人間が一旦自意識に目覚めるや、もはや無垢な少年時代に戻ることができないのと同様であります。ここに西洋形而上学の運命（ゲシック）のいわば発端がありました。さらにいえば、西洋世界、ひいては人類の運命（ゲシック）の発端がここにあったことが、この後の歴史の展開から知られます。近代世界をあまねく支配している原理は主観性

(Subjektivität) であり、それを支える哲学は主観性の構造である超越的志向性の形而上学的表現ともいうべきプラトニズムなのであります。ソクラテス、プラトンのピュタゴラス主義継承と共にハイデガーのいう「主観性の形而上学」(die Metaphysik der Subjektivität) が立ち上がったのであります。この主観性の形而上学が、ハイデガーがそれとの対決を畢生の課題とした西洋形而上学 (die abendländiche Metaphysik) そのものなのであります。主観性原理 (Subjektivität) の西洋世界への登場こそ、西洋の運命 (ゲシック) ともいうべき決定的生起であったといわねばなりません。

近代の原理、それは主観性である。

プラトニズムは主観性原理の最も華麗な形而上学的表現ということができると思いますが、プラトンによって生み出された形而上学的、理念的世界が、新プラトン哲学という触媒を経て、キリスト教という姿を取って西洋精神史に登場してきたヘブライズムの本体と合体することによって、あのヨーロッパ二〇〇〇年の形而上学の伝統を作り出すこととなりました。その宗教的表現がキリスト教であります。キリスト教は宗教的形態を取った主観性の形而上学そのものであり、「神のキリスト教化」(ハイデガー) を策動した原理こそ主観性であります。英知的世界は主観性の超越的志向性に基づいてはじめて開かれる霊的領野であり、超越的一神教の背後にある原理もまた主観性なのであります。そしてその帰結が中世世界であり、あるいは近世、近代世界なのであります。そしてその現象形態がゲステル (Gestell) であります。今日の後期近代世界が巨大なゲステルの機構として立ち上がっているのは何ら怪しむに当たらないのであります。世界の現出の根底には必ずそれをそのようなものとして現出させている原理の存在があります。原理こそ一切の現象の根拠であります。原理は必ず作動します。言い換えれば、歴史を作ります。そういった原理の動向の探究こそ哲学であります。わたしはローティの

fundamentalism 批判に抗してあくまでもこう主張します（ローティ『哲学と自然の鏡』参照）。プラトンから近代までの世界を支配した原理は主観性であり、中世世界と近代世界の間には、大方の歴史家の予想には反するかも知れませんが、原理的な違いはないのであります。近代世界は中世世界と同じ原理の上に立っています。わたしたちが生きる近代世界は偶然の産物ではなく、ある原理の歴史的帰結なのであります。そうでなければ、近代世界を貫く方向性がこれほど一貫した現れ方をすることはなかったでありましょう。

近代の原理、それは、何度も申し上げますが、主観性（Subjektivität）であり、近代世界は主観性原理が作り出した世界なのであります。別言すれば、アートマンが作り出した世界なのであります。西洋精神史において主観性の哲学の血脈が連綿として維持されつづけてきたのであって、これを肯定的に受け止めるにせよ、否定的に対処するにせよ、わたしたちはその動向をしっかりと見定めねばなりません。わたしたちが今現在生きるこの世界を根本的に理解するためにこそ、その動向を見定めねばなりません。そしてそのためにこそ、初期ギリシア哲学の世界に再度省察が加えられねばならないのであります。

アリストテレスvsプラトン

他方イオニアの自然哲学の精神はアリストテレスとペリパトス派に継承されました。アリストテレス自身はプラトンの学園で学んだプラトン学徒でもあり、両義的な面を見せていますが、しかしその精神はほぼ完全にギリシア自然哲学のそれであり、そのことはプラトン哲学に対する彼の根深い反撥意識から窺われます。彼のプラトン哲学に対する反感はギリシアの伝統的な深層意識に基づくものであって、おそらくアリストテレス自身にもその理由がよく分らないものであったろうと想像されますが、いずれにしてもアリストテレスはプラトニズムに対する根深い否定のパトスによって突き動かされた哲学者でした。彼は『形而上学』において二十三ヶ条にわたってイデア論批判を展開していますが、彼のイデア論批判の根源的動因は彼が多用した「論理」（例えば「第三人間論」）から出たようなものでは決してありません。それは集合的無意識ともいうべき自然概念（ピュシス）に根ざす否定性に発していたのであって、アリストテレスとプラトンの確執は存在と主観性という西洋二大原理の確執の一現象形態ともいうべきものだったのであります。この点を見落としたのではプラトンとアリストテレスの真の関係性は認識されないでありましょう。

アリストテレス哲学をプラトン哲学の後継に位置づけ、そこにプラトン哲学の発展ないし変容形しか見ないこれまでの哲学史観はあらためられねばなりません。この両哲学者間の対立の根はもっと深いところにあるのであって、存在と主観性という西洋形而上学に通底する深層原理から発する対立だったのであります。わたしたちはそれら両原理の根源層における動向を見定めねばなりません。そうでなければ、ヨーロッパ二〇〇〇年の形而上学の真の意味は理解されないし、近代世界の本性もまた認識されないでありましょう。

アリストテレス以降のヘレニズムの時代になると、ギリシア世界そのものの東方オリエント地域への拡大と、それに伴って起こったオリエントのマギ的諸思想との接触によって状況はさらに一層複雑なものになりますが、存在と主観性という前述の二大原理の葛藤がギリシア・ローマの精神世界を根底において規定しつづけていたという事実に変わりはありません。ただローマ人たちは、軍事、政治、法律、建設などの面におけるその歴史的大事業にもかかわらず、精神面においてはやや深さを欠く民族であったために、この二大原理の葛藤がローマにおいて明確な哲学の形を取って表面に現れるということはほとんどありませんでした。国家的規模において遂行されたキリスト教徒に対する迫害にこの両原理の葛藤のラディカルな現出を見ることも可能ですが、しかしそれが具体的な哲学を形成するということはありませんでした。真の哲学といえるものがローマにおいて生まれなかったゆえんであります。キケロは博学な学者ではありましたが、彼を「哲学者」と呼ぶかどうかは常に哲学史家たちの悩みでありつづけました。ローマ時代にいたっても哲学は依然としてギリシア人の営みでありつづけていたのでありました。そしてその「ギリシア」が終わると共に哲学も表向きその姿を背景へと没していった観があります。ローマ期から哲学が長期の休眠状態に入ったという認識で、ヘーゲルとハイデガーの認識は共通しています。

イオニアの系譜とイタリアの系譜

かくしてギリシア哲学はイタリアのピュタゴラス主義の系譜（「主観性の哲学」の系譜）とイオニアの自然哲学の系譜（「存在の哲学」の系譜）という二大系譜の対立と葛藤の中で展開されてきたということができるでありましょう。これを地理的にいうなら、イオニアと南部イタリアという東西のギリシア周辺地域から発した二大潮流がギリシア中央部（アテナイ）において邂逅し、あざなえる縄のごとく絡まり合ったということであります。ギリシア哲学を「イタリアの系譜」と「イオニアの系譜」に大別したディオゲネス・ラエルティオスの哲学史観は間違っていなかったのであります（ディオゲネス・ラエルティオス『ギリシア哲学者列伝』I13参照）。むしろギリシア精神史の本質を正確に捉えた見方であったということができます。

わたしたち近代人とは異なり、ディオゲネス・ラエルティオスの時代（おそらく三世紀）にはまだ両系譜が血筋の違いとして鮮明に感じ取られていたのでありましょう。前者は主観性の哲学の系譜であり、ピュタゴラス、ピュタゴラス学徒たち、ピロラオス、アルキュタス、ソクラテス、プラトン、それに新プラトン哲学がこの系譜に属します。後者は構造的な自然概念（ピュシス）の系譜であり、タレスに始まり、前掲のアナクシマンドロス、アナクシメネスに受け継がれ、クセノパネス、ヘラクレイトス、パルメニデス、ゼノン、エンペドクレス、アナクサゴラス、レウキッポス、デモクリトスなどに基本的に継承されてきた系譜であります。前述のごとく、アリストテレスならびにペリパトス学徒も基本的にこの後者の系譜に属します。しかしイオニアの自然哲学の系譜上に立つ哲学者たちもその多くがピュタゴラス主義の影響を免れてはおらず、その分彼らの哲学は両義的な側面を見せています。特にエンペドクレスとデモクリトスをどちらの系譜に位置づけるかは難しい問題であります。彼らの哲学をピュタゴラス主義を抜きにして語ることはおそらく不可能でありましょう。

クセノパネスはピュタゴラスとほぼ同時代の哲学者ですが、ピュタゴラス哲学の影響を受けることはまったくなく、むしろピュタゴラスをバカにしています。クセノパネスの啓蒙的合理主義はピュタゴラス主義に基づくものではなく、彼の故郷喪失性（Heimatlosigkeit）に由来しています。彼は故郷を失った最初の哲学者でした。故郷喪失ということが何を意味するのか、その意味するところのすべての因子が彼の哲学の中には見られます。今日の人間がほぼすべて故郷喪失者であることを想うとき（アメリカは故郷喪失者の国です）、わたしたちがクセノパネス哲学から学ぶところは多いのではないでしょうか。いずれにせよ彼は生涯ギリシア各地を遍歴した漂泊の哲学者でした。

彼の弟子ともいわれるパルメニデスは、生き方においてピュタゴラス主義に強く影響された哲学者でしたが、その学説が主観性に汚染されるということはありませんでした。彼の「一なる存在」の教説は非存在（τὸ μὴ ἐόν）という概念の自己矛盾性の洞察によるものであって、主観性原理とは関係ありません。彼の存在のテーゼは存在をはじめて存在論的次元で捉えた洞察であり、彼の哲学は人類の知性をその限界に当面させることになりました。哲学が始まってほぼ一〇〇年で哲学ははやくもその限界に当面したのであります。彼の哲学の存在のテーゼは今日の哲学にいたるも一歩も越えられていません。パルメニデスの断片の解釈と翻訳をめぐって今日世界的規模で議論が戦わされていますが、あの半ば異常とも見える現象はパルメニデスの存在のテーゼが人類にとって不可避のアポリアであることを今日に証しています。

ピュタゴラス主義の影響が深刻なのはエンペドクレスであって、彼はピュタゴラスの主観性の哲学に触れた結果、自らの人格を分裂させてしまいました。エンペドクレスは構造的な自然概念（ピュシス）と主観性に引き裂かれた哲学者でした。彼は存在と主観性という西洋形而上学の二大原理の対立が一個体内において生起した具体的事例なのであります。これほど大きい戦いの現場になった個人というのは稀有な事例であり、わたしたちは彼の苦闘と破滅の根拠に哲学的な省察を加えねばなりません。その根拠を彼の性格なり傾向性なりに帰してしまうような心理学的、実存的説明で事足れりとするのは厳に慎まねばなりません。彼の苦闘に比すれば、今日いたるところで大袈裟に語られている実存的苦悩など何ほどのものでもないのであります。存在の動向に絡んでいない「苦悩」など哲学の問題ではありません。

それと逆のケースはアルキュタスであって、彼はピュタゴラス学徒でありながら、したがって目覚めた主観性であったはずですが、精神的にはギリシアの伝統社会と完全に一致して生きえた人物でした。彼は主人としての確信的ギリシア人であり、彼の家父長的性格が見紛われることはないでありましょう。彼は躊躇なく人に命令をくだせるような類の人物でした。阿諛的態度に終始する今日の政治家と比較するとき、彼のあの高圧性がむしろすがすがしく感じられます。彼は南部イタリア地方一帯ではあまねく知られた指導者であり、公私両面にわたって立派な人物でした。否、むしろいささか立派過ぎた人物であり、おそらくピュタゴラス主義によってその立派さが過激化した哲学者であったということができるのではないでしょうか。

またデモクリトスの原子論哲学も、ピュタゴラス哲学の影響がなければ、あのような形を取ることはなかったでありましょう。原子は、アリストテレスの洞察によれば、「数」以外の何ものでもないのでありあます。デモクリトスの原子もプラトンのイデアも実はピュタゴラスの主観性の哲学に発する理念的志向性から出てきた兄弟学説のようなものだったのであります。そこにプラトンのデモクリトスに対するあの尋常ならざる憎しみの理由を見ることができるのではないでしょうか。プラトンのデモクリトス憎悪はおそらく近親憎悪のそれだったのではないかと想像されます。したがってレウキッポスとデモクリトスを「原子論者」という名のもとに一体のものとして論じるこれまでの『哲学史』の扱いには疑義を持たざるをえません。大方の『哲学史』の扱いに抗して、わたしは両哲学者間にいわば血筋の違いといったものを認めるものであります。レウキッポスはエレアの学統上に立つイオニアの哲学者であるのに対し、デモクリトスはピュタゴラス派の流れをくむ主観性の哲学者だったというのが、本講義のデモクリトス理解であります。

アナクサゴラスにピュタゴラス哲学の影響はまったく見られず、むしろ彼はイオニアの自然哲学の伝統を最もよく体現した自然哲学者としてアテナイに現れています。「最も自然哲学者らしい自然哲学者」とセクストゥス・エンペイリコス（『諸学者論駁』VII 90）も形容するアナクサゴラスこそ、真に偉大なギリシアの哲学者と呼ばれて然るべき存在なのであります。少なくとも彼は当時のアテナイ人にそのような存在として受け止められています。時のアテナイの政治的指導者ペリクレスをあれほどの存在に高めたものがアナクサゴラスないしはアナクサゴラス哲学であることは当時のアテナイ人の一致して認めるところでした。後にソクラテスがアテナイの哲学の代表者となり、「ギリシアの哲学者」そのものとして遇されることになりますが、それは後代から加えられた解釈であり、ここに歴史の偽造のひとつの典型を見ることができます。「権力は必ず歴史を偽造する」とは梅原猛氏の言葉ですが、ソクラテスを西洋哲学の聖人に祭り上げてきた『哲学史』の背後にはおそらく歴史の一方のイデオロギーとそれに基づく強大な権力があるのでありましょう。

ソクラテスは近代の哲学から過大に評価されていますが、ソクラテスはギリシアにおいては極刑をもって否定されねばならなかった哲学者なのであります。そのような哲学者をギリシア哲学の代表者に仕立て上げて怪しまないあれら近代の哲学史家たちの哲学的センスにわたしは疑義を持たざるをえません。なぜアテナイはソクラテスを殺さねばならなかったのか、わたしたちはその理由をもう一度よく考えてみなければならないのではないでしょうか。その真の理由はプラトンが語っているようなものではないのであって、ソクラテスの原理がポリスの原理の否定だったからであります。これまでのソクラテス解釈はすべてプラトンによって仕立てられた戯曲に基づいており、誤っています。プラトンはソクラテスを経由してピュタゴラス哲学の遺産を余すことなく受け継いだ哲学者でした。彼ら両者はほとんど一心同体なのであります。プラトンがソクラテスの死を脚色しないわけがありません。

ヨーロッパ二〇〇〇年の形而上学へ

このようにギリシア哲学は存在と主観性という両原理の対立と競合によって織りなされてきたのであって、この二大潮流はギリシアにおいては拮抗相半ばしていました。しかしやがてシナイ半島の砂漠の中から立ち上がってきたヘブライズムの神という名の巨大な主観性がキリスト教という姿を取って主観性原理の本体として西洋精神史の表舞台に登場してきました。そしてそれがギリシア哲学の一方の系譜である主観性の哲学（プラトニズム）と合体し、主観性の哲学の勝利が決定的になったのであります。その結果がヨーロッパ二〇〇〇年の形而上学であります。そしてその現実的表現が中世世界であり、あるいは近・現代世界なのであります。

繰り返しますが、中世世界と近代世界の間に原理的な違いはないのであります。ただ原理の現れ方が異なります。中世世界は神という名の巨大な主観性によって存在から実在性が極端に奪い取られた世界であったのに対し、近代世界は、実存主義哲学において顕著であるように、個々の主観性が自己意識（自覚）にいたった結果、神という名の巨大な主観性から自らを取り戻そうと立ち上がり、その中で自らの原理を徹底していった世界なのであります。近代は中世と戦うことによって、主観性を否定するところか、逆にそれを先鋭化し、過激化したのであります。主観性は基本的に自我個体（エゴ）と一体のものとして機能することがおそらくこの逆説的事態を説明するでありましょう。

かくして近代世界は個的主観性の世界として出現しました。言い換えれば、「主体性」の世界として立ち現れることになりました。「主体性が真理である」というキルケゴールのテーゼはその宣言であります（『哲学的断片への結びとしての非学問的あとがき』参照）。しかし、いずれにせよ、主観性原理（Subjektivität）が両世界の原理であり、両世界を根底から規定してきたという事実に変わりはありません。そしてその現象形態が今日の世界の実相であるゲステル（Gestell）であります。

ゲステルはある哲学的原理の結果であって、単なる近代テクノロジーの産物ではないのであります。むしろヘブライズムの第一命題である Machenschaft（工業性）こそ、近代のテクノロジーの依って立つ根拠であり、技術は Machenschaft の近代的表現なのであります。ヘブライズムの第一命題は「世界の無からの創造」（creatio ex nihilo）ということですが、ここにハイデガーは Machenschaft の地球支配の発端を見ています。そしてその Machenschaft の背後にある原理もまた、主観性（Subjektivität）なのであります。したがって技術は、ハイデガーも指摘するように、文化的、技術論的概念ではありません。ましてや科学論的概念などでは全然ありません。すぐれて形而上学的概念なのであります。

中世と近代、そして現代。

大方の見方には反するかも知れませんが、中世世界もまたゲステルの世界なのであります。中世世界がゲステルであったことは、例えば論理学への狂奔といった現象にその現れを見ることができます。そその典型がアベラールであります。そもそもスコラ哲学そのものが「精神的ゲステルの場面に移されたアリストテレス」なのであります。スコラ哲学はアリストテレスの学問体系は継承したかも知れませんが、その精神は完全に抜き取ってしまっているのであり、アリストテレス哲学を採用しつつもその魂を抜き取った人物こそアルベルトス・マグヌスであり、あるいはトマス・アクィナスなのであります。

トマスは魂単一説と世界の永世の観念を封印することによってアリストテレス哲学をキリスト教の信仰箇条に矛盾しないものにしましたが、それこそまさにアリストテレスの哲学からその魂を抜き取る作業に他なりません。この両観念においてこそ、アリストテレス哲学において自然概念（ピュシス）がその威力を最もよく発揮していたのであって、それらを抜き取るということは、まさにアリストテレス哲学から魂を抜き取る作業に他ならないからであります。その魂ともいうべき自然概念（ピュシス）を抜き取られたアリストテレスの哲学が中世のスコラ哲学ですが、スコラ哲学がやがて生気を失い、干乾びていったのは当然のなりゆきといわねばなりません。魂を抜き取られたものは当然生気を失い、干乾びます。スコラ哲学は「形骸化したアリストテレス」と形容することができると思いますが、しかしその形骸化の背後にはヘブライズムの強烈な精神（主観性原理）があったのであり、そうであるからこそ中世というあの異常な社会が一〇〇〇年を越えて生きつづきえたのでありましょう。中世の形骸化した形式主義の哲学（スコラ哲学）を馬鹿にしてはならないゆえんであります。たしかに、エデット・シュタインがそう見たがっているように、トマスのそれをはじめとするスコラ哲学は「久遠の哲学」(philosophia perennis) といって決して大袈裟でないかも知れません。しかしその意味は、それがもはや生きた哲学でないからであります。生きるものは久遠ではありえません。中世世界はヘブライズムの強力な原理によって出現した世界なのであります。その異様さを実感したいと思うのなら、ケルンのあの大聖堂を見上げていただきたい。ケルナー・ドームは六〇〇年余の歳月を経てなったものであります。六〇〇年もかけてひとつの建物を造るなど、個的主体性に生きる近代人のとうてい果たしえぬ課題でありましょう。

近代世界はゲステルの機構として立ち上がりました。したがって近代世界は中世世界の延長線上にあるのであり、その間に原理的な違いはないのであります。ただ原理の現れ方が異なります。特に後期近代世界において世界は巨大なゲステルと化しましたが、そのことによって存在はほぼ完全に封印され、隠蔽されました。ゲステルが地球的規模で世界を蔽い尽くしつつあるというのが後期近代世界の状況であります。現代は個的主観性がその原理を極限にまで押し進めた世界であり、その政治的論理がデモクラシーであります。そしてその推進がグローバリゼイションの意味なのであります。

グローバリゼイションはデモクラシーと市場主義の徹底化の推進という形で現れていますが、主観性原理の地球規模での浸透に他なりません。世界の一方の原理であるアートマンの地球支配が完成しつつある世界、それが後期近代世界であります。「存在の見捨て」(Seinsverlassenheit)、「存在の脱去」(Entzug des Seins)、「故郷喪失」(Heimatlosigkeit)が、世界の運命(ゲシック)となったのであります(ハイデガー『哲学への寄与論稿』、『ヒューマニズムについて』参照)。

しかし主観性原理とその帰結であるゲステルによって存在が完全に鎮圧され、抹殺されたわけではありません。そもそも存在は鎮圧されることの不可能な原理なのであります。存在はただ隠蔽され、潜在化しただけです。主観性原理の勝利という状況においても構造的自然概念(ピュシス)の系譜が完全に消えてしまったわけではまったくなく、それは意識の奥底に沈殿し、そこから西洋世界を絶えず脅かしつづけました。たとえ隠蔽され、封印されたとしても、存在は、存在である以上、必ず立ち現れてきます。事実わたしたちは、西洋形而上学の全歴史において、存在の湧出、根源層からの存在のリアクションを何度も目にするのであります。中世キリスト教世界をその全期間にわたって脅かしつづけた異端論争も存在と主観性の抗争の一形態ですし、ルネッサンス期における魔術や錬金術の再勃興もその現れのひとつということができるでありましょう。

いずれにせよ、ユングは潜在的意識のそういった側面に深く通暁する心理学者でした。否、むしろ深層の哲学者でした。そしてこの両潮流の相克と葛藤は今日もなおつづいており、さまざまな装いを取って近代世界に深い亀裂をもたらしつづけているのであります。そして近代世界を、地獄とまではいわないにしても、煉獄たらしめているのであります。わたしたちは相変わらずヘラクレイトスが戦ったのと同じ戦いに巻き込まれ、戦っています。エンペドクレスにおいて見られたのと同様な人格の分裂に瀕しています。アナクサゴラスと同様、打ちひしがれています。アリストテレスと同様、超越的なイデア世界にある種の不信感を共有しています。ヒュパティアと同じ迫害の危機に脅かされています。西洋二五〇〇年の形而上学の歴史は主観性と存在の戦いの歴史でしたが、それがまた近代世界を基本的に規定している対立と抗争でもあるのです。わたしたちはギリシア世界を思索することによってはじめて近代世界の根底に潜在する原理の動向を見定めることができるのであります。近代世界が何ものであるか、知ることができるのであります。

初期ギリシア哲学の舞台になったギリシアの大地の上に立つとき、不思議な解放感を感じるのはなぜでしょうか。おそらくこの解放感はブラジルのボロロ族の中にあってレヴィ・ストロースが味わったのと同じ性格のものでしょうが、それは地中海気候の陽光のためばかりではないでありましょう。わたしたちはそこに立つとき、主観性の眼差しと告発的意識から解放されている自分を見出すのであります。存在は告発しません。むしろすべてを受け容れます。このことを真に実感することができる世界、主観性から脱して大きく深呼吸することができる世界、それがギリシア本来の思索世界であります。そしてそれが初期ギリシアの自然哲学の世界なのであります。ソクラテス、プラトンによって被せられた主観性のヴェールを剥ぎ取って、本来のギリシアの大地をあらわならしめねばなりません。哲学の原初(Anfang)が立ち現れねばなりません。主観性に代って存在が立ち現れねばならないのであります。それに向けてのささやかな努力、それが本講義であるとご理解ください。

言語について

言語は差異(否定性)の構造である(ソシュール)。そしてそれが同時に意識の構造でもある。潜在的な集合的無意識は言語の構造に基づく。言語の構造こそ、一切の顕在的意識を潜在層から規定し、世界の現出を根底から性格づけている、その当のものなのである。否定性が言語的存在であるわれわれの本性であり、否定性によってわれわれの意識は現成する(wesen)。

ギリシア哲学の具体的記述に先立って、世界の現出の基盤をなす言語の構造について述べておかねばなりません。言語の構造こそ、一切の顕在的意識を潜在層から規定し、世界の現出を根底から性格づけている、その当のものだからであります。

言語は差異の構造である。

哲学は所詮「言葉の営み」ですが、言葉が本来記号どうしの差異の体系ないし構造でしかないことはソシュールによって見出された現代哲学の最も衝撃的な発見であります（ソシュール『一般言語学講義』参照）。語の意味とは本来的には他の語に対する差異性でしかなく、差異とは他に対する否定性であります。したがって、語は本来はポジティブな意味内容を表現するものではなく、単なる差異性（否定性）、それ自体としては完全に空虚な存在、単なる音声ないし記号でしかないのであります。

ある一定のイデア的な意味対象を「指し示す」（Bedeuten）がゆえに語が意味を有するのは、それゆえ語がポジティブな意味内容となるのは、二次的、存在的な次元における事態であって、むしろ幸運な場合であります。そのような幸運に恵まれなくとも、語はやはり発語された瞬間に一定の意味性を表現せずにいないのであり、その表現するところは他に対するある差異、言い換えれば、他との違い，他に対する否定性であります。そしてこういった否定性（差異）どうしが互いに関係を組み合って構造をなしたものが言語体系（lange）であります。したがって言語は本来その意味を実的な対象に負うのではありません。あるいはイデア的な意味対象に負うのでもありません。

「指し示す」（Bedeuten）ことによって語は本来意味を獲得するのではありません。そのような意味獲得は二次的、存在的レヴェルでの獲得であります。対象充実がそこになくとも、あるいはイデア的な意味対象がそこにすでにあって、それを指し示すという指示関係がすでに出来上がっているということがなくとも、語は発語と共にすでに一定の意味性を示さずにいないのであって、それというのも、それは必然的にある差異を示さざるをえないからであります。そしてそれらの差異どうしが互いに関係し、構造を作り上げるのであります。それゆえこの構造は本来実在世界に基づくものではないし、また実在に裏打ちされたものでもなく、第一次的には裏打ちされることを必要ともしません。言語体系が実在との対応関係を取り結ぶのはむしろ爾後のことであり、その本性においてそのことを前提するのではありません。それはむしろ実在から遊離し、いわば宙に浮いているといった方がその本来のあり方に近いのであって、それというのも、その構造は実的なものの関係，ポジティブな意味内容の組み合わせではなく、空虚の関係だからであり、空虚どうしが互いに示し合う差異の構造でしかないからであります。いわばそこには差異のみがあるのであって、差異が構造をなしているのであります。差異に先立って何らかの意味対象が前提されているのではありません。換言すれば、意味対象がすでにあって、それらが互いに異なるのではありません。むしろ「異なり」が先行し、「異なり」が構造を作るのであります。否、構造ということがすでに差異（否定性）の構造でしかないということなのであります。というのも、「異なるもの」は虚だからであります。言語の構造と実在の世界は必ずしもオーバラップしないのであります。またする必要もないのであります。言語世界と実在世界は基本的に別の世界であります。したがってその対応関係には常にズレが生じずにいないのであって、そこに哲学が言語でもって実在を捉えようとするとき必ず犯される失敗のゆえんがあるのでありましょう。

言葉が絶えずわたしたちを裏切りつづけることは本質を言い当てようとするときにわたしたちが否応なく経験するところですが、それがまた哲学者たちに飽くことなく本を書かせてきたゆえんのものなのでありましょう。また書かざるをえなくしていたゆえんのものなのでありましょう。哲学者を常に走りつづけさせてきたもの、それは言葉で実在を捉えようとするときに必ず犯されるこの失敗なのであります。失敗こそが人を走らせるのであります。言語でもって本質規定を目指す哲学は永遠に走りつづけねばならない運命にあります。哲学は終わることのない作業でありつづけてきたし、また今後もありつづけねばならないのでありましょう。

差異意識こそ人間の意識。

言語と同様、認識の実体が否定性（差異）でしかないことはわたしたちの自己認識においても確認できることであって、わたしたちは自分が何者であるかはほとんど知りません。ただ何者でないかは知っています。しかもその点ではわたしたちは極めて敏感かつ的確であって、取り違えることなどまずありません。「あのような者ではない」、「このような者でもない」、「そのような者でもない」、「かかる者でもない」等々と、「……ない」で取り囲むことによって、ある一定の空間を現出させ、したがって「こういう者だ」と自分を了解しているのですが、しかしそのようにして取り囲まれ、現出させられた空間は相変わらず虚空間でしかなく、ポジティブな内実はほとんど有さないのであります。わたしたちも結局は差異によって己を了解するに過ぎないのであります。わたしたちは自分が何者であるかは知らないが、何者でないかは知っているのであります。「あのような者ではない」ということは他との差異性であり、他との関係であります。

キルケゴールが「人間とは精神である。精神とは何か。精神とは自己であり、自己とは関係である。自己とは己自身に関係するところの関係である」と語ったとき、彼はこの事態を彼なりに捉えていたのでありましょう（キルケゴール『死にいたる病』第一部1A参照）。自己ですら、自己との差異関係なのであります。しかしこの差異の了解は決して曖昧ではありません。しかもそれは決して表層レヴェルの了解ではなく、根源的であります。また極めて的確であります。人間の差異意識は実に根深いものであって、それというのも、それが、後にも述べるように、意識の本性そのものでもあるからです。差異意識はわたしたちの意識の根幹をなしており、わたしたちの意識を根底から規定しています。否、むしろ差異意識、差別意識こそが、人間の意識なのであります。差別意識を否定することは人間に人間でなくなれといっているようなものであります。これは辛い真理ですが、哲学者であるならこの真理から目をそらしてはなりません。ましてや皮相な人権思想によってこの事実を糊塗するようなことがあってはなりません。真理はヒューマニズム（Humanismus）をはるかに越えたところにあることをご理解ください。

皮相な人権意識やヒューマニズムによって哲学を窒息させてしまってはなりません。

言語においても事情はまったく同じであって、語はそれ自体としては本来他に対する否定性（差異）によって囲まれた虚空間でしかなく、そこにウシア（実体）はないのであります。そこにウシア（実体・本質）を求めてこれまで多くの哲学が奮闘してきたわけですが、そういった哲学の挫折の事例にわたしたちは事欠きません。アリストテレスの『形而上学』のZ巻、H巻、Θ巻の、精密ではあるが、どこまでいっても満足されないあの実体規定の議論は、まさにそこにウシア（本質）を求めて、それを何とかして射当てようと手をかえ品をかえて悪戦苦闘した英雄的な試みと、その挫折のドキュメントに他なりません。また思考実験的に「孤独な心的生」を仮構してイデア的な意味対象を射当てようとしたフッサールの、これまた委細を尽くした議論とその未達成もわたしたちの記憶に新しいところであります（『論理学研究』第二巻、第一章参照）。

これらはいずれもありもしないところにウシア（実体）を見て、それを空しく追い求めた哲学の青い鳥物語ですが、この徒労のよってきたる原因は、語の意味はイデア的な意味対象の「指示」（Bedeutung）にあるとする言語の本性を取り違えたそもそもの誤った前提にあったのであります。こういった前提に立った哲学が「現前の形而上学」（métaphysique de la présence）としてことごとくデリダの脱構築の餌食にならざるをえなかった顚末は、これまたわたしたちの記憶に新しいところでありますが（デリダ『声と現象』、他、参照）。アリストテレス以来の本質規定の哲学は大いなる徒労でしかなかったとの認識は現代哲学が獲得した最も衝撃的かつ本質的な認識といって過言でないでありましょう。この点からいっても、哲学は二五〇〇年の西洋形而上学の呪縛から脱却すべき時期にあるといえます。

否定性こそ言語的存在である人間の意識の本性である。

言語の実体が否定性でしかないことはまた、わたしたちの身近に見られる肯定的言辞、例えば称賛などに不可避的に伴うある種のいかがわしさが証しています。人に対する称賛は、それが事実として必ずしも不当でない場合でも、またそこに阿る気持といったものが見られない場合でも（たいていはそういった気持が潜んでいるものですが）、どこか虚言的で白々しく、それもしつこくなればたちまちにして悪臭を放ち始めますが、それは要するに言語の本性に即していないのであります。したがって意識の本性にも即しておらず、むしろ反しています。言語の実体は否定性の構造ですが、後述するように、それが同時に意識の構造でもあるからです。

称賛を口にする者はある意味で嘘言者です。しかしそれは嘘を語ったからというのではなく、意図せずして自らの本性を欺いているからであります。称賛を口にしながら自らの本性に忠実でありうるというほど言語的存在であるわたしたち人間はたやすい存在ではないのであります。否定性こそ言語的存在であるわたしたち人間の意識の本性であり、ここに「誠実性はイロニーでしかない」というキルケゴールのテーゼの根拠もあります。誠実性をこれとして指し示すことはできません。誠実性は否定性（差異）の中で時に僥倖のように閃き出てくる何ものかでしかないのであります。安易に発せられる称賛や肯定的言辞こそ、精神を腐らせ、ひいては社会を腐らせる当のものであるという事実から目をそらしてはなりません。

どのような社会であれ組織であれ、称賛や評価に満ちればみちるほど、その社会は白々しくなり、腐りはじめるという真理を体感したことのない人はおそらくないでありましょう。人に対して称賛を口にするとき、そこには友情に対するある種の諦めがあるのではないでしょうか。称賛は友情の断念であります。評価が確立した社会は必ず腐りはじめ、倒壊します。そういう意味からしても社会の変革は必然であり、それは社会学的真理というよりは、哲学的真理なのであります。精神もまた容易に腐敗し、悪臭を放つのであります。否、むしろ精神ほど腐りやすいものはないのであります。幾多の詩人や哲学者を荒野に逃れさせてきたもの、それはこの精神の放つ悪臭ではなかったか。この悪臭に耐える決意なくしては、わたしたちは社会や組織にとどまれません。

以上のことはわたしたちの意識の本性をあらわならしめずにいません。ニヒリズムは決してパトスなのではありません。ニーチェはそれを「論理」として語りましたが、真実にはそれは論理ですらなく、むしろ存在性であり、言語的存在者の存在性、言語的意識の本性なのであります。社会的困窮状態や生理学的変質や腐敗を名指して、それをニヒリズムの原因とするのは、ニーチェの言を俟つまでもなく、もちろん誤謬です。「それは、この上もなく義理がたい、この上もなく思いやりの深い時代である」(『権力への意志』1)。しかし同時に、特定の解釈、キリスト教的・道徳的解釈の内にニヒリズムは潜んでいたとするニーチェの見方も、たしかにキリスト教的・道徳的解釈の内にニヒリズムが潜んでいることは事実でしょうが、ニヒリズムの真理を語るものではありません。そこではニヒリズムはすでに前提となってしまっています。誠実性がキリスト教によって高度に発達した結果、キリスト教的世界解釈や道徳的解釈が信じられなくなり、ニヒリズムが発生したというのは、ニヒリズムの自覚のひとつの機縁を語るものではあっても、ニヒリズムの本質を名指すものではありません。

ニーチェのこれらの言葉を聞くとき、ニーチェは彼が思っていたほどアンチクリストでなかったことが知られます。彼は少年時代は「小牧師」と呼ばれたような男でした。彼はまだ「キリスト教的誠実性」などといった言葉を口にすることに意味を見出すことができたのであります。ニーチェに抗して、わたしたちはニヒリズムはキリスト教と共に生まれたようなものでないことを指摘しなければなりません。キリスト教がニヒリズムと踵を接していることはおそらく事実でしょうが、ニヒリズムはもっと根源的であり、人間存在の本質に係わるものであって、すでにギリシアにおいてあらわになっています（ソピストのゴルギアス参照）。むしろニヒリズムは言語的存在者の存在性そのものなのであります。言語が否定性の構造である以上、言語的存在であるわたしたち人間の意識は否定性を基調とする存在であらざるをえないのであって、否定性によってはじめてわたしたちの意識は、ハイデガーがいう意味で、現成する（wesen）のであります。言い換えれば、生き返るのであります。わたしたちは言語を獲得することによって同時にニヒルも獲得したのであって、ニヒリズムはいわば言語的存在であるわたしたち人間の運命（ゲシック）なのであります。

言語の獲得を拒否された動物はその代償としてニヒルを免れました。したがって笑いも免れました。「人間は笑うことによって不気味な動物」（ニーチェ）ですが、このことはいわば人間の運命なのであります。言語を持たない動物はいずれもニヒリストではありません。また笑いも知りません。それに反してわたしたち人間の意識は絶えず否定性、ニヒルを分泌しつづけます。ニヒル（無）によってはじめてわたしたちの意識は生き返るのであって、意識の本性に対するサルトルの省察は的を外れていませんでした（サルトル『存在と無』参照）。

したがって言語の虚性、非性、ニヒルはわたしたちの意識において絶えずあらわにならずにいないのであって、それは人の善意や悪意とは関係ありません。虚性、否定性が言語的意識の本性なのであります。言語的存在であるわたしたち人間は常にニヒルによって養われ、そしてニヒルに接して生きており、否定性、意地悪さはわたしたちの意識の根幹に係わっているのであります。哲学者であるなら、気の抜けた肯定によってではなく、ましてや称賛や評価といった肯定的言辞によってではなく、否定性によってはじめてわたしたちの意識は生き返るという事実に目を閉ざすべきでありません。

人間社会は言語的社会であり、したがって言語（langue）の本性である非性、虚無性（ニヒル）をその根本相とします。ところで言語は「記号」(signe)ですが、記号は、ソシュールの指摘するように、「シニフィエ」(signifié)と同時に「シニフィアン」(signifien)の面を有します。このシニフィアンが異常増殖し、肥大化した社会が今日の消費社会であります。ボードリヤールが今日の消費社会をハイパーリアル化したシミュラークル(simulacre)の世界として記述しえたゆえんであります(ボードリヤール『消費社会の神話と構造』参照)。したがって現代の高度消費社会は言語の本性である非性(ニヒル)がシニフィアンの異常増殖によってその隅々まで浸透した世界であり、ハイパー化した社会であると形容することができるでありましょう。ボードリヤールが、アメリカ社会を念頭にして、今日の高度消費社会を「透きとおった悪の世界」と形容したゆえんであります(ボードリヤール『透きとおった悪』参照)。言語の本性がいかに世界を規定するか、哲学研究においてもまたわたしたちはそのことに深く想いをいたさねばなりません。

本講義の記述方針

ギリシア哲学の記述を陳列ケースに納められた学説の博物館的な展示に終わらせないためには、それら学説が「図」としてその上に浮かび上がっている「地」をも取り込んだ構造的な記述を目指さねばならない。

言語の実体は、前述のように、自立的となった虚言語空間どうしの差異の構造でしかなく、その本性において実在に支えられていませんが、この構造はそれにもかかわらず脆弱でもなければ変易的でもなく、ひと度形成されれば極めてしぶとく、容易には崩れません。また執拗であります。しかしそれは何らかの実在に支えられてそうであるのではなく、構造そのものの執拗性ないしはしぶとさに基づきます。一旦出来上がった構造がいかにしぶとく、執拗であるか、言語や社会習慣がよく一〇〇〇年を越えて生きることは歴史の教えるところであります。歴史を回顧すれば、精神の基本的な交代はほぼ一〇〇〇年を単位として生起していることが知られますが、精神の交代とは構造の転換に他なりません。そしてその構造の上に世界精神や時代精神はあるのであって、民族の基層文化は構造にこそあるのであります。構造と化していないようなものは民族の深層意識、基層文化とはなりえません。したがって存在とはなりえません。構造こそ民族の深層意識であり、その上に民族は歴史的状況に適応しつつ生きるのであって、このことはギリシア民族においても変わりません。そういった構造に基づく諸現象の思想的痕跡こそが民族の哲学思想であり、哲学史の本来の対象であるはずです。生きた思想はたいてい構造に基づいていますが、生きてきた思想こそ哲学史の対象であるはずです。哲学史は顕在的な学説を対象とするだけで満足するのではなく、そういった学説の下にあって、それらを潜在層から賦活していた構造を浮び上がらせることをこそ本来己が使命としなければなりません。そうしてこそ、かつて存在した具体的世界、具体的精神を再び蘇えらせることも可能となるでありましょう。

ヘーゲルが強調したように、哲学史は抽象的な学説の羅列にとどまるようなものであってはならないのであって、具体的普遍の記述こそが哲学史の目指すところでなければならないのであります。そしてその具体的普遍はたいてい歴史の内に住まわっています。歴史こそ哲学的真理の土壌であります。哲学は抽象理論ではないのであります。哲学を論理学に解消しようとするあれら分析哲学者たちや論理実証主義者たちは自分たちが何をやっているのか気づいていないのではないでしょうか。否、むしろそこにはある深い本能が隠されているのかも知れません。おそらくその深層にある意図は哲学の根を切ることではないでしょうか。根を切ることによってしか自分たちが生きえないことを、あれら故郷喪失者たちは深い次元で知っているのでありましょう。彼らの試みは極めて執拗であります。

ギリシア的思惟の潜在的構造を明らかにする。

古代ギリシア哲学もまたこういった差異の構造の上に描かれた「図」であって、その下には意味対象となって浮かび上がることのない虚的存在たる父祖伝来の構造が「地」として横たわっていたのでありますそしてこの構造がギリシア人の基底的意識でもあり、ギリシアの基層であり、存在なのであります。意識とは、顕在的であると潜在的であるとを問わず、結局は言語だからであります。意識がもし意味として現れるなら、それは言語である他ありません。ヘーゲル的にいえば、概念である他ありません。意味は言語だからであります。言語のないところに意味は存在しません。したがって言語以前の意識などといったものは抽象であります。少なくともそのようなものは自覚されようもありません。意識はそれが意味として現れ出るとき、すでに言語であるのであり、賦活された言語、それが意識であり、したがってそれは一定の構造なのであります。

ところで構造はそれ自体としては虚的存在なるがゆえに対象となることは稀で、たいていは潜在層に伏在します。構造そのものが自覚的となること、意識の対象となり、意識のもとにもたらされることはまずありません。にもかかわらず、それは潜在層から必然的にすべての顕在的意識を規定しているのであります。というよりも、そもそも顕在的意識とは潜在的な構造の浮かび上がりでしかないということができるでありましょう。というのも、それは意味である以上言語である他ないし、言語はまずもって差異の構造だからであります。意識が対象に向かうときも、構造として向かうのであります。対象と意識の関係は点と点の対応関係ではなく、点と構造の関係であり、イデア的な意味対象に収斂し、自ら対象志向的（点的）となるときも、それは構造にとり憑かれています。というよりも、なお構造でありつづけています。したがって意識が構造を脱することは、そこに別の原理が登場し、それとの対比において構造そのものがあらわになるのでない限り、まずありません。換言すれば、言語を脱することはまずありません。当然古代ギリシア哲学もその構造（言語）から脱すること、稀たらざるをえませんでした。彼らの思惟も行動も基本的にその構造においてでしかなかったし、その構造に着色されたものでしかありませんでした。

思想とは結局構造の網の目の中に浮かび上がった泡粒のごときものでしかなく、思想は言語を飛び出せないのであります。したがって構造を飛び出すことは基本的にできません。思想はどこまでも構造に呪縛されつづけます。事実ギリシア的思惟（ギリシア哲学）が潜在的な構造にいかに呪縛されつづけたか、それをギリシア哲学の実際の現場において、そこに現出していた諸現象を検証することによって明らかにすることを本講義の課題にしたいと思います。そしてそのことによって、どのような学説も、それがその上に「図」として描かれる「地」との関係を巻き込んだ形で記述されない限り、生きたものとしては記述されないことを確認していきたいと思います。哲学史を学説の羅列で事足れりとするレヴェルのものにとどめてはなりません。

生きた思想を生きたものとして記述する。

潜在的な構造の呪縛ないし影響こそ真に執拗かつ根源的であって、それに比すれば学説どうしの関係ないし影響は皮相なレヴェルのものでしかありません。学説は言表された言語であり、ポジティブな意味対象ないし意味内容であります。そのようなものは構造の結果でしかありません。したがって哲学史がもし学説どうしの関係ないし対立としてしか記述されないのであれば、それは「ポジティブなもの」と「ポジティブなもの」の関係、対象と対象の関係の記述としかなりえないわけで、哲学史の記述は表面的で気の抜けたものに終わらざるをえないでありましょう。また学説は本来それ単独で自立して存在していたわけではありません。それはいわば「地」の上に描かれた「図」であって、語られることのない「地」によって虚的に包まれ、それによって賦活されていたのであってみれば、それから切り取られた学説はいわば陳列ケースに納めて博物館に展示された死せる思想の標本に過ぎません。そのような哲学史はミイラ化した標本の展示場でしかないわけであります。

一九世紀の後半から二〇世紀にかけて新カント派の影響のもとに数多くの浩瀚な『哲学史』が著されてきましたが、いずれもそのような記述の域を出ていません。ツェラーを見ていただきたい。ブランディスを見ていただきたい。エルトマンを見ていただきたい。ユーヴァーヴェークを見ていただきたい。あれらの『哲学史』はほとんど生きた思想を殺してしまっています。そこではあたかも剥製にしないと学的記述と見なしえないと考えられてきたかのようであります。哲学史を剥製を見てはじめて生物を認識する博物学のごときものと化してはなりません。そのような哲学史は思想の生死を賭した戦いをほとんど記述しえていませんし、またしえないでありましょう。死せるものは戦わないからであります。しかし実際には哲学はそれぞれ生死を賭けて戦ってきたのであって、それこそが哲学史の対象であり、内容であるはずです。生死を賭した精神の戦いこそが哲学であり、哲学史の本来の対象であるはずです。

それゆえ哲学史を復権させるためには何としても哲学史の記述を生きたものの記述としなければなりませんが、哲学史の記述を生きたものにするためには、学説を、それがそこにおいて生きていた空間に返さねばなりません。学説が生きていた空間とは、その下にあってそれを賦活していた潜在的な構造をも含み込んだ空間であります。したがって学説が「図」としてその上に浮かび上がっていた「地」をも取り込んだ構造的な記述を目指さねばならず、そういった記述によってはじめて哲学史は各学説を、その本来の姿において、生きた姿において提示することも可能となるでありましょう。プロティノスの洞察によれば、生命とはその実体は思惟に他ならないがゆえに（『エンネアデス』参照）、それが生きていた空間を回復すれば、思想は必ずやその生命たるの実を発揮するはずです。すなわち生き返るはずであります。

「ソクラテス」や「プラトン」や「アリストテレス」を生き返らせることは可能であると思います。少なくとも彼らの精神を再現出させることは可能であります。また初期ギリシアの哲学者たちの哲学を生き返らせることも可能であり、生き返ってはじめて、それぞれの哲学が、なぜあのようなことを主張しなければならなかったのか、またなぜあのようなことをいったために激しい戦いに巻き込まれ、そして否定されねばならなかったのか、また否定しなければならなかったのか、その隠れた真の事情も明らかにされるのではないでしょうか。わたしたちが各時代を共時的に生き、共時的に問うことができるためには、諸思想がそこにおいて生き、戦い、賦活されていた空間を回復しなければなりませんが、この空間の回復は思想が「図」としてその上に浮かび上がっていた「地」を回復することによってはじめて可能となるのであります。今再びギリシア哲学を問う以上、根源的に問うのでなければなりません。ギリシア哲学を根源的に問うとは、構造的に問うことに他なりません。わたしたちが決して忘れてならないことは、哲学はかつては生きた思想であったという事実であり、この事実を復元しなければならないということであります。学問性（Wissenschaftlichkeit）に囚われるあまり、思想を殺してしまってはなりません。

第2講 ミレトスの哲学者(I) タレス

ギリシアの「地」の上に哲学という「図」をはじめて浮かび上がらせた哲学者、タレス。タレス、フェニキア人説(非ギリシア人説)が意味するもの。哲学外国起源説。

哲学者、タレス。

タレス、フェニキア人説。

哲学はギリシアにおいても「地」の上に描かれた「図」であって、その下には何千年もの間ギリシア民族の意識をその基底において規定してきた言語の構造に基づく潜在的な意識の層があったのであります。それがいわばギリシア人にとっての本来の存在でした。ギリシアの基層文化は構造的な自然概念(ピュシス)にこそあります。そしてこの基層、沈黙の「地」の上にはじめて哲学という「図」を浮かび上がらせた人物こそ、ミレトスの哲学者タレスなのであります。しかもそれは外国産の知識でもってなされた出来事だったのであり、それゆえヘロドトスはただちに彼を「フェニキア人」(非ギリシア人)

としています。

ヘロドトス（『歴史』Ⅰ170）

またイオニアが破壊される前にミレトス人のタレスによって次のような有益な見解も主張されていた。彼の祖先はフェニキア人であるが、彼は、イオニアの人々が単一の政庁を設けて、それをテオスに置き（というのはテオスがイオニアの中央であるから）、他のポリスには従来通りに住まいして、それらをあたかも区のように見なすよう呼びかけていた。

ディオゲネス・ラエルティオス（『ギリシア哲学者列伝』Ⅰ22）

ところでタレスは、ヘロドトスとドゥリスとデモクリトスのいうところによると、エクサミュエスを父とし、クリオブゥリネを母とし、テリダイ一族の出であった。この一族はフェニキア人であり、カドモスとアゲノルの系統の中で最も名門である。……彼はフェニキアを追放されたネイレオスと共にその地にやってきたときにミレトスに市民として登録されたのである。

タレス、フェニキア人説（非ギリシア人説）の出所が奈辺にあるのか、ヘロドトスはこの情報をどこから得たのか、今日では知る術がありませんが、いずれにせよヘロドトスはこの説の強固な主張者でした。結局のところ、わたしたちは資料的にはこの説をヘロドトス以上には遡りえないようであります。この点に関するいずれの学説誌家の報告もヘロドトスを最終ソースとするものであるように思われます。

ピュタゴラスの場合と同様、タレスに関する彼の説によってもまたわたしたちはヘロドトスという人物に強い印象を持たざるをえません。ヘロドトスという人は当時の世界のほとんどを見聞した国際的な知識人であったはずですが、そこに非ギリシア的なものを嗅ぎ取ると、ただちにそれを「エジプト起源である」とか、「フェニキア人のものだ」とか、「カルダイア人のものである」などといってことさらに告発するナショナリストでもあって、意外な人物といわざるをえません。むしろ彼は世界を見た人物であり、諸民族を経験した人であったからこそ、何がギリシア的で何が非ギリシア的かがよく分ったのであり、それゆえ人一倍そういった差異に敏感ならざるをえなかったのでありましょう。世界を舞台に活躍する国際人ともいうべき人物が意外にも偏狭なナショナリストであるというような例はよくあるのでありります。それは民族間の差異性が日常的に体験されるような境涯にある者がしばしば示す傾向性であります。

他方、「だが多くの人たちのいうところによると、彼〔タレス〕は生粋のミレトス人であり、輝かしい氏族の出である」（ディオゲネス・ラエルティオス『ギリシア哲学者列伝』I 22）との説もありますが、これは歴史的事実の報告というよりは、先の「タレス、フェニキア人（非ギリシア人）」説に抗してタレスをギリシアへ取り戻そうとするいわば反動の表現ともいうべきものでありましょう。しかしこういった説もある以上、ヘロドトスの報告のみをもってただちにタレスをフェニキア人（すなわちセム系の人物）と断定するのは早計でしょうが、少なくともタレス、フェニキア人説がギリシアの有力な学者によって主張され、また学説誌において語り継がれていたという事実は「タレスはギリシア人なのかどうか」という問題意識が当時のギリシア世界にあったことを示唆しています。そしてそのことは同時に、哲学をそもそもヘラス（ギリシア）のものと考えてよいかどうかという問題意識でもあったといって過言でないのではないでしょうか。少なくともヘロドトスの見方によれば、哲学は元来はヘラスのものではなく、外国産の知なのであります。哲学を即ギリシアのものとする見方は必ずしも当時のギリシア世界の知的状況を正確に反映した見方ではなく、むしろ哲学は、その当時のギリシア世界においては、まずもって認可され、受け入れられねばならないような性格のものだったのであります。

哲学外国起源説

タレス本人のみならず、その学説もまた外国起源とする説が当時のギリシア世界の一般的な見方であって、タレスがエジプトから幾何学を、カルダイアから天文学を、またフェニキアから代数の知識をギリシアの地に移植したとのことは、以下のように、多くの学説誌家の語るところであります。

ディオゲネス・ラエルティオス（『ギリシア哲学者列伝』I 24）

彼〔タレス〕はまたエジプト人から幾何学を学び、直角三角形をはじめて円に内接させたとパンピレはいう。

プロクロス（『エウクレイデス「原論」注解』65, 3）

フェニキア人のもとで貿易や取引によって数の精確な認識が始まったのとちょうど同じように、エジプト人のもとで測地術が上述の理由によって発見されたのである。タレスがはじめてエジプトへいってその理論をギリシアに移植し、また彼自身も多くのものを発見し、彼の後につづく人たちのために多くのものに先鞭をつけたのである。

ヨセフス（『アピオン論駁』I 2）

のみならず、ギリシア人のもとではじめて天界の事柄〔天文学〕や神的な事柄〔神学〕について哲学した人たち、例えばシュロスのペレキュデスやピュタゴラスやタレスもまた、エジプト人やカルダイア人の弟子になることによってはじめて若干の著作をものしたのである。この点はすべての人が一致して認めている。それらは最古のものとギリシア人によって考えられているものであるが、それらが彼らによって書かれたとは人々はほとんど信じていない。

幾何学や天文学や代数学の知識のみならず、万物の原理（アルケー）を水とする説や、大地は水の上に浮かんでいるという、今日の『哲学史』においてほぼ一致してタレスのオリジナルとされている学説ですら、プルタルコスやシンプリキオスはこれをエジプト起源としています。

プルタルコス（『イシスとオシリスについて』34）

タレスのごとく、ホメロスもまたエジプト人のもとで学び、万物の原理と出所は水であると考えたように思われる。

シンプリキオス（『アリストテレス「天体論」注解』522, 14）

ミレトスのタレスは、大地は、木とか、あるいは何か他のそういった本性上水に浮かぶもののごとく、水に担われているという説を提唱した。この教説に対してアリストテレスは反論を加えているわけであるが、エジプト人のもとでも神話の形でそのようなことが語られているし、またタレスはおそらくその説をかの地から持ち帰ったのであろうからして、けだしそれはかなり有力なものである。

要するに学説誌家たちはタレスの学説のほぼすべてを外国起源としているわけであります。こうなれば、タレスの一体どこにオリジナリティがあるというのでしょうか。一体何がタレスに残るというのでしょう。タレスに関する報告を注意深く読むとき、いずれの報告も、具体的な学説に関する限り、タレスに最終的にはオリジナリティを認めようとしないという点で奇妙な一致を見せているのが注目されます。唯一タレスに帰されていた『航海用天文学』ですら、ディオゲネスはこれをサモスのポコスのものとしています。

ディオゲネス・ラエルティオス（『ギリシア哲学者列伝』I 23）

そしてある人によれば、〔タレスは〕一冊の書物も残さなかったとのことである。というのも彼に帰されている『航海用天文学』はサモスのポコスのものであるといわれているからである。

したがってこれらの報告から推測する限り、タレスの哲学は全体として外国起源の知識に基づく外国産の知であったといわねばならないように思えてくるのであります。少なくともそういう見方が当時のギリシア人一般の共通見解であったし、また学説誌家たちのほぼ一致した見方でもあったといって過言でないとすら思えてくるのであります。少なくとも学説誌家たちはそういった方向でタレスを取り扱うという点でほぼ一致した傾向性を示しているのであります。これはタレスの扱いに関するひとつの定式であったとすらいえるのではないでしょうか。このことはアリストテレスがタレスをもって「哲学を始めた人」（ἀρχηγὸς τῆς φιλοσοφίας）としていることとおそらく矛盾しないでありましょう。アリストテレスはたしかに「タレスがそういった哲学（自然哲学）を始めた人であり、水が原理であるといった」（『形而上学』A 3. 983 b 20）と語っていますが、しかしアリストテレスはタレスの学説をすべて自前のものであるとまではいっていないのであって、アリストテレスがいっていることは、要するに、タレスは、外国産の知であれ何であれ、従来からあった教説も含めて、それらの知を哲学という新たな知のステージの上に乗せたということでしかないのであります。したがって、タレスの哲学も含めて、哲学は当時のギリシア人にとっては、全体として外国起源の知識に基づく外国産の知ともいうべきものだったと推定しておそらく不当でないでありましょう。またそういうものとして当時の人々に受け止められていたといっておそらく間違いないでありましょう。

思想を潜在的な構造を含み込んだ空間の中で捉え直すこと

一般的にいっても、この当時の地中海地方においては、エジプト、バビロニア、フェニキアが学問、文化のあらゆる面において先進地域であって、ギリシア人たちはそういったバルバロイから学ぶ立場にありました。この状況をオックスフォードのギリシア古典学者、E・ハッセイは「この時期はバルバロイが先生で、ギリシア人は一般に覚えの早い生徒であった」と表現しています（E・ハッセイ『プレソクラティクス』法政大学出版局、二〇一〇年、三頁）。このことは哲学においても異ならないのであって、哲学もまた当初は全体として外国産の知識に基づく知ともいうべきものだったのであります。そしてまたおそらく「外国産の知」であったからこそ、哲学は当時のギリシア世界にあれほどにも鮮烈に「図」として浮かび上がりえたのではないでしょうか。その状況はおそらく西洋の近代思想が導入された当初の明治期の日本の知的状況に似ていたに違いありません。西洋と邂逅した当初の明治期のあの衝撃を想えば、タレスの時代の思想状況がほぼ正確にイメージできるのではないでしょうか。それゆえそれはある人々には熱狂的に受け入れられたが、ある人々からは猛烈な反撥を受けずにいませんでした。哲学はその当初から深刻な争いの種を宿していたのであります。

哲学は最初から中立的な「理性の体系」などではなかったのであります。否、哲学が真の意味で「理性の体系」であったことなど一度もないのであって、哲学はギリシアにおけるそもそもの発端からして、人種的、民族的な差異意識の中にあったのであり、そういった差異意識の中で自らの存在を主張しなければならない運命を背負っていたのであります。しかもその戦いは個人レヴェルのそれというよりは、民族の深層に伏在する伝統意識、正統意識との相克の中で戦わねばならない性格のものでした。その論争がしばしば人命にも係わるようなものにならざるをえなかったゆえんであります。

虚心にギリシア哲学を見ても、見紛いようもなく確認できることは、ギリシア哲学の歴史は激しい抗争の歴史であったということであります。彼らは皆激しく戦っています。基層文化の上に新しい文化が移植されるとき、そこには必ず深刻な軋轢と葛藤が生まれずにいないのであって、ギリシア哲学における諸々の抗争もまたそういったところに起因していたのでありましょう。「図」として浮かび上がった哲学は当然のことながら激しい反動にさらされねばなりませんでした。その反動のエネルギーはたいていの場合「図」（顕在的意識）に起因するものではなく、「地」（潜在的無意識）に起因していたのであります。多くの学説が封殺されねばならなかったが、なぜ封殺されねばならないのか、また封殺しなければならないのか、当人たちにもよく分かっていなかったに違いありません。

イタリアにおけるピュタゴラス派に対する迫害、ヘラクレイトスの怒りと破滅、エンペドクレスの苛立ちと人格分裂、アナクサゴラスに対する死刑判決、ソクラテスの処刑、デモクリトスに対するプラトンの根深い憎しみ、ソクラテス、プラトンの尋常ならざるソピスト攻撃、プラトンのイデア論思想に対するアリストテレスの執拗な攻撃など、そこにわたしたちは単に学説上の対立しか見ないようであってはならないのであって、そういった学説の下にあって、彼らを根底から突き動かしていた個体性を越えたエネルギーをこそ見なければなりません。思想を潜在的な構造を含み込んだ空間の中で捉えねばならず、そうしてこそはじめて思想を死せる標本としてではなく、生きたものとして記述することも可能となるのでありましょう。

哲学者は、その立場がどうであれ、それぞれ使命感と信念をもって語ったのであって、私事を語ったのではありません。どのような哲学者の主張の背後にも必ず使命意識があります。そしてその使命意識は、たいていの場合、歴史の深層から生まれていたのであって、歴史こそ精神の土壌なのであります。哲学を歴史から切り離して抽象理論と化すことは哲学の根を切ることであり、哲学からその原理を切り取り、その生命を奪うことであります。哲学はあくまでも原理の学なのであります。原理への基づけにこそ哲学の生命はあります。ローティの fundamentalism 批判に抗して、わたしはあくまでもこう主張します（R・ローティ『哲学と自然の鏡』参照）。哲学は科学とは違うのであります。原理こそ哲学の生命であり、そしてその原理はたいてい歴史に根ざしていたのであって、哲学が対立するとき、そこでは歴史に根ざした原理が対決していたのであります。哲学史は私見の記録ではないのであります。哲学は個人の思索というよりは、その根源においてはむしろ民族の思想的動向ともいうべきものなのでありま す。ヘーゲルが絶えず「私見」(Meinung) と「概念」(Begriff) の区別を強調したゆえんであります。個人的見解など哲学ではどうでもよいのであって、「人間のいうことなどどうでもよろしい」とヘーゲルはいっています。

タレスの哲学

以上、タレスの哲学の歴史的意味について考察しましたが、次にタレスの教説を具体的に俯瞰しておきたいと思います。

哲学はミレトスの人、タレスから始まるというのが今日一般的に受け容れられている哲学史上の定説であります。もっともこう主張したのはアリストテレスであって、今日でもわたしたちはこの点ではアリストテレスの権威にしたがっているわけであります。ところで、アリストテレスが哲学はタレスから始まるとした理由は、タレスによってはじめて自然の合理的な説明が企てられたという点にあります。

世界の成立に関する説明はもちろんタレス以前にもさまざまな形で存在しました。いわゆる「天地開闢説」（Cosmogonia）といわれるものがそれであり、その最も首尾一貫した例はヘシオドスの『神統記』（Theogonia）の中に見出されます。最初にカオスが生じ、次にガイア（大地）とタルタロス（冥界）とエロスが生れ、ガイア（大地）からウラノス（天）とポントス（海）が生れ、さらにガイア（大地）とウラノス（天）の契からオケアノス（大洋）、その他が生み落された。他方、カオスからはエレボス（幽冥）とニュクス（夜）が生れ、ニュクス（夜）からアイテールとヘメレ（昼）が生れた、といったような説明がそれであります。しかしこのような神話的な表象による世界説明では未だ「哲学」（φιλοσοφία）と呼ばれるには値しないのであって、哲学であるためにはやはりそこには世界の成立に関するロゴス的（合理的）な説明がなくてはなりません。この自然の合理的説明をはじめて提出した人が、アリストテレスによれば、ミレトスの人タレスなのであります。

万物のアルケーは水である。

万物のアルケーは水（ὕδωρ）であるとタレスはいいました。哲学の誕生を告げる言葉として掲げるにはやや物足りなさを感じさせぬでもないテーゼではありますが（ラッセル）、しかしこの命題によってタレスは神話（μῦθος）からロゴス（λόγος）への転換をなし遂げたのであります。「ミュトスからロゴスへの転換」（Vom Mythos zum Logos）、これが哲学史において一般的に語られているタレスに帰される哲学史上の意味であります。世界のロゴス的説明（合理的説明）が哲学であるとするなら、「哲学」

（φιλοσοφία）はタレスをもって始まるとしたアリストテレスのテーゼにも一理あるとはいえましょう。

タレスが万物のアルケーを水（ὕδωρ）とした理由はおそらく、万物の栄養が湿っていること、また熱そのものも湿ったものから生じ、それによって維持されていること、さらに万物の種子が湿った本性を有していることを観察したためであろうとアリストテレスは推測しています（『形而上学』A 3. 983 b 22）。

タレスの断片は今日残されていないし、またそもそもタレスは一冊も書物を著わさなかったと考えられていますので、どのような理由からタレスが万物のアルケーは水であると考えるにいたったのかは今日では知る由もありませんが、おそらくアリストテレスの推測しているような理由からでありましょう。またタレスは大地は木のように水の上に浮かんでいると主張したとのことですが、ミレトスから見たエーゲ海（多島海）の景観がこのような印象をタレスに抱かせたのかも知れません。「万物は神々に満ちており、磁石は生きている、なぜならそれは鉄を動かすから」（アリストテレス『デ・アニマ』A 2. 405 a 19. A 5. 411 a 7）とタレスはいったともいわれています。あらゆる物に生命が宿っているとする見方を一般に物活論（Hylozoismus）といいますが、古代世界においては物活論はむしろ一般的な見解でした。この物活論的な自然観は意外にしぶとく、今日の物理的・科学的世界に生きる近代人ですら、このような見解を心中深くに持つことを自らに禁じえないようであります。

アリストテレス（『形而上学』A 3. 983 b 6）

ところで最初に哲学した人たちの大部分は質料の意味におけるそれのみを万物の原理であると考えた。なぜなら存在するものすべてがそれから存在しているそのもの、第一のものであるそれから生成し、最後にはそれへと消滅していくもの（ただし実体はそのままでありつづけ、様態の点でのみ転化する）、そういったものを彼らは諸存在の元素であり、原理であるというからである。……なぜならひとつかあるいはひとつより多くの何らかの自然が存在し、他のものはそれから生成するが、その際もそのものは保全されているという風でなければならないからである。とはいえ、そういった原理の数や種類についてはすべての人が同じことをいっているわけではなく、タレスは、こういった哲学を始めた人であるが、水がそれであるという。それゆえ大地は水の上に浮かんでいると彼は主張した。彼がこのような見解を抱くにいたったのはおそらく、すべてのものの養分が湿っていること、また熱そのものも湿ったものから生じ、それによって維持されていることを見たことからであろう。だがそれから生じるところのそのものとは万物の原理である。実際こういったことによって彼はそのような見解を抱くにいたったのであろうが、またすべての種子が湿った本性を有していることによってでもあろう。水こそは湿った本性の原理なのである。

シンプリキオス（『アリストテレス「自然学」注解』23, 21）

原理はひとつであり、また運動するという人たち（この人たちを彼〔アリストテレス〕は固有の意味で自然学者と呼ぶ）のある人々は、それを限定されているという。エクサミュエスの子ミレトスのタレスや無神論者でもあったように思われるヒッポンが、そうである。彼らは水を原理であるとし、感覚に現れるものからそういったものに高めた。なぜなら熱もまた湿ったものによって維持されており、死せるものは干涸びるからであり、すべてのものの種子は湿っており、養分はすべて汁状だからである。そして各々のものは、それがそれからなるそのものによってまた養い育てられるというようになっているのである。ところで水は湿った本性の原理であり、またすべてのものを結びつける性質を有する。それゆえに彼らは水こそ万物の原理であると想定し、また大地は水の上に浮いていると主張したのである。

アリストテレス（『デ・アニマ』A 2. 405 a 19）

タレスもまた、人々の記録しているところからすると、魂を何か動かす能力あるものと解していたように見える。本当に彼が「石〔磁石〕は魂を有する。なぜならそれは鉄を動かすから」といったとのことであるならば。

アリストテレス（『デ・アニマ』A 5. 411 a 7）

またある人たちは宇宙全体の内に魂が混合されているという。そこからおそらくタレスも、万物は神々に満ちていると考えたのであろう。

タレス、日蝕を予言する。

タレスは当時にあっても著名な人物であり、いわゆるギリシア七賢人のひとりに数えられていました。彼が日蝕を予言し、しかもその予言が見事に的中したことも彼の名を広く知らしめるのに与って力があったことでありましょう。しかもこの日蝕は大変な歴史的事件が発生していたときに起こったのであります。折から小アジアを舞台にしてリュディア王国とメディア王国の間に戦争が勃発していましたが、その戦の最中にタレスの予言していた日蝕が起こったのであり、ために彼らはこの戦争を止めたのであります。

ヘロドトス（『歴史』I 76）

戦争が互角に推移して六年目にいたり、ある合戦がなされたときに異変が起こった。すなわち戦いが行なわれていたその最中に突然昼が夜になったのである。昼夜のこの交替はミレトスのタレスが、その年を限度として指定して、起こるであろうことをイオニアの人々に予言していたものであったが、事実またその年に転換が起こったのである。

クレメンス（『雑録集』I 65）

〔その時に〕起こった日蝕をタレスが予言したと、エウデモスは『天文学史』において語っている。彼の時代にメディアとリュディアは交戦したが、それはアステュアゲスの父キュアクサレスがメディアの王で、クロイソスの父アリュアッテスがリュディアの王のときで、時期は第50オリュンピア祭年〔前五八〇―五七七年〕の頃である。

タレスがいつ頃の人であったのかは、それゆえ、彼が日蝕を予言したという事実によって知ることができます。この日蝕は天文学上の計算によると紀元前五八五年五月二十八日に起こったはずなのであります。ディオゲネス・ラエルティオスの『ギリシア哲学者列伝』の中に見られるアポロドロス（Apollodros. 前二世紀のアテナイのギリシア語学者）の『年代記』（Chronica）における年代設定もこの事実に基づいてなされたものであろうと推測されています。もっとも彼は第35オリュンピア祭年の第一年目（前六四〇年）をタレスの誕生の時と記していますが、これはディールスによって根拠をもって第39オリュンピア祭年の第一年目（前六二四年）の誤記であるとして訂正されました。それゆえディールスのこの訂正によれば、アポロドロスは日蝕の年（前五八五年）をタレスの最盛期（ἀκμή）とし、そして人生の最盛期を四〇歳と仮定して、そこから彼の誕生の年（前六二四年）を算出したことになります。そして彼はサルディス陥落の年、すなわち第58オリュンピア祭年の第三年目（前五四六年）にタレスの死を設定し、それゆえタレスは七十八歳で没したとしています。

したがって、以上のことから、紀元前六〇〇年頃にイオニアの有力な商業都市ミレトスにおいて今日わたしたちがいうような意味での「哲学」（φιλοσοφία）が誕生したといっておそらく不当でないでありましょう。そういう意味においてタレスを「哲学を始めた人」（ἀρχηγὸς τῆς φιλοσοφίας）とするアリストテレスの前掲のテーゼそのものは是とされねばなりません。ただしその前提となった諸知識は、前項でも述べたように、ギリシア周辺のオリエントの先進諸地域からもたらされたものだったのであります。商業都市ミレトスの合理的精神と進取の気風が先進諸地域から積極的に知識を取り入れ、それらを糾合して自然世界を合理的に探究する哲学を生み出し、促進するのに与って力があったであろうことは想像に難くありません。

日蝕を予言したという事実は、ラッセルもいうように、何もタレスが異常な天才であったことを物語るものではありません。すでにバビロニア人たちは多年にわたる天文学的な観測から日・月蝕がほぼ十八年を周期として起こることを発見していました。これをサロス周期といいます。一九〇一年にギリシアのアンティキティラ島の沖で発見された古代の沈没船から回収された金属の器具が日・月蝕を含む天体現象を恐るべき正確さで指し示す古代のコンピュータとでもいうべき機器であることが判明しました。その機器そのものはおそらくヘレニズム期のものでしょうが、そういった機器のベースになった天文学的知識は古代ギリシア世界の中で長く伝承されてきたものであり、そういったことからして古代ギリシア人たちは相当正確に天体現象を予測し、読み取る知識を持っていたことが想像されます。しかしその知識のオリジナルはカルダイア人（バビロニア人）たちによるものだったのであり、そういった知識をはじめてカルダイアの地からギリシアに移植した人物はおそらくタレスだったのであります。しかしタレス自身はそういった知識を記した周期表のようなものを入手していたに過ぎず、日蝕の起こる理由は知らなかったと考えられています。

タレス、エジプトから幾何学を導入する。

またタレスはエジプトから幾何学（γεωμετρία）をギリシアに導入しました。エジプトではナイル河の定期的な氾濫のために簡単な測地術（γεωμετρία）が発見されていました。水が退いた後の土地の再区画のためにそういった術が必要とされたのであります。しかしエジプト人たちの知っていたことは、例えば三辺が３：４：５の比になる三角形の頂点は直角であるといった実際に即した経験的知識であって、これを一般化した演繹的知識ではありませんでした。この実際的な知を幾何学という演繹的な学問体系にまで高めたのは何といってもギリシア人の天才的な演繹的知性のたまものであります。

この仕事はなかんずくピュタゴラス派とプラトンのアカデメイアにおいて遂行されたと考えられていますが、少なくともタレスはこの仕事のための端緒を切り開いたのであります。円が直径によって二等分されること、二等辺三角形の底角が等しいこと、交差する二直線の対頂角が等しいこと、一辺と両端の角が等しければ二つの三角形は合同であるという周知の三角形の合同定理など、いくつかの簡単な幾何学上の証明や発見がタレスに帰されています。また半円に内接する三角形が直角三角形であることを証明したのもタレスでした。彼が陸地の二地点から陸から海上の船までの距離を算出したり、人の影からピラミッドの高さを測定したという逸話が一部の学説誌家によって伝えられています。

プロクロス（『エウクレイデス「原論」注解』352, 14 Fried.）

エウデモスは『幾何学史』においてこの定理〔一辺と両端の角が等しいとき、三角形は合同であるという定理〕をタレスに帰している。というのは、海上にある船どうしの距離をタレスが示したといわれる方法は、この定理を用いねばならないと彼はいうからである。

プリニウス（『博物誌』XXXVI 82）

その〔ピラミッドの〕高さの測定法はミレトスのタレスが見出した。すなわち影が物体とちょうど同じ長さになるときにその影を測ることによって〔彼はピラミッドの高さを測定したといわれている〕。

プルタルコス（『七賢人の饗宴』2, p. 147 A）

あなた〔タレス〕はピラミッドが作る影の端に棒を立てて（そうすると光線を遮ることで二つの三角形が出来ますので）、影が影に対して有するのと同じ割合をピラミッドが棒に対して有することをお示しになったわけです。

このようにタレスは多くの先進的な知識を周辺地域からギリシアに移植しました。この時代はむしろエジプト、バビロニア、フェニキアといった地中海の周辺諸国の方が学問、文化の先進地域であって、ギリシア人はそういったバルバロイから学ぶ立場にあったとのことについては前項で述べました。

コラム：**逸話**

タレスについては愉快な話が二つ伝えられています。

ひとつはプラトンの『テアイテトス』（174 A）に見出されるもので、ある時タレスは星を観察するために天を見上げていたが、それに熱心の余り溝に落ちてしまい、それを見ていたトラキア出身の

召使女に、哲学者というものは高遠なことを知ろうとしているくせに自分の足元のことすら分っていないといって笑われたというものであります。

もうひとつはアリストテレスが『政治学』（A 11. 1256 a 6）において語っているもので、先のとは丁度正反対の性格の逸話です。タレスはその天文学上の知識から来たるシーズンはオリーブが豊作であることを冬の間に知ることができました。そこで彼は冬の間にミレトスとキオスのすべてのオリーブ圧搾機を借り受けておきました。シーズン・オフであったために競う者がなく、彼はそれらをほんのわずかな手付金で借り受けることができたのであります。果して収穫期になるとタレスの予想した通り、オリーブは大豊作でした。そこで彼はそれらの圧搾機を思いのままの値段で貸し出し、巨額の富を得ました。このようにして彼は、哲学者にとっては金持ちになることなどいとも容易なことなのだが、そのようなことは彼らの関心の内にはないのだということを示してみせたというものであります。

実際タレスが実生活においても有能な人物であったことは、彼がハリュス河の流れを変えることによってクロイソスの軍隊を渡河させることに協力したとか、また当時イオニア地域に及びつつあったペルシアの脅威に対抗するために中央政庁をテオスに置き、イオニア全体をいわば連合地域となして、政治的に一丸となってキュロスに対抗すべきことを提言したというヘロドトスによって伝えられている報告などからも窺われます（ヘロドトス『歴史』I 170）。彼が七賢人のひとりに数えられていたのも主には彼のこういった実際的な知恵によってのことでありましょう。

第3講 ミレトスの哲学者（II）アナクシマンドロス

典型的なイオニアの自然哲学、アナクシマンドロス哲学。没主観性の哲学。ト・アペイロンは否定性である。

アナクシマンドロス哲学の原理

さて、タレスが何人であったのかはもはやわたしたちの判断の及ぶところではありませんが、外国産の知識と共にその精神（異邦の原理）もまた入ってきたわけではなかったようであります。アナクシマンドロスの哲学においてわたしたちのむしろ注目すべきは、そこに主観性原理の痕跡が認められないことであります。むしろアナクシマンドロスの哲学は、ヨーロッパ二〇〇〇年の形而上学をその根底において支配し、近代世界を出現させるまでになった主観性（Subjektivität）が徹底的に消去されるところに出現する哲学なのであって、彼の哲学は主観性原理が到来する以前の思索の典型的な哲学的表現であったといって、おそらく不当でないでありましょう。そういう意味において、彼の哲学はまさにイオニアの哲学的思索の典型であったといって過言でありません。ピュタゴラス主義がギリシアに登場する以前の、ソクラテス・プラトン哲学という主観性の哲学がアテナイで立ち上がる以前の、ギリシア哲学の原初の姿をわたしたちはアナクシマンドロスの哲学において見るのであります。ここにこそハイデガーのいう「原初の哲学」(die anfängliche Philosophie) がありました。

アナクシマンドロス哲学の原理は「ある無限な自然」(τινὰ φύσις ἄπειρον) であります。キケロの表現によれば、「自然の無限」(infinitas naturae) であります (キケロ『アカデミカ第一』II 37, 118)。アナクシマンドロスは主観性によって生み出された超越の構造に組み込まれる以前の自然に生きた自然哲学者であり、彼にとって自然は対象ではありませんでした。対象でない以上、自然は「無限」(τὸ ἄπειρον) である以外になかったのであります。アナクシマンドロス哲学の基本テーゼは、キケロもいうように、「自然の無限」(infinitas naturae) なのであります。アナクシマンドロスの「ある無限な自然」(τινὰ φύσις ἄπειρον) は主観性をはるかに越えた存在そのものであり、彼の自然哲学はハイデガーの存在思想と基本的に同じ構造をしているのであります。ハイデガーがアナクシマンドロスに、「原初の思索家」(der anfängliche Denker) のひとりとして、シンパシーを表明するゆえんでありましょう。

彼の哲学においては「無限な自然」が基体とされ、万物はそれから、その内に存する「永遠の運動」(ἡ κίνησις ἀίδιον) によって、必然的に生成し、またそれへと消滅していくのであって、そこにアクティブないかなる原因も想定されていません。「あるものがある事態を引き起こす」といった意味での原因性 (Kausalität) の概念はその必要性すら予感されていません。アナクシマンドロス哲学においては「あるものがある事態を引き起こす」という意味での原因性の概念がほぼ完全に欠落しているのであります。

「諸存在にとって生成がそれからであるそのものへと消滅もまた必然にしたがってなされる。なぜなら、それらは時の秩序にしたがって、また相互に不正の償いをするからである」（断片B 1）というのがアナクシマンドロス哲学のテーゼであります。アナクシマンドロス哲学においては原因性といった主観的原理がほぼ完全に欠落し、自然はそれ自身において運動し、変化し、立ち現れ、また消滅していく自足した体系として捉えられているのであります。またその中で起こってくる事象の一切も、自然の中で、時の秩序にしたがって、相互に不正の償いをしなければならない必然性のもとに生起してくることとして捉えられています。そしてそれらすべての現出の基礎が「ある無限な自然」（τινά φύσις ἄπειρον）なのであります。彼の哲学は原因性といった主観的概念が消去されるところに現出する哲学なのであります。

ヒッポリュトス（『全異端派論駁』I 6, 1 - 7［Dox. 559］）

アナクシマンドロスはプラクシアデスの子でミレトスの人。彼は諸存在の原理は無限なある自然であり、それから天界とその中にある世界が生じたという。それは永遠で年を取らないものなのであって、それがまた全世界を取り巻いているのである。彼はまた、生成や消滅には一定の時が定められているというように、時間を語っている。彼は「無限なもの」（ト・アペイロン）が諸存在の原理であり、元素であるといったが、この原理（アルケー）という名称を口にした最初の人である。またそれに加えて永遠の運動が存在し、その中で天界は生成してくることになるといった。大地は何ものによっても支えられていないが、すべてのものから等距離のところにあるがゆえに宙に浮いているという。

擬プルタルコス（『雑録集』2［Dox. 579］）

彼［タレス］に次いで、タレスの仲間であるアナクシマンドロスは「無限なもの」（ト・アペイロン）が万有の生成と消滅の全原因を保有するという。そしてまさにその「無限なもの」（ト・アペイロン）から天が分離され、そして一般に無限〔無数〕に存在する全世界が分離し出されたというのが彼の主張するところである。そして彼は、消滅と生成が生じたのは（それらは繰り返すものなるがゆえに）限りなき永劫からであると言明する。

シンプリキオス（『アリストテレス「自然学」注解』24, 13）

原理はひとつであり、運動し無限であるという人々のうち、タレスの後継者であり弟子であったプラクシアデスの子、ミレトスのアナクシマンドロスは、「無限なもの」（ト・アペイロン）が諸存在の原理であり、元素であると主張した。ちなみに彼は「原理」（アルケー）というこの名称を導入した最初の人である。彼は、原理は水でもなければ他の元素といわれるもののいずれでもなく、それらとは異なる無限なある自然であって、それから全天界と天界の内にある世界のすべては生成するという。「諸存在にとって生成がそれからであるそのものへと消滅もまた必然にしたがってなされる。なぜなら、それらは時の秩序にしたがって、また相互に不正の償いをするからである」というふうに、やや詩的な言葉で彼はそのことを語っている。明らかに彼は四元素の相互転化を観察して、それらのひとつを基体とするのではなく、それらとは別のものを基体とする方が適当であると考えたのである。また彼は、元素が質的に変化することによってではなく、永遠の運動によって反対のものが分離されることによって生成はなされるとする。

ヘブライズムの第一命題とヘレニズムの第一命題

このアナクシマンドロスの「無限なある自然」の哲学を『創世記』におけるヘブライズムの神による

世界の「無からの創造」（creatio ex nihilo）のテーゼと対比するとき、ヘブライズムとヘレニズムの差異性が鮮明となります。『モーゼ五書』の第一命題は「神が世界を造った」ということであります。「神による世界の無からの創造」のテーゼがヘブライズムの第一命題なのであります。要するにヘブライズムの根本命題は「作る」ということにあり、ここにハイデガーはMachenschaft（工業性）の地球支配の発端を見ています（『哲学への寄与論稿』参照）。

Machenschaftこそ今日の地球をあまねく支配する主導原理であり、その結果、世界は全体として工場になってしまいました。地球は今や全体として工場ですが（今日では農場すら工場です）、その発生ルーツは、ハイデガーの洞察したように、ヘブライズムにあったのであります。ヘレニズムのロゴスにあったのではありません。Machenschaftもまたヘブライ的主観性に発する原理であり、その一帰結なのであります。「作る」ためには「作られるもの」を対象として前に立てねばなりません。「前に立てる」（Vorstellen）原理は主観性（Subjektivität）以外にありません。主観性には一切を自らの前に対象として立てるという構造が備えつけられているのであり、この超越の認識構造がいわば主観性という原理の本性なのであります。それも『モーゼ五書』の第一命題のように世界をトータルに前に立てる以上、その主観性は「巨大な主観性」であったといわざるをえません。本講義においてヘブライズムの神をしばしば「巨大な主観性」と呼称するゆえんであります。ヘブライズム思想の実体は巨大かつ強力な主観性なのであります。ヘブライズムがキリスト教という姿を取って強大な推進原理として西洋精神史に登場してきたゆえんであります。

これに対して、ヘレニズムの第一命題であるアナクシマンドロスのテーゼにおいては、「無限な自然」が基体とされ、万物はそれからその内に存する「永遠の運動」によって必然的に生成し、またそれへと消滅していくとされているのであって、そこに「作る」という発想はありませんでした。アナクシマンドロスの哲学においては世界はまだ前に立てられていません。言い換えれば、主観性の一対象とされていません。したがってアナクシマンドロスの「無限なある自然」の哲学においてはアクティブな原因を想定することは原則不可能であり、そこに「あるものがある事態を引き起こした」といった原因性の概念が入る余地はありませんでした。アナクシマンドロス哲学においては、自然世界は作られたのではなく、自ら立ち現れ、また自らに消えていくのであります。ハイデガーは「ピュシス」というギリシア的概念を「自ら立ち上がるもの」（das von sich aus Aufgehende）と訳しています。このアナクシマンドロス哲学の命題をヘレニズムの第一テーゼとするなら、ヘレニズムの第一テーゼに Machenschaft はなかったといわねばなりません。初期ギリシアの哲学に「世界を作る」という発想はありませんでした。自然は対象でなかったのであります。それはそこに世界を作られたものとして前に立てるという主観性の視点がまったくなかったからであります。ヘレニズムとヘブライズムは、その第一命題からして異なっていたのであります。この差異性がやがて西洋世界の中で、調停不能な対立として、幾多の抗争を生じさせていくことになります。

ト・アペイロンは否定性である。

「ある無限な自然」（τινὰ φύσις ἄπειρον）は否定性であることに留意すべきであります。『哲学史』はアナクシマンドロスのト・アペイロンを「無限定なもの」と読んで、それを元素のひとつとし、対象的、肯定的概念に仕立てていますが、アナクシマンドロス哲学の基礎概念をまずもって改竄し、その本質を隠蔽した上で、それを捉えようとするような行為といわざるをえません。「無限」（ἄπειρον）は元素といった肯定的な対象的存在とは次元を異にする原理であり、それ自体としては限定に対する否定性の表現でしかないのであります。したがってそれは本来は否定性であり、対象として前に立ちえない概念であって、それ自身否定性でしかない自然（ピュシス）の本質をアナクシマンドロス哲学においてより的確に表現するものになっているのであります。

アナクシマンドロス哲学が否定性でしかない「ある無限な自然」をその基礎に置いたということは、彼の哲学は、すべてのものを対象として前に立てる仕方でしか考察しない、またそういう仕方でしか考察できない主観性の哲学の視点のもとには立たないという自らの立場を事実上宣言しているに等しいことなのであります。アナクシマンドロスの哲学は、そのそもそもの発端からして、主観性の視点のもとに服さない哲学なのであります。この点を明確に認識するかどうかに、アナクシマンドロス哲学をその本来の姿において捉えうるかどうかが懸っています。本来対象として立ちえない「ある無限な自然」が基礎をなすという点にこそ、アナクシマンドロス哲学の本旨はあるのであって、このことは彼の思索が主観性の視野の圏外にあることを意味しています。

「ある無限な自然」は対象たりえない否定性であり、この否定性を基礎にするという点にこそ、アナクシマンドレス哲学が主観性の立場に立ちえない本源的理由があるのであります。当然そこでは原因性（Kausalität）といった主観的原理もまた介在する余地がありませんでした。対象たりえない否定性を絶対的な発端とするということは、主観性の哲学の立場に立たないという宣言と同義であり、ソクラテス的視点の原則的否定であります。ソクラテスのそれを含む主観性の哲学の立場は、すべてのものをまずもって対象として眼前に立てる立場だからであります。否定性を基礎とする哲学こそ、主観性の視点を排した存在の思索たりうるのであり、アナクシマンドロスの哲学はその典型であります。そこでは対象性がまずもって放棄されねばならないからであります。したがって主観性の視点がまずもって拒否されねばなりません。端的にいえば、主観性原理（Subjektivität）が放棄されねばなりません。主観性の視点から徹底的に離脱した哲学、それがアナクシマンドロスのト・アペイロンの哲学なのであります。アナクシマンドロスの哲学はソクラテス的視点以前の哲学であり、むしろその対極にある哲学なのであります。彼の哲学はプレソクラティクスの哲学の典型でした。アナクシマンドロス哲学を典型とするプレソクラテスの哲学がハイデガーによって「存在の故郷」（Heimat des Seins）として望郷されたゆえんでありましょう。

永遠の運動

アナクシマンドロスの哲学が否定性を基礎とする没主観性の哲学であるという上述のテーゼを念頭に置くとき、彼の具体的な諸主張もまたこのテーゼから必然性をもって出てくる主張であって、決してその場の思い付きでなされた主張でないことに気づかされます。彼の哲学はむしろある一定の基本的原則のもとに首尾一貫して展開された哲学なのであります。これまでの『哲学史』においてこの点が見落されていたとするなら、それは、彼の哲学の視点が近代哲学の視点と根本的に異なっていたために、そこに働いていた一貫性、整合性が認識されなかったということでありましょう。

まず、前掲の報告における「永遠の運動」（ἡ κίνησις ἀίδιον）という概念に躓いてはなりません。アナクシマンドロス哲学のこの概念を、アナクシマンドロスが「無限な自然」の内にどのような運動原因も見出しえなかったことに起因する窮余の説明方式とする説明が『哲学史』の中でしばしば見られますが、近代的な見方に偏した解釈といわねばなりません。すべての事象に原因を求める考え方は科学を含む近代の主観性の哲学のそれでしかないのであって、前述のように、アナクシマンドロス哲学の本旨はむしろそういった原因論的な見方の圏外にあったという点にこそあるのであります。それが「永遠の運動」（ἡ κίνησις ἀίδιον）という彼のテーゼであります。「無限な自然」の内に運動を引き起こす原因など必要ないのであります。

また「運動が起こった」というのも非アナクシマンドロス的であり、むしろアナクシマンドロスにとっては運動は永遠なのであって、自然が無限である以上、運動もまた永遠であるとされることに何の不思議がありましょうか。むしろギリシア人の通念によれば自然性は運動性そのものであるがゆえに、自然が無限なら運動もまた無限でなければなりません、すなわち永遠でなければなりません。自然を「無限なもの」（τὸ ἄπειρον）として受け取るアナクシマンドロスにとって、運動が永遠であることはむしろ当然のことであり、特段説明を要することではないのであります。「運動が起こった」というのも「ある原因によって運動が引き起こされた」というのも共に非アナクシマンドロス的です。

「あるものがある事態を引き起こす」という意味における原因性の概念は、対象に対する働きかけの想定を前提としており、すべてのものを対象として前に立てる主観性の哲学の光学の中ではじめて浮び上がってくる考え方であります。それは特定の視点のもとに現出する考察様式でしかないのであって、そういった一視点のもとに成立する考え方でしかない概念を「無限な自然」に押しつけるのは主観性の哲学の視点を無限な自然の哲学に押しつける行為以外の何ものでもなく、筋違いといわざるをえません。「無限な自然」は否定性であるがゆえに、そういった視点に拘束されないのであります。「無限な自然」の内にそういった原因性の概念を立てる必要性はまったくないといわねばなりません。また立てることもできません。そういった原因を立てることはアナクシマンドロス哲学にとってはまさにその哲学に矛盾する行為以外の何ものでもなかったでありましょう。アナクシマンドロス哲学は運動を引き起こす原因といった概念をまったく必要とせず、むしろ原因論的な見方が徹底的に消去されたところに展開されているのであって、彼の哲学は原因論的な見方を大きく越えたところに展開された哲学なのであります。アナクシマンドロスの哲学は主観性の視点に拘束されてしまった近代のいかなる哲学より大きいのであります。近代的視点とアナクシマンドロス的視点の根本的な差異性が見落とされてはなりません。

世界は相互に不正の償いをしつつ存在している。

また「なぜならそれらは時の秩序にしたがって相互に不正の償いをするからである」という断片B1の表現に躓いてもなりません。この表現を捉えて、アナクシマンドロスは自然を倫理的に捉えていたと喜んだ哲学史家もいたようですが、見当違いであります。事態はまったく逆なのであります。アナクシマンドロスは自然を倫理的に見たのではなく、近代人にとっては倫理的であるような事態もアナクシマンドロスにとっては存在のひとつの必然的なあり方であったということなのであります。アナクシマンドロスの思索においては存在（Sein）と当為（Sollen）はまだ分離していません。ないしは、同じことですが、当為はまだ主観性の中に閉じ込められていません。近代人にとっては倫理的と映るような事態も存在のひとつのあり方なのであって、当為はまだ主観性内のひとつの規定に過ぎないものなのではありません。当為が主観性の中に閉じ込められて主観性に対する定言命法となり、存在から切り離され、あまつさえ存在に対立するようになったのは、主観性の哲学が登場したことの結果であります。カントの定言命法に当為の主観性への拘束を語るものであって、カントにおいては「あるべし」（es soll）ではなく、「汝なすべし」（du sollst）であります。それに対してアナクシマンドロスの場合は「あるべし」（es soll）であって、当為はまだ主観性の中にあるのではありません。むしろアナクシマンドロスにとっては当為もまた存在一般のあり方なのであります。世界は全体として相互に不正の償いをしつつ存在している、すなわち罪障を償いつつ「倫理的」に存在しているというのがアナクシマンドロス哲学のテーゼなのであります。

アナクシマンドロスの哲学は当為を主観性に拘束する以前の哲学なのであって、存在（Sein）と当為（Sollen）の対立以前のまさに存在の思索なのであります。近代人にとっては倫理は人間のあり方以外のものでないでありましょう。しかしアナクシマンドロスにとっては倫理はひとり人間にのみ限定されたあり方なのではありません。それは人間も含めた存在一般のあり方なのであります。もしアナクシマンドロスかカントかのいずれかに軍配を上げねばならないとするなら、わたしは躊躇なくアナクシマンドロスに手を上げるものであります。当為は存在一般のあり方でもあって、ひとり人間にのみ限定される規定ではないというアナクシマンドロス哲学のテーゼに、わたしは心底よりの共感を表明するものであります。

当為は存在一般を貫いており、存在は明らかに倫理性を含んでいます。否、むしろ、存在は倫理的に存在しています。およそあるものはすべてあるべきようにあります。自然に対してわたしたちが畏敬を感じるのは、そこにあるべき姿が深く感得されるからではないでしょうか。自然は畏敬すべく畏怖すべき存在であります。近代の啓蒙主義の代表的哲学者カントですら、自然について「美と崇高の感情」を語らずにおれませんでした。また「自然の合目的性」を論じずにおれませんでした。彼は明らかに自然に感動しています（『判断力批判』参照）。自然がしばしば人間を圧倒的に否定するにしてもであります。自然に否定されても人間は決して自然を恨みません。むしろ己を自戒します。ここには自然を人間の正義では推し量れない畏怖すべき存在と感得する人間の深い感性があるのでありましょう。ただしここでいう倫理は、人間にのみ係わって語られるあのような偏狭な「倫理」ではなく、いわば「存在の倫理」ともいうべきものですが。

当為の人間への限定と共に近代的倫理学は極めて偏狭なものになりました。先鋭化はしたが、当為（Sollen）から存在の意味が失われた瞬間であります。当為は偉大な原理であって、存在一般をも包括するものであるはずです。いわば「存在の倫理学」がなければなりません。そういった「存在の倫理学」の立場が、いってみれば、アナクシマンドロス倫理学の立場なのであります。存在の哲学は倫理を排除しません。むしろそれを包含します。倫理は人間によって独占されるようなものでは断じてないのであって、人間による倫理の独占こそ許しがたい越権であります。倫理が人間に独占されることによって自然存在はいわば倫理外存在とされてしまいました。そしてそのことによって人間は自らを特権化しました。自然存在に野生とか野蛮という概念を押しつけて、それを何か非倫理的存在でもあるかのように扱う近代人の根深い自然観の発生根拠がここにあります。

動物が加工食品として提供されることが是とされる哲学的根拠もこの人間の特権化にあるのであります。彼らが工場から食品として大量に出てくることに今日のわたしたちは何の疑問も持ちませんが、その根底には当為を人間に極限する哲学があるのであります。倫理は人間を特権化する論理でもあるのです。倫理の独占を人間に許してはなりません。人間が倫理をあたかも自分の専売品でもあるかのように語る独尊と不遜にわたしは当惑します。近代の倫理学はすべて不遜であります。また独善的であります。何に対して不遜か。存在に対してであります。

大地は静止している。

原因論的な見方が到来する以前のアナクシマンドロス哲学の特徴はまた大地の静止の根拠を大地が外周から等距離のところにあることに求める彼の見解の内にも現れています。

アリストテレス（『天体論』B 13. 295 b 10）

他方、それ〔大地〕が静止しているのは〔外周に対する位置の〕同一性によるという人たちがいる。古人の中ではアナクシマンドロスがそうである。すなわち、中央に座を占め、外周に対して同じ〔距離〕にあるものが、上にしろ下にしろ、あるいは横にしろ、動くというのは同程度にふさわしくない。また同時に反対の方向に動くのも不可能である。したがって静止していなければならないというのである。

幾分失笑をこらえつつ語っている気味のあるアリストテレスの右の報告も、アナクシマンドロスにとっては決して必然性のない主張なのではなく、ましてや窮余の説明などではなく、むしろ彼の哲学原則の延長線上に当然想定される主張なのであります。それを何かどのような有効な説明理由も思い付かなかったことから持ち出された窮余の策と見る見方は、アナクシマンドロス哲学の必然性がもはや見えなくなったアリストテレスを含む「近代人」の捉え方でしかないのであって、ここに近代哲学にとってアナクシマンドロス哲学がある種カリカチュアでしかなくなっている事態が鮮明に現れています。

アリストテレスの哲学史（『形而上学』第一巻）の最も残念な点は、余りにも原因論的な見方に偏してしまっているという点にあります。アリストテレスは自然概念（ピュシス）に忠実な哲学者であっただけに、これを一体どう受け止めたらよいのでしょうか。おそらくアリストテレスは四原因説という自らの着想に心酔する余り、彼以前の哲学をすべてその視点で見てしまったということでしょうが、そのことによってアリストテレスは初期のギリシア哲学に対してこの上もない不当をなすことになりました。アリストテレスが初期ギリシアの哲学にいかに不当をなしたかはチャーニスの告発してやまないところですが（H. Cherniss, Aristotle's Criticism of Presocratic Philosophy）、その不当の根拠はまさに彼が振り回した原因論的な見方（四原因説）にあったのであります。

繰り返しますが、原因論的な見方、原因論の視点は主観性の哲学の光学において現出する視点であります。そのような光学のもとに初期ギリシアの哲学者たちの思索を置いたのでは、彼らの思索は変色して見えざるをえません。そのような光学は彼ら本来の光学でないからであります。『形而上学』第一巻のアリストテレス流哲学史に登場するプレソクラティクスは、まさにそのような照明のもとに照らし出された哲学者たちであり、その結果彼らはどこか曖昧な存在になってしまっています。アリストテレスの一見明快な原因論的説明にもかかわらず、アリストテレス的光学のもとに登場する初期ギリシアの自然哲学者たちはその本質がどこかボケているのであります。あるいは変色している。さらにいうなら、彼らの哲学が持っていた必然性が消えてしまっています。特にアナクシマンドロスの哲学がそうであります。アリストテレス的明快さは彼ら本来の明快な把握ではなかったのであります。むしろその本質の変色ないしは変容なのであります。

異質の光学のもとに照らし出されるとき哲学はどのような変容を蒙るか、その典型例をわたしたちはアリストテレスの哲学史のもとに登場する初期ギリシアの自然哲学者たちにおいて見るということができるでありましょう。特にアナクシマンドロスの扱いにおいてそれを見るといわねばなりません。そこではアナクシマンドロス哲学が有していた必然性もまた消えてしまっています。アリストテレスは初期ギリシアの自然哲学の精神を最も忠実に受け継いだ哲学者であったはずですが（この点で彼はプラトンと著しい対照をなす）、彼の哲学史の記述は初期ギリシアの自然哲学の本質を完全に逸しているのでありますす。そこでは彼らの哲学が本来有していた必然性がまったく見えなくなっています。アリストテレス的光学は初期ギリシア哲学本来の光学でないことを明確に認識しなければなりません。

大地の静止もまた、アナクシマンドロスにとっては何らかの原因によることではなく、すべてのものから等距離のところにあることからの必然的なあり方なのであります。大地は、アナクシマンドロスによれば、静止させられたのではなく、静止しているのであり、また静止していなければならないのでありります。そこにアナクシマンドロスはどのような理由も想定しないし、また想定する必要もありませんでした。アナクシマンドロス哲学はアクティブな原因性を排するという点で徹底的に首尾一貫した哲学なのであって、すべてのものから等距離のところにあることからの大地の静止の想定もそのことから帰結する一説明方式でしかないのであります。

「原因」というのは、前述のように、主観的概念であります。したがってアナクシマンドロス哲学は徹底的に没主観的な哲学であったということがこの点にも明瞭に現れています。このことはアリストテレスもまた認知するところであって、彼の哲学は「無限なもの以外に他のいかなる原因も、例えば知性とか愛といったような原因を立てようとしなかった哲学であった」と報告しています（アリストテレス『自然学』第三巻、第四章、203 b 6）。これをアリストテレスは何か意外なことを発見したかのような口吻で語っているわけですが、この感覚の中にこそアナクシマンドロス哲学の本質が閃き出ていたのであって、これは驚きの中にこそ真理の現れはあるとするアリストテレス的テーゼの一例であります。要するにアナクシマンドロスの哲学はいかなる原因性も説明原理として必要としない哲学であったということであり、その点にこそ彼の哲学の本旨がありました。否、むしろアナクシマンドロスの哲学は原因性（Kausalität）という概念とは相容れない哲学だったといった方が正確かも知れません。このことがあの狂信的なキリスト教司教アウグスティヌスには不満でした。

アウグスティヌス（『神の国』VIII 2）

彼〔アナクシマンドロス〕は、タレスが液体からとしたように、ひとつのものからとは考えないで、それぞれのものはその固有の原理から生じると考えた。それら個々の事物の原理は無限であり、無数の世界とその中で生起するすべてのものを生むと彼は信じたのである。そしてそれらの世界は、それぞれの年齢によって存続することができる限り、あるいは解体し、あるいはまた再び生じてくると彼は見なしたが、彼もまた諸事物のこの働きにおいてどのような神的精神も介在させていない。

もちろんこれをアウグスティヌスは非難したつもりでいっているのですが、「どのような神的精神も介在させていない」という点にこそ、アナクシマンドロス哲学の本旨はあるのであって、右のアウグスティヌスの難癖はアナクシマンドロス哲学にはまったく該当しません。「神的精神」とは主観性以外のものでありませんし、またその上ここでは一個の原因であります。アウグスティヌスは神という名の巨大な主観性に帰依した哲学者であり、またそういった原理を宣教する司教でもありました。そのようなアウグスティヌスにとって、アナクシマンドロスの没主観的な「無限な自然」の哲学は無言の内に自己の立場を否定している哲学であり、それに対しては当然敵意をあらわにせずにおれなかったのでありましょう。しかしそれは無駄であります。アウグスティヌスがいかにしゃかりきになって否定しようとも、アナクシマンドロスの哲学はそこに泰然としてあるのであって、アウグスティヌスが主観性の哲学の視点から非難すればするほど、アナクシマンドロス哲学の大きさが際立ってくるのであります。アナクシマンドロスの思索が主観性の光学を越えていることがますます判然としてくるのであります。アナクシマンドロスの宇宙生成論には「神的精神」といった主観的原因の介在する余地などまったくないがゆえに、そういった原理が欠けているという非難がアナクシマンドロス哲学を傷つけることはまったくなく、アウグスティヌスの主観性の哲学はアナクシマンドロス哲学にとうてい及ばないのであります。それは主観性が無限な自然に及ばないのと一般であります。このことから見紛いようもなく判然とすることは、アウグスティヌスの『神の国』（De Civitate Dei）に表明されたあの壮大な歴史哲学の構想もまた「原因性」（αἰτία）というアリストテレス以来の意外に卑小な原理の配下にあったということであります。彼らキリスト教徒の哲学はすべて一定の視点に拘束された哲学でしかなく、偏狭であります。それらをもなお「哲学」として語るにしてもであります。

ヒューマニズムを徹底的に超える哲学

無限な自然は進歩せず、永遠に繰り返す。

アナクシマンドロス哲学は、これまで述べたところからも窺われるように、主観性（Subjektivität）が徹底的に消去されるところに現れる哲学であります。彼の哲学は主観性を大きく越えたところに位置しています。そこでは主観性原理はその痕跡すら見られません。当然またそこでは人間が特権化されることもありませんでした。アナクシマンドロスの哲学は、人間も最初は他の種類の動物、例えば鮫のような魚類から発生してきたと考えていて、人間に特権的な位置を与えていません。

擬プルタルコス（『雑録集』2［Dox. 579］）

さらにまた彼［アナクシマンドロス］は、人間は最初他の種類の動物から生まれたという。他の動物はすぐに自分で草を食むのに、ひとり人間のみは長期の保育を必要とするからであり、それゆえはじめからこういったものであるなら、人間は決して生き延びることができなかったであろうというのが、その理由である。

ケンソリヌス（『生誕の日について』4, 7）

ミレトスのアナクシマンドロスは、温められた水と土から魚か、あるいは魚に似た動物が発生し、その中で人間は形成され、その内に保持されて成年にいたるまで成長したと考えていた。そして遂にはそれが破れ落ちて、男と女（彼らは自らを養うことができるようになっていた）が現れ出てきたのである。

この人間発生論を近代の『哲学史』は進化論のはしりと見なし、「極めて進んだ理論」（ラッセル）として称揚しますが、正当な評価とはいえません。進化論はアナクシマンドロス哲学とは関係ありません。たとえそこに似たようなことが語られているにしても、アナクシマンドロス哲学と近代の進化論はまったく異なる立場に立つ哲学であって、両者に共通するところは何もないといわねばなりません。アナクシマンドロスに「進化」とか「進歩」という考えはありません。無限な自然は進歩せず、永遠に繰り返すのであります。だからこそ無限であり、永遠なのであります。人間は最初他の種類の動物から生じたといわれているにしても、人間が進化したとはまったく考えられていません。人間も何か別のものから発生したというのは、すべては無限な自然の永遠の運動の中におけることであり、また無限な自然から生成し、またそれへと消滅していくというアナクシマンドロス哲学のテーゼから当然導来される一命題なのであって、当然そこでは人間が特権化されることは不可能でした。

進化論はやはり人間を特権化するところに成立する発展モデルに基づいています。進化論は近代の主観性の哲学の一タイプであり、人間を特権化する独占的価値論を包含しています。主観性の哲学は人間を中心にした発展モデルを自らの内に内包しており、基本的に人間中心主義（ヒューマニズム）であります。近代が称揚してやまない進化論に近代の主観性のイデオロギーが極めて鮮明に現れ出ていることに盲目であってはなりません。アナクシマンドロスの人間発生論は、むしろそういった人間の特権化に基づく発展モデルを完全に消去したところに現出する理論なのであります。彼の哲学はヒューマニズム（Humanismus）を徹底的に越えた哲学であり、ヒューマニズムの枠内では捉えられません。前記のアナクシマンドロスの人間発生論の重要性は、むしろアナクシマンドロスが人間を特権化する必要性をまったく感じていなかったことを示しているという点にこそあるのであります。これは人間の貶下なのではありません。人間をも第一義的に自然存在と見る哲学であり、むしろ人間性に対する正当な評価なのであります。近代の哲学とは異なり、アナクシマンドロスは人間中心主義（ヒューマニズム）の呪縛に囚われていませんでした。ニーチェは永劫回帰の思想をもって当時のドイツの進歩的歴史観の哲学と対決しましたが、「進歩」、「発展」、「進化」といった人間中心主義の諸観念こそ、ニーチェが笑った当のものでした。「人間中心主義」（ヒューマニズム）を脱しない限り、哲学は存在の哲学とはなりえません。哲学は人間だけのものではありません。哲学を人間中心主義の学知にしてしまったところに哲学の頽落の発端がありました。その発端こそソクラテスの道徳哲学であり、近代哲学はその帰結であります。近代哲学は哲学の頽落の一形態なのであります。

自然は対象ではない。

アナクシマンドロスはまだ自然を真に偉大なものとして感じ取ることのできた哲学者ではなかったかとわたしは思います。彼にとって自然は文字通り「無限」でした。したがって対象ではありませんでした。ト・アペイロンを火とか空気とか水とか土といった元素の限定性を排した「無限定なるもの」と読む解釈が『哲学史』の一般的なト・アペイロン解釈となっていますが、この解釈はおそらくアリストテレスに始まります。この解釈と共にアナクシマンドロス哲学の矮小化が始まりました。あるいは改竄ないし頽落が始まりました。アリストテレスはト・アペイロンを彼の四原因論の立場からはっきり質料としての原因と見立てています。

アリストテレス（『自然学』Γ7. 207 b 35）

原因は四通りに分けられるが、ト・アペイロンが質料としての原因であることは明らかである。そしてそれがそういったものであるゆえんのものは欠如〔すなわち規定性の剥奪〕であり、他方、それ自体として基体たるものは連続的で感覚的なものでなければならないことも明らかである。他の人々もすべて無限なものを質料の意味で用いているように思われる。それゆえ、それを包むものとし、包まれるものとしていないのは不条理である。

すなわちアリストテレスは、ト・アペイロンは、火や水や空気や土といった限定性は排されているが、火や水や空気や土と同レヴェルの質料的原理だというのでありますす。テオプラストスもト・アペイロンを同じように質料的原理と解したようであり（シンプリキオス『アリストテレス「自然学」注解』154. 14参照）、シンプリキオスもおおむねこの解釈を継承しています（シンプリキオス『アリストテレス「自然学」注解』24, 13）。

この解釈史の伝統の上に立つ近代の『哲学史』もほぼ完全にアナクシマンドロスのト・アペイロンを「無限定なるもの」と読んできました。たしかにト・アペイロンがそういった側面を持つことは否定できません。それは元素の限定性を排した元素以前の原理でありましょう。しかしアナクシマンドロスにとっては、ト・アペイロンは単にそういった限定性を排した質料的元素といったものに尽きるものではなく、それは文字通り「無限なもの」だったのであります。さもなければ彼は「ト・アペイロンが万有の生成と消滅の全原因を保有する」（断片A 10）とか、「まさにそのト・アペイロンから天が分離され、そして一般に無限〔無数〕に存在する全世界が分離し出された」（断片A 10）と主張することはできなかったでありましょう。また「そこには永遠の運動があって、それによって反対のものが分離された」

ケイア）といった対象性、限定性を越えたところに構想されているのであります。な命題は出てきません。アナクシマンドロスのト・アペイロン（無限な自然）は明らかに元素（ストイのト・アペイロンが、限定性は排されているにせよ、未だ質料的元素だったのでは、このような積極的（断片A9）ということも不可能であったでありましょう。また不自然であります。アナクシマンドロス

そもそも元素（ストイケイア）という概念は、アリストテレスのものであって、アナクシマンドロスのものではありませんし、アナクシマンドロスの知るところではありませんでした。したがってアナクシマンドロスにとって自然（ピュシス）は対象でなかったのであります。彼の「無限」概念は自然の非対象性ないしは超対象性を明確に表現しています、ないしは表現しようとしています。否、むしろそれは前対象的概念なのであります。それを「無限定なるもの」と読んで質料的元素と見る見方はアナクシマンドロスの「無限な自然」を対象的視点のもとに置く操作であって、アナクシマンドロスの思索をアリストテレス哲学の概念装置の中に組み込むことであります。言い換えれば、主観性の哲学的視点のもとに組み入れることであります。アリストテレス的解釈はアナクシマンドロス哲学の矮小化であり、アナクシマンドロスのト・アペイロンを元素という意味の一物質的原理としか見ない近代の哲学のそれはその極小化であります。アナクシマンドロスの思索はそういった概念装置をはるかに越えたところに展開されていたのであります。

このように見るとき、アナクシマンドロスのト・アペイロンを「自然の無限」（infinitas naturae）と訳すキケロのあの一見奇妙な読み方がむしろ正当であることが知られます。キケロはローマにおける啓蒙的合理主義者ですが、彼の合理性は近代のそれとは異なり、なお古代の思想に対する感性を失っていなかったようであります。アナクシマンドロス哲学のポイントは、キケロの読むように、むしろ「無限」なのであります。自然ないし存在の「無限」なのであります。そしてそれは、既述のように、否定

性なのであります。であるがゆえに本来対象として立ちえない概念なのであります。

それを「無限定なるもの」と解したアリストテレスの解釈と共にト・アペイロンの肯定化、限定化が始まり、やがてそれは一個の対象となりました。そしてそのことによってアナクシマンドロス哲学の矮小化が始まりました。否、むしろ偽造ないし改竄が始まりました。その延長線上にある近代のアナクシマンドロス解釈はアナクシマンドロス哲学の奇形化以外の何ものでもありません。主観性の視点と原因論的な見方しか持ち合わさない近代の哲学にとって、アナクシマンドロス哲学はもうほとんど謎であります。アナクシマンドロス哲学は原因論的な光学のもとに収まるような哲学でなかったからであります。ここにこそ哲学の原初（Anfang）の姿があったのであり、哲学を主観性の視点と原因論的な見方から解放しなければなりません。このことこそアナクシマンドロス哲学が二五〇〇年の彼方からわたしたちに求めているその当のことなのであります。

アナクシマンドロス、自然の境内に住まう。

アナクシマンドロス、地震を予知する。

アナクシマンドロスにとって自然は文字通り「無限」であり、「永遠」でした。彼は真にそう感じたのであります。だからこそ彼には地震が分ったのではないでしょうか。アナクシマンドロス哲学を以上のように見るとき、アナクシマンドロスがラケダイモンで発生した地震を予知したというわたしたち近代人にはとうてい信じられないあの報告も何か信じられるような気がしてくるのであります。

キケロ（『卜占について』I 50, 112）

ラケダイモン人たちは、地震が差し迫っているので町と家を後にし、武装して野で寝るように自然学者アナクシマンドロスによって忠告された。するとたちまち町全体が倒壊し、タイゲトス山から山の頂きが船尾のようにもぎ取られた。

彼が地震を予知する何か特別な科学的知識を持っていたとは考えられません。また地震の起こる正しい理由を知っていたわけでもありません。アンミアヌスの報告によれば、旱魃か豪雨によって裂けた大地の裂け目に大量の空気が侵入することによって地震は起こるとアナクシマンドロスは説いていたとのことであります。

アンミアヌス（『ローマ史』XVII 7, 12）

アナクシマンドロスは、猛暑による過度の旱魃で干上がるか、あるいは豪雨による水浸しの後、大地は大きな裂け目を開けるが、それに上層の激しい大量の空気が侵入してきて、それを通る烈しい風によってゆすぶられ、大地はその固有の場所で動くのだという。そうした理由で、この種の地震は水蒸気の多い時期とか、天空の水が過度に降り注ぐ時期に起こるのである。またそれゆえに昔の詩人や神学者たちは湿った本性を支配する力たるネプトゥヌス（ポセイドン）をエンノシガイアスとかセイシクトーン〔いずれも「大地をゆさぶるもの」の謂〕と呼んでいるのである。

当然のことながら、地震発生の科学的メカニズムを彼は知ってはいなかったのであります。にもかかわらず彼には地震の発生が分ったのであります。少なくとも人々には彼の予知が信じられたのであります。彼には分っていると人々は信じることができたのであります。これは何を意味するのか。彼の自然との一体感、自然との共感関係が、彼自身にも、そして人々にも、感得された結果ではないでしょうか。そのことが近代人にはとうてい信じられないあのラケダイモンにおける大地震の予知という伝承を生んだゆえんのものではないでしょうか。自然を対象としてしか見ない近代人には地震はとうてい予知されません。近代の科学的地震学の必死の研究にもかかわらず、わたしはかく断じます。それが対象でなくなるとき、すなわち対象としては消えるとき、そこに何かが現出してきて感じ取られるようになるといったことがあるのであり、アナクシマンドロスの知はおそらくそのような性格のものだったのではないでしょうか。

こういった知を近代人は「動物的本能」とか「予感」といった曖昧な表現でしか語れないようですが、したがって動物レヴェルに貶めるか、謎めいたものにしてしまうかしてしか認可できないようですが、こういった知は当然ありうるし、またそれはしばしば近代的な科学的知識より的確である場合すらあるとわたしは思います。ある場合には主観性の光学に基づく原因論的認識より、没主観的な動物的予感といわれるような知の方が深く的確であるといったこともあるのではないかという予感めいた見解に一定の共感を表明する人は少なくないのではないでしょうか。もちろん科学万能の近代世界にあってこの見解を大ぴらに表明することははばかられるでありましょうが、しかし人間以外の動物は明らかに地震を予知するとわたしは思います。地震予知ということが脚光を浴びる昨今の状況下にあって、なまずの異常行動とか鳥の一斉の羽ばたきといった異常現象が語られるのをよく耳にしますが、あれらを真面目に扱うべきか、笑い話としてすますべきか、近代人たちにはまだ決心がつかないようであります。

アナクシマンドロス、自然の境内に住まう。

アナクシマンドロスは堂々とした人物であったといわれます。自然を真に無限なもの、永遠なものとして感じることができたような人物であれば、さもあろうと思われます。アナクシマンドロスは堂々とした人物であっただけでなく、また心優しい人物でもありました。アナクシマンドロス哲学に告発的性格は皆無であります。彼の心性にはナチュラルな素直さが見られます。彼が歌を歌っていると子供たちが笑ったので、それに気づいて、「それでは子供たちのためにもっと上手に歌わねばならないね」といったといわれています（ディオゲネス・ラエルティオス『ギリシア哲学者列伝』II 2）。逸話に関して饒舌なディオゲネスが「アナクシマンドロスの章」においてただひとつ伝えているアナクシマンドロスに関する逸話であります。この逸話は特別語る必要があるとディオゲネスは思ったのでありましょう。

エンペドクレスがアナクシマンドロスと張り合ったという別の箇所におけるディオゲネスの報告もアナクシマンドロスという哲学者について示唆するところあるように思われます。

ディオゲネス・ラエルティオス（『ギリシア哲学者列伝』VIII 70）

エペソスのディオドロスはアナクシマンドロスについて述べた中で、彼〔エンペドクレス〕は悲劇のごとき尊大な態度を取ったり、厳かな衣装を身に着けたりして、アナクシマンドロスと張り合ったといっている。

エンペドクレスが張り合わねばならなかったのは単にその見た目ゆえからだけではありますまい。アナクシマンドロスは自然とまだごくナチュラルに一体感を持ちえた哲学者でした。いわばアナクシマンドロスはまだ自然の境内に住まわっています。自然から落ちこぼれ、その異邦人となりつつあったエンペドクレスは、自分が失いつつあるものに対する郷愁からしても、アナクシマンドロスと張り合わねばならなかったのではないでしょうか。アナクシマンドロスはまだ自然の境内にいる哲学者でした。それから転落し、自然外存在となりつつあったエンペドクレスはアナクシマンドロスに尋常ならざる対抗意識を持たざるをえなかったのでありましょう。もしかすると、そこには淋しさや嫉妬の気持もあったのではないかとも考えられます。またアナクシマンドロスが社会的にも立派な人物であり、ミレトスにおいて人望があったことは、アポロニアへの殖民の指導者に任じられたという伝承からも窺われます。

アイリアノス（『ギリシア奇談集』III 17）
またアナクシマンドロスはミレトスからアポロニア〔ポントスの〕への殖民を指導した。

以上のごとく、アナクシマンドロスの哲学は「ある無限な自然」（τινὰ φύσις ἄπειρον）のそれ自身において自足する体系として構想されているのであって、そこにいかなる原因性（Kausalität）の概念の介在も必要とされていません。そういった概念の必要性は予感すらされていません。彼の自然哲学は主観性到来以前の思索の哲学的表現であり、ギリシアの伝統的な自然概念の極めて素直な哲学的表現であったといって過言でないでありましょう。彼の哲学は自然の呼び声に素直に呼応したものでした。あるいはむしろ、自然の体感を素直に表現した哲学であったといった方が正確かも知れません。アナクシマンドロスの哲学には自然の体感が息づいています。ハイデガーがそこに「存在の故郷」（Heimat des Seins）を見たとしても、見当違いとはいえないでありましょう。

アナクシマンドロスこそ、ハイデガーが「原初の思索家」（der anfängliche Denker）と呼んだ哲学者の典型でした。

第4講 ミレトスの哲学者(Ⅲ) アナクシメネス

アナクシメネスの合理性に貫かれた自然哲学は、知性が主観性(意志)から独立した原理であることをあらためて確認させる。アナクシメネスの哲学はアナクシマンドロス哲学の否定性を肯定性に転換したところになるものであり、なお存在の思索の境内にとどまりながらも限りなく主観性の哲学に接近している。

哲学者、アナクシメネス。

存在の思索の境内にとどまりながらも主観性の哲学の方向に踏み出した哲学

アナクシメネスの哲学はアナクシマンドロスのそれに比して一層合理的であり、したがって一層の明晰性を獲得していますが、没主観性の観点が貫かれているという点ではアナクシマンドロスのそれと同じであります。アナクシメネスの哲学においては「空気」(ἀήρ)がアナクシマンドロスの「無限なもの」(τὸ ἄπειρον)に代えて原理とされていますが、「空気」(ἀήρ)が無限な基体とされ、その「永遠の運動」（κίνησις ἀΐδιον）による濃縮化と稀薄化によって必然的に万物が生み出され、またそれへと消滅していくとされる点で、したがってそこにいかなるアクティブな原因性の想定も特段必要とされていないという点で、アナクシメネス哲学もアナクシマンドロス哲学とほぼ同じ構造を踏襲しているのであります。自然は空気の濃縮化と稀薄化による生成と消滅という循環を永遠に繰り返すのであって、そこに主観的原理である原因性の概念が入る余地はありませんでした。「一切は空気である」とアナクシメネスは主張します（ヘルメイアス『異教哲学者を諷す』7［Dox. 653］）。アナクシメネスにとっては、空気とその永遠の運動だけで十分なのであります。「空気であるわたしたちの魂がわたしたちを結合しているように、気息、すなわち空気が全世界を包んでいる」（断片B2）というのがアナクシメネス哲学のテーゼであります。アナクシマンドロスの「無限なもの」（ト・アペイロン）の位置に「無限な空気」（ἀὴρ ἄπειρον）を置けば、それがアナクシメネスの哲学なのであります。

しかし「無限なもの」（ト・アペイロン）に代えて「無限な空気」を原理（アルケー）とすることによってアナクシメネス哲学は、一面ではより一層の明晰性と合理性を獲得することに成功しましたが、しかし他面ではそのことによって否定性を肯定性に転換する結果となり、アナクシマンドロス哲学が有していた存在論的な深さを失う結果になってしまっていることもまた否定しえない事実であって、アナクシメネス哲学は「存在論的な深みから存在的な浅瀬に浮び上がってきた存在の思索」と形容することができるのではないでしょうか。「無限な空気」（ἀὴρ ἄπειρον）は、「無限」（ἄπειρον）という否定性が付加されてはいますが、空気という元素の肯定性を無化するにはいたらないでありましょう。空気は、無限であれ、どうであれ、明らかに元素（στοιχεῖα）であり、したがってポジティブな対象であります。アナクシメネスの思考は明らかに対象性の内を動いているのであります。アナクシメネスの哲学はアリストテレスの元素の哲学の方向に大きく踏み出した哲学であり、そういう意味において彼の哲学は、なお存在の思索の境内にとどまりながらも、主観性の哲学の方向に踏み出した哲学であったということができるでありましょう。彼の明晰性は存在論的な深さを犠牲にして獲得されたものなのであります。いわば存在的な明晰性なのであります。アナクシメネス哲学をアナクシマンドロス哲学の存在的展開といって、おそらく不当でないでありましょう。このように存在的なレヴェルにありながらもなお没主観性の観点が貫かれえたということがむしろ不思議に思えてきますが、この極めてデリケートな接点にある哲学がアナクシメネスの「無限な空気」(ἀὴρ ἄπειρον)の哲学なのであります。

アナクシメネスの哲学はアナクシマンドロスの否定性の哲学のいわば肯定版なのであります。人間の思考は否定性に長くとどまれず、否定性には踵を接して肯定化がやってくるのであって、アナクシメネスの哲学はその顕著な一例ということができます。ここにアナクシメネスの哲学がギリシアの哲学の歴史において比較的軽く扱われるゆえんがあるのではないでしょうか。学説誌におけるアナクシメネス哲学のアナクシマンドロスのそれに比しての扱いの軽さは否定すべくもありませんが、ゆえないことでなかったのであります。

ヒッポリュトス(『全異端派論駁』I 7 [Dox. 560 W.11])

アナクシメネスは、彼もまたミレトスの人であり、エウリュストラトスの息子であるが、無限な空気が原理であり、生成するもの、生成したもの、生成するであろうもの、神々、それに神的なもの、これらはいずれも空気から生じるのであり、その他のものはその子孫から生じるという。空気の姿は次のごとくである。もっとも均一である時にはそれは目に見えないが、冷たいもの、温かいもの、湿ったもの、運動するものとなることによって目に見えるものとなる。それは常に運動している。なぜなら転化するものは、運動するのでなければ、転化しないからである。すなわち濃縮化されたり稀薄化されたりすることによって、それは異なるものとして現れるのである。というのも、より稀薄なものに拡散されたとき、それは火となり、他方逆に濃縮化された空気が風であり、空気から圧縮によって雲ができ、さらに一層濃縮化されると水となり、より以上に濃縮化されたものが土であり、最大限に濃縮化されたものが石だからである。したがって生成を最も支配しているものは反対のもの、温と冷である。

シンプリキオス（『アリストテレス「自然学」注解』24, 26）

アナクシメネスはエウリュストラトスの子でミレトスの人。アナクシマンドロスの仲間であったが、彼もまた基体たる自然をアナクシマンドロスのように一にして無限なものとした。しかしアナクシマンドロスのようにそれを不定とは考えないで、特定のものとした。すなわち空気がそれであると彼はいう。そしてそれは稀薄さと濃密さとによってそのあり方に関して相違するという。一方稀薄化されるとそれは火となり、他方濃縮化されると風となり、次に雲となる。さらに濃縮化されると水となり、それから土となり、さらには石となる。そして他のものはそれらから出来ているのである。彼もまた運動を永遠であるとし、それによって転化もまた起こるとしている。

ともあれ、アナクシメネス哲学においては、世界の存在とその維持はすべてを包む空気に委ねられています。アナクシメネスの哲学は空気に対する信頼の上に築かれているのであります。これを自然に対する信頼の上に築かれていると言い換えてもおそらく不当でないでありましょう。アナクシメネス哲学は空気（自然）に対する信頼に満ちており、魂も空気であれば、人間も完全に空気なのであります。人間の自然本性とその機能に通じていたガレノスですら、さすがにこのアナクシメネスのテーゼにはついていけなかったとみえて、「なぜならアナクシメネスのように人間を完全に空気であるとはわたしはいわないからである」とはガレノスの感想であります（ガレノス『ヒッポクラテス「人間の本性について」注解』XV 25）。アナクシメネスによれば「神もまた空気」なのであります（キケロ『神々の本性について』I 10, 26）。もちろんこのテーゼは古代キリスト教教会の戦闘的司教であったアウグスティヌスのとうてい看過しうるものではなく、「アナクシメネスは神によって空気が造られたとは考えないで、神の方が空気から生まれたと信じた」と非難していますが、アナクシマンドロスの場合と同様、主観性の哲学の視点からしての批判でしかありません。

アウグスティヌス（『神の国』VIII 2）

この人〔アナクシマンドロス〕はアナクシメネスを弟子として残したが、このアナクシメネスは万物の原因を無限な空気に帰した。彼は神のことを否定も黙殺もしなかったが、しかし神によって空気が造られたとは考えないで、神の方が空気から生まれたと信じたのである。

自然（ピュシス）は否定性である。

アウグスティヌス自身も、またわたしたち近代人も、このアウグスティヌスの批判の正当性を疑いませんが、しかしこれは主観性の哲学の視点から見て正当であるに過ぎず、むしろ存在の思索の観点からすればどちらに正当性があるか、一概には断定できないということを知るべきであります。神の創造という視点から見れば、アナクシメネスのテーゼは未熟なたわごとでしかありません。しかしヘブライズムの神は巨大な主観性であり、この主観性を前提にすれば、自然は神によって創造された被造物（ens creatum）となり、主観性の前に立つ一対象でしかないものになってしまいます。だが自然は被造物であり、対象的存在でしょうか。断じて否。自然は主観性によってその前に立つ一対象とされるようなそのような存在では断じてないのであって、むしろ永遠に対象となって浮かび上がることのない虚的存在ともいうべき否定性の構造こそ、本来の自然（ピュシス）なのであります。

　自然（ピュシス）は実はその実体においては否定性なのであります。自然（ピュシス）を、神であれ、誰であれ、誰かによって造られた被造物（ens creatum）にするということ、これこそ人類においてなされた最大の暴挙であり、否、むしろ犯罪であります。創造神という観念の内に主観性の哲学の最大の不当性が隠されていることに盲目であってはなりません。したがって自然（ピュシス）を自然（ピュシス）としてあらわならしめるためには主観性による対象化の視点が排されねばなりません。そのような対象化の視点が消去されることによってはじめて自然（ピュシス）は自然（ピュシス）としてあらわになってくるのであって、自然（ピュシス）が自然（ピュシス）としてあらわになってくるとき、アナクシメネス哲学のテーゼは一層の迫真性をもってわたしたちに迫ってくるのであります。

真理は一致ではなく現成である。

　無限な空気に包まれているということほどわたしたちを安心させることはないではありませんか。安心性はある種の真理性であります。存在の真理は常に安堵感、祝福感覚を伴っています。アナクシメネスの哲学が現出させている真理はこの種の真理なのであって、「認識と対象の一致」（adaeqoatio intellectus et rei）といった主観性の哲学の「真理」ではないのであります。むしろ真理はある種の生命性であり、これをハイデガー流に現成（wesen）といっても差し支えないでありましょう。現成（wesen）ないし生命でないような真理は、もはや真理ではありません。干乾びた真理はもはや真理ではなく、非真理であります。「認識と対象の一致」は実は「真理」（Ἀλήθεια）ではなく、「正しさ」

(Richtigkeit) でしかないのであって、「正しさ」を「真理」の位置に置いてしまった近代哲学がアナクシメネスの哲学が現出させている真理をもはや正当に評価しえなくなっているとしても、それはむしろ当然のことといわねばなりません。

「すべては空気である」というアナクシメネス哲学のテーゼにおいては明らかにひとつの「存在の現成」(Wesen des Seyns) が語られているのであって、そこでは安心性が立ち現れることによってある種の真理が現れ出ているのであります。このような真理こそアナクシメネス哲学が総じて現出させている真理であり、さらにいえば、初期ギリシア哲学が現出させてきた真理なのであります。アナクシメネスのテーゼに真実味が感じられないということであれば、その人は主観性の視点からしか物事を見ることができなくなっているのであり、主観性の哲学の軍門に屈してしまった結果であります。大方の近代人がそうであるように、主観性の哲学しか「哲学」と認めることができなくなってしまっており、主観性の哲学のドグマに完全に陥ってしまっているのであります。そのような視点にとっては、自らが真理に包まれているなどといったことには想いもいたらないでありましょう。自らの思索がある特定の視点からのそれでしかないということに想いいたるということはおそらく相当な無理を強いてしか獲得されない認識でしょうが、引力圏から脱さずしては宇宙空間に飛翔できないように、主観性の哲学の視点から脱さずしては、存在の思索の境地は開かれません。したがって存在の真理もまたあらわになりません。

主観性の視点のもとにあるものは、どこまでいっても充足されない空虚と不安であります。それはまさに存在の思索の視点から見れば非真理なのであります。主観性と共にすべては対象となり、対象と主観性の間に距離が生じずにいません。そこにあるのは空白であり、空虚であり、冷たさであります。言い換えれば、非真理であります。主観性の呪縛の中にいる人に自然（存在）が自らを開示することなどありえないのであって、そのような人にはアナクシメネス哲学のテーゼは未熟な科学的仮説としか映らないでありましょう。アナクシメネスの哲学が現出させている真理がそれとして感得されることなど永遠に期待すべくもないでありましょう。また一般的にいっても、そのような視点にとっては初期ギリシアの哲学者たちの思索は総じて謎のままにとどまらざるをえないでありましょう。真理は一致（adaequatio）ではなく、現成（wesen）なのであります（ハイデガー）。わたしたちは主観性の哲学しか「哲学」と考えないドグマを破壊しなければなりません。さもなければ、哲学が真に生き返ることはないでありましょう。主観性の視点に立ちつづけるなら、哲学は窒息してしまいます。このことは同時に人間が窒息してしまうことを意味しています。人類の哲学者たらんとするなら、近代という制約から脱出しなければなりません。

明晰性、首尾一貫性、合理性への志向性。

さて、アナクシメネスが基体とした万物の原理（アルケー）は空気（ἀήρ）でした。わざわざアナクシマンドロスが、火や空気や水や土がどうして原理（アルケー）でありえないのか、その理由を示した上で「無限なもの」（ト・アペイロン）を原理として導入したにもかかわらず、アナクシメネスは再び空気という特定の元素を原理とする主張に舞い戻ったわけですが、それは、先にも述べたように、そうすることによって世界の成立をより一層明晰かつ首尾一貫して説明できると彼が確信したからに他なりません。アナクシメネスの哲学において注目すべき点は、明晰性、首尾一貫性、合理性への志向性が前景に出てきていることであります。しかしこの志向性によってアナクシメネス哲学は肯定性の立場に転換してしまい、存在論的な深さを失う結果になってしまったとのことは前述の通りであります。

アナクシマンドロスの否定性の哲学を肯定性に転換した哲学、それがアナクシメネスの哲学ですが、アナクシメネス哲学をそういったものに転換させた動因は明晰性、首尾一貫性、合理性への志向性なのであります。すなわち知性の志向性なのであります。この明晰性と首尾一貫性、合理性を志向する知性の志向性は明らかに対象性への志向性であり、したがって主観性の志向性であります。知らず知らずの内に主観性の志向性が自然哲学の内で芽生えていたのであります。その最初の萌芽と遂行をわたしたちはアナクシメネスの自然哲学に認めるのであります。

　この志向性はアリストテレスの自然哲学の基本概念「元素」（στοιχεῖα）においてひとつの完成を見ますが、しかしアナクシメネスの場合にはそれが同時に「原因性」（αἰτία）の概念と結びつかなかった点が独特であります。アリストテレスにおいては「元素」が「原因性」の概念と結びついてしまっています。そのことによってアリストテレスが初期ギリシア哲学を捉える感性を完全に失ってしまったとのことは前講で指摘しました。アナクシメネスの空気は限りなく「元素」に近づきながらも、原因性（Kausalität）という主観的概念と合体することはありませんでした。アナクシメネス哲学がかろうじて存在の思索の境内にとどまりえたゆえんでありましょう。

　繰り返しますが、アナクシメネス哲学を貫く志向性は明晰性と首尾一貫性、合理性を志向する知性の志向性であります。それがアナクシメネスのあの合理的で首尾一貫した宇宙生成論を生み出した当ものなのであります。空気から万物を生成させるアナクシメネスの宇宙生成論は明快かつ合理的であり、彼は空気の濃縮化（πύκνωσις）と稀薄化（ἀραίωσις）によって万物を成立させました。すなわち空気が稀薄化すると熱くなって火となり、他方濃密化すると冷たくなって風となり、雲となり、さらに濃縮化が加わると水になり、土となって、遂には固まって石になります。空気が稀薄化すると熱くなり、濃縮化すると冷たくなるというのはわたしたちの理科の知識とは異なりますが、しかしアナクシメネスとしてもただ闇雲に語ったわけではなく、彼なりの実験的根拠に基づいてこれを主張したのであって、口を開いてゆるやかに息を手に吹きかけると温かいが、口を細めてきつく吹くと冷たいというのがその理由であります。

プルタルコス（『原理としての冷たいものについて』7, 947 F）

あるいは古人のアナクシメネスが考えたように、温も冷も実体の内にとどめるべきでなく、転化に伴って生じる質料の共通の様態とすべきであろうか。なぜなら質料の圧縮されたもの、濃縮化されたものが冷であり、稀薄なもの、「弛んだもの」（用語として彼はこういった言い方をした）が温であると彼はいうからである。それゆえ人間は温も冷も口から吐き出すといっても、不当ではあるまい。なぜなら息は両唇で抑えつけて濃縮化すると冷たくなるが、口をゆるめて放出すると稀薄さによって温かくなるからである。

アナクシメネスの自然哲学

アナクシメネスの宇宙像

稀薄化し熱くなった空気、すなわち火は当然周辺に向かい、やがて諸星を形成し、他方濃縮化し冷却化されたそれはその重さのゆえに中心部に向かい、大地を形成します。アナクシメネスによれば、大地は平たいテーブル状であり、空気の上に乗っています。これは空気の「永遠の運動」が渦（ディネー）、すなわち旋回運動と想定されたことからの結果でありましょう。アナクシメネスの宇宙観によれば、宇宙は全体として平板な旋回運動を描いているのであります。それゆえ太陽は大地の下へいくのではなく、大地の周りを帽子が回転するように回転します。それが見えなくなるのは、ひとつにはその距離が遠くなるためであり、ひとつには大地の高い部分に隠されるためであるといいます。アナクシメネスの想像するところでは、太陽は木の葉のように平たく、星は釘付けされているのでした。宇宙の運動が旋回運動である以上、アナクシメネスの宇宙は全体として平板であらざるをえず、また諸星も一括して回転するとされる以外になかったのであります。

ヒッポリュトス（『全異端派論駁』I 7［Dox. 560 W.11］）

［アナクシメネスによれば］大地は平板であり、空気の上に担われている。同様に太陽も月も他の諸星も（これらはすべて火であるが）平板なるがゆえに空気の上に乗っている。諸星は大地から生じたが、それは水分が大地から立ち昇ることによってである。すなわち水分が稀薄となることによって火となり、そしてその上昇した火から諸星が形成されたのである。だが土の本性もまた諸星のあるところにはあり、それらと共に持ち運ばれている。諸星は、他の人たちが想定しているように大地の下へいくのではなく、大地の周りを、ちょうどわたしたちの頭を帽子が回転するように、めぐるのだと彼はいう。太陽が隠されるのは大地の下になるためではなく、大地のより高い部分によって隠されるためであり、またそれとわたしたちとの距離が大きくなるためでもある。諸星が暖めないのは距離の遠さによる。

アエティオス（『学説誌』II 14, 3［Dox. 344］）

アナクシメネスは、諸星は水晶のようなものに釘づけされているという。また二三の人は、それは絵のような火の葉であるという。

アエティオス（『学説誌』II 16, 6［Dox. 346］）

アナクシメネスは、諸星は大地の下へいくのではなく、その周りを廻っているとする。

アエティオス（『学説誌』II 22, 1［Dox. 352］）

アナクシメネスは、太陽は木の葉のように平たいという。

アナクシメネスのこの首尾一貫した統一的な宇宙像は、いうまでもなく、一切を原理である「無限な空気」の濃縮化と稀薄化から導出し、その空気の運動を旋回運動と想定したことから結果した論理的帰結であります。彼の宇宙生成論は明快かつ首尾一貫しており、合理性に貫かれています。その首尾一貫性、合理性は近代のいずれの理論的構築物に比しても見劣りしません。アナクシメネスの哲学は一貫した合理性のもとにひとつの原理と最少の説明方式によって構築された理論的構築物なのであります。それは知性のみで組み立てられた世界であり、アナクシメネスの哲学は知性が独立した原理であることのまさに証なのであります。ショーペンハウアーは本来は意志の道具であるはずの知性が自立性を獲得する稀有な場合に天才と芸術の成立局面を見ましたが（『意志と表象としての世界』続編、第31章）、知性の自立性を見事に示して見せたアナクシメネスの哲学は、そういう意味では美的であり、芸術的とすらいえます。それゆえ彼の哲学においては意志も主観性も入る余地がありませんでした。知性のみによる水晶のような理論的構築物、それがアナクシメネスの自然哲学なのであります。

アナクシメネスの哲学においては明らかに知性の要素が勝っています。アナクシメネスの哲学においては知性のテーゼが前面に出てきているのであって、それが彼の哲学を対象性に限りなく接近させた当のものなのであります。知性が自らのテーゼを貫徹しようとした哲学、それがアナクシメネスの自然哲学なのであります。

存在の思索の境内に踏みとどまった知性の哲学

彼の哲学は自然哲学というよりは、自然世界をテーマとした知性の哲学なのであります。そこには他の自然哲学者たちにおいて明瞭に認められた根源層から湧出してくるピュシスの動因はそれほど感じられません。アナクシメネスは、どちらかといえば、クールで端正な人物だったのではないでしょうか。ディオゲネスがアナクシメネスからピュタゴラスに宛てられた書簡なるものを伝えていますが、その文面から窺う限り、彼は、どちらかといえば、気弱な、しかし知的でおとなし目の人物だったのではないかと想像されます。もっとも、この書簡は一般には偽書とされているし、事実偽書でしょうが、アナクシメネスという人物を何らか髣髴とさせるような書簡でもあるので、敢えてここに転載しておきたいと思います。

ディオゲネス・ラエルティオス（『ギリシア哲学者列伝』II 3）

アナクシメネスからピュタゴラスへ

サモスからクロトンに移住し、そこで平和に暮らしておられるあなたはわたしたちの誰よりも賢明であられました。アイアケスの子供たち〔サモスの僭主ポリュクラテスとその一門〕は耐えられないような悪事を行っており、ミレトスから独裁者が絶えたことはありません。また貢納する気でもないなら、メティア人の王〔ペルシア大王〕もわたしたちにとって恐ろしいものです。しかしイオニアの人々は何よりも自由のためにメディア人と戦いを始めようとしています。始まれば、もはやわたしたちに助かる望みはありますまい。だとすれば、破滅か隷属かの内にあってなおどうしてアナクシメネスは天空のことを語る気になりえましょうか。他方、あなたはクロトンの人々に好感を持たれておられるし、また他のイタリア人たちにも好意を持たれておいでです。またシケリアからも弟子たちがあなたのもとに押しかけてきているようですね。

何とも気弱な男ですが、憎めない男ではあります。しかしアナクシメネスの哲学が近代哲学の諸理論と異なる最大の点は、知性のみによる水晶のような理論的構築物でありながら、それはなお自然の境内にあったということであります。原因性（αἰτία）という原理がそこにまったく現れていないことによって彼の哲学はなお存在の思索の境内にとどまっていたことが確認されます。未だ原因性の概念に汚染されなかったその分、そこでは真理がなお現成（wesen）したのであります。

近代哲学において真理が現成しえなくなった最大の理由は、余りにも原因性の概念が幅を利かすようになったからでありましょう。近代科学の基礎概念は原因性（Kausalität）であります。因果律と機械論が総じて近代科学の基礎概念なのであります。この両原理に物質という概念を加えれば、それが近代の唯物論哲学であります。そして原因性の背後にはすべてを対象として前に立てずにいない主観性（Subjektivität）があります。したがって唯物論哲学は主観性の哲学の一形態であるわけです。

アナクシメネスの哲学はまだ主観性に汚染されていませんでした。しかし空気という元素を原理として採用することによって彼の哲学は大きく主観性の哲学の方向に踏み出したこともまた事実であり、そのことによって彼の哲学は一層の合理性と明晰性を獲得することができました。そういう意味において理性（ロゴス）ないし知性（ヌース）がなお自然に抱かれている世界、それがアナクシメネスの世界なのであります。アナクシメネスの哲学は、自然（ピュシス）そのものが未だ自立的であり、そこに別のいかなる原理も加わっていない無垢な状態と輝かしい知性が邂逅したところに生まれた奇跡のような哲学なのであります。この自然概念に極めて忠実であると共に輝かしい知性の哲学的表現ともいうべき哲学はその後の哲学者たちによって「イオニアの自然哲学」として語られるようになったひとつの伝統としてギリシア人の意識に定着しました。アナクシメネスの自然哲学はおよそ一世紀後のイオニアの自然哲学者アナクサゴラスの中にも生きつづけています。ディオゲネス・ラエルティオスがギリシアの哲学を「イオニアの系統」と「イタリアの系統」に大別したとき、おそらくそこにはこの奇跡のような哲学の伝統への望郷の念が込められていたのではないでしょうか。

コラム：**太古的概念「ピュシス」（φύσις）**

ギリシア世界の深層に自然概念（φύσις）が伏在しました。「自然」（ピュシス）は印欧諸語の元の共通言語に淵源するほとんどアルケオロジックな概念であり、印欧語族に属する古代諸民族の意識下に共通に住み着く集合的無意識ともいうべきものであったといって過言でありません。したがってそれは本来はギリシア人にとって、意識の対象であった以上に、意識の深層に住み着く潜在的概念であったわけであります。

φυ 語根は印欧諸語分岐以前の共通の源言語の未知の語根に由来する。

ギリシア語において「自然」を意味する φύσις は φύω（生む、生まれる、生える、生い立つ、生長する）、φυτόν（植物、樹木、生え出たもの）、φύσω（生長）などと同語根の語であり、またラテン語の natura も nascor（生まれる、生じる、生長する）、nascentia（誕生、植物、草木）、natio（出生，誕生、種族、民族）などと同語根の語であります。

この同じパターンはサンスクリット語の prakṛtiḥ（自然）においても、prasu（生む、生まれる、起こる）、prasutiḥ（生殖、出産、誕生、子孫）、praja（生き物、出生、子孫、民族）、prasavaḥ（誕生、出産、生殖、子供）、praṇ（息をする、生きている）、praṇaḥ（気息、生命）、praṇin（生き物、人間）などといったように見られ、印欧語族に属す古語のいずれにおいても確認されるでありましょう。

このことは自然概念の起源が歴史時代でないことはもちろんのこと、神話時代ですらなく、印欧諸語分岐以前であることを物語っています。神話時代ないし歴史時代にいたって φυ- とか na- とか pra- といった姿で現れる語根は印欧諸語分岐以前の共通の源言語の未知の語根に由来しており、φυ- や na- や pra- によって了解される意味内容はその発生を印欧諸語分岐以前の共通源言語の内に有しているのであります。換言するなら、印欧語族に属す古代諸民族の分岐と拡散以前にすでに自然概念はその一定の意味内容を発生させてしまっており、それら諸民族の意識の深層に自らを深く刻み込んでいるのであります。このことは、わたしたちが印欧語族に属す諸民族の中でそれらが現れてくる際に見られる構造の驚くべき同型性と、その同型性を維持する執拗さを目にするとき、また「自然」（ピュシス）という語で即座に了解される前反省的な了解内容の諸民族間における驚くべき共通性を想うとき、否定しがたい事実として感得されます。

ピュシスはギリシア民族の集合的無意識のひとつである。

「自然」（ピュシス）はそれゆえ、自然が対象として発見され、それを「指示する」（Bedeuten）ために自覚的に形成された対象概念ではありません。実はそもそもギリシアにおいて自然（ピュシス）がトータルに対象として発見されたことなど一度もないのであります。それはむしろその発生を言語形成のごく初期の意味発生の段階に有しており、意味発生は構造の形成でもあるがゆえに、構造の中に自らを深く刻み込んでいるのであります。自然概念の意味発生はおそらく世界が対象として発見されるはるか以前にあったのであり、そしてそのような構造概念として、それは印欧語族に属す古代諸民族の意識の深層に深く沈潜し、伏在したのであります。

自然概念（ピュシス）はまさにギリシア人にとってユングのいうような意味での集合的無意識ないしは元型ともいうべきもののひとつなのであります。「ピュシスはギリシア民族の集合的無意識のひとつである。」これが自然概念に関する本講義のテーゼであります。ピュシス（自然）は「存在者」（dsa Seiende）ではなく、「存在そのもの」（das Sein selbst）であるとハイデガーは語っていますが（『形而上学入門』全集四〇巻、一七頁）、これは自然概念（ピュシス）のギリシアにおける根源性を語ったハイデガー一流の表現ということができます。自然概念（ピュシス）の根源性に対する洞察こそハイデガーのギリシア理解の根幹をなすところのものであって、この根源性に対する感性なくしてはギリシア哲学の本質的理解など期待すべくもないというのが、おそらくハイデガーのいいたいところなのでありましょう。

したがってギリシア哲学ないしギリシア哲学において形成された諸概念でもってギリシアの自然概念（ピュシス）を説明することはできません。むしろ自然概念（ピュシス）はギリシア哲学において形成された一切の哲学的概念より古くかつ根源的なのであって、それはわたしたちが哲学として理解しているギリシア期のすべての世界説明において前提となっていたものなのであります。そしてそれらの世界説明（哲学）を根底から潜在的な威力として突き動かし、規定していたのであります。

イオニアの自然哲学の基層

自然（ピュシス）はギリシア人にとって対象ではありませんでした。自然（ピュシス）を対象として前に立てるどころか、むしろギリシア人は対象とはならない虚的存在ともいうべき自然（ピュシス）によって根源層から突き動かされ、駆りたてられていたのであって、その哲学的表現ともいうべきものがイオニアの自然哲学であり、あるいはアリストテレスの哲学なのであります。初期ギリシアの自然哲学はいずれも自然概念（ピュシス）が根源層から現出してきた現象諸形態ともいうべきものであったといって、おそらく不当でないでありましょう。

イオニアの自然哲学者たちはすべて自然概念（ピュシス）という動因によって根源層から突き動かされていました。そしてそれをそれぞれのタームに包んで表現したのであります。その結果が初期ギリシアの諸々の自然哲学であります。だからこそ、そこに示された探究エネルギーはあれほどにも巨大だったのであります。彼らの探究努力はほとんど尋常の域を越えており、彼らはおしなべて哲学的探究に人生のすべてを捧げています。そしてその献身によってたいてい自らの身を破滅させてしまっています。うかつにも手を出した相手（ピュシス）が巨大過ぎたということでありましょう。彼らの探究は反省レヴェルのそれではなかったのであります。近代の哲学のほとんどが基本的に反省的意識の中での思索でしかないことを思うとき、ここにギリシア哲学の際立った特徴を見ることができます。今日においてもなおギリシア哲学が不可抗的な威力として感得されるゆえんでありましょう。どのような哲学があらたに生み出されようと、ギリシア哲学が西洋において「原初」（Anfang）であり、不動の基礎をなすことに変更が生じることは決してないでありましょう。

哲学によって自然概念（ピュシス）を説明することはできない。

したがってここでわたしたちが確認しておかねばならないことは、哲学によって自然概念（ピュシス）を説明することはできないということ、このことであります。またこれまで説明されたこともないということ、このことであります。それを説明することは原則不可能であるということであります。にもかかわらず、そういった根源的概念である自然概念（ピュシス）の解明がなお可能だとするなら、それはその概念が自ら現れ出る（パイネスタイする）現場を差し押さえる現象学的方法によって以外ではありえないでありましょう。自然（ピュシス）は確かにしばしば現れます。その現場を押さえ、その現象を記述的に分析することによってしか、わたしたちは「自然」（ピュシス）を垣間見ることはできません。「自然」（ピュシス）は自然（ピュシス）の側からの開示によってしか知られません。この言い方は少し奇異に感じられるかも知れませんが、このことはむしろわたしたちが日常ごく普通に経験しているところであって、自然（ピュシス）は、例えば主観性が放下されたような瞬間に、虚的にあらわになってくる、そのような存在なのであります。しかしそれを捉えようとすれば、たちまち消えてしまいます。「自然は隠れることを好む」（ヘラクレイトス、断片B 123）のであります。自然（ピュシス）を対象として取り出して前に据えることはできません。言い換えれば、対象とされたようなものは、自然物ではあるかも知れませんが、もはや本来の自然（ピュシス）ではありません。ギリシアの自然概念（ピュシス）を問題としようとするとき、わたしたちは、ハイデガーと共に、このことをはっきりと認識しておかねばなりません。

第5講 ピュタゴラス

本講ではギリシア世界に異邦の原理（主観性原理）を持ち込んだ哲学者ピュタゴラスを取り上げ、彼の哲学が初期ギリシア世界においてどのような意味を持つにいたったのかを考察します。そしてその後、彼の周辺で起こったさまざまな「不思議な事象」（テラトポイイア）に焦点を当て、ピュタゴラス哲学の性格に省察を加えます。ピュタゴラス哲学を西洋世界に出現した最初の主観性の哲学と見立てて、その哲学の本性と後世への影響を見定めるのが本講の課題であります。

哲学者、ピュタゴラス。

主観性の哲学の出現と共にギリシア哲学は構造的な自然概念（ピュシス）と主観性の相克と葛藤の修羅場と化す。主観性原理（Subjektivität）のギリシアへの出現、ピュタゴラス。ピュタゴラス、非ギリシア人説。ギリシア哲学を自然哲学としてトータルに捉えるとき、ピュタゴラス、ソクラテス、プラトンの理念化された哲学はギリシア思想史における一エピソードでしかない。

ピュタゴラス、非ギリシア人説。

ギリシアに異邦の原理（主観性）を持ち込み、ギリシア哲学の中ではじめて理念的世界を立ち上がらせた人物はピュタゴラスですが、ピュタゴラスの哲学が当時のギリシア世界に極めて深い驚きと違和感ないしは不信感をもって受けとめられたことは、ピュタゴラスを繰り返し「非ギリシア人」とする根深い伝承がこれを物語っています。ピュタゴラスの出自については、一般にはサモスの出身ということになっていますが（これまでの『哲学史』ではすべてこの説が無批判的に採用されています）、実はギリシアの伝承においてこの説に落ち着いたことは一度もなく、ある場合にはテュレニア海の一島嶼から出たテュレニア人であるとか、ある場合にはシリア人かテュロス人であるといった説がしつこく主張されており、また時によっては「北方の民」（ヒュペルボレイオイ）などともいわれており、クレメンスによれば、「むしろ大多数の人によれば、ピュタゴラスは生まれという点では異国人（非ギリシア人）」なのであります。

クレメンス（『雑録集』I 62）

ムネサルコスの子ピュタゴラスは、ヒッポボトスのいうところによればサモスの人であるが、アリストクセノスが『ピュタゴラス伝』の中で、またアリスタルコスやテオポンポスのいうところによれば、テュレニアの人である。しかしネアンテスによればシリア人かテュロス人である。したがって大多数の人によれば、ピュタゴラスは生まれという点では異国人〔非ギリシア人〕であることになる。

ディオゲネス・ラエルティオス（『ギリシア哲学者列伝』VIII 1）

アリストクセノスによれば、彼〔ピュタゴラス〕はアテナイ人たちがテュレニア人たちを追い出して占領した島のひとつから出たテュレニア人であった。

アイリアノス（『ギリシア奇談集』II 26）

ピュタゴラスはクロトンの人々によって北方のアポロンと呼ばれていたとアリストテレスは語っている。

これらの証言は、要するに、ピュタゴラスの出自について当時のギリシア人が確信を持っていなかったことを物語っています。出自のみならず、その教説もまたエジプトかカルダイアかバビロニアかペルシアのマゴス僧から得られたとする説が諸家によって繰り返し主張されており、要するにピュタゴラス主義がギリシア起源であるとは当時のギリシア人は誰も考えていなかったということであります。むしろピュタゴラス主義外国起源説は、学説誌のみならず、その当時のギリシア世界一般の共通認識であったとすらいって過言でないのではないでしょうか。もしそういうことができるとするなら、ピュタゴラス主義は当時のギリシア人たちに「もともとはヘラスのものではない」と深く感得されていたということであります。

イソクラテス（『ブシリス』28）

サモスのピュタゴラスもまたそういった人のひとりである。彼はエジプトにいたってその地の人々の弟子となり、他国の哲学をはじめてギリシア人にもたらした。そして特に犠牲や聖域における祭礼に関する事柄に他の人々より際立った熱意を示したが、それは、たとえそのことによって神々から酬われるということはなくても、少なくとも人々の間でそのことから極めて高い評価が得られようと考えてのことである。

ポルピュリオス（『ピュタゴラス伝』6）

彼〔ピュタゴラス〕の教えについていえば、大多数の人が、いわゆる学問生たちの知識のあるものはエジプト人から、あるものはカルダイア人から、あるものはフェニキア人から学び取ったものであるという。なぜなら幾何学は昔からエジプト人が励んできたものであるし、数と計算に関することはフェニキア人が、天界に関する理論はカルダイア人が意を用いてきたからである。神々に係わる祭礼とか、その他、生活上の諸々の流儀についてはマゴス僧から聞き、取り入れたと人々はいう。そして前者のほとんどは覚書に書かれていたがゆえに多くの人が見届けているが、あとの日々の生き方に関することは余りよく知られていない。

ピュタゴラスはカルダイアのツァラタス〔ツァラトゥストラ〕を訪ねたことすらあるといいます。ペルシア拝火教の始祖と伝承されるあのツァラタス〔ツァラトゥストラ〕、ニーチェが自らを仮託したあの「ツァラトゥストラ」であります。

ヒッポリュトス（『全異端派論駁』I 2, 12〔Dox. 557〕）

ピュタゴラスはカルダイアのツァラタス〔ツァラトゥストラ〕のもとにいったことがあるとエレトリアのディオドロスと音楽家のアリストクセノスはいう。

これは一見突飛な報告とも見えますが、出典のひとつがアリストクセノスであることが注目されます。もしアリストクセノスを信じないということであるなら、今日わたしたちが有するピュタゴラス派に関する資料はそのほとんどが無効ということになってしまうのであります。タラス出身のペリパトス派の文献学者アリストクセノスこそ初期のピュタゴラス派について重要な証言を伝えた人物であり、わたしたちが有するピュタゴラス派に関する資料は、そのほとんどが、直接、間接に、アリストクセノスに由来するといって過言でないからであります。アリストクセノスの父と伝承されるスピンタロスは自身ピュタゴラス学徒であり、初期のピュタゴラス派について確度の高い証言が残せる立場にあった人物でした。そういった意味で、この報告はかなり確度の高い報告といわねばならないのではないでしょうか。もしこれが事実とすれば、ピュタゴラスはペルシアの拝火教をはじめとするオリエントの宗教世界に深く通じる哲学者であったことになるでありましょう。深く通じる以上、彼の心性は当然それらから深い影響を受けずにいなかったでありましょう。宗教は必ず心を浸食せずにいません。古代世界においては特にそうであります。ということは、ピュタゴラスはオリエント世界、シュペングラーのいうマギ的世界の非ギリシア的宗教要素とその原理に色濃く染まった哲学者だったということであります。

シュペングラーと共に東方のマギ的世界の広大さを想うとき、このことが持つ意味は決して小さくありません。そのことがピュタゴラスに当時のギリシア人が違和感を持たざるをえなかった最大の理由だったのではないでしょうか。またピュタゴラスがある種の衝撃としてギリシア世界に受け止められた理由でもあったのではないかと想像されます。異なる宗教的要素は容易には調和しない血筋の違いといったものとして感じ取られるものであり、そこには根深い差異意識ないし反撥意識といったものが生じずにいないからであります。真の戦いは民族と土地と宗教によるそれであります。マネーとポストに基づくものでしかない今日の世界に広く見られる抗争はすべて皮相です。あれらは個的主観性に発した戦いでしかなく、潜在的な存在に根ざす戦いとはとうていいえないからであります。存在の動向にからんでいるのでないような抗争は皮相です。またピュタゴラスがオリエントの宗教世界に通じていたとの証言は他にもあるのであります。

擬イアンブリコス（『数理神学』p. 40 Ast）

ところで彼〔ピュタゴラス〕はカンビュセスによってエジプト王と共に捕虜にされることを選び、その地で神官たちと共に過ごし、またバビロンにも付きしたがい、異国の秘教を学んだと伝えられている。

ピュタゴラス派大迫害

以上の伝承の真偽はともかくとしても、これらのことはピュタゴラスがギリシア人であることにギリシア世界が心底のところでは不信感を抱いていたことを物語っています。のみならず、ピュタゴラス主義が当時の人々によって「もともとはヘラスのものではない」と感じられていたこと、言い換えれば「ヘラスの父祖伝来の伝統に根ざしたものでない」と深く感得されていたことを物語っています。むしろピュタゴラス主義外国起源説は当時のギリシア人一般の共通認識であったといって過言でないのではないでしょうか。おそらくこういった差異意識が共通意識としてギリシア世界の底流にあったからこそ、それがやがてある事件を契機にしてピュタゴラス派大迫害という事件となって表面に噴出したというのが真実のところではないでしょうか。

もちろんああいった事件にまでいたる過程にはさまざまな事情や経緯があったことでありましょうが、もしギリシア人の意識の底流に根深い差異意識ないしは血筋の違いといったものが共通意識として共有されていなかったなら、ピュタゴラス派に対する迫害があれほどの規模の迫害になることはなかったでありましょう。ピュタゴラス派迫害を外面的な事情から発生した偶発的な一政治的事件として処理してしまってはなりません。それこそまさにギリシア世界の深層から生起してきた事件であり、ギリシア精神の根源層における動向を垣間見せる出来事だったのであります。ピュタゴラス派迫害のきっかけとその経緯についてはイアンブリコスが以下のように伝えています。

イアンブリコス（『ピュタゴラス伝』248 - 251）

ところで、ピュタゴラスが不在であったときに陰謀が企てられたということはすべての人が一致して認めているが、その時の旅先については意見を異にしている。すなわち、ある人はシュロスのペレキュデスのところへ旅行していたといい、ある人はメタポンティオンへであるといっているからである。陰謀の原因は多く語られているが、そのひとつはキュロン一派といわれている人々によってなされた次のようなものである。クロトン人キュロンは生れと名声と富においては市民中第一人者であったが、しかし性格が激しく暴力的で喧騒を好み、専制的であった。その彼がピュタゴラスの徒の生活に加わりたいとの熱意を熱心に示すようになり、すでに老齢にあったピュタゴラスその人のところにやってきたが、上に述べたような理由のゆえに彼はその資格なしとされた。そういうことがあって、彼と彼の仲間たちはピュタゴラスその人とその仲間の人々に対して激しい戦いを始めるにいたったのである。キュロンと彼の側に立った者たちの敵愾心は激しく強烈で、［その迫害が］最後のピュタゴラスの徒にまで及んだほどである。したがってそのことが原因でピュタゴラスはメタポンティオンに退き、そこで生涯を終えたといわれている。だがキュロンの徒といわれた人々のピュタゴラスの徒に対する迫害は止まず、ありとあらゆる敵意を示しつづけた。しかしそれでもある時点まではピュタゴラスの徒の善美と国々の彼らを望む気持ちの方が勝っていて、彼らによって国事が治められることを人々は望んでいた。しかし遂に彼らのそれらの人々に対する陰謀は、ピュタゴラスの徒がクロトンのミロンの家で会議を持ち、国事について協議していたとき、その家に火をつけ、アルキッポスとリュシスの二人を除いたその場の人々のすべてを焼き殺すというまでにいたったのである。この二人はまだ若く、かつ強健であったので、なんとかその場を脱出することができた。このようなことがあったにもかかわらず、どのポリスも起こった事件について一言も問題にしなかったので、ピュタゴラスの徒は〔ポリスの〕世話を止めた。各ポリスの無関心と（いうのは、あれほどの事件であったにもかかわらず、彼らはそれに対して何の関心も示さなかったからである）、最も指導的な人々の死亡という双方の理由によって、そういうことになったのである。生き残った二人のうち（両者ともタラスの人であった）、アルキッポスはタラスに戻り、リュシスは無関心を恨んでヘラスへ旅立った。そしてペロポネソスのアカイアで時を過ごしたが、その後ある争いが生じて、テーバイに移住した。そしてまさにこの人の弟子にエパメイノンダスはなったのであって、エパメイノンダスはリュシスのことを父と呼んだとのことである。このようにして彼もまたその生涯を終えた。生き残ったピュタゴラス学徒たちはレギオンに集まり、その地で相共に暮らした。しかし時が経過し、国政がますます悪い方向に進んでいったので、タラスのアルキッポスを除いて、人々はイタリアの地を離れた。パントン、エケクラテス、ポリュムナストス、ディオクレス（以上はプレイウスの人）、それにトラキアのカルキディケー出身のカルキス人クセノピロスといったところが主な人々である。ところで彼らは、学派は絶えていたが、草創期以来の習慣と学問をその生涯を終えるまで立派に守りつづけたのである。以上はアリストクセノスの述べるところである。ニコマコスは、他の点ではこれと同じことを語っているが、ただその陰謀事件があったのはピュタゴラスが外国旅行から帰ってからであるとしている。

右のイアンブリコスの報告（それは実質的にはアリストクセノスの報告ですが）は、ピュタゴラス派に対する迫害の原因がキュロンという一個人の個人的な恨みにあったことを語っているわけですが、イタリアにおけるピュタゴラス派に対する迫害は、その規模と徹底性からして、キュロンという一個人の怨恨だけではとうてい説明し切れないものがあります。たしかにキュロンの個人的な恨みが契機となり、狼煙となったのではありましょうが、その迫害がたちまちイタリア全土に広がり、またその激しさもイタリアにおけるピュタゴラス派の痕跡をまったく残さないほどに徹底したものであった点からしても、すでに広く一般の内に「ピュタゴラス派は排除されるべし」との意識が個人レヴェルを越えた共通意識となって潜在していたことが十分に窺えるのであります。しかもそれはピュタゴラス派の知的貴族主義に対する民衆の反感といったレヴェルのものではないのであって、そういうものであるなら迫害が全土的なものとなることはなかったでありましょう。

知的貴族主義に対する反感は、たしかにそれは極めて執念深く、執拗でありえますが、それでもそれはなお個人の域にとどまるのであって、その徒党がいかに広汎に及ぼうとも、そこに正義がない以上、全土に及ぶことはありません。ピュタゴラス派に対する攻撃は、その苛烈さと徹底性、その全土的広がりから見て、ある意味で「正義」の行使だったのであります。ピュタゴラス派の理念的世界はギリシア民族のある何らかの共通意識に反していたのであります。普段は顕在化していないが、それに対立する原理が現れると否定的威力として現れ出てくるあの潜在的な共通意識、ギリシア民族をその発祥以来基層において規定してきた構造的な集合的無意識、おそらくそういったものに反していたのでありましょう。こういった個人を越えた潜在的意識の指令は個人には「正義」と感じ取られるのであって、マグナ・グライキアの諸都市はギリシア世界の全体から見れば新興のポリスであっただけに、この父祖伝来の民族の「正義」がより苛烈に現れたのでありましょう。新興の地の方がしばしば伝統に対する想いは深く、反動もまた苛烈にならずにいないのであります。イタリアの諸都市が荒廃に帰したあと、その建て直しに当たって人々はアカイアに指導を求めたという伝承がこのことを傍証しています。

ポリュビオス（『歴史』II 38, 10 ff.）

それを機会にして当時大ギリシア〔マグナ・グライキア〕と呼ばれていたイタリアのそれらの地方において人々はピュタゴラスの徒の集会所を焼き討ちにしたが、その後国制に関する全面的な改革運動が起こったからである。各ポリスから第一級の人々があのように数え切れぬほど殺害されたのだから、このことは当然のことである。その結果、それらの地方のギリシアの諸ポリスは殺戮、内紛、ありとあらゆる種類の騒動で満たされることとなった。その折にギリシアの多くの地方から問題解決のために使節が派遣され、当面する災禍を終息させるために彼らはアカイア人とその保証を利用したのである。

アカイア人は一般にギリシア古来の伝統の保持者ないしは体現者と見られていたのであります。このことはホメロスが証人であります。『イリアス』は基本的にアカイア人の物語であります。ホメロスがギリシアの伝統意識のまさに代弁であることは、ホメロスがギリシア世界において果たしていた役割から知られます。ホメロスこそ「ギリシア人の教師」なのであります。当時の学童一般に対する通常の教育はホメロスを聴くか読むことでした。ギリシア人がホメロスを自らの教師として選んだということは「ホメロス」こそギリシア民族の正統意識の保証ないし表現であると彼らが認めていたということでありましょう。そしてその内容はアカイア人の物語なのであります。

したがってピュタゴラス派に対する迫害は大規模に遂行されたギリシア古来の伝統への復古運動であったわけであります。言い換えれば、ギリシア民族が自己本来の精神に立ち戻ろうとした運動だったということができるでありましょう。これはもちろん、一般的にいえば、「反動」ということでしょうが、しかし反動を軽く見てはならないのであって、反動はたいていの場合ある理念によって指導された運動ではなく、むしろ当人たちにもよく分からないような否定のパトスによって駆られた衝動であるだけに、その根は一層深いのであります。

反動は、たいていの場合、何世代にもわたって継承されてきた民族の潜在的な集合的無意識に起因する非理性的衝動であります。わたしたちはピュタゴラス派迫害に「ギリシア人とその非理性」（ドッズ）の心胆寒からしめるような噴出の一例を見るのであり、ピュタゴラス派迫害はまさにギリシア人の潜在的意識に発する民族的動向そのものだったのであります。「このようなことがあったにもかかわらず、どのポリスも起こった事件について一言も問題にしなかった」とか、「あれほどの事件であったにもかかわらず、彼らはそれに対して何の関心も示さなかった」といったイアンブリコスの記述がピュタゴラス派迫害をギリシア世界が認可していたことを示唆しています。リュシスがそれを恨んでヘラスへ旅立った「各ポリスの無関心」は、決して「無関心」なのではなく、冷たい認可だったのであります。

なぜギリシアはピュタゴラスの出現にあれほど驚愕しなければならなかったのか。

なぜギリシアはピュタゴラスの出現にあれほど驚愕しなければならなかったのでしょうか。なぜ自ら営々として築いた都市や文化を荒廃に帰すという犠牲を払ってまでもギリシア人はピュタゴラス主義を排除しなければならなかったのか。この激震は、そこにそれまでのギリシア人にとってまったく未知であった原理が出現したことを推測させるに十分であります。しかもそれがギリシア人にとうてい受け入れられないような差異意識を伴うものであったことを推測させるに十分であります。ピュタゴラスが何者であったか、彼が何人であったのかを確かめる術はもはやありませんが、ただ彼の原理がギリシア古来のものでなかったこと、少なくとも当時のギリシア人にヘラス固有のもの、ヘラス人と同じ血筋のものと感じさせなかったことだけは、確かであります。このことはヘロドトスの魂転生説への言及に込められた深い軽蔑と嫌悪の響きが雄弁に物語っています。

ヘロドトス（『歴史』II 123）

人間の魂は不死であり、身体が滅びると次々に生まれてくる他の動物の中に入っていき、陸に棲むもの、海に棲むもの、空飛ぶもののすべてを一巡すると、また再び生まれ出てくる人間の身体の中に入っていき、三〇〇〇年で魂は一巡するというこの説をはじめて唱えたのもエジプト人である。ギリシア人の中には、先の者もあれば後の者もあるが、この説をあたかも自分のものでもあるかのように用いている者がいる。その者の名前をわたしは知っているが、ここには記さない。

「その者の名前をわたしは知っているが、あえてここには記さない」というところに、魂の転生説、それと共にピュタゴラス主義に対するヘロドトスの嫌悪の深さが窺われますが、この反撥意識はヘロドトスにとどまらず、同時代の多くのギリシア人の共有するところでした。クセノパネスはピュタゴラスをバカにしていますし、ヘラクレイトスは激しく罵っています。「ピュタゴラス、嘘つきの元祖」（ヘラクレイトス断片 B 81）。またエンペドクレスはピュタゴラス主義に触れた結果、自らの人格を分裂させてしまっています。ピュタゴラスと共にまったく異質の原理がギリシアに出現したことがこれらの事象から感得されます。しかもそれはおそらく東方から現れたのであります。プラトンによれば、それはトラキアからであり（プラトン『クラテュロス』400 B - C）、ヘロドトスによれば、エジプトからであります（ヘロドトス『歴史』II 123）。もしシュロスのペレキュデスを経由してであるなら、フェニキアからです（『スーダ』「ペレキュデス」の項）。ペレキュデスがフェニキア人と深い関係を有する神学者であったことはいくつかの資料によって伝承されていますが、次の『スーダ』の記述もそのひとつであります。そしてそのペレキュデスとピュタゴラスは師弟関係にありました。

『スーダ』（「ペレキュデス」の項）

ペレキュデスはバビュスの子でシュロスの人。彼はリュディアの王アリュアッテスの治世の頃に生きていた。したがって七賢人と同時代の人で、第45オリュンピア祭年〔前六〇〇―五九七年〕の頃に生まれたことになる。ピュタゴラスは彼に学んだのであるが、彼自身は師を持つことなく、フェニキア人の秘教の書物を得て、自らを鍛えたのだと伝えられている。また散文で書物を公にした最初の人であると記録している人もいる。もっとも他の人はこれをミレトスのカドモスに帰しているが。また彼は魂の輪廻説を導入した最初の人とされている。さらにタレスの教説と張り合っていた。そして虱にたかられて死んだ。

またピュタゴラスはその教説の多くをユダヤ人から得ていたと、ユダヤ人作家のヨセフスは主張します。誤解を受けないために、ヨセフス自身の言を以下に引用しておきます。

ヨセフス（『アピオン論駁』Ⅰ163）

さらに彼〔ピュタゴラス〕は次のように付言する。「ピュタゴラスのこのような言行はユダヤ人やトラキア人の思想を真似たもので、これを自分のものに変えたのである」と。実際のところ彼はユダヤ人のところにあった多くの掟を自分の哲学に変えたと伝えられている。

もちろんこれはヨセフスの自民族への牽強付会ともいうべきものでありましょうが、しかしわたしはピュタゴラス主義とユダヤの一神教に共通する強い主観性性格を想うとき、ピュタゴラスとユダヤ人の間に何らかの関係を想定することはあながち絵空事ではないのではないかという印象を持たないわけでもないということは付言しておきたいと思います。

いずれにせよ、ヨセフスはギリシア哲学の中に存在するユダヤ的要素に極めて敏感な著作家でした。ギリシア人には見えないが、また一般に西洋世界の人間には感じ取れないが、ヨセフスには感知できるような要素がギリシア哲学の中にあったとしても不思議でないし、事実ヨセフスの言を聞いていると、そのような要素がなくもないように思われるのであります。しかしこのことについては、ここで断定的に語るのは控えておきたいと思います。ギリシア哲学とユダヤ人の関係の問題は極めてデリケートな問題ですから、また第三者が安易に判定を下せるような問題でもありませんから、より精密な研究に基づいてはじめて云々できる問題であろうからであります。ヘレニズム（ギリシア精神）とヘブライズム（ユダヤ・キリスト教精神）という西洋二大精神の対立・抗争の西洋精神史における根本性と深刻さが認識されるなら、これが軽々に語れる問題でないことが理解されるでありましょう。しかもこの対立は近代世界にまで及び、（皆さんもよく知られるような）戦慄すべき事象を生起させてきたのであります。

しかし、もしピュタゴラス主義がヨセフスのいうようにユダヤ起源であったとするなら、ピュタゴラスと共にヘブライ的因子がヘレニズム（ギリシア哲学）の中に植えつけられたことになります。そしてそれが前五世紀の後半にギリシア中央部に到着してソクラテス・プラトンの理念的哲学として立ち上がり（ハイデガーのいう「主観性の形而上学」の立ち上がり）、やがてキリスト教という姿を取って西洋精神史に遅れて登場してきたヘブライズムの本体と合体して、そのようにしてヘブライズムを基幹とする西洋形而上学（die abendländische Metaphysik）が西洋世界全体を席巻するにいたったという、ヨーロッパ精神史の流れの大きな構図を描くことが可能となるでありましょう。まさにニーチェが告発し、かつハイデガーが対決したのは、このヘブライズムの血脈に対してでありました。

ピュタゴラスと共に現れた原理、それは何か。

前述のヨセフスの指摘はしばらく措くとしても、エジプトからであれ、フェニキアからであれ、あるいはユダヤからであれ、いずれにせよピュタゴラスと共に異邦の原理がギリシアに出現したのであります。ピュタゴラスと共に現れた原理、それは何か。これこそ決定的な問いであり、ピュタゴラスの出現と共に初期ギリシア哲学の世界に何が起こったのか、それを理解する鍵はかかってこの問の解答にあるのであります。この問を曖昧にすることはピュタゴラスそのものを曖昧にすることであり、ひいてはピュタゴラス以降のギリシア哲学を曖昧にすることであります。さらにいえば、ギリシア以降二千数百年にわたって推進されてきた西洋形而上学（die abendländische Metaphysik）そのものを曖昧にすることであります。そしてそれは西洋形而上学の帰結である近代世界の本性を問うことを等閑に付すことでもあります。意外に思われるかも知れませんが、また一般には理解されないかも知れませんが、今日のわたしたちの前に出現しているこの近代世界がそもそもいかなる原理によってなった世界であるのかを問うためにこそ、言い換えれば、近代世界の原理とその本性を知るためにこそ、わたしたちはピュタゴラスという哲学者とその哲学の本性を問わねばならないのであります。

ピュタゴラスと共に現れた原理、それは主観性（Subjektivität）であったとわたしは思います。このことは、肉食の忌避、神経症を思わせるような潔癖、穢れに対する過敏性、アクウスマタと呼ばれるさまざまなタブーによる過剰な自己緊縛、尋常ならざる沈黙と学派の異常な閉鎖性・警戒心・猜疑心、学派内における猛烈ないじめ現象、予知や透視、超常現象の報告など、いずれも主観性の心理学として語りうる現象がその周辺に多数見られることからも感得されますが、何よりも数学的な理念的世界を出現させたことがそのことを雄弁に物語っています。

理念的世界は意識の超越的志向性の先端に開かれる世界であり、その志向性が主観性に基づくそれであることはわれわれがフッサール現象学から明確に学ぶ認識のひとつであります。したがって、もし哲学が理念的世界の展開とされるなら、哲学はピュタゴラスによって開始されたといって過言でありません。理念的世界の出現は人類を動物類の一種から一挙に神的存在と化すほどの奇跡的な出来事でしたが、そのことはピュタゴラスという主観性の西洋世界への出現なくしてはありえなかったでありましょう。理念的世界を志向する西洋形而上学（die abendländische Metaphysik）の出現は、突き詰めれば、これを人類はピュタゴラスに負っており、その上に築かれた西洋文化はピュタゴラスをその開祖としているのであります。そういう意味において、西洋文化の最大の恩人というべきはピュタゴラスなのであります。この点は曖昧にしてはなりません。そしてこのピュタゴラス主義の上にプラトニズム（西洋形而上学）が構築され、そのプラトニズムの上に西洋近代の科学的知の成立があったのであります。

したがってプラトン以来の西洋形而上学も、西洋近代の認識の諸哲学（デカルト、カント、フッサール）も、西洋形而上学の孫ともいうべき近代の科学的知も、すべて、帰するところ、ピュタゴラス哲学から発しているといって過言でないのであります。ピュタゴラスこそ西洋近代世界の開祖なのであります。近代世界の開祖をデカルトに見る見方がありますが、皮相です。デカルトは結果でしかありません。デカルトはコギト（cogito）を発見したかも知れませんが、そのコギトの中に潜むエゴ（ego）を西洋世界に持ち込んだ人物こそ、ピュタゴラスなのであります。コギトが近代世界を生み出す原理になりえたのは、そのコギタチオ（思惟性）にあったというよりは、その背後に潜むエゴ（主観性）にこそあったのであります。そうでなければどうしてこのような巨大世界を生み出すことができたでありましょうか。

プラトニズムと科学

プラトニズムは主観性の学知の最も華麗な形而上学的表現ということができるでありましょう。主観性は一切を「自らの前に立てる」（Vorstellen）原理であり、主観性はすべてのものを己の前に立つ対象と化さずにいません。その先端にイデア的な意味対象を置くかどうかに係わりなく（先端にイデアないし自体的存在といったイデア的意味対象を設定したものが「プラトン哲学」であると一般には理解されています。が、そういったことに係わりなく）、一切を対象として己の前に立てる志向性はその知の構造においてすべてプラトニズムであります。そういう意味において近代の科学的思考もすべてプラトニズムということができます。科学的思考法はすべてものを対象として「前に立てる」（Vorstellen）ことを本質とします。死や生命や魂や良心や自然といった、本来対象となりえない自然存在をすら、対象として前に立て、「研究」します。そしてそのことによってそれらを逸します。本来対象となりえない存在を対象として立てれば、必然的にその捉え損ない、逸失にならずにいないからであります。

ハイデガーのいう「存在と存在者の存在論的差異」（die ontologische Differenz von Sein und Seiendem）（『現象学の根本諸問題』）に一般的に無知であることが科学の特徴であります。否、本当は無知ではないのでありましょう。むしろその差異を徹底的に無視しつづけるところに科学的志向性の密かな意志の作動があります。世界には「存在者」(das Seiende) として扱いうる領分もあれば、「存在」(Sein) としてしかわれわれに現れない領分もあるのに、「存在の領分」を一切無視して、世界を「存在者の領分」一色で塗りつぶすのが科学的志向性の本性なのであります。科学はそれ以外でありえません。というのも、前述のように、科学的思考は一切を対象として前に立てる主観性の学知でしかないがゆえに、対象(存在者)しか科学には捉えられないからであります。対象(存在者)しか科学的思考の視野の中に入ってきません。それ以外は科学には「不知」(inconu) であります。にもかかわらず、己の知が存在の一領域に制限された特殊な知であるとの意識が科学にはなく、自己の万能性を盲信しています。要するにそれは、世界には「存在者の領分」しかないと断じることと同義であり、それ以外の領分はその存在を認めない自己決定なのであります。それ以外の知が出現すれば、それを科学は「科学ではない」として切り捨てます。世界の一切を「存在者の領分」とすること、それが科学の本性に根ざした宿業なのでありま す。これも世界支配の意志のひとつということができるでありましょう。これを科学は遂行します。

したがって科学的思考は、その無私性、不偏不党性、公正性、客観性の自己主張にもかかわらず、実はレヴィナスのいうような意味での conatus essendi〔存在の力〕なのであります。ニーチェ流にいえば、「力への意志」(Wille zur Macht) であります。一切を存在者と断じ、存在者で世界を覆い尽すコナートゥス(力への意志)、それこそが科学なのであります。このことに科学的思考は邁進します。そしてそれによって科学は先鋭化します。対象を射当てることに失敗すればするほど(そしてそれは「存在」に関する限り失敗せざるをえないのですが)、対象化は先鋭化し、理念化がますます昂進し、精密化、細分化が推進されるのであります。対象の追求は個別化、細分化、精密化に突き進まずにいないからであります。理念化、先鋭化、個別化、精密化、細分化が、対象化的学知(科学)の本性に根ざす傾向性なのであります。そしてそのことによって科学はいやもって存在から遊離することになります。存在は理念的対象でもなければ、個別でも細目でも精密でもないからであります。存在から理念化の方向に立ち上がる志向性が主観性を原理とする知の宿命であり、したがって科学の宿命でもあるのです。このことによって前掲の死、生命、魂、良心、自然といった自然的諸概念を、わたしたち人間存在にとって最も重要な諸概念を、主観性の学知である科学がいかに逸してきたか、わたしたちはその惨状を不問に付してはなりません。その一面性、党派性の糊塗を科学に許してはなりません。

ピュタゴラスの出現と共にギリシア世界は存在と主観性の相克と葛藤の修羅場と化す。

しかし哲学がもし根源的思索、ハイデガーのいう存在の思索（Denken des Seins）であろうとするなら、哲学は理念的世界の展開にとどまることは許されません。科学を含む主観性の学知で事足れりとすることは許されません。理念的世界は抽象的世界であるがゆえに、言い換えれば、存在から遊離した世界であるがゆえに、そういったものに立ち止まりつづける限り、哲学は存在の思索とはなりえず、総じてそこに存在の真理があらわになることなど決してないでありましょう。存在の「開蔵」（Entbergung）こそが真理、ギリシア的意味での「真理」（Ἀλήθεια）なのであります（ハイデガー）。そして存在（Seyn）は主観性の志向性が自らの前に対象として立てることのできるようなものではないのであります。

ピュタゴラスは哲学を一定方向に決定したことによって西洋哲学のその後の展開に対して決定的な存在となりましたが、それゆえこのことを肯定的に捉えるなら、彼の功績は空前絶後といわねばなりませんが、それゆえにこそピュタゴラスの出現は人類の思索にとってむしろ宿業的であったといわねばならないのではないか。そういった想いがその時のギリシア人の受け止め方でもあったのではないでしょうか。ヘロドトス、クセノパネス、ヘラクレイトスなどがピュタゴラス主義に言及する際に見られる彼らの深い嫌悪と軽蔑の念に鈍感であってはなりません。また彼らの反撥意識に鈍感であってもなりません。ピュタゴラスは、ある人々には熱狂をもって受け入れられたが、ある人々からは猛烈なリアクションを受けずにいませんでした。ピュタゴラスの哲学はヘラスの何かを否定していると感じられたのであります。否、ヘラスという存在そのものが否定されていると感じられたのでありましょう。そしてそれはギリシア人一般といった市民レヴェルにおいてだけのことではなく、哲学においてもそうであって、ピュタゴラス以降、ギリシア哲学は存在（構造的自然概念ピュシス）と主観性の相克と葛藤の修羅場と化すのであります。そしてその相克は二五〇〇年の星辰を経て今日に及んでおり、主観性原理の圧倒的な支配の中にある近代世界においてすら、なおそれは深い葛藤と亀裂をもたらしつづけているのであります。

わたしたちはなお主観性との葛藤に苦しんでいます。開発・発展という名のもとに主観性原理が存在を毀損することを日々目にしています。主観性によって本来類的存在であるはずの人間が個に解体され、狂っていくことを日々目にしています。主観性原理（Subjektivität）の世界浸透（グローバリゼイション）による荒廃の進行を日夜目の当たりにしています。これらの現象は、その大元をたどれば、すべてピュタゴラス主義に発しており、ピュタゴラスの出現こそ西洋の運命（ゲシック）ともいうべき出来事だったのであります。ギリシア世界がピュタゴラス派を弾圧したのは「正義」の行使だったのであります。

さて、ソクラテス、プラトンの天才は概念の領域、プラトンのいう弁証法の領域においても、理念的世界を構想することは可能であることを洞察した点にあります。ピュタゴラスが数学（直観）の領域において現出させた永遠不変の理念的世界をプラトンは概念（思惟）の領域においてより大規模に、より壮麗に出現させました。概念の学である哲学を理念的世界の理論と化した人物こそ、プラトンであります。そこに精神（Geist）を加えてそれを歴史の中に埋め込めば、それがヘーゲル哲学であります。ハイデガーはヘーゲル哲学を西洋形而上学の完成形と見ていますが、ゆえないことでないのであります。ヘーゲルはプラトン哲学に「そこに精神が立ち上がるのが見られる」と惜しみない賛辞の弁を送っていますが（ヘーゲル『哲学史講義』参照）、これまたゆえないことでなかったのであります。

プラトンはピュタゴラス哲学を買い取った。

理念的世界を継承したという点で、プラトンは誰よりも忠実なピュタゴラス学徒であります。というよりも、彼は姿を変えたピュタゴラスそのものであって、ピュタゴラスの遺産を余すところなく引き継いだといって過言でありません。彼の後期の代表的対話篇『ティマイオス』はピロラオスの著作の剽窃であるという告発が執拗に繰り返されるのも、事の真偽はともかくとして、その根はここにあります。プラトンのピュタゴラス学説剽窃説を、単にプラトン個人に対する中傷とのみ受け取ってはなりません。ローマ時代にいたってもなお語られるその説の執拗さにはプラトン哲学のピュタゴラス主義との血縁性に対する深い洞察が秘められているのであり、それを問題視する意識が数百年の後もなお根強くありつづけたということなのであります。この問題性をもうほとんど感じ取れなくなっているわたしたち近代人の感性を「進歩」の結果ということができるでありましょうか。またいうべきでしょうか。わたしたち近代人の歴史的感性は鈍磨してしまっています。なぜか。それは、要するに、存在から離脱してしまって、対象世界にのみ拘泥しているからでありましょう。存在こそ歴史の土壌なのであります。

ゲリウス（『アッティカの夜』III 17, 4）

諷刺家ティモンは『シロイ』と題された極めて辛辣な書物を書いた。その書の中で彼は哲学者のプラトンに侮蔑的に言及し、プラトンはピュタゴラス派の学問書を高額で買い取り、それに基づいてかの名高い対話篇『ティマイオス』を著したのだといっている。

ディオゲネス・ラエルティオス（『ギリシア哲学者列伝』VIII 85）

彼〔ピロラオス〕は本を一冊書いた。ヘルミッポスのいうところによれば、それをプラトンはシケリアのディオニュシオスのもとに滞在していた折りに、ピロラオスの親族の者からアレクサンドリア銀貨40ムナで購入し、そしてそれを書き直して『ティマイオス』を著したのだと、ある著作家が述べているとのことである。

ティモンやヘルミッポスの侮蔑的な言及は単に剽窃という事実にのみ向けられたものでしょうか。たとえそうだとしても、プラトンがピュタゴラス主義を継承したことをもし彼らが肯定的に捉えていたなら、プラトンがピロラオスの本を買い取って『ティマイオス』を著したことを「剽窃」として告発するようなことはなかったのではないでしょうか。明らかに彼らはプラトンによるピュタゴラス主義継承を肯定的には捉えていないのであります。彼らだけではありません。そのことに深く疑問を抱く哲学者は古代世界においては数多く見られるのであって、プラトンによるピュタゴラス主義の継承は、近代の評価とは異なり、古代においては一律に評価すべきこととは見なされていなかったのであります。むしろそれを問題視する意識が根強くありつづけたということなのであります。古代人の感性がなおまともであったことがこのことからも知られます。プラトンによるピュタゴラス主義の継承を何ら問題視せず、むしろそこに意味すら認める近代人の感性と比較するとき、彼らの哲学的センスの真正さが感得されます。近代人の哲学的感性は鈍磨しており、まともとはいえません。その理由は何か。主観性に汚染されてしまったからでありましょう。

主観性の形而上学の立ち上がり

ピュタゴラス哲学を継承することによってプラトンはハイデガーのいう「主観性の形而上学」を出現させたわけですが、そしてこの主観性の形而上学(die Metaphysik der Subjektivität)が二千数百年の西洋哲学の主流となったわけですが、それにもかかわらずプラトンの世界はあくまでも理念化された世界、言い換えれば、ある遊離した世界なのであって、何から遊離しているかといえば、ギリシア精神の伝統からすると、やはり自然(ピュシス)から遊離した世界、すなわち存在から切れた世界なのであります。プラトンの理念化された世界に対してフッサールのいう生活世界(Lebenswelt)の位置を占めるものは、ギリシアにおいては自然(ピュシス)であります。したがってプラトンの理念的世界は不断に自然(ピュシス)からの呼び戻しを受けつづけることになります。そしてその自然(ピュシス)の呼び戻す声は、まず最初にプラトンのかつての弟子であるアリストテレスの口を通して発せられたのであります。アリストテレスによるプラトンのイデア論批判にわたしは、単なる学説上の反論というよりは、根源存在に発する差異意識とそこからの執拗な呼び声を聞き取るものであります。存在(構造的自然概念)と主観性原理のいわゆる哲学内におけるストライトの最初の鮮明な露呈がここにあったのでありますす。そしてこのストライトはさまざまな形を取って今日にいたるまでその後も繰り返されていくことになります。

ソクラテス・プラトン哲学はギリシア哲学における一エピソードでしかない。

自然概念(ピュシス)のギリシア精神史における根深い伝統に照らして見るとき、ピュタゴラスに始まり、ソクラテス、プラトンに受け継がれた「理念化された世界」はやはり初期ギリシア哲学とアリストテレスの哲学の間に挟まれたギリシア思想史の中の一エピソードでしかなかったという感を否むことができません。もしそうだとすれば、あのヨーロッパ二〇〇〇年の哲学の歴史も、それがホワイトヘッドのいうようにプラトンの解釈史でしかなかったとすれば、人類の思索から見れば、その中の一エピソードでしかなかったということになるのかも知れません。「西洋哲学はプラトン哲学に対する一連の脚注である」（ホワイトヘッド『過程と実在』第二部、第一章）というのは、たしかに洞察を含んだ卓見ではありますが、ホワイトヘッドはこのテーゼによってむしろ自らのお目出たさを露呈させてしまっています。このテーゼを肯定的に語ったことによってこそ西洋形而上学の歴史に疑問符が突きつけられるのであって、このテーゼの実質語るところは、西洋哲学は全体として主観性のイデオロギーの学的表現でしかなく、存在の真理の伝承であったことは一度もないということなのであります。そしてそのことによって今なお世界を荒廃させつづけているということなのであります。わたしたちはピュタゴラス主義ないしプラトン哲学から始まる西洋形而上学（die abendländische Metaphysik）の問題性を深く認識しなければなりません。

ピュタゴラスとテラトポイイア

なぜ近代的自然概念の形成期（ルネッサンス期）において魔術や錬金術といった前近代的な概念がことさらに顕在化するのか。ギリシアにおけるテラトポイイア（不思議な業）、ペレキュデス、ピュタゴラス。

ここでテラトポイイア（魔術ないし錬金術）の問題をピュタゴラス哲学との関連の中で論じておきたいと思います。

なぜ近代的自然概念の形成期に魔術や錬金術といった前近代的概念がことさらに顕在化するのか。

なぜ近代的自然概念の形成期（ルネッサンス期）において、魔術や錬金術といった前近代的概念がことさらに顕在化するのでしょうか。それらも実は、そのいかにも前近代的な装いにもかかわらず、近代的概念なのであって、近代的自然概念の裏面なのであります。というのも、自然（ピュシス）は何といっても全面的に対象化されるものではないからであって、いわんや物理的な物体概念に尽きるものでは断じてありません。自然が合理的な物理的世界として対象化されればされるほど、その足元には対象化されることのないある何ものかが取り残され、蓄積されずにいないのであって、むしろそのような永遠に対象となって浮かび上がることのないものこそ、根源的ともいうべき自然（ピュシス）なのであります。というのは、自然（ピュシス）はその根源性においては永遠に対象とはならない虚的存在だからであります。自然（ピュシス）がトータルに対象としてゲステルの中に組み込まれた後にもなおそういった何ものかが存続しつづけたということ、そういった「不気味な存在が鈍い物音を立てながらおうごめいていた」（フーコー『狂気の歴史』）ということは、時に表面に噴出することもあるが、たいていは地下水脈となって中世の全期間にわたって命脈を保ちつづけた神秘思想の諸潮流が証していま す。その中世期における現れがさまざまな姿を取って繰り返し出現した各種の異端思想であり、近世・近代における現れが魔術や錬金術であります。あるいは魔術がかった医術であります。しかしそういった自然（ピュシス）は、神の前に対象となった自然のみがオーソライズされた状況下にあっては、アンダー・グラウンドな存在とならざるをえませんでした。中世にあって神秘主義は異端として地獄の劫火に焼かれねばならなかったし、特に近世・近代において魔術や錬金術は近代的理性が自己を確立する過程で「不合理なもの」、「前近代的なもの」として地下に貶められねばなりませんでした。ここに近代がひとつの「権力」（フーコー）であることが端的に示されています。近代は一切のものを主観性の前に立つ対象と化さずにいない主観性のコナートゥス（力）なのであります。言い換えれば、主観性の「力への意志」なのであります。ハイデガーはニーチェが語った「力への意志」（Wille zur Macht）を「無制約的な主観性の意志への意志」と断じています。対象的、顕在的存在しか存在と認めない「力への意志」、それこそが近代なのであります。これは世界の半面を切り取る暴力であり、近代が「科学」という名において知的世界に対して権力を行使してきたことがどれほど世界を皮相化し、貧困化したか、おって知るべしであります。とりわけそれによって精神世界が皮相化し、貧困化しました。「心なき心理学」といわれる実験心理学などといわれるものはその最たるものですが、これが矛盾概念であることに気づかないところに、近代科学のイデオロギー性の根深さと盲目性が隠れています。

心は、生命と同様、本来対象となりえない存在であるだけに、それを実験的に操作することなど原則不可能なのであります。今日の科学的状況を見るとき、かくも皮相なレヴェルでしか知が扱われないということがまったくもって不思議であります。またこのような表層において人間が生きうるということがまったくもって不思議であります。否、おそらく生きえないのでありましょう。だからこそ、あのような新興宗教やカルト教団といったものが蔓延るのでありましょう。あれらカルト教団は一切を存在者（対象）と化す近代的暴力のいわば裏面であって、むしろ人間が根源的存在に根づく存在者であることの証なのであります。人間がゲステルに組み入れ切れない存在である限り、ああいった現象はなくなりません。科学は人間の反面を切り取る暴力であります。

古代においてももちろん「不思議な業」を行なう人々はいましたが、彼らは古代社会にあって決してアンダー・グラウンドな存在ではありませんでした。例えばシュロスのペレキュデスがそうであって、彼は「不思議な業」（τερατοποιία）を行なう人としてギリシアにおいてつとに有名でしたが、彼が犯罪者のような扱いを受けた形跡はまったくありません。むしろ彼はギリシア人の中にあって最も有力な学者ピュタゴラスの師であり、彼から深甚の敬意を払われていて、デロス島で死んだとき、ピュタゴラスの手で葬られています。天才的数学者ピュタゴラスの師は「不思議な業」（テラトポイイア）を行なう人、ペレキュデスなのであります。

ディオゲネス・ラエルティオス（『ギリシア哲学者列伝』I 118）

アリストクセノスは『ピュタゴラスとその弟子たち』において、彼〔ペレキュデス〕はデロス島で病死し、ピュタゴラスによって埋葬されたという。

極端な合理哲学者であると同時に極端な非合理哲学者、ピュタゴラス。

またピュタゴラス自身、数学的な理念的世界をはじめて現出させた人物ですが、その周辺には予知や透視、予言、空間のワープ、異空間における同時存在、超常現象、転生、生まれ変わりなど、数多くの不思議な現象が報告されることで知られる人物でした。ピュタゴラスのそういった側面をアポロニオス、アイリアノス、イアンブリコスの以下の報告が伝えていますが、これらの報告を際物的なものとして抹殺してしまってはなりません。これらの報告の中にこそ、ピュタゴラス哲学の重要な側面が伝えられているのであって、近代の『哲学史』が徹底して行なってきたようにピュタゴラスのそういった側面を伝える報告を荒唐無稽なものとして抹殺してしまうなら、ピュタゴラスの半面が消し去られてしまうことになるでありましょう。

ピュタゴラスは極端な合理哲学者であると同時に極端な非合理哲学者なのであります。その両面を合わせてはじめて具体的存在、ピュタゴラスなのであります。その振幅の大きさがむしろピュタゴラスという哲学者の存在の大きさを示しています。そのいずれかの一方にのみ加担するのはピュタゴラスの抽象化以外のものでありません。近代の『哲学史』における哲学者ピュタゴラスの記述がいずれもどこか舌足らずなものにとどまっているのは、その一面化、その抽象化に発していることではないでしょうか。資料の稀少性や不確かさのみによることではないのであります。伝承資料の稀少性や欠陥にもかかわらず、哲学者ピュタゴラスの本質はわたしたちに明確に伝えられています。ピュタゴラスは決して「謎の哲学者」ではありません。これを「謎」とするのは近代的知性の一面性であります。近代の『哲学史』は合理と不合理を兼ね合わせたピュタゴラスという哲学者の存在の大きさを受け止め切れないようであります。

アポロニオス（『奇談集』6）

ムネサルコスの息子のピュタゴラスがこれらの人につづくが、彼は最初こそ数学や数に関する問題に力を注いでいたが、後にはペレキュデスの不思議な業も避けなくなった。というのは、メタポンティオンに荷を積んだ船が入ってきたとき、そこに居合わせた人々は積み荷のために無事に入港することを祈っていたが、彼は傍らに立って、「その船が死体を運んでくるのを君たちは見ることになろう」といったからである。またアリストテレスのいうところによれば、カウロニアに白熊が現れるのを予言したとのことである。そしてその同じアリストテレスは、他にもまた多くのことを彼について書き記しているが、テュレニアで毒蛇が咬んだとき、彼は自らそれを咬んで殺したといっている。またピュタゴラスの徒に争いが生じることを彼は予言したとのことである。それゆえ誰にも見とどめられることなく、メタポンティオンに去った。カサ河を渡ったとき、他の人たちと共に「ピュタゴラス、ご機嫌よう」という大きな超人的な声を聞いた。その場にいた者たちは大いに恐れたという。彼はあるとき、同じ日、同じ時刻に、クロトンとメタポンティオンに現れた。またアリストテレスのいうところによれば、あるとき彼は劇場に座っていたが、立ち上がって自分の腿が黄金であるのを一座の人々に示して見せたとのことである。

アイリアノス（『ギリシア奇談集』II 26）

ピュタゴラスはクロトンの人々によって北方のアポロンと呼ばれていたとアリストテレスは語っている。

アイリアノス（『ギリシア奇談集』IV 17）

ピュタゴラスは、自分は死すべき本性のものより優れた種から生まれたものであると人々に教えていた。同じ日、同じ時刻にメタポンティオンとクロトンで目撃されたこととか、オリュンピアで一方の腿が黄金であることを見せたことをその証拠とした。またクロトンのミュリアスにゴルディオスの子でプリュギア人のミダスであることを教えた。そして白い鷲を撫でたが、鷲はそのままにしていた。

イアンブリコス（『ピュタゴラス伝』31）

またアリストテレスも『ピュタゴラス派の哲学について』の中で、次のような区分が人々によって重要な秘儀の内に保存されていたと伝えている。理性的生きもののあるものは神であり、あるものは人間であり、あるものはピュタゴラスのような存在である。

合理（ロゴン）と非合理（アロゴン）

アポロニオス、アイリアノス、イアンブリコスのこれらの報告の共通ソースがアリストテレスであることが注目されます。冷静な学者アリストテレスがどうしてこのような荒唐無稽な報告を真面目に行ないえたのか、驚きを禁じえないと思いますが、しかし事実アリストテレスはこれらの報告をごく真面目に行なっているのであって、ギリシアにおいては非合理（アロゴン）も合理（ロゴン）と両立できたことをアリストテレスのこれらの報告が何よりも雄弁に証言しているのであります。たしかにギリシアにおいても合理（ロゴン）と非合理（アロゴン）は対立する概念であったでありましょう。しかしそれらの一方のみがオーソライズされ、他方は告発の対象とされて犯罪者のように地下に貶められるということはなかったのであり、両者ともそれなりの市民権を得ていたのであります。非合理（アロゴン）が告発の対象となり、違法化されるのは別の原理が登場したことの結果であって、そのイデオロギーのもとに合理（ロゴン）のみが合法化され、非合理（アロゴン）は違法化されてアンダーグラウンドに追いやられることになったのであります。

わたしたちはやがてその原理が何であるか見ることになりますが、ここではまさにこの問題こそフーコーが『狂気の歴史』において語らんとした問題であることを指摘するにとどめておきたいと思います。ただしかし、フーコーはこの問題をルネッサンス期以降、基本的に西洋近代の中でしか考察しなかったために、非合理（アロゴン）と合理（ロゴン）の真の関係とその根拠を抉り出すまでにはいたらなかったという点は指摘しておかねばなりません。フーコーの記述は膨大な資料の中に埋没してしまっていて、その根拠を問うことを忘れています。しかし、たとえその根拠を問おうとしたところで、フーコーのようにルネッサンス期以降にその考察を限定したのでは、その真の根拠が発掘されることはなかったでありましょう。この問題の発端はすでに古代にあり、その全面的な露呈は古代から中世の過渡期に生起するのであります。したがってその真の根拠もまた古代ないしは古代から中世の過渡期にあるのであります。それゆえロゴンとアロゴンの問題を全面的に顕在化させるためにはフーコーは古代にまで遡って叙述しなければならなかったでありましょう。特に古代末期から中世の黎明期の解明が重要であります。『狂気の歴史』の決定的欠陥は、古代ならびに中世の黎明期の記述と分析を欠いているという点にあるのであります。

人は古代における「不思議な業」（τερατοποιία）の是認を古代人の知性の未熟さに帰したいようですが、古代の哲学者の知性が近代人のそれに比して何ら遜色がないことは、ピュタゴラスを見れば分ります。否、近代のどの世界にあってもピュタゴラスほどの知性人を見出すのは容易でないのであります。数ラッセルはピュタゴラスをアインシュタインとエディー夫人に比しています（『西洋哲学史』参照）。数学や音楽における合理性、一般に世界における合理性の発見は、突き詰めれば、人類はこれをピュタゴラスに負っているのであって、西洋世界を合理的世界として現出させた究極の人物こそ、ピュタゴラスなのであります。そういう意味において彼は超時代的な知性であったといって過言でありません。そのような時代を絶した知性人にしてなお、近代人の目から見るとき、怪しげな諸事象に取り囲まれた宗教の教祖なのであります。

ピュタゴラスにおいてわたしたちは合理（ロゴン）と非合理（アロゴン）は決して両立しえない原理でないことを知るのであります。対立関係に立つ概念であることは確かですが、排除し合う概念では決してないのであります。否、むしろそれらは実は互いに求め合う原理なのであって、合理（ロゴン）は必ず非合理（アロゴン）によって補償されねばならないのであります（ユング）。それらはいわば補色関係にあるのであり、したがって理念化への志向性は同時に深層への志向性を生み出さずにいません。極端な合理的、理念的世界を現出させたピュタゴラスは同時に非合理を激しく求めた哲学者でした。合理

（ロゴン）と非合理（アロゴン）が互いに求め合う原理であることを身をもって示した哲学者こそ、ピュタゴラスなのであります。

ピュタゴラスの歴史的意味は、彼によってなされた幾多の数学的、哲学的発見にあるというよりは、むしろ合理（ロゴン）と非合理（アロゴン）が互いに求め合う原理であるという真理の具体的表現になったという点にこそあるのであります。ピュタゴラスはその存在ないしは現象そのものが哲学的考察の課題であるような哲学者なのであります。ギリシアの哲学者には、哲学者というよりは、哲学そのものともいうべきような人物が多いですが、特に初期ギリシアの哲学者にそのようなケースが多く見られますが、ピュタゴラスもそのひとりであります。しかもその顕著な事例といわねばなりません。近代世界の一面性をあらわならしめ、その問題性を問うためにも、わたしたちは「ピュタゴラス」を復活させねばなりません。合理（ロゴン）と非合理（アロゴン）を一個体内に体現していた哲学者ピュタゴラスを再現出させねばならないのであります。

第6講
アルキュタス

アルキュタス、ピュタゴラス学徒にしてなおギリシア世界の伝統に根づく典型的な家父長的人物でありえたギリシア人。ホラティウス、アルキュタスを笑う。

ギリシア世界に確信を持つ哲学者、アルキュタス。

ここでピュタゴラス派の哲学者、タラスのアルキュタスを取り上げ、彼の哲学に省察を加えたいと思います。アルキュタスはピュタゴラス学徒であり、後述するエンペドクレスと同様、ピュタゴラス主義の影響下にあった哲学者でしたが、その影響がエンペドクレスとは反対の方向に現れた哲学者として注目されます。

天性の主人、アルキュタス。

ギリシア世界には注目すべき人物が多く見られますが、その中にあってもピュタゴラス派の哲学者、タラスのアルキュタスは最も注目すべきギリシア人ではなかったかとわたしは思います。わたしはアルキュタスという人物に特別な関心を持つことを最初に表明しておきたいと思います。

彼はピュタゴラス派の哲学者であり、したがって目覚めた主観性であったはずですが、にもかかわらずギリシア世界の伝統に完全に一致して生きえた人物であり、典型的な家父長的人物なのであります。アルキュタスはギリシア民族が支配民族としての自らの存在に疑いを持たなかった時代の典型的ギリシア人であったといっておそらく不当でないでありましょう。彼は父祖伝来の伝統に基づくギリシア世界に確信を持つ男でした。彼は自分が主人であることにいささかの疑問も持ってはおらず、また主人たる自己の資質をまったく疑っていません。彼は生来のギリシア人であり、天性の主人でした。彼は生国のタラスにあっては市民の信望を集める指導的人物であり、家郷にあっては一家の長として眷属の一同に、その郎党にいたるまで、心を配る家長でした。彼は命令を下すのに何のためらいも持たないような類の人物だったに違いなく、さまざまな伝承が彼の家父長的性格を伝えています。彼のそういった性格を伝えるいくつかの逸話を最初に紹介しておきたいと思います。

イアンブリコス（『ピュタゴラス伝』197）

ところでスピンタロスはタラスのアルキュタスについてよく次のような話をした。ポリスがメッサピオス人のもとに派遣していた遠征から戻ってしばらくして、アルキュタスは田舎にいってみて、管理人も他の召使たちも農作業に精を出すどころか、はなはだ怠けているのを見出し、怒りかつ憤慨した。そして召使たちに向かって、いかにも彼らしく、次のようにいったという。「お前たちは幸運だぞ。わたしがお前たちに怒っているのだからな。わたしが怒らなくても、これほど怠けていた以上、お前たちが罰せられずにいることは決してなかったろうからな。」

アテナイオス（『食卓の賢人たち』XII 519 B）

アテノドロスもまた『勤勉と遊びについて』の中で、タラスの政治家であると同時に哲学者であったアルキュタスは、彼は多くの召使を抱えていたが、絶えず彼らを食卓につかせて宴を開くのを嬉しがったといっている。

アイリアノス（『ギリシア奇談集』XII 15）

またタラスの政治家にして哲学者であったアルキュタスは、彼は多くの召使を抱えていたが、彼らの子供たちをこの上もなく楽しみにしていて、家で生まれ育った者たちとうち興じた。とりわけ宴を開いて彼らと楽しむのが好きだった。

アルキュタスが子供好きであったことは、子供たちにあてがうために自ら「ガラガラ」と呼ばれる玩具を作ったという逸話からも知られます。おそらく誰彼の子供ということなく、召使たちの子供であっても分け隔てなく、またそのような意識すらなく、そういった玩具でもって子供たちをあやしたのでありましょう。子供たちとうち興じる哲学者アルキュタスの姿が見えるようであります。

『スーダ』（「アルキュタス」の項）

アルキュタスの「ガラガラ」という言い方があるが、それはそのような響きや音を発する玩具の一種、「ガラガラ」を彼が発明したからである。

アリストテレス（『政治学』Θ 6. 1340 b 26）

アルキュタスの「ガラガラ」はよくできているように思われる。それで遊んで家の中のものを壊さないように、人々は子供たちにそれを与えるのである。というのも、幼い者はじっとしていることができないからである。

これは哲学において子供の玩具が話題とされた数少ない例ですが、大哲学者アリストテレスがわざわざアルキュタスの「ガラガラ」に言及しているということは、そこに何か語るべきものがあるとアリストテレスが感じたことを示しています。またアルキュタスはからくり仕掛けの鳩を作り、それを飛ばしたともいわれます。このことはそれ自体驚くべき報告ですが、それも子供たちを喜ばせるためにそのような驚くべきからくりを作ったとすれば、アルキュタスという人物を窺い知る上で示唆するところある報告というべきではないでしょうか。

ゲリウス（『アッティカの夜』X 12, 8）

しかしピュタゴラス学徒のアルキュタスが工夫して作ったと伝えられているものは、それほど驚くべきものではないが、また同様につまらないものと見なされるべきでもない。というのも、著名なギリシア人の大多数も、昔の記録の極めて熱心な研究者であった哲学者のパボリノスも、極めて断定的に、アルキュタスは何らかの理論と機械の原理に基づいて木製の鳩の模型を作り、それを飛ばしたと書き記しているからである。すなわち、それは分銅によって吊るされ、内部に隠された圧縮空気によってそのように動くのであった。このような信じ難い事柄については神かけてここにパボリノス自身の言葉を引用しておきたいと思う。

「タラスのアルキュタスは、他のことでもそうであるが、技術者〔としても一流の人物〕であって、木製の空飛ぶ鳩を作った。それは一旦落ちると、もはや飛び立つことのないものであった、云々。」

もちろん彼はポリスの指導者、将軍としても卓越した人物であり、生国のタラスにおいて絶大な信任を得ていました。のみならずその指導者としての資質は当時マグナ・グライキアと呼ばれた南部イタリア地方一帯ではあまねく知られており、その地域のギリシア人共同体全体の指導者に選出されたともいわれます。アルキュタスにおいてわたしたちは哲学が市民から絶大な信任を得た稀有な事例を見るのであります。稀有な事例といったのは、今日ではそのようなことはもはや期待すべくもないからであり、このことだけからしてもアルキュタスという哲学者がわたしたち今日に哲学する者には何か奇跡のような存在に感じられるのであります。哲学は本来そのような知恵であるべきであるだけに、そのことを何か奇跡のようなことに感じる今日の「哲学」というようなものは、おそらくどこか間違った存在であるに違いありません。今日の「哲学」はどこかマイノリティな心性を隠し持っており、社会に堂々と正面から対処するようなものにはとうていなりえておりません。またあまりにも主観性のイデオロギーに毒されてしまっています。今日と異なり、古代世界においては、哲学は堂々と人々の前に立ち現れ、市民から喝采を受けるような、そのような存在でした。もちろんしばしば奇矯な存在として哲学者たちが遇されるということはあったにしてもであります。彼らはまだ愛されていました。

ディオゲネス・ラエルティオス（『ギリシア哲学者列伝』VIII 79 ff.）

彼〔アルキュタス〕はあらゆる面にわたる卓越性のゆえに多くの人々から称賛された。それで七度も将軍となって市民を指揮したが、他の人たちは、法の禁ずるところによって、一年以上将軍職にあることはなかったのである。……このピュタゴラス学徒は、将軍在任中、一度も敗れたことがなかったとアリストクセノスは伝えている。嫉妬から一度だけ将軍職を退いたことがあったが、たちまちにして〔タラス〕軍は敵の手に落ちたという。

『スーダ』(「アルキュタス」の項)

また彼は〔イタリアの〕諸国民やその地域周辺のギリシア人によって全権を有する将軍に選出され、イタリア人共同体の指導者となった。同時に彼は哲学を教え、高名な弟子たちを得た。また書物を数多く著した。

要するにアルキュタスはあらゆる面において卓越した立派な人物なのであります。また彼は天性の主人でもありました。ギリシア世界に確信を持つ主人としての典型的ギリシア人をわたしたちはアルキュタスという哲学者において見るのであります。自らの内にマイノリティの心性を隠し持った人物が多い哲学の世界の中にあって、このような生来の主人であるような人物に出会うのはむしろ稀であり、それだけにアルキュタスという人物がひときわ際立って感じられます。しかもその立派さは公私にわたる諸々の行為においてそうであっただけでなく、その心性においてもそうであったことが窺われるだけに、なおさらであります。とりわけ彼が言葉において折り目正しくあることに特に留意していたという以下の逸話から、その心性においても彼が心底から立派でありたいと熱望していたことが窺われます。言葉はまさに心を映す鏡であり、言葉によって心が表に現れることがアルキュタスにはよく分かっていたのでありましょう。風貌もさることながら、わたしたちはたいていその人物が発する言葉からその人を判断するのであります。

アイリアノス（『ギリシア奇談集』XIV 19）

アルキュタスは、他のことでも節度ある人であったが、とりわけ言葉に折り目正しさを欠くことを用心していた。ある時、不適切な言葉をいわざるをえなくなったときも、負けなかった。それを口に出さず、壁に書きつけたのである。口にせざるをえなくなった言葉を見せて、無理やりいわされることを避けたのである。

彼の立派さはいずこからか。

立派さにおいていささか頑固さが見られますが、あくまでも立派というべき人物がアルキュタスという哲学者なのであります。しからば彼のこの立派さはどこからきているのか。おそらく予期されるその答えはピュタゴラス主義からというものでありましょう。ピュタゴラス派の学統に属する哲学者であったがゆえにアルキュタスはかくも卓越した人物たりえたというのが大方の『哲学史』に見られるほぼ共通した解説であり、例えば擬デモステネスに次のような文章を見出すことができますが、これはアルキュタスの資質の由来を説明するいわば公式文書ともいうべきものであります。プラトンはいうまでもなくピュタゴラス派の学統に属する哲学者であり、ここでの「プラトン」には、当代随一の権威ある学者という以外に、ピュタゴラス主義のその時代における代表的哲学者という意味も込められていたと見て差し支えないでありましょう。しかしこのようにプラトンを過大評価する西洋哲学の伝統にわたしはいささか違和感を持たずにおれないことを率直に表明しておきたいと思います。プラトンないしプラトニズムこそ西洋形而上学の内的構造である超越的構造を生み出し、今日の世界をゲステルと化したその元凶なのであります。このことについてはこの講義の最後のところ（下巻）で「ハイデガーと西洋形而上学」というテーマのもとに論じたいと考えております。

擬デモステネス（『恋する者の弁』61, 46）

アルキュタスはタラス人のポリスを、その名声があまねく知れわたったほど見事に、そして人道的に治め、その首長たる任を果たした。彼は最初は軽んじられていたが、プラトンとの親交からそれほどにも評価されるようになったのである。

これが学説誌の一般的な解釈であり、また近代の『哲学史』の解釈も大方このようなものでありましょう。アルキュタスの立派さをピュタゴラス主義から説明するこの見解は、たしかに一見正当であるようにも見えます。というのも、ピュタゴラス学徒はたいてい「立派」だからであります。しかもその「立派さ」は一目でそれと分るようなものなのであります。もちろん彼らは自らの立派さを特別強調するわけではありません。むしろ彼らはたいていは黙っているのに、人々に直ちにそれと認知されるような人たちだったのであります。

イソクラテス（『ブシリス』29）

そしてこのことは信じられないことではないのである。というのは、今日においてもなお彼〔ピュタゴラス〕の弟子と称する者たち〔ピュタゴラス学徒たち〕を人々は、彼らは黙っているのに、弁舌において最大の名声を博している人以上に敬っているからである。

アルキュタスの立派さもまた際立っていました。しかしわたしは、ことアルキュタスの場合には、その立派さをピュタゴラス主義でのみ説明する解説はやや一面的ではないかと思います。アルキュタスの立派さをピュタゴラス主義から説明する解説は事柄の半分しか説明していないのではないでしょうか。むしろアルキュタスの立派さは、ピュタゴラス主義にのみ由来するようなものではなく、やはりそのベースには父祖伝来の伝統に基づくギリシア世界があり、ギリシア世界の基層に横たわっていた歴史的構造とそれに基づく確信があったと見るべきではないでしょうか。その上に立って彼は立派といわれているのであります。ギリシア世界の基層に構造として横たわる歴史的伝統に基づいて彼は卓越した将軍であり、自らの存在を疑わぬ家長なのであります。

まず何よりも彼はギリシアの伝統世界に確信を持つ男なのであります。マグナ・グライキアはギリシア世界の全体から見れば新興の地であっただけに、ギリシアの伝統にアイデンティティーを求めるその地域の気持はそれだけ強烈かつ鮮烈だったと想像されます。彼らがしばしばアカイアに指導を求めたという伝承がそのことを傍証しています。アカイア人は衆目一致してギリシアの伝統の体現者と見られていたのであります。このことはホメロスが証人です。『イリアス』や『オデュセイア』は基本的にアカイア人の物語であります。ギリシアの伝統に対するアルキュタスの気持もまた強いものがありました。そこに彼の将軍としての、あるいは指導者としての確信と力の源泉があったのであります。また何の疑いもなく人に命令を下す彼の家父長的性格もそういったところに由来していました。伝統を自らの精神的バックボーンとしていないような人物にどうして確信をもって人に命令を下すような資質が生まれましょうか。そしてその伝統に基づいて彼は立派だったのであります。そしてピュタゴラス主義がその立派さを際立たせたのであります。

アルキュタスは立派な人物であったというよりは、むしろ立派さにおいていささか過ぎた人物なのであります。彼の立派さはむしろ過ぎており、そこに彼がピュタゴラス学徒であったゆえんがあると見るべきではないでしょうか。彼は目覚めた主観性であり、そういった主観性においては立派さも意識化され、極端化されずにいないのであります。主観性は意識化し、極端化する原理であり、それがアルキュタスの場合には立派さを際立ったものにするという形で現れていたのであります。アルキュタスはギリシアの伝統の上に立ちながらも、主観性の意識化によって立派さにおいていささか過ぎた人物なのでありましょう。そういったところにアルキュタスの立派さに瞠目しながらも、アルキュタスという人物に必ずしもギリシア世界が心服していなかったゆえんがあるのではないでしょうか。彼は立派さにおいていささか頑固であり、どこかコミカルな面を見せていますが、そのことの根拠もまた彼が意識化によって立派さにおいて過ぎた人物であったという点に起因していたと見ることができるのではないでしょうか。

アルキュタスの哲学

立体幾何学

またアルキュタスはピュタゴラス学徒の名にたがわず、数学において優れていました。「算術は知恵の点で他の技術にはるかに勝っており、幾何学すらよりも望むところをより明瞭に明らかにするように思われる。＊＊＊さらにまた幾何学が放棄する事柄についてすら、算術は証明をなし遂げ、また同様に形について何か問題があれば、形についての問題すらなし遂げる」と語っている彼自身の言葉からして（ストバイオス『自然学抜粋集』I prooem.cor. 4。アルキュタスの『談話集』より）、彼は幾何学より算術の方を高く位置づけていたことが知られますが、しかし彼は幾何学においても卓越した学者であり、彼の幾何学上の証明は実に高度なレベルに達していました。そのことはエウデモスの伝としてエウトキオスが伝えている立方体の二倍積の問題に関する「アルキュタスの解法」なるものから知られます（『アルキメデス「円と円柱について」注解』II参照)。そこでなされている立方体の二倍積の問題に関して比例中項を求める証明は実に複雑、難解な証明であり、立体幾何学に通暁する現代の数学者ですら手を焼く代物であります。後に案出された投影法によってはじめてわたしたちはその証明を明瞭に理解できるようになったのであります[注1]。

またプラトンによれば、そもそも立体幾何学はアルキュタスの創始になります。アルキュタスの幾何学上の知識は今日の水準から見ても極めて高度なレヴェルに達していたのであります。

ディオゲネス・ラエルティオス(『ギリシア哲学者列伝』VIII 79 ff.)

彼〔アルキュタス〕は数学上の原理を適用して機械学を体系化した最初の人であった。また幾何学の作図に道具的な運動を導入した最初の人でもあった。立方体の〔体積の〕二倍積を求めて半円筒の切断面によって二つの比例中項を得ようとするとき、彼はそのようなことを行なったのである。また彼は、プラトンが『国家』の中でいっているように、幾何学において立体幾何学を見出した最初の人でもあった。

また彼の音階理論なるものをプトレマイオスが伝えていますが(プトレマイオス『音階学』I 13 p. 30. 9)、それもまたアルキュタスの優れた数学的知性を示しています。

アルキュタスの倫理思想

彼は確かに知性で立つ人物でした。そういった意味において彼はまぎれもないピュタゴラス学徒でした。ところで知性で立つ人物はたいてい生の自然を嫌います。知性は清潔を好む原理であり、自然のおどろおどろしさには耐えられないのであります。当然情欲や快楽といった自然の生の欲求とは相容れません。それらは嫌悪され、排除されねばならないことになります。アルキュタスの哲学もまたそのような傾向を示しており、キケロが伝えるアルキュタス自身の言葉とされるものからそういった傾向性がはっきりと読み取れます。

以下の言説は倫理学説というよりは、むしろ知性の生理学として読まれるべき言説ということができるでありましょう。清潔さを偏愛する西洋文化の萌芽がここにあります。西洋世界を第三世界から分ける指標のひとつは清潔さですが、清潔さもまた思想であり、その源はやはりギリシア、それもギリシアの一学派、ピュタゴラス派にあったのであります。したがっておそらく清潔さもまた西洋形而上学の思想の一表現ということができるでありましょう。このことは典型的主観性である女性の傾向性からも知られます。女性が清潔性を偏愛するのは彼女たちが主観的存在だからであります。ちなみにコミュニズム政党に彼女たちが傾倒するのもまた女性の主観性性格によります。コミュニズムは主観性のイデオロギーの一形態だからであります。しかも怨恨と復讐心に結びついて先鋭化したそれであり、その点ではユダヤ・キリスト教の僧侶の系譜上にあります（ニーチェ『道徳の系譜学』参照）。

キケロ（『カトー』12, 39 ff.）

彼［アルキュタス］はいった。「自然から人間に与えられたもので、肉体の快楽以上に致命的な疫病はない。肉体の快楽によって貪欲な欲望が、無謀かつ放埒に、それを得ようと駆り立てられるのである。祖国の裏切りも、国家の転覆も、敵との内通も、すべてこれによって生まれる。要するに、犯罪にしろ悪行にしろ、快楽への欲望が引き起こしたのでないようなものはないのである。淫行も姦通も、かかる恥ずべき所業のすべてが、事実もっぱら快楽の誘惑によって引き起こされる。自然であれ、神であれ、精神以上に卓越せしものを人間に与えはしなかったが、この神の恩恵ないし贈り物にとって快楽ほど敵対的なものはない。なぜなら欲望の支配するところに節度の存する余地はないし、快楽の王国に徳がとどまることはできないからである。」

以上のことをより一層理解することができるように、享受しうる限りの最大限の肉体の快楽に人が刺激されているところを心に思い浮かべてみるように彼は命じている。「そのような悦楽の状態にある間は何も精神で熟考することはできず、何も理性で考えることはできず、何も思考で結論することができないことは何人にも疑いえないところであろう。それゆえ、事実快楽は、それが過度で長時間に及ぶ場合には、魂の一切の光を消し去ってしまうのであれば、快楽以上に忌まわしく破壊的なものはないといわねばならない」と彼はいうのである。

アルキュタスの倫理思想は清潔さを偏愛する知性のそれであります。ソクラテスのそれのような主観性に基づく道徳意識によるものではありません。したがってそこに告発的眼差しは認められません。同じピュタゴラス派の学統上にある哲学者といっても、また同じく主知主義の立場に立つ哲学者といっても、アルキュタスとソクラテス・プラトンではこれだけの差があるのであります。この差に鈍感であってはなりません。また知性のみで社会正義が実現できると考えるのもこの種の人間がしばしば示す傾向性ですが、アルキュタスにも同様な傾向が見られ、数学的学知によってのみ公正が計られ、正義が実現されると考えています。社会の全員が数学を学ばない限り社会正義は実現されないといわんばかりのこのテーゼ（この点ではプラトンに共通するものがある）は、いかにも素朴な社会正義論であり、社会において幾多の病理的現象を経験してきた近代人の失笑を免れることは難しいでしょうが、しかしわたしとしては、アルキュタスという人物を窺い知るものとして、むしろこの言説を好意的に受け止めたいと思います。

ストバイオス（『精華集』IV 1, 139）

アルキュタスの『数学について』から。「発見された計算法が争いを終息させ、協調を増したのである。なぜなら、それがあるところに不公正はなく、公正が存するからである。商取引においてわれわれが互いに交易し合うのもそれによってである。さて、それゆえに貧しい者は資力のある者から受け取り、富める者は困窮する者に与えるが、それもそれによって両者とも等しく持つことになろうことを信ずるからである。それは基準であり、不正を犯す者を阻止するものであって、計算法を弁える者をして、ひと度そのもとにいたるなら〔ひと度それを獲得するなら〕、それを無視することなどできはしないということを納得させて、不正を犯すことを事前に止めさせるのである。他方、それを弁えぬ者にも、その点で不正を犯していることを明らかにして、不正をなすことを止めさせる。」

学校倫理のごときこれらの言説において「節度」や「徳」や「公正」といったタームが前景に出ていることに留意しなければなりません。要するにアルキュタスも、ソクラテスやプラトンと同様、「正しさ」の哲学者なのであります。そういう意味では彼は間違いなくピュタゴラス学徒でした。ただ彼は伝統的なギリシア世界の確信の上に立つピュタゴラス学徒なのであります。彼の内にはギリシア世界の存在が深く根づいています。その存在の上に立って彼は正しくあることを欲したのであります。そしてその「正しさ」をピュタゴラス主義が際立たせたのであります。

主観性と存在が限りなく接近しようとした稀有な事例

「彼はギリシアの伝統という存在の上に立つピュタゴラス学徒であった」と形容することができると思いますが、これが形容矛盾でないという点がアルキュタスという哲学者の独特な点であります。繰り返しますが、彼の資質はピュタゴラス主義のみからでは説明がつきません。わたしがむしろ注目するのは、ピュタゴラス学徒でありながら、言い換えれば、主観性でありながら、なおあのように伝統に基づく典型的な家父長的人物でありえたという事実であります。アルキュタスはピュタゴラス学徒でありながら、エンペドクレスとは異なり、自らの人格を分裂させるようなことはしていません。むしろしっかりとした人格の上に立つ安定した人物として立ち現れています。そこには大らかさすら見られます。一般にピュタゴラス学徒たちを特徴づける神経症的な過敏性や狭量性はアルキュタスとは無関係でありま す。しからばこの安定性、大らかさはどこからきているのか。伝統としてギリシア世界の基層に横たわる構造からであります。言い換えれば、存在からであります。歴史的に形成された根強い存在に彼の人格の安定性は基づいており、その存在に基づく正義感をピュタゴラス主義が意識化し、先鋭化したのでありますそれゆえ主観性の意識化がいかに強力であっても、彼の人格が危うくなることはありませんでした。むしろ意識化は彼の人格をより強力にしたように思われます。そこにアルキュタスという独特な人物の成立があったのであります。このことがおそらく、ピュタゴラスその人とも、ソクラテスとも、プラトンとも異なる特異な存在として、彼を出現させているゆえんのものなのでありましょう。彼は正しく立派な人物でしたが、しかしどこか過ぎたところがあり、ある種の矛盾と空しさを抱えています。また、既述のように、そこにはコミカルな側面すら見られます。もちろんそのことに彼自身は気づいていませんでしたが。そこにギリシア世界がおおむね彼に称賛を送りながらも、全幅の信頼はどこか保留しているのには理由があるのでありましょう。ギリシア世界はアルキュタスという人物に完全に心服しておりません。それはギリシア世界がソクラテス、プラトンに完全に心服しなかったのと同様であります。アルキュタスの立派さや正しさにはどこかに空しさを感じさせるものがあるのであります。ホラティウスの以下の詩句がそういった感覚をよく表しています。ホラティウス自身はギリシア人ではありませんが、この感覚そのものはその当時のギリシア人のそれでもあったとわたしは思います。いかなる立派さも、死と対比されるとき、空しさを露呈させずにいないでしょうが、わざわざこの対比を詩歌にして歌わざるをえなかったということが、アルキュタスの空しさを露呈させずにおれなかったホラティウスの感覚をよく表しています。アルキュタスの立派さはナチュラルなそれでなかったのであります。どのような立派さであれ、正しさであれ、自然から外れるとき、カリカチュアにならずにいない理がピュタゴラス派の哲学者アルキュタスにおいて見紛いようもなく現れているのであります。

ホラティウス（『頌歌』I 28）

海と大地と無数の砂の
計測者たる汝を被いしは、アルキュタスよ、
マティヌスの岸近くのわずかな陶土のささやかな
手向けの塚。いかほどの役にも立ちはせぬ。
天空の館を調べしことも、想いもて丸き
天を駆けしことも、死すべき身の汝には。
神々との会食者、ペロプスの父も、
天高く運び上げられしティトヌスも、
ユピテルの秘儀を許されしミノスも、死に赴けり。

そして冥界は再び黄泉の国に降ろされしパントオスの子を
確保せり。そは盾を引き降ろしてトロイアの
ありし昔を証し、腱と皮の他には
何ひとつとして暗き死に譲ることなく、
判定者たる汝によれば、自然と真理の並々ならぬ証人たりしなれど。
されどひとつの夜が万人を待てり。
そして死の道が踏まれるのはただ一度なり。

アルキュタスにおいては主観性と存在が合体したような形で出現しています。少なくとも、合体しようとしています。しかしそれらは決して合体しえない原理であるだけに、それらの間にはどこかで齟齬と隙間が生じずにいません。そういったズレがアルキュタスにおいて露呈しているのであって、それをホラティウスは鋭く突いているのであります。またギリシア世界がアルキュタスを完全に承認していない点にも、そのことは現れています。ともあれ、アルキュタスにおいてわたしたちは主観性と存在が限りなく接近しようとした極めて稀有な事例を見るということができるのではないでしょうか。しかしそれらは、いかに漸近しようとも、和合し合うことの決してない原理なのであって、そのことをはからずも露呈させた事例がピュタゴラス派の哲学者アルキュタスという現象なのであります。立派さや正しさが「真理」でないことをわたしたちはアルキュタスという哲学者において見紛いようもなく知るといわねばなりません。「正しさ」（Richtigkeit）を「真理」（Ἀλήθεια）の位置において怪しまない近代哲学をハイデガーは飽くことなく告発しています。

アルキュタスという人物においてわたしたちはギリシアの存在（構造）の現出のひとつの姿を見ると

いわねばなりません。しかも彼の場合には、それを鮮明に見えるようにさせているもの、それが目覚めた主観性であるという点が独特であります。主観性は存在（潜在的な構造）を隠蔽する一方、存在に気づかせる原理でもあることをわたしたちはアルキュタスという哲学者を通して知るのであります。アルキュタスもまた存在と主観性という西洋形而上学の二大原理の関係性の中に出現した哲学的現象なのであります。

コラム一：ピュタゴラス教団

ピュタゴラス教団はオルフィック教（Orphicism）の流れをくむ教団であり、魂の輪廻説を教義とし、輪廻の輪から魂を解脱させるために厳しい戒律を守った厳格な禁欲的生活やさまざまな業（エルゴン）を実践する宗教結社でした。その教義によると、身体は魂の墓であって、魂は人間や動物の身体を輪廻しつづけるように運命づけられているのであります。これを σῶμα - σῆμα - theory（身体即墓説）といいますが、この教説の存在史的意味については第二十八講「ギリシア哲学と魂」（下巻）において考察します。何でも魂が他の動物や植物の身体をめぐってまた人間の身体まで戻るのには三〇〇〇年を要するのだそうであります。

ピュタゴラス教団にいたる宗教上の系譜は北方のトラキア地方に起こったディオニュソス崇拝に始まるといわれます。ディオニュソス（Dionysos）は別名バッカス（Bacchus）とも呼ばれ、最初は植物一般の神とされ、不死の象徴でしたが、植物の中でも特に葡萄の神と目されるようになり、最後には酒の神になった神であります。ディオニュソス崇拝においては（それは女性の祭典でしたが）、生きたまま羊が引き裂かれ、その生肉を食らい葡萄酒に酔い痴れた婦人たちの狂乱怒濤の乱舞が繰り広げられるのでした。そのことによって忘我（ἔκστασις）の境地に達することが追求されたのであります。エクスタシス（ἔκστασις）というのは脱我というほどの意味であり、自分から出ることを意味します。ディオニュソスの密儀においては、魂を閉じ込めている墓である自分の身体から脱することによって、神と合体することが意図されたのであります。これは当時すでに国教化していたゼウスを中心とするオリュンポスの12神への正統的信仰によってはもはや満たされない民衆の生の宗教的情念の発露ということができるでありましょう。こういった原始的な暗い情熱の祭典が実際にギリシア世界に存在したことは、エウリピデスの戯曲『バッカスの信女たち』など、さまざまな痕跡の中にその痕をとどめています。

ディオニュソス崇拝は紀元前七世紀の伝説的人物であるオルペウス（Orpheus）によって精神化された宗教に改革されました。宗教改革者オルペウスはディオニュソス崇拝の残忍で破壊的な行為を儀式的な宗教的密儀（ὄργια）に置き換え、肉体的陶酔を精神的陶酔に転換したのであります。ピュタゴラスはこの精神化の方向をさらに推進しました。輪廻の輪から魂を解脱させるためには何よりもまず魂を浄化（καθαρίζειν）しなければならないと彼は考えました。そしてそのための手段として彼は、一方ではアクウスマタ（ἀκούσματα）と呼ばれる厳格な戒律（その戒律のひとつは「豆を食べてはいけない」というものですが）を守った禁欲的な集団生活を課し、他方では音楽と数学を実践させたのであります。この観照（θεωρία）を内容とした静謐な精神主義的生活は後世から「ピュタゴラス的生活法」（Πυθαγόρειος τρόπος τοῦ βίου）と呼ばれ、大いに尊重されました。特にソクラテス・プラトンによって称揚されました。したがって、ピュタゴラス教団においては、数学は決して数学研究そのもののために研究されていたわけではなく、魂を浄化するための一手段として、宗教的なひとつの業（ἔργον）として実践されていたわけであります。

ピュタゴラス教団において達成された数学上の業績はまことに驚嘆おく能わざるものがあります。今日われわれが「ユークリッド幾何学」として知っている幾何学体系における定理や証明の大分部がピュタゴラス教団において研究され、発見されていたものと推測されます。ユークリッド（Eukleides 前三世紀のアレクサンドリアの数学者）という人は、組織的な才能の持主とはいえましょうが、独創的な才能を持った人だったわけではありません。ばらばらに発見されていた定理や証明を系統づけ、幾何学というひとつの学問体系に組織化した功績は彼に帰します。しかしこれらの定理や証明はすでに彼以前に発見されていたのであり、その大部分はピュタゴラス派において獲得されていたのであります。このようにして出来上った『幾何学原本』が、今日でもそのままの形で教科書として使用されている「ユークリッド幾何学」であります。

ところで、数学とは難しいものであり、誰にでも馴染める学問というわけにはいきません。それゆえピュタゴラス教団においてもすでに、正面から数学研究に携わる人たちと、数学研究の方はそれらの人たちにまかせて、ただその成果だけを聴講し、自らはもっぱら業（エルゴン）の実践の方に精励する人たちとの区別が生れていたようであります。前者を「学問生」（Μαθηματικοί）、後者を「聴講生」（Ἀκουσματικοί）といいます。また別の区分として、「ピュタゴラスの徒」（Πυθαγόρειοι）と「ピュタゴラス主義者」（Πυθαγορισταί）の区別がありました。前者は財産を共有し、ピュタゴラスとの共同生活を一生涯にわたってつづけることを決意した人たちであったのに対し、後者はピュタゴラスの教えに共鳴してはいるが、自分の所有物を有し、時々集ってきてピュタゴラスの教えを学ぶ人たちでした。学問生たちはもちろんピュタゴラスの徒をもって自任し、また他からもそう認められていましたが、彼らは聴講生たちがピュタゴラスの徒と呼ばれることを拒否したといわれています。

クロトンをはじめとするマグナ・グライキア（大ギリシア）の諸ポリスにおいてピュタゴラス教団はかなりの政治的力を獲得するにいたりました。その知的で高潔な貴族主義的雰囲気に引かれて教団に帰依する人たちが多かったからであります。また多くのポリスにおいて国政をピュタゴラス学徒たちに委ねることが是とされたことも、ピュタゴラス教団の存在を重いものにしました。しかしそういった雰囲気はまたそれに馴染まない人たちに反感を抱かせ、それだけ一層強い敵意を生じさせるものであります。このことは現実となって現れました。やがてピュタゴラス教団はキュロンを領袖とする民衆派によって不断に迫害されることになります。キュロンは粗暴で喧嘩好き、専制的な性格の持主でしたが、ピュタゴラス教団に魅力を感じ、ピュタゴラスに入会を申し込んだところ、右のごとき性格のゆえにその資格なしとされました。それ以降彼はピュタゴラス教団を激しく憎むようになったのであります。遂にピュタゴラスは晩年クロトンからメタポンティオンに退かざるをえなくなり、メタポンティオンでその生涯を閉じたといわれています。

ピュタゴラスを追い出した後もキュロン一派のピュタゴラス派への迫害は止まず、それは遂にはピュタゴラス学徒集会場の焼打ちとなってその頂点に達しました。競技者ミロン（この人はオリュンピア競技で五度も優勝した人です）の屋敷でピュタゴラス学徒たちが集まりを持ち、国事について協議していたとき、キュロン一派が襲いかかり、アルキッポス（Archippos）とリュシス（Lysis）を除いたすべてのピュタゴラス学徒を屋敷もろとも焼殺したのであります（イアンブリコス『ピュタゴラス伝』248 - 251）。この両者は若くて強健であったので、かろうじてその場を脱することができました。ギリシア中央部へのピュタゴラス哲学の伝播は主にこの人たちによります。アルキッポスはタラスへ逃れ、リュシスはアカイアを経てテーバイにいたり、そこでエパメイノンダス（Epameinondas 前四一八年頃－三六二年、テーバイの名将、政治家）を教えました。このエパメイノンダスが前三七一年のレウクトラの戦いで斜線陣の戦法を使ってスパルタ軍を破り、スパルタの不敗神話を打ち破ると共に、一時期テーバイをギリシアの盟主ともいうべき地位に押し上げたしたあの高名なエパメイノンダスであります。エパメイノンダスはリュシスのことを父と呼んだそうであります。

コラム二：ピュタゴラス派の数形而上学

数

ピュタゴラス派の哲学は、一口でいえば、数形而上学（Zahlenmetaphysik）と呼ぶことができます。数が万物の原理であり、実体であるとする哲学がピュタゴラス派の哲学であります。アリストテレスはピュタゴラス派の人たちは数をすべてのものの実体と考えたと報告しています（アリストテレス『形而上学』A 5, 987 a 19）。しかもその数は、アリストテレスの報告によると、抽象的な単位なのではなく、空間的な大きさを持ったものなのでした。しかしこれは後代のピュタゴラス学徒たちの思想であったかも知れません。

ピュタゴラスは存在するもののすべてが数と数関係に還元されることを発見しました。一見したところ、数とは何らの関係も有さないように見える音階（ἁρμονία）の中にも一定の数的な比例関係（λόγος）の存することを彼は発見したのであります。オクターブは１：２の比によって成立しており、五度音程は２：３であり、四度音程は３：４の比例関係になっていることを、ピュタゴラスはリュラの弦の長さの測定から見出したといわれています。この発見は音楽理論上極めて重要な発見です。ピュタゴラスのこの音程の発見によって西洋音楽は合理的で普遍的な音楽となりえたのであります。

ところで、これらの比の数を加え合わすと1＋2＋3＋4＝10となります。また幾何学における最も基本的な図形である正三角形は、図1のテトラクテュス（Tetraktys※）が示すように、整数の和であり、しかもやはり1＋2＋3＋4＝10であります。また算術における十進法においては10は最も基本的な数です。それゆえ一見無関係に見える音楽も図形も数も実は同じ数と数関係に還元されるのであります。この事実は彼らに非常に神秘的な印象を与えました。しかもそこで基本となっている共通の数は10であります。それゆえ彼らは10を完全な数であるとし、すべての数の本性を、それゆえ万物の本性を包括するものであるとしました。重要な誓いを立てるときには彼らはいつも音楽と幾何学と算術の合一を示す「10のテトラクトュス」（tetraktys of the dekad）にかけて誓ったといわれています（アエティオス『学説誌』I 3, 8）。ピュタゴラス学徒がその前で祈っていた御神体は「10のテトラクトュス」、すなわち正三角形であったわけであります。また図2、図3のテトラクテュスの示すように、正方形は奇数の和であり、長方形は偶数の和であります。このことは、これらが図形の基本ですから、いずれの幾何学的図形もすべて数に還元されることを示しています。ここからピュタゴラスは当然にも数がすべてのものの原理であり、万物の本性は数の本性に還元されると考えるようになったのであります。

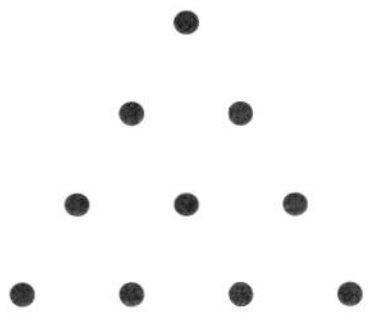
図1

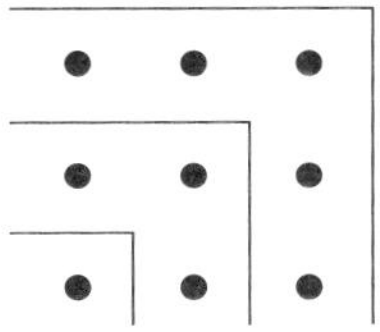
図2

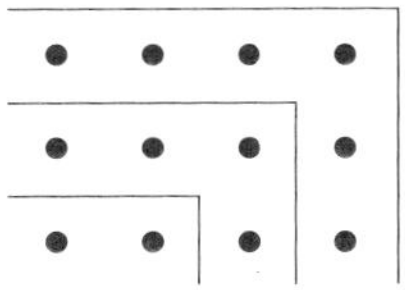
図3

（※図に示すような数と図形の関係を示す四つの数による図形をテトラクテュスという。）

対立と調和

ところで、ピュタゴラスが発見したように、音楽は音の無秩序な連続ではなく、音という限定されない連続体に一定の比（λόγος）が加わることによって調和（ἁρμονία）（音階）の生み出されるところに成立します。これを一般的に表現するなら、「無限定なるもの」（ἄπειρον）（音）に「限定」（πέρας）（比）が加わることによって「限定されたもの」（πεπερασμένον）（音階）が出来上がっているのであります。かくして出来上った「限定されたもの」は、一定の比例関係によって限定されているがゆえに、美しい調和を保っているわけであります。

この関係はひとり音楽だけに見られることではなく、この同じ原理が万物を支配しており、すべては数と比によって表現できるとピュタゴラスは考えました。「限定」（πέρας）ないしは「限界づけるもの」（περαῖνον）が「無限定なるもの」（ἄπειρον）を限定するところに世界の成立はあるのであり、それゆえ世界は決して無秩序な集積、渾沌（χάος）ではないのであります。そこには一定の比（ロゴス）が存するからであります。かくして世界は美しい調和（ἁρμονία）を保っています。この整然たる秩序と調和を有する世界を目して、彼らはそれをコスモス（κόσμος）と呼びました。「コスモス」は、元来は秩序とか装飾を意味する言葉でしたが、秩序正しく整然と飾られているものという意味から、いわゆる「世界」、「宇宙」を意味するようになったのであります。このように一定の比によって限定され、美しい調和を有する宇宙は精妙な音楽を奏でているといいます。調和（ἁρμονία）がすなわち音階（ἁρμονία）ですから、宇宙の運行には、わたしたちの粗雑な耳には聴こえないが、精妙な音楽が伴っているというのであります。

音楽も世界も支配するこの関係は、ピュタゴラスの考えによれば、実は数そのものの中に存するそれと同じ関係に由来しています。ピュタゴラスによれば、すべての存在は数に還元されるのですから、数の構成要素がまたすべての存在の構成要素でもなければなりません。ところで、数の構成要素とは奇数と偶数であります。奇数とは二分割（διχοτομία）によって分割されることのできないもの、偶数とは二分割によって分割することのできるものであります。すなわち奇数は「限界を持つもの」、それゆえ「限界づけるもの」（περαίνον）であり、偶数は「無限定なるもの」（ἄπειρον）であります。それゆえ数は「限界づけるもの」（奇数）と「無限定なるもの」（偶数）の対立とその調和からなり立っているのであります。そしてまさにこの同じ原理が世界を支配しているのでした。ここからピュタゴラス学徒は、奇数と偶数、一般的にいうなら、「限界づけるもの」と「無限定なるもの」が数の構成要素であると共に、万物の構成要素であると結論しました。奇数と偶数の対立と調和から数がなり立つように、世界は対立するものとその調和からなり立っているのであります。ピュタゴラス派は次の10の対立を挙げています。

(1)限定と無限定なるもの。(2)奇数と偶数。(3)一と多。(4)右と左。(5)男と女。(6)静止と運動。(7)直と曲。(8)光と闇。(9)善と悪。(10)正方形と長方形。

これは哲学史上最初に現れたカテゴリー表ともいうべきものであります。

これらの対立とその調和から世界はなり立っています。対立するものに調和を可能ならしめているものが比（ロゴス）であります。それは数そのものが奇数と偶数の対立とその調和からなり立っているからであります。すなわち、ピュタゴラス学徒によれば、万物は数が成立するのと同じパターンを踏襲して成立しているのであります。「数の模倣（μίμησις）によって諸存在は存在しているとピュタゴラス学徒たちはいった」とアリストテレスは報告しています（『形而上学』A 6. 987 b 11）。このように、ピュタゴラス学徒たちは万物を数に還元し、また世界の成立を数の成立の原理から説明しました。この方向はさらに進み、後には、例えば好機は7であり、正義は4であり、結婚は3であるというように、すべての事物や事柄を特定の数に還元する神秘思想に堕していったといわれています。しかしこの思想はピュタゴラスその人の思想というよりは、もっと後代の神秘化したピュタゴラス主義者の思想でありましょう。

ピュタゴラス派、自らの学説を破綻させる。

見事な手際で万物を数に還元したピュタゴラス派ではありましたが、彼らにはやがて自ら発見した真理によって自らの学説を破綻させるという皮肉な運命が訪れることになりました。「直角三角形の斜辺の二乗は他の二辺の二乗の和に等しい」という三平方の定理がピュタゴラスか、ないしはピュタゴラス派の誰かによって発見されたとのことは学説誌の一致して伝える伝承であります。

この定理にしたがえば、直角三角形の他の二辺の長さがそれぞれ1である場合には、斜辺の長さは$\sqrt{2}$とならねばなりません。ところがこの$\sqrt{2}$という長さはいかなる数にも還元できない通約不可能な長さなのであります。今かりに斜辺を n/m と置くことができたとしましょう。この場合 n/m が分数として可能であるためには、m か n かの少なくとも一方は奇数でなければなりません。n が m によって割り切れる特定の場合が整数であります。ここで例の三平方の定理を適用すると、$(n/m)^2 = 1^2+1^2$となり、$n^2/m^2 = 2$を経て、$n^2 = 2m^2$が得られ、その結果 n は偶数であることが分かります。そこで$n = 2p$と置くと、$(2p)^2 = 2m^2$ですから、$4p^2 = 2m^2$すなわち$m^2 = 2p^2$となり、今度は m も偶数であることが判明します。それゆえここから n/m は m も n も偶数であるからどこまでも約分していくことのできる数であり、分数として定着させることのできない長さであることが理解されるでありましょう。すなわち直角三角形のこの定理によってピュタゴラス派はいかなる数にも還元できない長さが現実に存在することを発見してしまったのであります。このことは彼らに非常な衝撃を与えました。もちろん彼らはこの事実をひた隠しに隠しました。ピュタゴラス教団はただの研究機関ではなく、宗教的な結社でもありましたから、このことは当然の措置でもあったでありましょう。ところがこれを弟子のヒッパソス(Hippasos 前五世紀のピュタゴラス学徒)が外部に洩らしてしまったのであります。ためにに彼は皆から責められて崖から海中に身を投じて自殺したとも、船から突き落とされて殺されたともいわれています。いかなる数にも通約できない長さの発見は、それをめぐって遂には死者まで出すにいたった大問題だったのであります。

ピュタゴラス派の宇宙論

ピュタゴラス派の宇宙論において注目すべきは、彼らが大地（地球）は球形であると想定したことであります。しかし何らかの実証的な根拠からそのように考えるようになったのではなく、球が最も完全な形だからという理由からそのように想定されたものと思われます。地球も、太陽やその他の天体と同様、中心火の周りを廻っているとされました。これはとにかくも地動説を唱えた最初の理論であります。また実際には9個の天体しか観測されないのに、10という数に固執する余り、中心火の向う側に対地星（ἀντίχθων）なる天体を想定したというアリストテレスの嘲笑は有名であります（アリストテレス『形而上学』A 5. 986 a 12）。すなわち、ピュタゴラス学徒たちの構想によれば、宇宙の真中に中心火があり、その上に対地星があり、その上に大地があり、さらにその上に月、太陽、五つの惑星があって、それらはすべて中心火の周りを円軌道を描いて周行しているのであります。しかしピュタゴラス派の宇宙論の重要性はこういった個々の事実の主張にあるというよりは、むしろ宇宙は比（ロゴス）によって均斉的に組織され、諸天体は調和をもって秩序整然と円軌道を描いて周行しているという、その統一的な宇宙像にあります。この思想がしかしどこまで初期のピュタゴラス派、特にピュタゴラスその人に由来するかは明らかでありません。こういった宇宙論は後のピュタゴラス学徒、例えばピロラオス（Philolaos, 前四七〇年頃―三八五年頃）あたりにもっぱら由来するものなのかも知れません。

注1　立方体の二倍積の問題に関して比例中項を求める「アルキュタスの解法」については日下部編訳『初期ギリシア自然哲学者断片集』②（ちくま学芸文庫、二〇〇一年）三五〇～三五一頁のパウル・ゴールケによる現代語訳と図解を参照のこと。

第7講 ヘラクレイトス

ヘラクレイトスははっきりとした自覚のもとに主観性と対決した哲学者であった。ヘラクレイトスを滅ぼしたもの、それこそピュタゴラスによってギリシアに導入された主観性原理(Subjektivität)に他ならない。

ロゴスvs主観性

ヘラクレイトス、ピュタゴラスを罵る。

ロゴス(λόγος)はラテン世界に入ったときにはratio(理性)と訳され、近代世界では主観性の側に立ってもっぱら自然概念との対立の構図の中でその姿を現してきますが、しかしロゴスはギリシアにおいては必ずしも主観性とストレートに結びつく原理であったわけではなく、むしろヘラクレイトスにおいては主観性との厳しい対立の構図の中で捉えられています。その生命の拠り所である周辺部の「共通の神的なロゴス」(ὁ κοινὸς λόγος καὶ θεῖος)との交流を断ち切るものこそ、ヘラクレイトスの洞察によれば、主観性（Subjektivität）だからであります。ヘラクレイトスは常に怒っているが、何に怒っていたのか――。主観性の芽生えとその跳梁跋扈に対してであります。ポリス社会においてであれ、哲学思想においてであれ、そこに主観性を感知したとき、ヘラクレイトスはそれに対して嫌悪を隠すことができませんでしたが、あまつさえそれが「知恵」（哲学）を称するにいたっては、彼はそれを痛罵せざるをえませんでした。彼がピュタゴラスを激しく罵倒したゆえんであります。

「ピュタゴラス……嘘つきの元祖」（ヘラクレイトス、断片B 81）。ピュタゴラスこそ、ヘラクレイトスによれば、まさにロゴスを主観性の視野のもとに置き、主観性の手段に貶めた男なのです。これこそ、ヘラクレイトスにいわせれば、世界の転倒であります。ところが、ヘラクレイトスの洞察によれば、ロゴスは本来は世界を越えた原理であり、主観性を越えたところにこそ真理（知恵）はあるのであります。ロゴス（λόγος）は世界の周辺を取り巻く原理であり、主観性の内に閉じ込められてしまうようなものでは断じてないのであって、主観性の内に閉じ込められてしまうなら、ロゴス（理性）ないしヌース（知性）は枯渇してしまう。ところで真理（知恵）は主観性を越えたところにこそあるとするなら、主観性の枠内で語られたロゴス（言葉）は必然的に虚偽であることになります。ヘラクレイトスの慧眼はこれを見逃しませんでした。ここにヘラクレイトスのピュタゴラス哲学に対する批判のポイントがあります。まさにピュタゴラスの知恵（哲学）なるものは、ヘラクレイトスの目から見れば、そのようなものでしかなかったのであります。すなわち主観性の学知でしかなく、したがって「博識、まやかし」に過ぎません。

ディオゲネス・ラエルティオス（『ギリシア哲学者列伝』VIII 6）

「ムネサルコスの子、ピュタゴラスは誰よりも研究に励んだ。そしてこれらの著作を選び出して自分の知恵としたが、博識、まやかしに過ぎぬ。」

ディオゲネス・ラエルティオス（『ギリシア哲学者列伝』IX 1）

「博識は知恵を教えない。もし教えるのであれば、ヘシオドスにもピュタゴラスにも、クセノパネスにもヘカタイオスにも教えたはずだから。」なぜなら「知はただひとつだからである。すなわち、すべてのものを通して万物を操っている神慮を認識すること。」

ピュタゴラスの哲学においては、ロゴスは主観性によって発見されるものとなっています。言い換えれば、主観性が見出す一対象とされ、主観性の視野のもとに置かれています。別言すれば、当然主観性の視野の中に入ってきて、その前に立つものとされているのであります。これはピュタゴラスの哲学が主観性の哲学であったことからの当然の結果といえますが、そのような主観性の哲学の前ではすべては対象とされずにいません。ロゴスも例外であることはできませんでした。ロゴスもピュタゴラス的主観性の視野のもとにおいてはその前に立つ一対象でしかないのであります。ピュタゴラスにおいてロゴスの意味するところがもはや数学的な比以上のものとはなりえなかったゆえんであります。数学的な比はたしかに主観性によって発見されるべきものでありましょう。しかし比をもってロゴスとすることは本来正当でありましょうか。そこにピュタゴラス哲学に対するヘラクレイトス哲学の根本的な疑義があります。

主観性の視野のもとに置かれ、主観性の前に立つ一対象とされたこのようなロゴスは、ヘラクレイトスの目から見れば、もはや本来のロゴスではないのであって、ロゴスの名に値しないのであります。ヘラクレイトスの洞察によれば、ロゴスは主観性を越えた存在の真理そのものだからであり、そうであってこそ本来のロゴスなのであります。そしてそれに聴従し、そこから知を得ることこそが本来の知恵（哲学）なのです。ヘラクレイトスの哲学はあくまでもロゴス（存在）への人間（主観性）の聴従を説いた哲学なのであります。ピュタゴラスによってなされたこと、それはロゴスと主観性の逆転であります。本来世界を越え、主観性を越えた原理であるロゴスが主観性の視野のもとに置かれ、主観性によって発見されるものとされているのであります。そしてそれを発見することが知恵（哲学）とされたのであります。このような知恵（哲学）をヘラクレイトスが認可できなかったことは当然としても、ヘラクレイトスにとって決定的なことは、ここにロゴスに対して主観性が立ち上がった決定的瞬間があったということであります。言い換えれば、存在に対して主観性が立ち上がった瞬間がここにありました。ハイデガー流にいえば、「存在に対する主観性の蜂起」の決定的瞬間がここにあったのであります。わたしたちはここに哲学の転倒、世界の転倒の瞬間を見なければなりません。そのような主観性の蜂起はヘラクレイトスのとうてい座視しうるところでなく、ヘラクレイトスがピュタゴラスを痛罵せざるをえなかったゆえんであります。ヘラクレイトスにとって、ロゴスは自分の前に立つ一対象として扱えるようなものでは断じてないのであって、それはむしろ聴従され、受け取られるべきものなのであります。

知恵とはロゴスに耳を傾け、ロゴスに即して真実を語り行うこと。

要するに主観性の枠内で語られたような知は、本来のロゴスの知でないことはもちろん、ハイデガーのいう「空談、好奇心、曖昧性」のレヴェルのそれでしかないのであって（『存在と時間』第35～37節）、知恵（哲学）というに値しないのであります。知恵（哲学）というべきは主観性を越えた「共通の神的なロゴス」（ὁ κοινὸς λόγος καὶ θεῖος）の認識でなければなりません。ハイデガー流にいえば、存在の知でなければなりません。ヘラクレイトスの洞察によれば、存在の知は共通であり、公的です。言い換えれば、主観性を越えており、主観性の内に拘束されるようなものでは断じてないのであります。したがって「知恵（哲学）とは（自然に）耳を傾け、自然に即して真実を語り行うこと」（ヘラクレイトス、断片B一二）でなければなりません。これをハイデガー流にいえば、「存在への聴従でなければならない」ということであります。彼はこの真理を分からせようとして言葉を尽くして語りましたが、しかし人間どもはそれを理解しない。

セクストス・エンペイリコス（『諸学者論駁』VII 132）

「ロゴスはこの通りのものとしてあるのだけれども、人間どもはこれを理解しない。これを聞く前も、最初にこれを聞いた後も。なぜなら、万物はロゴスにしたがって生じているのだが、彼らはそ知らぬ風だからだ。わたしが各々のものを自然にしたがって区分し、どのようであるかを示しつつ十分に物語ったそういった言葉も行為も経験した者たちにしてからがそうだ。また他の人間どもは、ちょうど眠っているときにどれだけのことをしたか知らないように、目覚めていてもどれだけのことをしているか気づいていない。」

理解しないどころか、それを無視し、それに背を向け、ひたすら己の思いに拘泥するのみであります。主観性の我執はそれほどにも強いのであります。ヘラクレイトスが戦いつづけたものはこの主観性の我執であります。「自惚れは気違いである」（ディオゲネス・ラエルティオス『ギリシア哲学者列伝』IX 7）とは彼自身の言であります。ただひたすら己に固執する主観性にロゴスが受け取られるといったことはありえないのであって、たとえロゴスに出会ってはいても、彼らはそれを悟ることがない。

クレメンス（『雑録集』II 8）

「多くの者どもはそういったことに出会ってはいても、それを悟らないからだ。彼らは教えられても認識せず、自分だけの思いに耽っている。」

セクストス・エンペイリコス（『諸学者論駁』VII 133）

「それゆえ〈公的なもの、すなわち〉共通なものにしたがわねばならない。なぜなら共通なものは公的だからである。だが、ロゴスは公的であるが、多くの者は自分の思いしか持たぬかのように生きている。」

「哲学」もまた世界のロゴスを理解しない。

人間どものみならず、「哲学」もまたそれを理解しようとしません。理解しないのみならず、世界のロゴスを無視し、それに対立してすらいます。世界のロゴスと不仲になっているという洞察こそ、ヘラクレイトスの「哲学」に対する根本的な疑義ですが、これは近代の哲学思想全体に当てはまる疑義といって過言でないでありましょう。近代哲学はいわばロゴスを主観性のもとに強引に引き入れ、主観性の一能力（ratio）と化した哲学なのであります。近代の啓蒙主義哲学の代表格ともいうべきカントの批判哲学もまた理性（Vernunft）の主観性への拘束を語るものであります。カント哲学にとっては「理性」は人間の一認識能力でしかないのであります。彼の実践理性の法則（定言命法）は「あるべし」（es soll）ではなく、「汝なすべし」（du sollst）でした。この命法の実質意味するところは、ロゴス（理性）の主観性への閉じ込めなのであります。こういった哲学はいずれもアートマンがブラフマンを飲み込んだ哲学といって過言でなく、そこにロゴスとの融和は期待すべくもありません。ヘラクレイトスの哲学は、全体として、近代哲学をこそ批判しているのであります。言い換えれば、近代世界をこそ批判しているのであります。だとすれば、ヘラクレイトスの哲学に対してしばしば示される近代の哲学者たちのあのシンパシーの表明は一体何を意味するのでしょうか。今日ですら身近に見られる人々のヘラクレイトス礼賛は何を意味するのでありましょう。その実質意味するところは、近代人は近代を認可していないということではないのか。だとすれば、近代人は近代世界を疑問視しつづけているということであり、実に不幸なことといわねばなりません。これはまた近代人は己を認可していないということでもあります。ニーチェはヘラクレイトスに深く傾倒しましたが、当然のことながら反時代的哲学者とならざるをえませんでした。

マルクス・アウレリウス（『自省録』IV 46）

「彼らは、彼らが絶えず交わっているもの、すなわち全宇宙を管理しているロゴスと不仲であり、日々出会っているものが彼らには疎遠に思われるのだ。」

しかし「哲学」がこのことを理解しないのは無知によることではなく、おそらくよく分かった上でのことだったのではないでしょうか。ここにわたしたちは哲学における根深い対立の構図を見なければなりません。哲学はそれほどにもすでにピュタゴラスの影響にさらされていたのであって、言い換えれば、主観性原理の影響のもとにあったのであり、ヘラクレイトスはこれを許すことができませんでした。哲学を主観性の汚染から守るために彼は死力を尽くして戦いましたが、しかし主観性は、今日においてもそうであるように、当時においてもすでに強力な原理であり、結局彼の言葉に、ある種の感銘は受けながらも、耳を傾ける者はいなかったのであります。「聞く術も、語る術も知らぬ輩ども」（断片B 19）とはヘラクレイトス本人の吐言です。ヘラクレイトスの失望と怒りの深さを認識しなければなりません。

クレメンス（『雑録集』V 116）

「聞いても理解しない連中はつんぼのようなものだ。居ても居ないという言葉は彼らのことをいっているのだ。」

ヘラクレイトスの終焉

彼は遂には人間嫌いになり、山中に逃れざるをえませんでした。ヘラクレイトスの憤怒と失望の深さを理解しなければなりません。山中の草木を食料とする無理な生活から彼は最後には水腫を患って街に下らざるをえなくなりましたが、しかし医学に助けを請うことに素直になれず、結局はあのような壮絶な最後を遂げねばならなかったのであります。学説誌は哲学者ヘラクレイトスの終焉を以下のように証言します。

ディオゲネス・ラエルティオス（『ギリシア哲学者列伝』IX 3）

彼〔ヘラクレイトス〕は遂には人間嫌いになり、世間を離れて山中で草木を食料として暮らした。しかしそのために倒れて、水腫ができたので町に下り、医者たちに謎をかけて洪水から乾燥をつくり出せるかと訊ねた。だが彼らはそれを理解しなかったので、自らを牛小屋に埋めた。それは牛の糞の熱で水分が発散されることを期待してである。しかし何の効果も得られず、そのようにして彼は六〇歳でその生涯を終えた。

ディオゲネス・ラエルティオス（『ギリシア哲学者列伝』IX 4）

彼は医者たちに、誰か腸を空にして液体を吐き出すことはできないかと訊ねたとヘルミッポスはいう。それはできないと彼らが答えると、自らを太陽にさらさせ、牛の糞を塗りつけるように子供たちに命じた。そしてそのようにして長々と横たわったまま翌日死亡し、アゴラに埋葬されたという。キュジコスのネアンテスは、彼は牛の糞を取り去ることができずにそのままの状態でいて、姿が変わっていたことから彼とは気づかれず、犬の餌食になったという。

『スーダ』（「ヘラクレイトスの項」）

彼は水腫に罹ったが、医者たちが彼を治療しようとしたその仕方には自らを委ねず、牛の糞を全身に塗って太陽によって乾かされるにまかせた。そのようにして横たわっていたところ、犬がやってきてばらばらにした。

「大哲学者の死」として語るにはなんとも情けない話ですが、しかしこの情けない死によってヘラクレイトスはわたしたちに無言のメッセージを伝えているのであります。哲学者は言葉だけで真理を伝えてきたわけではありません。その生き方も重要なメッセージであります。否、生き方こそ哲学者のメッセージのすべてであります。「彼の人生が彼の哲学である」とある人がいいましたが、けだし至言です。ギリシアにはまだその人を見るだけでその哲学が分かるような人物がいたのであります。近代にはもはやそのような人物は見出されようもありません。近代の「哲学者」はたいてい、その言葉は立派かも知れませんが、生き方としては平凡な常識人の域を出ることがほとんどありません。要するに哲学者といえるような人物はもはやいないということでありましょう。ギリシア人が知っていた「哲学」という偉大な学は消えてしまいました。その代わりに科学が立ち上がってきました。科学は、ニーチェにいわせれば、「賤民の学」であります。

生命は対象とはならない――医学に対するヘラクレイトスの不信

医学に対するヘラクレイトスの不信にも、そこにヘラクレイトス一流の洞察があったことを看過してはなりません。医学は身体という対象を通して生命を対象としますが、ところが生命は実は、死と同様、対象とはなりえない存在なのであります。医学が対象として扱いえているもの、それは精々身体ないしは器官、あるいはそれら器官の働き・機能に過ぎません。器官の機能は対象的概念です。だが生命はそうではない。したがって機能と生命の間には絶えずズレが生じずにいないのであり、このズレが医学を休ませません。医学は生命という非対象的存在を追求しながらも、対象としてしかそれを扱えないジレンマに永遠に悩みつづけざるをえないのであって、それというのも、医学はすべてを対象としてしか見ない、ないしは対象としてしか見ることのできない主観性の学知だからであります。

このジレンマは今日の近代医学においてはもはや極限状態にあり、例えば臓器移植といった医療現場の背後で作動している主観性の先鋭性はもう極限にまでいたっていて、ほとんど狂気のごとき相貌を呈していますが、あれが主観性を原理とする知の本性であり、宿命なのであります。というのも、主観性はどこまでも対象志向的に突き進まざるをえず、立ち止まることを自らに許すことのできない原理だからであります。しかし生命は対象でないがゆえに主観性を立ち止まらせてくれはしない。対象でないものを対象志向的にどこまでも追い求めるあの無限地獄が医学の実相であり、宿命なのであります。しかもそれが今日見られるような医療機関という巨大なゲステルの中で遂行されるとき、それはもうほとんど悪魔的な相貌を帯びてきます。あの相貌が本性を剥き出しにしたときの主観性の学知のそれだとわたしは思います。ハイデガーにいわせれば、人間は本来「死を能くする存在」であるはずです（ハイデガー『ブレーメン講演』参照）。あのような巨大ゲステルの中で人工呼吸器につながれた状態で死なねばならない今日の人間というものは、この「死を能くする権利」すら奪われた存在なのでしょうか。最後くらい存在（ピュシス）のもとで人間らしく死にたいものであります。すべての野生動物がそうであるように、花咲く野で存在に帰郷したいものです。

わたしはこのヘラクレイトスの医学への不信の内に対象的存在者と自然存在の間の存在論的差異に対する深い洞察を見るものであります。繰り返しますが、生命は、ハイデガー流にいえば、存在（Sein）であって、存在者（das Seiende）ではありません。したがって対象としては扱えません。もしそれが対象として扱えるものであったなら、医学はとっくの昔に生命を配下に置いていたことでありましょう。言い換えれば、死を克服していたことでありましょう。しかし生命は存在者（対象）でないがゆえに、医学が生命を支配し、死を克服することなど永遠にありません。医学は永遠に生命を逸しつづけます。先鋭化すればするほどますます逸しつづける。この理をヘラクレイトスの上の洞察は語っているのであります。

臓器移植はまさに医学が生命そのものに直接触れようとしたいわば英雄的な局面であったと思いますが、ところが医学は臓器という対象を通してしか生命にアプローチできないというところが何とも悲しいですね。臓器と生命は次元を異にする存在であり、その差を医学はいかんとしても越えることができないのであります。この差が無限の隔たりであることを、おそらく医学は日々痛感せざるをえないでありましょう。同情を禁じえないところではありますが、しかし率直に申し上げて、あの程度の学知が生命そのものを何とかしうると思うところに、医学を含む近代科学の不遜と自己盲目性が見紛いようもなく現れていると申し上げねばなりません。

ピュシスからのリアクション――ヘラクレイトス

さて、ヘラクレイトスにおいてもまたわたしたちは人間を破滅にすら導かずにいない突き上げるような強い衝動を見るのであって、この抗しがたい衝動が反省のレヴェルのそれでないことはあらためて指摘するまでもないでありましょう。この場面においてもまた、あの意識以前の固定観念、ギリシア民族をその根底において規定していた集合的無意識、普段は顕在化していないが、それに対立する原理が現れると否定的な威力として立ち現れてくるあの潜在的な共通意識（φύσις）の噴出をわたしたちは見るのであり、ある意味でヘラクレイトスはその巨大なエネルギーの噴出の犠牲になったといわねばならないのではないでしょうか。そしてここで対立原理として登場していたものとは主観性（Subjektivität）に他ならず、それに対して個体性を越えた集合的無意識がヘラクレイトスという個体を通して猛烈にリアクションしていたのであります。個体性を越えた意識とそれに基づく「許せない」という感情に囚われた者は、それによって時に己が身を滅ぼす危険にさらされずにいないのであって、ヘラクレイトスの書物を示して「どう思う」と感想を求めたエウリピデスに対してソクラテスはやや皮肉なコメントを付して態度を保留していますが、ヘラクレイトスを滅ぼしたものが何であるか、ソクラテスにはよく分っていたに違いありません。しかしピュタゴラス哲学の系譜上にある者として、それをあからさまにすることはソクラテスにははばかられたのであります。

ディオゲネス・ラエルティオス（『ギリシア哲学者列伝』II 22）

エウリピデスがヘラクレイトスの著作を彼〔ソクラテス〕に手渡して、「どう思う」と訊ねたところ、彼は「分かったところはすばらしかったし、また分からなかったところもそうだと思う。ただこれはデロスの潜水夫を必要とするね」といったといわれる。

ところで、わたしたちは決して孤立した存在者ではなく、ロゴスであれ、大地であれ、あるいは存在であれ、何らかの根源存在に結びつき、それに根づいていなければならないという「確信」はわたしたちの中にも見出せる知識以前のある深い予感のごときものですが、それだけにこの思想は古く、ギリシア自然哲学の根本的確信のひとつでもあって、「植物を大地に固定された動物」（アナクサゴラス、断片A116）と呼んだアナクサゴラスの命題にもこの予感は表現されています。植物が大地に固定された動物であるなら、動物は大地に固定されない植物であるわけで、植物であるなら何らかの形で大地に根づいていなければなりません。ハイデガーによれば、シュヴァーベンの詩人ヘーベルは「われわれ（人間）は植物である」と断言したとのことです（ハイデガー『ヘーベル―家の友』全集、第13巻、一五〇頁）。

これは哲学思想というよりは知識以前のある深い予感の詩的表現ともいうべきものでしょうが、ヘラクレイトスの前述の思想もまたこの前反省的確信の哲学的表現であったといって不当ではないのではないでしょうか。そうであるなら、彼のロゴス思想は近代の啓蒙的な理性思想、反省的な理性思想とはまったく異なる次元に立った思想であり、むしろそれに真っ向から対立する信念の表明であって、ギリシアの伝統的な自然概念の一表現であったわけであります。そしてそれは基本的に反省の思想ではなく、反省以前のある信念の抗しがたい一表現だったのであります。ヘラクレイトスもまた潜在的な自然（ピュシス）によって根源から突き動かされていた哲学者だったのであります。否、むしろ自然（ピュシス）という虚的な潜在力が立ち上がるための通路となってしまった哲学者だったというべきかも知れません。だとすれば、ヘラクレイトスにおいてもまたわたしたちは、それ自身としては虚的存在でしかない自然（ピュシス）がロゴスという衣をまとって主観性原理との対立の構図の中でパイネスタイしている（現れ出ている）事例を見るということができるのではないでしょうか。そしてその現出の現場がヘラクレイトスという哲学者であったということができるのではないでしょうか。ヘラクレイトスのロゴス（λόγος）という衣の裏で猛烈にリアクションしていたもの、それもまた自然（ピュシス）に他なりません。もちろんそれをハイデガー流に「存在」（Seyn）といっても差し支えありません。ハイデガーによれば、「存在」（Seyn）のギリシア人への「現前性」（Anwesenheit）がピュシスでした（『哲学への寄与論稿』参照）。

世界大火

それにしても、なぜ「火」（πῦρ）なのでしょうか。ヘラクレイトスは火を原理（アルケー）として選んだわけですが、それに対して自然学的な理由をいくら述べ立てても真実のところを明かしたことにはならないでありましょう。「火」はアリストテレスのいうような意味での元素（στοιχεῖα）ではないのであって、ヘラクレイトスの火をミレトス派の水やト・アペイロンや空気と同レヴェルで論じてはなりません。要するにヘラクレイトスは焼き滅ぼしてしまいたかったのであります。それほどにもヘラクレイトスの人類に対する嫌悪は激しかったのであり、ヘラクレイトスの原理の過激さにわたしたちは彼の人類（主観性）に対する否定性の強度を見なければなりません。人類に対する吐気がニーチェに超人を語らせたように、主観性に対する吐気がヘラクレイトスに世界大火（ἡ ἐκπυρώσις τῶν ὅλων）を語らせました。アエティオス、シンプリキオス、ヒッポリュトスなどが、ヘラクレイトスが「万有の火化」（ἡ ἐκπυρώσις τῶν ὅλων）を語ったことを証言しています。

アエティオス（『学説誌』I 3. 11）

ヘラクレイトスとメタポンティオンのヒッパソスは万物の原理を火であるとする。なぜなら火から万物は生じ、また火へと万物は終息すると彼らは語っているからである。火が消えることによってすべては世界へと形成されるのである。すなわち、まず最初に火の最も密なる部分が自らの内へと縮まることによって土が生じ、次に土が火の本性によって弛むことによって水が生み出される。そしてそれが立ち昇ることによって空気が生まれるのである。だが再び世界と全物体は火によって万有の火化〔世界大火〕に還元される。

シンプリキオス（『アリストテレス「天体論」注解』94, 4）

ヘラクレイトスもまた、世界はいつかは焼き尽くされるという。そしてまたある時再び世界は時の一定の周期にしたがって火から形成されるが、それらにおいて「一定量だけ燃え、一定量だけ消えながら」と彼はいう。後代のところでは、ストア学徒がまたそういった考えであった。

ヒッポリュトス（『全異端派論駁』IX 10）

「なぜなら、火がやってきて、すべてのものを裁き罰するであろうから」と彼はいう。

アエティオスはストアの影響下にあった学説誌家であったと想像されるし、ヒッポリュトスとシンプリキオスもストアの概念に引きつけて証言した可能性もあるから、ヘラクレイトスが実際に「世界大火」（ἡ ἐκπύρωσις τῶν ὅλων）を語ったかどうか、右の引用で資料的に証明できたとまではいえないかも知れませんが、彼がそこまで語っていたとしても不思議でないとわたしは思います。否、ヘラクレイトスはやはり「世界大火」（ἡ ἐκπύρωσις τῶν ὅλων）を語っていたとわたしは思います。彼の思想の過激さからして、これはもうほとんど確信といえます。主観性を滅ぼすためであれば、世界全体を焼き滅ぼしても彼に悔いはなかったでありましょう。むしろ主観性も世界も共に灰燼に帰されねばならないのであります。「火がやってきて、すべてのものを裁き罰さねばならない」(ヘラクレイトス、断片B 66)のであります。ここにヘラクレイトス哲学のテーゼの核心があります。主観性が滅ぼされなければ、存在の真理が立ち現れることはないという深い認識がここにはあります。主観性こそ存在を隠蔽し、かつ毀損する原理だからであります。ヘラクレイトス哲学によれば、世界が焼き尽くされても、それによって一切が無に帰してしまうわけではないのであって、むしろそのような灰燼の中からこそ存在の真理は立ち現れてくるのであります。灰燼の中からこそロゴスと調和は立ち現れてくる。

テオプラストス(『形而上学』15 p. 7 a 10)

「屑山のようにでたらめに積み重ねられたものからかくも美しい世界秩序が」とヘラクレイトスのいうごとくであるなら、それもまた不思議といわねばならない。

ヨーロッパのニヒリズムは西洋形而上学の帰結でしかない。

ヘラクレイトスの「世界大火」(ἡ ἐκπύρωσις τῶν ὅλων)の思想はニーチェの超人思想とは異なります。ニーチェの超人は人類に対する吐気の裏返以上のものとはなりえておらず、したがってそこには否定性しかありません。超人をポジティブに語り始めるや、突然それが色あせて見えるゆえんでありましょう。学生のニーチェ論がたいていくだらない理由はここにあります。彼らは超人を対象的存在として取り上げ、それをポジティブに評価しようとするのであります。あたかも偉人でも扱うかのごとくに。しかし超人は否定性以外の何ものでもなく、ニーチェがいかに「大いなる肯定」、「大いなる真昼時」を語ろうとも、そのことに彼は決して成功していないことを見抜かねばなりません(ニーチェ『ツァラトゥストラはかく語りき』第二部参照)。主観性の否定性はニヒリズムに帰結する以外にないのであります。

　しかしヘラクレイトスの思想は決してニヒリズムではありません。ヘラクレイトスには大いなる肯定がありました。ヘラクレイトスの哲学には自然ないしは存在に対する大いなる信頼とそれへの帰依があるのであります。ヘラクレイトス自身の言葉でいえば、「ロゴス」（λόγος）に対する信頼と帰依があるのであります。近代人が失った最大のものはこの自然ないしは存在に対する信頼であります。別の言い方をすれば、自然ないし存在への帰依とそこからの祝福であります。ここに近代の主観性の哲学の宿命と宿業性が覆い隠しようもなく現れています。その故郷喪失性が隠しようもなく現れています。いかにニーチェがヘラクレイトスにシンパシーを表明しようとも、ヘラクレイトスが彼を受け容れることはないでありましょう。

　ニーチェは結局近代の主観性の哲学を脱し切れなかったと断じざるをえないし、また自らの過剰な自意識の犠牲になった哲学者ともいうことができると思いますが、これを哀れというべきか、あるいはむしろ笑うべきか。確認できることは、ニーチェに、ハイデガーも指摘するように、結局ニヒリズムしか説きえなかったということであります。しかし「ヨーロッパのニヒリズム」（ニーチェ『権力への意志』）は、ハイデガーにいわせれば、西洋形而上学（die abendländische Metaphysik）の帰結であり、西洋形而上学の最終的表現になったという点にこそ、ニーチェのいわば「偉大さ」と「運命性」があったといえなくもありませんが。ニーチェ哲学もまた、わたしたちは存在史的に考察しなければなりません。彼を実存主義の哲学者にとどめてしまうのは根本的な誤りであります。

　もともと主観性の論理の内に意味などないのであります。たとえあるとされるにせよ（アメリカのネオ・プラグマティズムはあるとする）、それは主観性の論理が「意味」として呈示するものでしかなく、存在の意味ではありません。したがって本当の意味ではないのであります。存在の意味はその内には見出されるべくもないのであって、したがって主観性の論理にとどまる限り、絶えずニヒルに当面せざるをえないでありましょう。一歩踏み込めば、「なぜに対する答えが欠けている」(ニーチェ『権力への意志』断片二)ことを発見せざるをえないでありましょう。このニヒルに当面してニーチェは衝撃を受けたようですが、それも当然であって、意味は主観性の論理の外にこそあるのです。もちろんそれは主観性の論理の網にかかるようなものではありません。しかし意味の充溢はすべての存在者が日々感じ取っているところのものであって、主観性を除けば、いかなる生き物もニヒリストではありません。ニヒリズムは、ニーチェも指摘するように、生理的現象ではなく、論理です。否、むしろそれは論理というよりは、主観性の本性そのものなのであります。主観性は、いかにその原理が強固な外見を装おうとも、その実体が虚無であることを絶えず露呈させずにいないのであって、それというのも、それは存在の論理(ロゴス)でないからであります。ニーチェの誤解はそれを存在の論理(ロゴス)と思い誤った点にあります。ニーチェは世界がニヒルであることを洞見し、衝撃を受けましたが、彼が見たものは主観性の本性に過ぎません。世界ないし存在の本性ではないのであります。ニヒリズムの発見は主観性の論理の虚無性の露呈に過ぎず、存在のそれではありません。このことを分からせようとしてヘラクレイトスは努力したのであります。しかし人間どもはそれを理解しない。「ロゴスはこの通りのものとして常にあるのだけれども、人間どもはこれを理解しない」(断片B1)とはヘラクレイトスの慨嘆であります。というのも、彼らは主観性そのものだからであり、主観性が主観性の論理を越えるのは難しいのであります。ニーチェが結局ニヒリズムしか説きえなかったとするなら、彼の哲学は主観性の枠内のものでしかなく、それを一歩も踏み出さなかったということでありましょう。その行き着いた先が孤独と狂気でしかなかったとしても不思議でありません。

したがって、ヘラクレイトスによれば、存在のエートスこそが、わたしたち人間の帰属すべき運命なのであります。それを離れたところに人間の本来のあり場所はありません。

ストバイオス（『精華集』IV 40, 23）

エートスはその人にとりダイモーン〔運命〕である〔とヘラクレイトスはいった〕。

そしてそれはわたしたちの家の炉のあるところ、そこなのであります。

アリストテレス（『動物部分論』A 5. 645 a 17）

ちょうどヘラクレイトスが彼に会いたいと思ってやってきた客たちにいったといわれているように。すなわちその客たちは「ヘラクレイトスの家に」入ろうとしたが、炉の前で暖を取っている彼を見て立ち止まっていた。その彼らにヘラクレイトスは、「ためらわずに入ってきたまえ、ここにも神は居たまうのだよ」と勧めたとのことであるが、そのようにわれわれはどのような動物の研究にもたじろがずに立ち向かわねばならない。なぜならどのようなものの内にもなにがしかの自然で美しいものはあるからである。

ヘラクレイトスの自然哲学

ここでヘラクレイトスの自然哲学を要約的に展望しておきたいと思います。通常の『哲学史』において「ヘラクレイトスの哲学」として紹介されているあの所説です。

万物は流れる。

ヘラクレイトスの自然哲学は「万物は流れる」(πάντα ῥεῖ) という言葉に集約されます。これはヘラクレイトス自身の言葉ではありませんが、彼の思想をよく表現しています。彼は、パルメニデスとは異なって、現象における生成の面に注目し、一切を生成・消滅の流転の中で捉えました。ヘラクレイトスによれば、すべては生成・消滅の運動の中にあり、存在するといえるものは何ひとつないのであります。存在すると思った瞬間には消滅していくし、消滅していくかと思えば、また生成してくる。また同一でありつづけるものは何もありません。これと指さした瞬間には、それは別のものになっています。このようにすべては変転極まりない流転の中にあります。

「同じ川に二度入ることはできない。それらは散らし、また再び集める。それらは近寄り、また離れていく」(プルタルコス『デルポイのEについて』18 p. 392 B)。「同じ川にわれわれは入っていくのでもあり、入っていかないのでもある。われわれは存在するのでもあり、存在しないのでもある」(文法家のヘラクレイトス『ホメロスの比喩』24) と、ヘラクレイトスは弁証法的な表現によってその深淵な哲学を語っています。

万物の原理は火である。

何ものも存在するとはいえません。「ありかつない」といわねばなりません。すべては生成・消滅の不断の流れの中にあります。そして、このように生成流転して止まない世界の全体を彼は火(πῦρ)としました。生成・消滅を繰り返し、流転・変転して止まない不断の運動状態にある世界の実相は、ヘラクレイトスによれば、すべてのものを焼き尽くすかと思えば、また新たに創造し、消えいくかと思えば、また燃え上がる、永遠に生きつづける火(πῦρ)なのであります。「この世界はすべてのものにとって同じであり、神々にしろ、人間にしろ、誰かが造ったというようなものではない。むしろ一定量だけ燃え、一定量だけ消えながら、永遠に生きつづける火として、それは常にあったし、今もあり、また将来もあるであろう」（クレメンス『雑録集』V 105）とヘラクレイトスはいいます。

それゆえ、ヘラクレイトスが万物の原理は火（πῦρ）であるというとき、ミレトス派の人たちが万物のアルケーは水であるとか、ト・アペイロンであるとか、空気であるといったのとはまったく異なる次元において語られているのが理解されるでありましょう。ミレトス派においては自然の構成要素（元素）という意味でのアルケーが求められていました。そしてそれを水である（タレス）とか、ト・アペイロンである（アナクシマンドロス）とか、空気である（アナクシメネス）と主張しました。しかしヘラクレイトスはこういった自然の構成要素（ストイケイア）として火を提唱したのではなく、生成流転して止まない世界全体の実相を名指す意味において、「世界は火である」としたのであります。世界全体が燃えている火なのであります。

世界はこのように永遠に生きつづける火ですが、その一部が消えるところに万物の生成があるとヘラクレイトスは考えます。火は、全体としては燃えながらも部分的には消えることがあるが、消えるとそれは冷却化し、濃縮化して、最初に空気になるといいます。空気はさらに冷たくなって水となり、水は固まって土となります。しかし火は再び力を盛り返してきてそれらを焼き尽くし、また元の火に還元してしまうのであります。このように、万物は火から生成し、また火に帰っていきます。前者をヘラクレイトスは「下り道」（ἡ ἐπὶ τὸ κάτω ὁδός）、後者を「上り道」（ἡ ἐπὶ τὸ ἄνω ὁδός）と呼びました。世界はこの「下り道」と「上り道」の両過程の循環を永遠に繰り返す火として存在するのであります。それゆえ「万物は火との交換物であり、火は万物との交換物である。ちょうど品物が黄金との交換物であり、黄金が品物との交換物であるように」（プルタルコス『デルポイのEについて』8 p. 388）とヘラクレイトスはいいます。

万物の存在を貫く原理は闘争である。

このように万物は火が部分的に消えるところに成立します。すなわち、空気は火の死を生き、水は空気の死を生き、土は水の死を生きます。そして火もまたそれらを滅却することによって自己を回復します。このように万物は対立するものの死によって生き、また自己の死によって対立するものは生きるのであります。それゆえ万物の生成、存在を貫く原理は闘争（πόλεμος）であるとヘラクレイトスは考えました。世界の実相は、昼と夜、冬と夏、戦争と平和、満腹と飢餓といった対立であり、対立するものの闘争なのであります。万物は闘争を通じ、対立するものの死によって生きる、すなわち生成するのだからであります。それゆえ「戦いこそ万物の父であり、万物の王である」（ヒッポリュトス『全異端派論駁』IX 9）とヘラクレイトスは主張します。戦いによって、あるものは神となり、あるものは人間となり、あるものは奴隷となり、あるものは自由人となります。ヘラクレイトスによれば、したがって世界の存在を維持しているものは戦いなのであります。それゆえ「戦いはすべてにわたって共通しており、争いは正義であることを知らねばならない」（オリゲネス『ケルソス論駁』VI 42）と彼はいいました。すべてのものは争いによって生成し、消滅するのだからです。ホメロスは「神々からも、人間からも、争いがなくなりますように」と祈ったが、それは間違っている。彼は世界の消滅を祈っているのである。もしこの祈りが聞き入れられたなら、世界はたちまちにして消滅してしまったであろうといいます（アリストテレス『エウデモス倫理学』H 1. 1235 a 25）。今日いたるところで喧伝されている「平和と民主主義」という思想はヘラクレイトスのものではありませんでした。

しかし対立するものの闘争の中にもし何らの一致も調和もなかったなら、世界はやはり瓦解してし

郵便はがき

料金受取人払郵便

神田局
承認

7846

差出有効期間
2024年6月
30日まで

切手を貼らずに
お出し下さい。

101-8796

5 3 7

【受 取 人】

東京都千代田区外神田6-9-5

株式会社 **明石書店** 読者通信係 行

お買い上げ、ありがとうございました。
今後の出版物の参考といたしたく、ご記入、ご投函いただければ幸いに存じます。

ふりがな お名前	年齢	性別

ご住所 〒　　-

TEL　(　　　)　　FAX　(　　　)

メールアドレス	ご職業（または学校名）

＊図書目録のご希望 □ある □ない	＊ジャンル別などのご案内（不定期）のご希望 □ある：ジャンル（ □ない

書籍のタイトル

◆本書を何でお知りになりましたか？

□新聞・雑誌の広告…掲載紙誌名[ ]
□書評・紹介記事……掲載紙誌名[ ]
□店頭で　□知人のすすめ　□弊社からの案内　□弊社ホームページ
□ネット書店 [ ]　□その他[ ]

◆本書についてのご意見・ご感想

■定　価　□安い（満足）　□ほどほど　□高い（不満）
■カバーデザイン　□良い　□ふつう　□悪い・ふさわしくない
■内　容　□良い　□ふつう　□期待はずれ
■その他お気づきの点、ご質問、ご感想など、ご自由にお書き下さい。

◆本書をお買い上げの書店

[　市・区・町・村　書店　店]

◆今後どのような書籍をお望みですか？

今関心をお持ちのテーマ・人・ジャンル、また翻訳希望の本など、何でもお書き下さい。

◆ご購読紙　(1)朝日　(2)読売　(3)毎日　(4)日経　(5)その他[新聞]

◆定期ご購読の雑誌 [ ]

ご協力ありがとうございました。

ご意見などを弊社ホームページなどでご紹介させていただくことがあります。　□諾　□否

◆ご 注 文 書◆　このハガキで弊社刊行物をご注文いただけます。

□ご指定の書店でお受取り……下欄に書店名と所在地域、わかれば電話番号をご記入下さい。
□代金引換郵便にてお受取り…送料+手数料として500円かかります（表記ご住所宛のみ）。

書名	冊
書名	冊

ご指定の書店・支店名	書店の所在地域
	都・道 府・県　市・区 町・村
	書店の電話番号　(　　)

まったことでありましょう。対立するものも、より全体的な観点から見れば、同一性によって結ばれているのであります。ヘラクレイトスの慧眼はこれを見逃しませんでした。「上り道と下り道とは一つであり、同じ」（ヒッポリュトス『全異端派論駁』IX 10）なのであります。また「生と死、目覚めと眠り、若さと老いは同じである。このものが転化してあのものとなり、あのものが転化してこのものとなるのだからである」（擬プルタルコス『アポロニオス宛の弔意書簡』10 p. 106 E）。「善と悪は同じである」（ヒッポリュトス『全異端派論駁』IX 10）とまでヘラクレイトスは語っています。

闘争の中にこそ美しい調和がある。

だが対立するものは決して平板な同一性によって結ばれているのではありません。万物はやはり対立し、闘争し、殺し殺される相互互酬の関係の内にあります。だがそれらは対立し、闘争し合いながらも、やはり全体としては存在しています。対立するものがこのように闘争し合いながらも互いを滅却し合わないのは、そこに一定のロゴス（理）があるからであるとヘラクレイトスは考えました。生成流転する現象の背後には一定のロゴス（λόγος）が存在し、万物を支配しているのであり、それがために世界は片時も休むことなく対立し、闘争し、生成・消滅を繰り返しながらも、全体としては美しい調和（ἁρμονία）を保っているのであります。これを逆にいうなら、対立し、闘争し合うからこそ、そこに美しい調和が生み出されるのであります。それはちょうど弓と弦の間に見られるごとくであります。もし弓と弦が互いに逆方向に引き合うことがなかったなら、そこからはいかなる調和（音階）も生み出されることはなかったでありましょう（ヒッポリュトス『全異端派論駁』IX 9）。そしてこの対立するものの間に調和を可能ならしめているものが「共通の神的なロゴス」（ὁ κοινὸς λόγος καὶ θεῖος）なのであります。

それゆえヘラクレイトスは生成流転して止まない現象の背後にロゴスの支配を見、その一部が消えることによって万物を生成させ、またそれを焼き尽くしながら永遠に燃えつづける火として存在する世界が全体としては美しい調和を保っていることを洞察しました。この調和は表面には現れません。「自然は隠れることを好む」(テミスティオス『弁論集』5 p. 69)からです。ヘラクレイトスによれば、現象の雑多と喧騒の背後にこのようなロゴスの支配を見る者が「哲学者」(φιλοσόφος)であります。この世界を取り巻くロゴスを彼が「共通の神的なロゴス」(ὁ κοινὸς καὶ θεῖος λόγος)と呼んだことは前項でも述べました。そこでも見たように、ヘラクレイトスにとってロゴス(λόγος)は決して主観性の中にある一認識能力(ratio)に尽きるものではありませんでした。それは世界の全体を取り巻く存在の原理なのであります。

ヘラクレイトスの倫理思想

ヘラクレイトスの倫理思想は、一口でいえば、「誇り高き禁欲主義」(ラッセル)とでもいうべきものであり、ニーチェのそれに似ています。彼によると、人間の魂は火と水から出来ていますが、そのうち火は高貴で、水は卑しい。それゆえわれわれは禁欲的な克己によってできるだけ魂を乾燥させるように努めねばならないといいます。快楽は魂を湿らせるからであり、湿った魂は卑しくなり、無知になるからです。それはちょうど酒に酔った者が年端もいかない子供に助けられねばならないようなものであります。彼は魂を湿らせたのです。魂が完全に水になることは死を意味します。

ヘラクレイトスは、ニーチェ同様、克己によって得られる力を非常に高く評価するのであって、軍人讃美的な面を有しています。「戦死者は、神々も人間もこれを敬う」(クレメンス『雑録集』IV 16)と語っています。すべての思想家を酷評したニーチェが彼にだけは共感を表明したゆえんでありましょう。また当然予想されるように、彼はディオニュソス崇拝を嫌悪し、当時行われていた宗教的な密儀を実に汚らわしいものとして、激しく罵倒しました。「行列を作ったり、性器の歌を歌ったりすることがもしディオニュソスのためでなかったとするなら、彼らは実に恥ずかしいことをしたことになるであろう」（クレメンス『プロトレプティコス』34）。「彼らは身を清めるといって別の血で身を汚している。それはまるで泥の中に足を踏み入れた者が泥でもって洗い落とそうとしているようなものだ。もし世間の誰かがそういったことをやっている彼を認めたなら、彼は気が狂っていると思ったことであろう」（アリストクリトス『神智学』68）と。

以上がヘラクレイトスの自然哲学の概観ですが、これは自然哲学というよりは一個の統一的な世界像とでもいうべきものであります。振り返って考えてみて、今日誰がこのような包括的かつ統一的な世界像を持ちえているでありましょうか。今日の人間というものは日々の些事の中にあって世界を達観するということがありません。今日の人間は卑小です。「彼らには天翔ける想いといったものがない」とエンペドクレスは慨嘆しています。もはや哲学は消えてしまいました。哲学者といえるような人物はもはやどこにも見出せません。その点だけからしても、初期ギリシア哲学の世界が懐かしく感じられます。ハイデガーが初期ギリシアを「存在の故郷」として望郷したゆえんでありましょう。

コラム一：世界大火

世界大火（ἡ ἐκπύρωσις τῶν ὅλων）は世界をトータルに灰燼に帰す思想ですが、この思想の根は意外に深く、さまざまな装いをとって哲学思想史の上に何度も現れてくるのが見られます。まずストアにおいてそれは永劫回帰の思想と結びついて復活していますし、またキリスト教思想においても最後の審判のイメージの中にキリスト教的変容を蒙って現れています（ヨハネの『黙示録』参照）。またヒンズー教の中でも破壊の神、シバ神のイメージと共にそれは現れています。原爆の実験にはじめて成功したとき、その爆裂の凄まじさを見てR・オッペンハイマーは思わず「シバ神」と口走ったとのことです。彼は有能な核物理学者でしたが、同時にヒンズー教の研究者でもありました。あれほどの「業績」をあげたいわば「功労者」であったにもかかわらず、彼はやがてアメリカ社会において孤立し、最後には人格破綻者になってしまいましたが、その心中深くにシバ神を宿していたためだったのではとも考えられます。また世界大火の思想は近来では過激派学生の革命幻想の中に生きつづけていますが、それほどにもこの思想は根深く、人類思想史のいわば古典的モチーフのひとつといって過言でないのではないでしょうか。世界をトータルに灰燼に帰したいという欲求は人類の心中深くに秘められた根本的欲求のひとつもであって、なぜかくも深い世界否定の因子が世界の内に存在することを世界が許容しているのか、まったくもって不思議であります。このことはなぜ主観性（Subjektivität）という原理の存在を世界が許しているのかという疑問でもあり、ここに存在の深い秘密が隠されているのかも知れません。この秘密を問うことこそ哲学の課題ではないでしょうか。

コラム二：**ヘラクレイトスの出自と著作**

ヘラクレイトスは小アジアのエフェソスの王族の出でした。彼の祖先はアテナイの伝説的な王コドロスであるといわれます。メッセネからアテナイにきてテセウス王家に代ってアテナイの支配者になったアテナイ王、その生涯はドリス人との戦いに明け暮れましたが、「コドロスを殺さずにおれば、アテナイ人に勝利しよう」というドリス人に降されたデルポイの神託のことを聞き、樵に変装して自らを殺させることによってアッティカの土地をドリス人から守ったと伝承される、あのアテナイ王です。その嫡子アンドロクロスがイオニアに植民し、エフェソスの建設者になりました。ヘラクレイトスはその王家につながります。伝えられるところによると、彼自身王（βασιλεύς）でしたが、その位を弟に譲って、自らはアルテミス神殿に隠棲し、子供たちと双六遊びをしていたといわれます。

ディオゲネス・ラエルティオス（『ギリシア哲学者列伝』IX 2 - 17）

彼はまた仲間のヘルモドロスを追放したことでエペソスの人々を非難攻撃して、次のようにいっている。「エペソスの連中は、成年に達した者はすべて首を縊って死ねばよいのだ。そしてポリスはこれを未成年の者に委ねたらよいのだ。彼らはヘルモドロスという自分たちの中で最も有為な人物を、われわれのもとには最も有為な人物などいなくてよい。そんな者がいるなら、他のところで他の人たちと一緒に暮らしたらよいのだといって、追放したのだから。」また彼は彼らから法を制定するよう求められたが、ポリスがすでに悪しき国制によって支配されていたので、それを無視した。そしてアルテミスの神殿に退いて、子供たちとさいころ遊びをしていたが、エペソスの人々が彼の周りに集まってきたので、「悪党どもよ、何を怪訝な顔をしているのだ。お前たちと一緒に政治に携るより、こうやっている方がましじゃないか」と彼はいった。

彼の年代については、彼がピュタゴラスやクセノパネスに過去形で言及し、またパルメニデスが比喩でもって彼に言及しているという事実から、そのおよその歴史的位置が推測されるに過ぎません。

アポロドロスに由来すると思われるディオゲネス・ラエルティオスの『ギリシア哲学者列伝』（IX 1）の記述によれば、彼は第69オリュンピア祭年（前五〇四―五〇一年）に最盛期にありました。彼は誇り高い人物で、気宇高邁、民衆や世俗の人間を軽蔑しました。自分の著作を民衆に読ませないためにわざと難解で晦渋な文章を書いたのだともいわれます。ために彼は後世から「暗い人」（キケロ）とか「謎の人」（ティモン）といった渾名を得ました。またプラトンは彼を「泣く哲学者」と呼び、テオプラストスは、中途半端で一定しないものを書いたのは彼のメランコリア（μελαγχολία）によると語っています（ディオゲネス・ラエルティオス『ギリシア哲学者列伝』IX 6）。晩年はすっかり人間嫌いになり、山中に逃れて草木を食料として暮らしたとのことは本文中でも言及しました。

ヘラクレイトスには「万物について」（Περὶ τοῦ παντός）、「政治家」（Πολιτικός）、「神学者」（Θεολογικός）の三部からなる『自然について』（Περὶ φύσεως）という通称名で呼ばれる著作がありました。一三九片余の断片がディールスによって収集され、「ヘラクレイトスの言葉」として今日に伝えられています（vgl. H.Diels / W.Kranz ; Die Fragmente der Vorsokratiker, Erster Band : 日下部編訳『初期ギリシア自然哲学者断片集』①ちくま学芸文庫、二〇〇〇年、参照）。

第8講
エレア派(I) 故郷喪失の哲学者クセノパネス

クセノパネスの「一なる神」は主観性ではない。一神教の問題性。一神教の問題は神が「一なる存在」であるという点にあるというよりは、それが主観性である点にこそある。故郷喪失の哲学者クセノパネス。クセノパネス、ホメロスをくさす。

クセノパネスの神観

一なる神

ギリシアにももちろん「一なる神」の思想はありましたが、そのヘブライズムの神との決定的な違いは、それが主観性でなかったことであります。ギリシアにおける「一なる神」の最初の明確な主唱者クセノパネスはピュタゴラスから影響を受けることがまったくなく、むしろピュタゴラスをバカにしていきます。

ディオゲネス・ラエルティオス（『ギリシア哲学者列伝』VIII 36）

彼〔ピュタゴラス〕についてクセノパネスは次のようにいっている。

「ある時、彼〔ピュタゴラス〕は子犬が打たれているところに通りかかり、哀れんで次のようにいったという。『やめろ、ぶつな。たしかにこれは友人の男の魂だ。叫ぶのを聞いて、それと分ったのだ。』」

クセノパネスのこのピュタゴラスとその魂転生説への言及はピュタゴラスに関する最古の証言ですが、単なる歴史的証言とは異なるものであります。クセノパネスのこの言及からはピュタゴラスの魂転生説に対する深い軽蔑の念が読み取れます。小バカにする風の中にこそ深い軽蔑の念が隠されているものであります。それゆえクセノパネスの「一なる神」の想定が主観性に汚染されることはありませんでした。その結果、クセノパネスの「一なる神」はそれほど深刻な原理とはならず、ギリシア人のクセノパネスに対する対処には一種の気楽さが見られます。

彼の哲学のギリシアの諸家による扱いのある種の軽さは否定すべくもないのであって、クセノパネスの神は主観性でなかったためにギリシア人はそれに楽に対処できたのでありましょう。それはなお自然哲学の境内にある神であり、主観性のそれのような強い意識性を伴うものではありませんでした。またそれは強い我執を伴うものでもありません。というより、クセノパネスの神にはそもそも何らの執着もないのであります。またそこには要求意識や告発意識も見られません。この点にクセノパネスの神がその身に主観性の性格を帯びたようなものでなかったことが端的に示されています。それでもギリシア人のクセノパネスの扱いにはおおむね好意的なものが見られますが、それは、後にも見るように、クセノパネスが全体としてはなおイオニアの自然哲学の系譜上に立つ哲学者だったからでありましょう。彼がギリシアの哲学者としてかろうじて遇されているゆえんであります。

一神教の問題

二〇〇一年九月十一日のニューヨークにおける同時多発テロ発生以降、さまざまなところで梅原猛氏が一神教の問題、一神教の危険性を語っておられるのを目にしますが、一なる神であることに問題があるというよりは、神が主観性であることにこそ、問題はあるのであります。主観性の神は当然超越の構造の中に組み込まれ、一神教の形を取りますが、その危険性は一神教の中に潜む主観性性格にこそあります。

ユダヤ教、キリスト教、イスラム教の神が恐ろしいのは、それが主観性、しかも巨大な主観性だからであります。あれらの宗教を特徴づける強い意識性、非妥協性、不寛容性、独尊性、排他性、攻撃性、告発意識、自責意識、猜疑心は、まさに主観性の性格そのものであります。またあれらの宗教の底に流れる深い敵意と憎しみの因子に鈍感であってはなりません。仮装されてはいますが、一神教の内には深い敵意と憎しみがあるのであって、それらもまた主観性の固有因子なのであります。

今日世界のいたるところで見られる自爆テロを含む血を血で洗う抗争はすべて宗教的装いを取った主観性のこの因子から発しています。主観性の内には世界に対する深い敵意と憎しみがあるのであります。このことはまた主観性の哲学の最も先鋭的な現れであった社会主義イデオロギーにおいて確認されるところであって、マルクス主義の底流に流れる世界否定のパトスに鈍感であってはなりません。存在に対する憎しみの因子に鈍感であってはなりません。

マルクス主義も一神教のひとつの変容ということができると思いますが（ラッセルはそう見ています。ラッセル『西洋哲学史』参照）、一神教の宗教ないしイデオロギーが出現させてきた凄惨な歴史にわたしは主観性原理（Subjektivität）の救い難さを見るものであります。ああいった敵意と憎しみ、ないしは排他性、世界否定のパトスは、おそらく主観性自身にもどうしようもないものなのでありましょう。それらは主観性の本性に深く刻み込まれています。だからこそ主観性は「愛」を説きつづけねばならないのであります。主観性の宗教であるキリスト教が常に「愛」と「救済」を説きつづけねばならなかったゆえんを深く洞見しなければなりません。あるいは「平和」を訴えつづけねばなりません。マルクス主義を信奉する左派政党は常に「平和と民主主義」を唱えつづけますが、そこにすすけて見えるのは世界に対する否定性の感情と告発意識であります。主観性原理の深刻さにあらためて戦慄を感じないでおれません。

何度もいいますが、かくも強い世界否定の因子が世界の中に存在するというこの否定しえない事実、またその存在を世界が許容しているという事実に、わたしには驚きを禁じることができません。おそらくここにこそ、なぜ世界は存在するのか、なぜこのような因子を含んだ世界の存在が許容されているのか、わたしたちには計り知れない秘密が秘められているのかも知れません。これこそ世界の「秘密」（Geheimnis）そのものなのでありましょう。この秘密のゆえんがわれわれの前に明らかになるということはおそらく世界開闢の瞬間に立ち戻るということであり、いかな哲学をもってしてもとうてい解明しえないことであるかも知れませんが、いずれにせよ、ヘブライズムの神とそのイデオロギーをクセノパネスの「一なる神」の哲学と比較するとき、以上のことは鮮明となります。クセノパネスの「一なる神」に世界否定のパトスは見られません。また排他性もありません。クセノパネスの「一なる神」では同時多発テロやパリのＩＳによるテロのような事件を引き起こすことはとうていできなかったでありましょう。

神人同形同性説

クセノパネスの神観は『エレゲイアイ』（Ἐλεγεῖαι）と『冷笑詩』（Σίλλοι）に大別される残存する彼の断片からそのおおよそを知ることができます。すなわちその思想のポイントはギリシア宗教の神人同形同性説（Anthropomorphismus）に対する批判であります。ギリシアにおける神は極めて人間的であり、ホメロスやヘシオドスによって描かれた神々は、人間が「可死」（θνητός）であるのに対して神は「不死」（ἀθάνατος）であるという点を除けば、その姿に関しても、振舞に関しても、少しも人間と異ならないのでした。神々も、人間と同様、争ったり、愛し合ったり、羨んだり、悲しんだり、喜んだり、盗んだり、互いに騙し合ったり、果ては姦通までするのであります。一般にアーリア系の宗教は、ギリシア宗教、ローマ宗教、ケルトの宗教、古代ゲルマン宗教において顕著であるように、神を人間に近しい位置で構想することを特徴とします。これに反してセム系の宗教は、ユダヤ教、キリスト教、イスラム教、その他において見られるように、神を超越的存在とし、人間からできるだけ乖離させるのが一般であります。アーリア系とかセム系といった人種概念はかつてのナチス・ドイツの人種論を思い出させるので今日ではほとんど禁句ですが、多神教と一神教という宗教の二大形態の本質を見極める上でどうしても回避できない概念であることをご理解ください。

クセノパネスはホメロスやヘシオドスによって描かれたこのような人間化された神観を痛烈に批判しました。

セクストス・エンペイリコス（『諸学者論駁』IX 193）

ホメロスやヘシオドスは人間のもとでも恥であり非難の的となることのすべてを神々に行なわせている。

盗むこと、姦通すること、それに互いに騙し合うこと。

が、これは神々に対する不敬であるのみならず、神の姿や振舞を人間に似たものとするというまったく根拠のない擬人観に基づいている。

クレメンス（『雑録集』VII 22）

エチオピア人たちは自分たちの神々が獅子鼻で色が黒いといい、トラキア人たちは眼が碧くて髪が赤いと主張する。

クレメンス（『雑録集』V 110）

しかし、もし牛や馬やライオンが手を持っていたとするなら、あるいはその手で絵を描き、人間と同じような作品を作りえたとするなら、馬は馬に似た、牛は牛に似た神々の姿を描き、彼らのそれぞれが有しているのと同じ姿の身体をつくり上げたことであろう。

とクセノパネスはいいます。

クセノパネスの構想する神は、その姿においても、思惟においても、死すべきもののいかなるものにも少しも似てはいないのであって、一であると共に全体であるところの不動な一者なのでした。神は「全体として見、全体として思惟し、全体として聞く」（セクストス・エンペイリコス『諸学者論駁』IX 144）のであって、「労することなく、心の想いによって、すべてのものを揺り動かす」（シンプリキオス『アリストテレス「自然学」注解』23. 19）のであります。神は「常に同じところにとどまり、少しも動かない。ある時はここ、ある時はあそこというように歩き廻ることは彼にふさわしくない」（シンプリキオス『アリストテレス「自然学」注解』23, 10）とクセノパネスはいいます。彼は神の非擬人性、唯一性、全体性、不動性を主張しました。

クレメンス（『雑録集』V 109）

コロポンのクセノパネスは、神はひとつで非物体的であると説いて、次のように付言している。

「神はひとつであり、神々や人間どものうち、最も偉大である。その姿においても、思惟においても、死すべき者どもに少しも似ていない。」

セクストス・エンペイリコス（『諸学者論駁』IX 144）

「（神は）全体として見、全体として思惟し、全体として聞く。」

シンプリキオス（『アリストテレス「自然学」注解』23, 19）

「（神は）労することなく、心の想いによってすべてを揺り動かす。」

シンプリキオス（『アリストテレス「自然学」注解』23, 10）

「（神は）常に同じところにとどまり、少しも動かない。ある時はここ、ある時はあそこに赴くというのは、彼にふさわしくない。」

クセノパネスが説いた神観はこのようなものでしたが、この「一なる神」の考え方は、単純ではあるが、極めて合理的な神観であって、ホメロスやヘシオドスの神々の世界に生きていた当時のギリシア人たちにとってはたしかに驚きであったでありましょう。彼の哲学がある種の印象をもって人々の耳目を引いたゆえんであります。

なぜクセノパネスは合理的な神観を説きえたのか。

それではなぜクセノパネスはこのような合理的な神観を突然説いたのか、また説きえたのか。彼はなぜ突然ギリシア宗教の一般的通念である神人同形同性説を超越しえたのか。大方のギリシア人がその中で生きていた神々の世界を脱却しえたのか。問題は神観に係わってなぜ合理性が突然出現したかでありますが、あのような合理性の立場にクセノパネスが立ちえた理由のひとつは、おそらく彼が文字通りの故郷喪失者、故郷を追われた哲学者だったからということではないでしょうか。彼は伝統的、因習的なギリシア社会から落ちこぼれた人間であり、そのことが彼にあのような合理的な神観を突然唱えさせたゆえんのものであって、故郷喪失性（Heimatlosigkeit）が彼を土俗性、土着性、土地に根ざした因習性、部族的規範意識、地域的な固定観念といったものから解放し、批判的、啓蒙的な合理主義者たらしめたのではないでしょうか。故郷喪失によって彼は神々を含む土地に根ざした自然概念（ピュシス）の呪縛から突然解放されたのであります。彼は二十五歳の時に故郷のコロポンを後にして以来、六十七年以上も自作の詩を吟誦しながらギリシア各地を放浪した吟遊詩人でした。言い換えれば、故郷喪失の漂泊者でした。

ディオゲネス・ラエルティオス（『ギリシア哲学者列伝』IX 18, 19）

彼〔クセノパネス〕自身もどこかでいっているように、彼は極めて長命であった。

「すでに六〇と七年、ヘラスの地をかなたこなたとわが思いを駆りたてしは。それに加えてその時までに生まれしより二十五年ありき。もし本当にわたしがこれらについて語る術を心得たりしなれば。」

逸名著作家の古注（ヒッポクラテス『流行病』I 13, 3への注）

「わたしはポリスからポリスへと渡り歩いて、自らをあちらこちらに投げた〔あちらこちらとさまよった〕。」

すなわち彼は郷土性、土俗性、地域性、土地に根ざした因習性、部族的規範意識、地域的な固定観念といったものから完全に切れた存在として生きざるをえない境涯に突然放り出されたのであり、ギリシア人が常に誇りをもって語る家柄、家系の輝かしさ、氏族の正統性といったものから完全に疎外された存在となったのであります。そういった因習意識、土地に根ざした固定観念が重い存在としてギリシア思想の背景に隠然としてあることに盲目であってはなりません。特に初期ギリシアの世界においてはそうであります。ギリシア人はほぼ例外なく父祖の名前を自らの固有名の前に冠するのを常としていました。彼らは個人名を口にするときですら、常にその父祖を回想していたのであります。父祖の名によってはじめて自らを正当化しえたのであります。ここにヘルダーリンのいう「アナモシュメー」（回想）を見ることは不当でありましょうか。これは個人をその祖先と家系に結びつけてしか正当化しえない古代人のほとんど本能的ともいえる行為であります。

土地に根ざした神々の世界もまたそういったものに基づいていました。ギリシアの神々は元来はそれぞれの土地に根ざしていたということを忘れてはなりません。オリュンポス山に召集される以前には神々はそれぞれ地域の神でした。そして叙事詩や抒情詩、悲劇や喜劇、一般的にいってギリシア文学は、まさにそういった神々の世界の文学的表現だったのであります。ソクラテス・プラトン哲学の視点でのみギリシア世界を語ってはならないゆえんであります。ソクラテス・プラトンのホメロスに対するネガティブ評価に目を眩まされてはなりません。ソクラテス・プラトン哲学はギリシア世界を「近代世界」と化す試みであったといえなくもないでしょうが（ヘーゲルはそう見ています）、ギリシア世界はやはりその本来性においては「近代世界」とは異なるのであって、ギリシア世界の近代化こそ『哲学史』の中で犯された最大のアナクロニズムといわねばならないのではないでしょうか。古代社会は基本的に前近代的な部族社会であります。クセノパネスの故郷のコロポンもまたそういった社会でした。

クセノパネスは故郷を失うことによって土地から切れた存在として生きざるをえなくなったのであり、それゆえそういったものに対しては彼は当然批判的、冷笑的にならざるをえませんでした。要するに彼は伝統に対する批判者にならざるをえなかったのであって、彼のそれのような仕事を生業とする者が伝統の批判者になるということは、ホメロスに対する批判者となることであります。ホメロスはギリシア人の伝統意識、歴史意識をまさに回想させる存在だったからであります。『イリアス』や『オデュセイア』はギリシア人にとってまさに民族意識、伝統意識、歴史意識、正統意識の保証でした。ギリシア人が定期的にホメロスを聴き、民族の伝承に基づく悲劇を観劇しなければならなかったその深い歴史的意味を理解しなければなりません。そのホメロスに対する批判、それは偉大なヘラスの伝統に背を向けることですが、それがクセノパネスにあのような合理的な神観を突然語らせたゆえんのものだったのであります。というのも、ホメロスによって語られた神々の世界はまったく合理的でないからであります。むしろそれは神観としてはでたらめといってよいようなものですが、それでもそれはギリシア人にとっては何ものをもってしても代えることのできないものだったのであります。というのも、そこには彼らの民族の記憶が詰まっていたからであります。民族の歴史は啓蒙的な合理主義で割り切れるようなものではないのであって、そこには残忍、むごたらしさ、凄惨、憤怒、裏切、陰謀、悲しみ、盗み、騙し、情欲、不合理、滑稽、でたらめ、不正、茶番、要するに理性で割り切ることのできないものが一杯詰まっています。それでもそれが民族の記憶である以上、歴史的伝統の中に生きるギリシア人にはそれがただひとつのレアリティーを有する記憶だったのであり、それゆえかけがえのないものだったのであります。民族の記憶は合理で説明のつくようなものではないのであります。

故郷喪失者、伝統社会のアウトサイダー――クセノパネスは突然この民族の記憶、歴史の呪縛から解放されたのであります。彼は突然合理主義者になりました。それが彼にあのような合理的な「一なる神」を説かしめたゆえんのものであって、彼の神観は、近代の哲学史家がしばしば誤認してきたような純理論的な哲学的根拠から導出された神観ではなかったのであります。それはホメロスの神々の世界を認可できないクセノパネスの漠然とした想いがその裏返しとして構想したものでしかなかったのであります。近代の『哲学史』はクセノパネスの神観の明晰性と先進性を強調しますが、見当違いであります。それは明晰でもなければ、先進的でもなく、ただ漠然としたものでしかありません。クセノパネスの「一なる神」の想定が漠然としたものでしかないことはアリストテレスもまた指摘するところであって、次のように語っています。

> アリストテレス（『形而上学』A 5. 986 b 18）
>
> クセノパネスはこれらの人々の中ではじめて一者を唱えた人であるが（というのは、パルメニデスは彼の弟子であったといわれているから）、明確なことは何も伝えておらず、それらのいずれの本性にも触れたようには思われない。ただ天界全体に目を向けて、神は一なるものであるというのみで

あった。

彼の神観はこのように漠然としたものでしかありませんが、それでも彼の考え方そのものは合理性に貫かれています。不合理な民族的記憶の否定は合理であらざるをえないのであります。日本の戦前の国体思想に対する啓蒙主義的批判に知的活動の場を見出した戦後の進歩的知識人といわれる人たちがおしなべて先進的な合理主義者、進歩主義者として登場したゆえんであります。進歩的知識人といわれる人たちの批判的言辞の動向は今日もなおつづいていますが（例えば「ニュー・アカデミズム」と呼称される人々の言説を見ていただきたい）、平板です。批判は総じて合理的ですが、しかしそれはそれだけのものでしかないのであって、そこに存在に根ざす思想を見ることは不可能であります。ところが人間はあの人たちが考えるような皮相な存在ではなく、実はいかんとしても根源存在から切れては生きることのできない存在者なのであります。

卜占の否定

事実クセノパネスが初期ギリシア哲学における最初の啓蒙的合理主義者であったことは、ギリシアの自然哲学者の中にあってひとり彼のみが卜占を否定したという事実からも知ることができます。ギリシアにおいては卜占はむしろ市民権を得た知であって、それを否定することの方が尋常ならざることなのであります。特に初期ギリシアの自然哲学の世界においてはそうであります。のみならず、古典期にいたってもなお国家（ポリス）の主要な政治的決定はすべて神託か卜占によって決定されていたという事実を忘れてはなりません。切迫した会戦の場面においてすら、卜占が吉兆を示すまで彼らは戦端を開くことがありませんでした。前線の兵士に敵の飛矢を浴びて命を落とす者が続出しているような状況下においてすら、彼らは卜占が吉兆を示すまで必死にこらえました（トゥキュディデスの『歴史』参照）。ギリシア世界のそのような通念の中にあって、クセノパネスは卜占を否定したのであります。これがいかに尋常ならざることか、認識しなければなりません。キケロはクセノパネスが卜占を否定したことを特記すべきこととして報告しています。

キケロ（『卜占について』I 3, 5）

しかし他方では〔ギリシアの〕哲学者たちによって、なぜ卜占は真であるのかということについて巧妙な諸々の議論が積み重ねられてきた。その中でも最も古いものについていうなら、コロポンのクセノパネスは、神が存在するとは明言しながら、卜占はこれを根底から否定したただひとりの人であった。他の人たちはすべて、神の本性について曖昧にしか語らなかったエピクロスを除いて、卜占を是認している。

卜占は己のゆく末が運命（存在）によって決定されていることの承認であり、大なる存在に自らを委ねる姿勢を含意しています。卜占は一種の存在への帰依なのであります。それを否定するということは、存在に対して意識が立ち上がるということであり、存在から自立することであります。クセノパネスは伝統というギリシア世界の存在に対して背を向けたのであります。クセノパネスはそのようにして突然自立的となり、意識的となりました。言い換えれば、啓蒙的合理主義者となりました。しかしその合理主義は存在から切れた結果のそれでしかなく、原理に基づくものではありません。クセノパネスの合理主義が批判的なそれ、基本的に「シロイ」（揶揄、冷笑）の類でしかなかったゆえんであります。彼の合理性は批判性、すなわち否定性のそれなのであります。その表現形式が「シロイ」（揶揄、冷笑）なのであります。彼の詩が事実もっぱら揶揄をこととするものであったことは残存するその断片から確認することができます。クセノパネスのそういった態度にプロクロスは一種の了見の狭さを見ていますが、見当違いとはいえないでありましょう。

プロクロス（『ヘシオドス「仕事と日」注解』284への柱〔プルタルコスより〕）

クセノパネスは、彼と同時代の哲学者や詩人たちに対するある種の了見の狭さから、すべての哲学者や詩人についてシロイ〔揶揄詩〕を発表したといわれている。

彼の「シロイ」（揶揄）はギリシア古来の神話に疑問を表明したものであったり、オリュンピアの体育競技を否定するものであったり（オリュンピックを否定するとは、何という大胆なことをいうのだ。今日誰がオリンピックに対してあのような否定的言辞を口にすることができようか）、ホメロスやヘシオドスによって描かれた神々の姿をひやかすものであったりしますが、基本的にはホメロスに対する揶揄で一貫していたようであります。ティモンは彼を「ホメロスの欺瞞をこきおろす人」と呼んでいます。

セクストス・エンペイリコス（『ピュロン哲学の概要』I 224）

それゆえティモンは彼〔クセノパネス〕のことを「ほどほどに謙虚な人」と呼び、完全に謙虚な人とはいわない。彼はいう。

クセノパネス、ほどほどに謙虚な人、ホメロスの欺瞞をこきおろす人。
彼は人間とはかけ離れたあらゆる面からして等しい神を作り上げた。
揺るぎなく、傷つかぬ、思惟以上に思惟的な神を。

「ほどほどに謙虚な人」といったのは、ある程度謙虚な人であるとの意味であり、「ホメロスの欺瞞」の嘲笑者というのは、クセノパネスがホメロスに見られる欺瞞をけなしたからである。クセノパネスは、他の人々の観念に反して、万有は一であり、神はすべてのものと一体であって、球形であり、不受苦、不転化、理性的であると断定した。

要するにクセノパネスはホメロスに対する批判ということで首尾一貫した哲学者なのであります。彼はいわばギリシア各地をホメロスをけなして歩いたのであります。それも六十七年間もです。彼がホメロスを余りにくさすのでシュラクゥサイの僭主ヒエロンは、「ところで君は何人養っておるのか」との問いに「召使を二人、やっと養っております」と答えたクセノパネスに対して、「君がけなしているホメロスは、もう死してこの世にはないが、今なお一万人以上養っておるぞ」と皮肉っています。ヒエロンのこの皮肉はおそらく当時のごく普通のギリシア人のクセノパネスに対する感覚を代弁したものでありましょう。当然ギリシア人はクセノパネスのホメロス批判にヘラスに対する反抗を感じ取っていたに違いありません。ヘラス人でありながら、ヘラスに対する反抗の表明であったクセノパネス哲学の危うさを認識しなければなりません。

プルタルコス（『王と指揮官の格言』p. 175 C）

「召使を二人、やっと養っております」と答えたコロポンのクセノパネスに対して、彼〔ヒエロン〕は「君がけなしているホメロスは、もう死してこの世にはないが、今なお一万人以上養っておるぞ」といった。

しかし批判は批判でしかないのであって、王道をいく言説ではないのであります。不合理であれ、理屈に合わないものであれ、ギリシアの王道はホメロスにありました。ホメロスの存在がギリシア世界においていかに重いものであったか、ヒエロンの先の皮肉が雄弁に物語っています。当時ホメロス語りが一万人以上もギリシアにいたのでありましょう。一万人以上ものホメロス語りをギリシア社会は養っていたのであります。これはギリシア社会におけるホメロスの重要さを示すに十分な数であります。いかに寛大な社会であったとしても、それほどの数の役立たずを当時のギリシア社会が養っていたというのは、まことにもって驚きであります。しかもギリシア社会は寛大な社会ではありませんでした。ポリス相互や夷狄との戦いに明け暮れるギリシア世界に寛大さなどありようもありません。そのことはスパルタを見れば分かります。兵士を鼓舞する詩人以外の歌うたいをスパルタが認めることなどありえないことでした。プラトンですら詩人を、月桂冠を冠してではありますが、彼の理想国から追い出しています。にもかかわらずギリシア社会はそれほどの数のホメロス語りを養わねばならなかったということなのであります。しかもそれを一種の務めとしてそうしていたのでありましょう。何に対する務めか。ヘラス（ギリシア）に対する務めであります。ホメロスはそれほどにもギリシア世界にとって重要な存在だったのであり、ホメロスこそヘラスそのものであり、ギリシア人の教師ともいうべき存在だったのであります。ギリシア人のホメロス讃美はヘラスへの帰依とヘラスに対する忠誠の確認だったのでありましょう。

クセノパネスの哲学はそのホメロスに、言い換えれば、ギリシアの歴史的伝統に冷や水をかけるものだったのであります。ギリシアの伝統社会に背を向けた男、それがクセノパネスという哲学者なのであります。この批判性、否定性に彼の哲学的エネルギーは発していました。おそらくそのことに当時のヘラス人は鈍感でなかったのであり、ここにギリシア人のクセノパネスに対するどちらかといえば冷ややかな扱いの理由があるのでありましょう。しかしそれでも彼は、とにかくも、召使を二人ばかり養いながら六十七年以上も生きることができたのであり、彼がそれなりの聴衆を得ていたこともまた事実であって、批判も、それはそれでそれなりに魅力を発揮するのであります。この点は古代社会においても今日とそれほど変わらなかったようであります。

クセノパネスの哲学

万物の原理は土である。

ところでクセノパネスはまたイオニアの自然哲学者でもあって（彼の故郷はイオニアのコロポンであったことを想い出していただきたいと思います）、彼は土（γῆ）を原理（アルケー）として説いたといわれています。

テオドレトス（『ギリシア医療術』IV 5）

だが他方では彼〔クセノパネス〕はこの言葉を忘れて、すべては土から生まれると語っている。事実次の詩句は彼のものである。

「なぜなら万物は土から生じ、また土へと万物は帰っていくのだから。」

ストバイオス（『自然学抜粋集』I 10, 12）

クセノパネスは、存在するすべてのものの原理は土であるという。というのも、彼は『自然について』において、

「なぜなら万物は土から生じ、また土へと万物は帰っていくのだから」
と書いているからである。

あるいは土と水を原理（アルケー）としたともいわれます。

ピロポノス（『アリストテレス「自然学」注解』125, 27）
クセノパネスは乾いたものと湿ったもの、すなわち土と水を原理としたとポルピュリオスはいう。そして彼がそれらを使用したことを示すものとして、次の一節を援用している。
「およそ生まれて成長する限りのものは土と水なり。」

マクロビウス（『スキピオの夢』I 14, 19）
クセノパネスは〔魂は〕土と水からできているとする。

土（γῆ）を原理（アルケー）とすることの異常さに古代の学説誌家たちもまた気づいており、「コロポンのクセノパネスを除けば、誰も土を原理とは考えなかった」とはオリュンピオドロスの感想であります（オリュンピオドロス『賢者の石による聖なる術について』24 p. 82, 21）。ガレノスはクセノパネスが土を原理（アルケー）としたとの報告の信憑性を疑っています。

ガレノス（『ヒッポクラテス「人間の本性について」注解』XV 25 K.）
注釈家たちの一部はクセノパネスについて虚偽の報告を行なっているのである。サビノスもまた彼の名前を挙げて次のように書いているが、ちょうどそのように。

「なぜならわたしは人間を、アナクシメネスのように空気であるとも、タレスのように水であるとも、またクセノパネスが何かの中でいっているように土であるともいわないからである。」だがクセノパネスがそのように唱えたというのはどこからも発見されないのであって、・・・もし彼が本当にそのようにいっていたとするなら、テオプラストスも『自然学説誌』の摘要の中にクセノパネスのその教説を書き記していたことであろう。

大地は無限に下へ根を降ろしている。

しかしクセノパネスが土を原理（アルケー）としたとのことはおそらく事実であり、そこには彼のそれなりの想いが込められていたのではないかとわたしは思います。故郷喪失者、土地を失った哲学者クセノパネスの土地に対する想いがこのような形で表現されたのではないでしょうか。「大地は無限に下へ根を降ろしている」とクセノパネスはいったといわれていますが、大地（土地）はクセノパネスにとってはそれほどにも重く動かし難い存在なのであって、わたしたちが対象として軽々に扱えるようなものではないのであります。ここには、アナクシマンドロスのト・アペイロンの場合と同様、大地の前対象性ないし超対象性が明確に表現されています。

アリストテレス（『天体論』B 13. 249 a 21）

以上のゆえにある人々はその原因を追求するという面倒を背負い込まないために、コロポンのクセノパネスのように、大地は無限に〔下へ〕根を降ろしているといって、大地の下方部は無限であると主張するのである。それゆえエンペドクレスも非難して次のように語っている。

「いやしくも大地の深さも広大なるアイテール〔天空〕も限りがないとするならば、それが万有のほんのわずかしか見たことのない多くの者の舌の根にのぼり、その口から流布されることの、何と空しいことか。」

アエティオス（『学説誌』III 9, 4［Dox. 376］）
クセノパネスは〔大地は〕その下方部から〔下へ〕無限に根を降ろしており、空気と火から合成されているとする。

アエティオス（『学説誌』III 11, 1.2［Dox. 377］）
タレスの後継者たちは大地を中央にあるとした。クセノパネスは最初にあるとする。というのは、それは無限に〔下へ〕根を降ろしているからである。

これは自然学説というよりは、クセノパネスの土地に対する想いの哲学的表現ともいうべきものでしょうが、クセノパネスの右の命題からは土地のどうしようもない重さといったものがひしひしと感じ取られます。山林や田畑といった土地を父祖から相続した人にはこの感覚が理解されるに違いありません。要するに土地は不動産であって、動産ではないとクセノパネスはいっているのであります。それを動産（商品）と勘違いして、それに軽々に手を出すことがどれほどひどい結果を招来するか、九〇年代後半の日本の不良債権問題の深刻さを目にすれば容易に知られるでありましょう。それは要するに貨幣を媒介にした等価交換の商品経済という近代的な主観性の経済論理が土地という自然存在の巨大さの前にもろくも崩れ去ったということであって、自然存在は主観性の論理が自らの中に取り込めるようなものではないのであります。ましてや主観性が投機の対象として操作できるようなものではありません。ここにこそ存在に対する主観性の不明と不遜が鮮明に現れています。今日の商品経済を主導する主観性の計算的理性なるものはその程度のものでしかないのであって、そういった思い上がりを存在は許しません。クセノパネスの先の命題はこのことを教えているのであります。わたしたちはクセノパネスの先の命題から、土地は本来「対象」として扱えるような存在でないことを認識しなければなりません。ましてや一個の商品として扱い切れるような存在ではないということを。クセノパネスの哲学は土地の根源性、不動性、前対象性、超対象性を明確に表現しています。クセノパネスにとって土地はわれわれの理性によってはいかんとしても扱い切ることのできない不動の存在でした。

矛盾を抱えた哲学者クセノパネス。

このことはともかくとして、クセノパネスのあの「一なる神」の想定と土を原理とする自然哲学はどのように調和するのでしょうか。これは古代の注釈家の多くが疑問とした点であって、テオドレトスは彼の神観と自然哲学が完全に矛盾することを指摘しています。

テオドレトス（『ギリシア医療術』IV 5）

オルトメノスの子、コロポンのクセノパネスはエレア派を指導した人であるが、万有はひとつであり、球形で限定されており、生じたということはなく、永遠で、完全に不動であるといった。だが他方ではこの言葉を忘れて、すべては土から生まれると語っている。事実次の語句は彼のものである。

「なぜなら万物は土から生じ、また土へと万物は帰っていくのだから。」

しかし矛盾が何でありましょう。不整合が何でありましょうか。どちらもクセノパネスにとっては必然性を持った主張なのであって、一方、彼は何がなんでもホメロスを否定しなければならなかったし、他方、それでもイオニアの自然哲学の伝統が彼に血肉化していた以上、それから身をもぎ離すこともまた彼の意のままになることでなかったのであります。それほどにも自然概念（ピュシス）の呪縛は彼においてもなお執拗だったのであり、それから解放されるためにはソクラテス哲学のようななお一層強力な原理、主観性原理を必要としたことでありましょう。しかしそれはクセノパネスの採るところではありませんでした。クセノパネスは明確にピュタゴラスを拒否しています。それゆえクセノパネスは、パルメニデスと同様、自らの内に矛盾を解決しないまま抱えた哲学者だったといわねばならないでありましょう。彼を生涯さすらわせたものは、主にはおそらくその批判精神でしょうが、彼のこの内的矛盾もまたその一半の原因だったのではないでしょうか。否、むしろこの内的矛盾こそ彼の批判精神の発生源だったのではないでしょうか。彼の批判性、冷笑性は故郷喪失性からの一帰結だったのであります。

クセノパネスの哲学とその運命は、故郷を喪失した者は深い矛盾を心中に抱えざるをえず、ために再び故郷を見出しえない理をわたしたちに教えています。

コラム：**漂泊の哲学者クセノパネス**

クセノパネス（Xenophanes 前五七〇―四七五年頃）は存在史的な見地からはそれほど重要な思想家としては扱われてきませんでしたが、本文中でも見たように、その注目すべき宗教批判によってギリシア思想史の上に特異な位置を占めている哲学者であります。彼の故郷もまた小アジアのイオニアであり、コロポンの出身でした。その年代については、二十五歳の時に故郷のコロポンを出て、それ以降の六十七年間ギリシア各地を放浪して廻ったと彼自身が語っている断片が今日に残されているところから（逸名著作家の古注、ヒッポクラテス『流行病』I 13, 3への注）、そのおおよそを推測することができます。彼が故郷を去ったのがペルシア王キュロス（Kyros 前五五九―五二九年在位）の命によってメディア人のハルパゴス（Harpagos）がイオニアを平定した時（前五四五年、その時同時にコロポンも陥落した）であったとするなら　彼は前五七〇年に生れたことになります。そして自ら語るところによると九十二歳までは生きていたのですから、この推定によれば前四七八年以降に死んだことになります。これは彼がピュタゴラスに言及し、そしてヘラクレイトスが彼に言及している事実とよく調和するように思われます。それゆえ年代的には彼はヘラクレイトスの前に位置する哲学者ですが、その思想がパルメニデスの一者の思想と親近性を有しているためにエレア哲学の系譜に絡めて論じるのが哲学史の慣行となっているのであります。

　彼は二十五歳で故郷を後にして以来、自作の詩を吟誦しながらギリシア各地を放浪しました。後半生は主にシケリアのザンクレ（現在のメッシーナ）を中心に、南部イタリアのカラブリア地方やシケリア一帯をめぐったようであります。彼は、ホメロスやヘシオドスに対抗して、ヘクサメトロスやエレゲイオンやイアンボスの詩形で作詩したといわれています。おそらく吟遊詩人（ῥαψῳδός）のひとりとして当時の人々に受け止められていたでありましょう。一度はエレアに立ち寄ったこともあると推測されますが、彼とエレアの関係がどの程度のものであったかは定かでありません。したがって彼の哲学をエレア派に含めて論じる近代の『哲学史』の取り扱いは一定の条件を付して承認されることであり、全面的に了とされるものではありません。クセノパネスの「一なる神」の思想とパルメニデスの非存在は不可能という「存在のテーゼ」の間に論理的な内的関連はありません。ただパルメニデスは彼の弟子であったという証言が学説誌の上に幾箇所か見られるので外面的な関係はあったのかも知れません。
詩形から『エレゲイアイ』（Ἐλεγεῖαι）と『冷笑詩』（Σίλλοι）の二つの部分に大別されるおよそ三十八片の断片が今日に残されています（vgl. H.Diels / W.Kranz ; Die Fragmente der Vorsokratiker, Erster Band : 日下部編訳『初期ギリシア自然哲学者断片集』① ちくま学芸文庫、二〇〇〇年、参照）。断片22が「揶揄詩」（Παρῳδίαι）の名で呼ばれることもありますが、これはおそらく「冷笑詩」というのと同様の意味のことでありましょう。また断片23以下が「自然について」（Περὶ φύσεως）という表題のもとに言及されることもありますが、『自然について』（Περὶ φύσεως）という表題を持った独立の著作がクセノパネスにあったかどうかは定かでありません。おそらくは後世の命名でありましょう。

以上に述べたように、全体としての彼のイメージは「漂泊の詩人ないし哲学者」というものであり、本講ではクセノパネスおよび彼の哲学を故郷喪失の哲学者ないし哲学として論じました。わたしは、クセノパネスの境涯とその哲学を見るとき、近代の諸思想の最深部にあるものが故郷喪失性（Heimatlosigkeit）であることをハイデガーと共に指摘せざるをえないと考えています。「故郷喪失が世界の運命になる」とハイデガーは『ヒューマニズム書簡』の中で予言しましたが、この予言がまさに正確な予言であったことがますます明らかになってきた今日の世界状況を想うとき、クセノパネスの哲学がわたしたち近代人に示唆するところは極めて大きいといわねばならないのではないでしょうか。

第9講
エレア派(Ⅱ) パルメニデス(其の一)

天才も存在の構造を脱しえず、パルメニデス。

パルメニデスの学説詩の「真理の部分」と「ドクサ部分」の関係に顕在的意識と潜在的無意識という意識の二層性の顕在化を見ることができる。換言すれば、現存在における「実存と歴史性」の二層構造を見ることができる。

パルメニデスもまた自らの内に矛盾を抱える哲学者であった。

前講のクセノパネスと同様、パルメニデスもまた自らの内に矛盾を抱える哲学者でした。彼が「真理」(Ἀλήθεια)において開陳した存在の教説は他のいかなる学説も許容しない性格のものであり、パルメニデスがもし首尾一貫した哲学者であることを欲していたなら、彼は「真理」(Ἀλήθεια)の提示でその論述を終えねばならなかったはずであります。それ以上彼は進むことができなかったはずです。しかし彼は「真理」(Ἀλήθεια)で立ち止まりませんでした。「死すべき者どものドクサ」(δόξα βρότεια)と断りながらも、彼はさらに光と闇ないしは火と土の二元論に基づく宇宙生成論を展開しています。首尾一貫性、学的整合性を犠牲にして、彼は宇宙生成論を説いたのであります。彼が「真理」（Ἀλήθεια）において説いた存在の教説が「ドクサ部分」の叙述を本来許さないものであることは彼自身がよく知っていたことであって、そのことを承知の上で「ドクサ部分」の叙述に踏み出しているのであります。とにかくも彼は宇宙生成論の叙述を「死すべき者どものドクサ」（δόξα βρότεια）、すなわち「真理」（Ἀλήθεια）とは異なる教説として位置づけ、一応の体裁は整えてはいますが、「真理」（Ἀλήθεια）の教説の非妥協性がこういった妥協を許さないことは誰の目にも明らかであります。学説誌家の多くがパルメニデス哲学のこの不整合に注目し、その点に批判を集中しているのはある意味で当然のことといえます。例えばヒッポリュトスは、

ヒッポリュトス（『全異端派論駁』I 11［Dox. 564］）

パルメニデスもまた万有は一にして永遠であり、不生かつ球形であると仮定する。だが彼は多くの人々のドクサも避けてはいないのであって、火と土を万物の原理としている。一方の土は質料としての原理であり、他方の火は原因および形成者としての原理である。世界は滅びると彼はいったが、どのような仕方でであるかはいっていない。その同じ人物が、万有は永遠であって、生じたものではなく、球形で一であり、自らの内に場所を有さず、不動で限定されているといっているのである。

とパルメニデス哲学の不整合を指弾していますが、この指弾を単にキリスト者の異教哲学排斥に起因するものとのみ断じてすますことはできないでありましょう。ヒッポリュトスはパルメニデス哲学の内的

矛盾を的確に突いているのであります。この問題意識はひとりヒッポリュトスだけのものではなく、アリストテレス、テオプラストス、プルタルコス、セクストス・エンペイリコス、ディオゲネス・ラエルティオス、シンプリキオス、擬プルタルコスなどにおいても同様の指摘が見られ、むしろ哲学者、学説誌家一般に共通する問題意識でありつづけていたといって過言でないでありましょう。

アリストテレス（『形而上学』A 5. 986 b 27）

だがパルメニデスはある場合には一層の洞見をもって語っているように見える。というのは、彼は存在の外に非存在の存しないことは当然と見なし、そこから必然的に存在は一であり、他の何ものも存在しないと考えたからである。……だが彼は現象の事実にしたがうことを強いられて、論理に基づけば一者しかないが、感覚に関しては多くのものが存在すると想定して、再び二つの原因、二つの原理を立てている。すなわち温と冷がそれであり、彼の言をもってすれば、火と水である。そして彼にその一方の温を存在に配当し、他方〔の冷〕を非存在に配当する。

アレクサンドロス（『アリストテレス「形而上学」注解』31, 7）

パルメニデスとその学説については、テオプラストスもまた『自然学者たちについて』の第一巻において次のように語っている。「この人（クセノパネスのことがいわれている）の後にはピュレスの子でエレアの市民であったパルメニデスがつづいたが、彼は双方の道を歩んだ。というのは、彼は、万有は永遠であると主張すると共に、しかも諸存在の生成を説明しようと試みているからである。だが彼はその双方について同じようには考えないで、一方の真理の場合には、万有は一であり、不生であり、球形であると想定する。他方の多くのものどものドクサの場合には、現象するものの生成に配当するべく、二つの原理を設けている。すなわち火と土がそれであるが、一方は質料としての原理であり、他方は原因ないしは形成者としての原理である。」

プルタルコス（『コロテス論駁』13 p. 1114 D）

彼〔パルメニデス〕はいずれの実在も（思惟の対象としてのそれも、ドクサの対象としてのそれも）否定しない。彼はそのそれぞれにそれにふさわしい領分を割り当て、一方の思惟の対象を一なる存在の項目の内に置く。彼がそれを存在と呼ぶのは、それが永遠で不滅だからであり、一と呼ぶのは、自らに対して一様で差異を受け容れないものだからである。他方、感覚の対象を彼は無秩序で運動するものの項目の内に置く。それらの基準は次の内に見ることができる。「一方はまるき真理の誤りなき心」。これは思惟の対象にして永遠に同じであるものに属す。「他方は死すべきものどものまことの確信なきドクサ」。これはありとあらゆる種類の転化や変様や不一様性を受け容れるものに係わる。

顕在的意識と潜在的無意識の二層性

それでは何が一体「真理」（Ἀλήθεια）に加えて「ドクサ」（Δόξα）を説くことをパルメニデスに踏み出させたのでしょうか。何がこの不整合をパルメニデスに敢えて行なわせたゆえんのものなのでしょうか。両立しない二教説をパルメニデスという一個体内において存在させているものは一体何でありましょう。否、むしろその存在を必然ならしめているものは一体何でありましょうか。

この問題については、「ドクサ部分」をパルメニデスの青年時代の作品とし、それゆえ「氷のような抽象の硬直」に捉えられた後年においてもパルメニデスはそれを捨てることができなかったのだとするニーチェ説（『ギリシア人の悲劇時代の哲学』9）、それをパルメニデスによる学説誌の展開と見るツェラー説（Ed. Zeller, Die Philosophie der Griechen I. 723 ff.）、「真理」（Ἀλήθεια）に対するコントラストを提供するためになされた過去の哲学者たちの学説の批判的概観と見るディールス説（H. Diels, Parmenides' Lehrgedicht. 63）、パルメニデス自身も一時期信奉したピュタゴラス派の体系の記述とするバーネットないしツェラー・ネストレ説（J. Burnet, Early Greek Philosophy. 182 ff.; Zeller - Nestle. 733 - 735）、ヘラクレイトスの「万物流転思想」に対する批判とするパティン説（A. Patin, Parmenides im Kampfe gegen Heraklit. Jahrb. f. class. Philol. Suppl. 25. 491 ff.）、「ドクサ部分」も「真理の部分」と同様な真理の提示と考えるラインハルト説（K. Reinhardt, Parmenides und die Geschichte der griechischen Philosophie. 24 ff.）など、諸家による諸説がありますが、いずれも心服するに足るものではありません。これらの諸説はパルメニデスの「存在のテーゼ」の妥協のなさをそのものとして受け止めていません。パルメニデスの「真理」（Ἀλήθεια）の他のどのような学説も許容しない厳しさをそれとして受け止めておりません。これらの説によれば、「真理」（Ἀλήθεια）の叙述と並んでなお何らかの学説の提示が可能であるかのようであります。「真理」（Ἀλήθεια）と同じ平面上に「ドクサ部分」の学説が存立しうるかのごとくであります。しかしそれは「真理」（Ἀλήθεια）の許さざるところであります。「真理」（Ἀλήθεια）は、後にも見るように、「ある」（ἔστιν）という陳述以外のどのような陳述ももはや許さないものだからであります。「ドクサ部分」の教説は「ない」（μὴ εἶναι）、すなわち「非存在」（τὸ μὴ ἐόν）を含意せずしては展開されえないがゆえに、パルメニデスの哲学の「真理」（Ἀλήθεια）の立場においては本来それはあることができないし、また語られてはならないものなのであります。女神が明確にパルメニデスに「ない」を語ることを禁じています。それにもかかわらず、パルメニデスは「ドクサ部分」の叙述に踏み出しているのであります。彼は自らの哲学の中にいわば暴力的に不整合・矛盾を引き入れているのであります。しかしそのことで彼は特段動揺を示すようなことはしていません。ある意味で「真理」（Ἀλήθεια）と「ドクサ」（Δόξα）はパルメニデスの中で両立しているのであります。理論上は両立が不可能であるにもかかわらずにであります。一体何がこのような事態を出現させたのでしょうか。両立不可能なものの一個体内における存立を生起させているものは一体何なのでしょうか。

わたしは顕在的意識と潜在的無意識という意識の二層性であると思います。顕在的意識の下に集合的な潜在的無意識の層があるというユングの説いた意識の二層構造こそ、この疑問を解く鍵であるとわたしは考えます。パルメニデスの意識の深層になお伏在したイオニアの自然哲学の伝統がこの不可能を敢えてパルメニデスに行なわせたゆえんのものであって、矛盾を犯してでも火と土に基づく宇宙生成論という自然哲学を語らずにおれなかったという点に、イオニアの自然哲学の伝統のパルメニデスおける根深さをわたしたちは見るといわねばならないではないでしょうか。

彼の存在の教説は天才的な閃きによる洞察であって、天啓のごとき思想であります。閃きであるだけに、それは瞬間的、顕在的意識の知であります。しかしその知がいかに圧倒的で、内容上他のいかなる学説も許容しないようなものであっても、意識にはなお潜在的な無意識の層があるのであります。閃きに感極まる一個体内においてもなお潜在的な無意識の層が歴史的な沈殿層としてありつづけていたのであって、天才的な洞察によっても何ら動揺させられることなく、潜在的な構造として根源層から執拗に呼びつづけていたのであります。パルメニデスの「ドクサ部分」は基本的にこの部分からの呼びかけに基づく知の表明なのであります。

彼の宇宙生成論はイオニアの系譜上にある自然哲学であります。パルメニデスに「真理」（Ἀλήθεια）の存在思想に加えてさらに「死すべき者どものドクサ」（δόξα βρότεια）を説くことを可能ならしめた、というよりは、むしろ必然ならしめたものは、パルメニデスもやはり基本的にはイオニアの自然哲学の系譜に属する哲学者であったという事実でありましょう。彼の意識の潜在層にイオニアの自然哲学の伝統が深く根づいていたのであり、この執拗な歴史的沈殿層がなお、「死すべき者どものドクサ」（δόξα βρότεια）という妥協的な仮装を取りながらも、彼に宇宙生成論を、自らの「真理」（Ἀλήθεια）の教説がそれを語ることを禁じていたにもかかわらず、語らせたのであります。「ドクサ部分」は、ディールスの推定によれば、わずか10パーセントほどしか保存されていないと想定されていますが（H. Diels, Parmenides' Lehrgedicht. 25－26）、この部分に対するパルメニデスの真摯さを疑わせるものは何もありません。明らかにパルメニデスは彼の全知識を傾けて宇宙生成論を語ろうとしています。「死すべき者どものドクサ」（βροτῶν δόξα）と断りながらも、パルメニデスは彼の自然哲学の全知識を傾注して自らの信じる宇宙論を説いているのであります。パルメニデスにおいてわたしたちは、天才的な洞察に覚醒した思想家もなお潜在的な存在の基層を脱しえず、その執拗な影響のもとにありつづける、その典型的な例を見るということができるのではないでしょうか。それゆえ「真理」（Ἀλήθεια）と「ドクサ」（Δόξα）の対立は顕在的洞察と歴史的沈殿層の対立であり、そういう意味においてそれは歴史的地層間の差の顕在化なのであります。言い換えれば、パルメニデスという現存在における「実存と歴史性」という二層構造の顕在化なのであります。「ドクサ部分」はイオニアの伝統に対するパルメニデスのいわば忠誠の証しともいうべきものだったのであります。

パルメニデスの「**存在**のテーゼ」

存在については、ただ「ある」としかいうことはできない。「ある、そしてないはない」（ἔστιν, οὐκ ἔστι μὴ εἶναι.）。

女神の啓示

パルメニデスの「存在のテーゼ」は真に天才的な閃きによる洞察であって、パルメニデス自身これを自らの発見と信じることができませんでした。彼はその存在思想を女神の啓示として提示しています。文字通り彼は啓示を受けたと思ったのでありましょう。それ以外の仕方で「真理」（Ἀλήθεια）を開陳することは彼にはできなかったに違いありません。彼が哲学史上はじめて哲学を叙事詩の形で開陳したゆえんであります。パルメニデスが自らの哲学を語るのに叙事詩の形式を選んだについては、そうしなければならない必然性があったのであります。後にエンペドクレスがその哲学の叙述においてパルメニデスの学説詩を模倣していますが、必然性という点においてパルメニデスの学説詩にとうてい及んでいません。ということは、その哲学内容も必然性という点ではパルメニデスの存在の哲学にとうてい及んでいないということでありましょう。

　パルメニデスは「非存在」（τὸ μὴ ἐόν）という概念の自己矛盾性、自己撞着性にはじめて気づいた哲学者であります。「非存在」（τὸ μὴ ἐόν）、すなわち「ない」（μὴ εἶναι）ということがもし語って意味ある何ものかであるならなら、「ない」があることになり、非存在は存在ないしは一個の存在者であることになります。これは矛盾です。したがって「ないはない」（οὐκ ἔστι μὴ εἶναι）（断片B2）のであります。言い換えれば、非存在は存在しないのであります。したがってそれはまた知ることも語ることもできないとパルメニデスは主張します。「ないものを汝は知ることも語ることもできないであろう」（断片B2）とパルメニデスの女神はいいます。「非存在」、すなわち「ない」といったものはないし、したがって知られることも語られることもできない、存在についてはただ「ある」（ἔστιν）としかいうことはできないというのが以下の断片（断片B2）が語るパルメニデスの「存在のテーゼ」ですが、このパルメニデスのテーゼのよって立つ根拠はひとえに「非存在」（τὸ μὴ ἐόν）という概念の自己矛盾性・自己撞着性の洞察にあるのであります。
後に見るように、近代の哲学史家たちはこのパルメニデスの「存在のテーゼ」が信じられるものとなるようにさまざまな「根拠」と「推論」をそれにあてがってきましたが、いずれも無用な努力といわねばなりません。彼の哲学のよって立つ根拠は「非存在」（τὸ μὴ ἐόν）という概念の自己矛盾性という一点に尽きるのであって、そこに推論は存しません。であるがゆえに、彼の哲学はまさに天啓的な閃きであり、洞察なのであります。何らかの根拠からの推論などといった気の抜けたものではないのであります。

セクストス・エンペイリコス（『諸学者論駁』VII 111 ff.）（断片 B 1）
すると女神がわたしをねんごろに迎えて、わが右手を
その手に取って、次のごとく言葉をかけて、われに語れり。
おお、若者よ、不死なる御者に伴われ、
汝を運ぶ駿馬もてわれらが館にいたれし男よ、
よくぞきました。決して悪しき定めがこの道をいくよう汝を送り出したのでないがゆえに。
まことにこれは人間どもの道とはほど遠きところにある道。
否、むしろこれは掟であり正義なるぞ。汝はすべてを聞きて知らねばならぬ。
説得的な真理の揺るぎなき心も、
死すべき者どものまことの確信なきドクサをも。

プロクロス（『プラトン「ティマイオス」注解』I 345, 18）／**シンプリキオス**（『アリストテレス「自然学」注解』116, 25）（断片 B 2）

いざ、わたしは語ろう。汝はこの言葉を聞きて心に留めるがよい。
探究の道として考えられるのはただこれらあるのみ。
そのひとつは「ある」、そして「ないはない」という道。
これは説得の道である。真理にしたがうがゆえに。
他方は「ない」、そして「ないがあらねばならない」という道。
だがこれはまったく探ねざる道であることをわたしは汝に告げる。
なぜならないものを汝は知ることもできねば（それはなしえぬことであるから）、
語ることもできないから。

非存在は存在しないし、思惟されることも語られることもできない。

非存在（τὸ μὴ ἐόν）は存在しないし、思惟されることも語られることもできないとパルメニデスは主張します。もちろんパルメニデスも「非存在」という概念（ὄνομα）の存することを否定するものではありません。しかし「非存在」（τὸ μὴ ἐόν）という概念はそれが表現しようとするものを決して表現していないとパルメニデスはいうのであります。思惟は、思惟されるものを一個の存立者として立てるのでない限り、不可能であります。どのような形で思惟されるにしても、思惟されるものは一個の存立者なのであり、一個の存立者となることは、少なくとも自己に存在の可能性を許すことを意味しています。だが非存在はないそのものであるがゆえにまったくないし、いかなる存在性・存立性とも端的に矛盾します。それゆえ思惟は「非存在」（τὸ μὴ ἐόν）という言葉（ὄνομα）によって非存在を名指した積りでいても、実はその瞬間に「非存在」の本質を変質させてしまっているのであり、「非存在」を一個の存在者ないしは存立者と化してしまっているのであります。これは非存在とはまったく別ものであり、正反対のものであるとすらいうことができます。それゆえ思惟によっては非存在は決して捉えられないのであります。捉えられるなら、それは一個の存在者ないしは存立者ですから。ここから思惟されるものは存在か存在可能なものに限定されることになります。すなわち「思惟と存在は同じ」（断片B3）なのであります。言い換えるなら、「同じものが思惟されうるし、また存在しうるのでもある」（断片B3のツェラー訳）のであります。すなわち存在するもののみが思惟されるのであります。非存在のごとき存在性に端的に矛盾するものは、その概念（ὄνομα）の形成からしてすでにその本質に矛盾するがゆえに、思惟されることも語ることもできないとパルメニデスは主張するのであります。

クレメンス（『雑録集』VI 23）／**プロティノス**（『エンネアデス』V 1, 8）（断片B3）

なぜなら思惟と存在は同じであるから。〔なぜなら同じものが思惟されうるし、また存在しうるのでもあるから。〕

「ないはない」（οὐκ ἔστι μὴ εἶναι）というこの単純な命題、言い換えれば、非存在の端的な不可能性というこの単純なただひとつの命題の上にパルメニデスの全哲学は築かれているのであって、パルメニデスの存在の哲学は「ないはない」（断片B2）というアルキメデスの一点の上に立つ「氷のような抽象の硬直」（ニーチェ）なのであります。非存在の端的な不可能性の洞察からパルメニデスはただちに生成（γένεσις）・消滅（ὄλεθρος）の不可能性を帰結します。なぜなら生成とは非存在から存在への移行であり、消滅とは存在から非存在への移行ですが、非存在（τὸ μὴ ἐόν）は存在しないからであります。また多（πολλά）も不可能です。物が二つに分割されるためにはその間に空虚（κενόν）が介在しなければなりませんが、空虚は非存在そのものであるがゆえに存在しません。場所（τόπος）も、もしそれが空虚であるなら、存在しません。したがって運動（κίνησις）も不可能であります。運動は場所、すなわち空虚を必要とするからであります。同様の理由によって変化（ἀλλοίωσις）も不可能であります。このようにしてパルメニデスは現象において見られる生成（γένεσις）、消滅（ὄλεθρος）、場所（τόπος）、運動（κίνησις）、変化（ἀλλοίωσις）、多（πολλά）のすべてを仮象に過ぎぬもの、「死すべき者どものドクサ」（βροτῶν δόξα）として廃棄しました。言い換えれば、現象世界の一切を廃棄しました。それらを許容せずしては成立しえない現象世界はパルメニデスには文字通り夢幻のごときものに思われたに違いありません。かくてパルメニデスによれば、存在するのはただ存在（τὸ ἐόν）と彼が呼んだ一者のみであり、存在が一であると共に全体（ἓν καὶ πᾶν）であり、「連続」（συνεχές）なるものとして永遠不変に静止して存在するのであります。

非存在（τὸ μὴ ἐόν）が存在するというのは矛盾であり、不可能ですから、存在が非存在によって制限されたり破られたりするということはありえず、存在は無制限かつ永遠不変に「ある」であります。存在については、ただ「ある」（ἔστιν）としかいうことはできません。「ないはない」（οὐκ ἔστι μὴ εἶναι）のであります。当然それは語られることも、知られることもできません。パルメニデスの存在の哲学は非存在（τὸ μὴ ἐόν）という概念の端的な不可能性というただひとつの根拠から他のすべてが必然的に帰結されるまさに「氷のような抽象の硬直」（ニーチェ）なのであります。

パルメニデスの断片八

少し長くなりますが、以上のことを余すところなく語っているパルメニデス自身の詩句（断片B８）を以下に引用しておきたいと思います。シンプリキオスによって意識的に書き残された断片B８は「ないはない」（οὐκ ἔστι μὴ εἶναι）というテーゼからどういう事態が招来されるか、非存在の端的な不可能性の洞察から必然的に帰結される信じ難い真理を、存在的なレヴェルにおいてではありますが、鮮明に表現しているからであります。

わたしはこの断片を目にする度に、東ローマ帝国のキリスト教皇帝ユスティニアヌス一世によるアカデメイア閉鎖という古代世界抹殺の事態に直面しつつも、何とかして古代世界の哲学と精神を後世に伝え残そうとした新プラトン派の哲学者シンプリキオスの想いといったものが感じ取られ、熱いものを感じるのであります。シンプリキオスのあの膨大な注釈の作業に込められた情熱こそ、キリスト教による主観性原理の世界支配がほぼ完成しつつあった世界情勢の中にあって、それに密かに抗していた古代精神の無言の抵抗をわたしたちに伝えています。古代世界の終焉の時期にあのような膨大なアリストテレスの注釈の仕事がなされえたゆえんのものは、キリスト教世界に対する滅びゆく精神の無言の抵抗だったのではないでしょうか。

わたしたちは哲学を滅ぼしてはなりません。主観性原理の世界浸透によって今日再び哲学は危機に瀕していますが、シンプリキオスのあの寡黙な仕事を見るとき、わたしは心底よりそう思わずにおれません。古代世界と中世世界の交替ほどわたしたちに精神の交替を印象づける例は世界歴史の全体を見渡しても他に類例がないといって過言でありません。中世世界から近代世界への移行は、大方の歴史家の認識には反するかも知れませんが、実は原理の交替ではなかったのであります。したがって精神の交替ではなく、むしろ同一精神の徹底化、先鋭化だったのであります。このことについては本講義（下巻）の最後のところで「ハイデガーと西洋形而上学」のテーマで論じたいと考えています。精神の交替、原理の交替は、古代世界と中世世界の間にこそあったのであり、古代末期の歴史が凄惨なものにならざるをえなかったゆえんでありましょう。精神の交替は世界の地溝に根本的な変動をもたらさずにおらず、その災禍は甚大なものにならずにいないのであります。ヘーゲルは精神の交代を弁証法の否定的自己展開によって語りましたが、わたしはあれでもまだ甘いと思います。弁証法は綜合を予想してしまっています。

シンプリキオス（『アリストテレス「自然学」注解』144, 25）〔断片B 8〕

くどいと思われたくはないが、一なる存在に関するパルメニデスの叙事詩を、それは余り多くはないので、これらの注釈に書き加えておきたいと思う。それはわたしが語っていることの証拠となるためであり、またパルメニデスの著作が稀少化しているためでもある。

シンプリキオス（『アリストテレス「自然学」注解』144, 29）〔断片B 8〕

なお語られるべき道として残れるはただひとつ。
すなわち「ある」という道。この道には実に多くの印がある。
すなわち存在は不生にして不滅。
それは五体完全にして揺るぎなきもの、また終わりなきものであるから。
それはかつてあったとか、いつかあるであろうといったものではない。
　その全体が今同時にあるのであるから。
一なるもの、連続なるものとして。なぜならそれのどのような生れを汝は
　探し求めようというのであるか。
いかにして、どこから生長してきたというのか。あらぬものからであるとは、
いうことも考えることもわたしは汝に許さぬであろう。
なぜならあらぬとは語ることも考えることもできぬことだから。またどんな必要が

それを駆り立てて、先あるいは後になって、無から始まって生じさせたというのであるか。

かくして、まったくあるか、まったくあらぬかでなければならない。

また確証の力が許さぬであろう。ある時あらぬものから、
それとは異なる何かが生じきたるなどということは。それがためにディケー〔正義〕は
足枷を弛めて生成したり消滅したりすることを許さず、保持しているのだ。

それらについての判決はかかって次の点にある。

すなわちあるか、あらぬかである。だが判決は必然のこととして次のごとく下された。

一方は考えられないもの、言い表しえないものとして捨てるべし。真なる道でないがゆえに。

そしてもう一方を、あるもの、真なるものとして選ぶべしと。

どうして存在が後になってなくなるということがあろうか。

またどうして生じるといったことがあろうか。

なぜなら、生じたのであるなら、それは〔それ以前には〕ないし、
またいつかあるであろうというのなら、〔今は〕あらぬからである。

かくて生成は消え去り、消滅は消息の聞かれぬものとなった。

またそれは分かつことができない。その全体が一様なるがゆえに。

またここでは幾分多いということもない。そういうことはそれが連続しているのを
　妨げることになろう。

また幾分少ないということもなく、すべては存在で満ちている。

それだから一切は連続している。存在は存在に接するがゆえに。

さらにまたそれは巨大な縛の限界の内にあって、動くことなく、

始めもなければ、終わりもない。なぜなら生成と消滅は
はるか彼方に追放され、まことの確信が退けたから。
それは同じものとして同じところにとどまり、それだけで横たわる。
そしてそのようにしてその場に確固としてとどまる。なぜなら力強きアナンケー〔必然〕が、
周りからそれを閉じ込めている限界の縛の内に保持するから。
このゆえに存在が不完全であることは許されない。
それは欠けるところなきものであるがゆえに。さもなければ、すべてを欠いていた
　ことであろう。
同じものが思惟されるのであり、またそれがために思惟があるのである。
そこにおいてそれが表現を得るところの存在がなければ、
汝は思惟を見出すことはないであろうからである。存在以外のものは存在でないし、
また存在することもないであろう。モイラ〔運命〕がそれに足枷を嵌めて、
その全体を動かざるものとしているがゆえに。このゆえすべては名目に過ぎぬであろう。
死すべき者どもが真実なりと信じて定めたすべてのものは。
生成し消滅するということも、ある・あらぬということも、
場所を変えるということも、また明るい色を取り替えるということも。
だが最端の限界があるからには、それはあらゆる側から完結していて、
まるき球の塊のようなもの、
中心からいたるところで等しい。なぜならここでは幾分大きく、
かしこでは幾分小さいといったことはあってはならないことだから。

それが一様のものになることを妨げることになろうところの非存在といったものはないし、
また存在は、あるところでは存在よりより多くあり、あるところではより少なくあるといったような仕方では
存在しないからである。全体が侵されぬものなるがゆえに。
なぜならそれはあらゆる側において等しく、一様に限界に達しているから。
ここでわたしは汝に真理についての信ずべき言葉と思想を語るのを止める。
これよりは死すべき者どものドクサを学べ。
わが言葉の欺きの世界を聞きて。

古代のパルメニデス評価

古代におけるパルメニデス評価、プラトンとアリストテレスの場合。プラトンもアリストテレスもパルメニデスを封印ないし回避することによってやっと自らの哲学を語るをえた。

パルメニデスの存在のテーゼは狂気の言か。

女神によってパルメニデスに託宣された「真理」（Ἀλήθεια）は以上のようなものですが、これはどう考えても現象の事実とは相容れません。現象世界には明らかに生成、消滅、場所、運動、変化、多が見られるのに、少なくとも見られると信じられているのに、それらの一切をパルメニデスの「真理」

（Ἀλήθεια）のテーゼは葬り去らずにいないからであります。後に残されるのはただ「ある」（ἔστιν）というだけの「抽象の硬直」（ニーチェ）でしかありません。これが正気の人間が真面目に語ったことと信じられましょうか。ましてやソクラテスですら「畏怖すべく、同時に畏敬すべき人」（プラトン『テアイテトス』184 E）と認めるような哲学者がであります。このように考えるのは「気違い沙汰だ」とアリストテレスは評しています（『生成消滅論』A 8. 325 a 13）。運動性そのものである自然（ピュシス）を唯一の実在と考えるアリストテレスにとって、パルメニデスの運動抹殺の哲学は狂気の言としかいいようがなかったのでありましょう。

アリストテレス（『生成消滅論』A 8. 325 a 13）

さて、以上の議論から、彼らは理性にしたがうべきであるとして、感覚を踏み越え、感覚を無視して、「万有は一にして不動である」と主張し、また一部の人々はその上「無限である」とした。というのは〔それを限定されているとしても〕、その限定は空虚に向かって限界づけることになろうからというのである。かくして、一方の人々はこのようにして、また以上のような理由に基づいて、「真理」に関する自説を唱えたのであるが、しかし論理の上からはこのような帰結が導かれるように思われるにしても、事実の上からはそのように考えるのはほとんど気違い沙汰であるように見える。

しかし気違いといわれようが、何といわれようが、非存在（τὸ μὴ ἐόν）が自己矛盾・自己撞着を含む概念である以上、その矛盾を避けようとすればパルメニデスのいうような結論にならざるをえないのであって、この結論の非妥協性を遁辞でもってごまかすようなことがあってはなりません。非存在と、それを前提せずしては成立しえない現象世界に関する一切の立言を封じるパルメニデスの「存在のテーゼ」の妥協のなさに目を閉ざしてはなりません。彼のテーゼによれば、ただ「ある」（ἔστιν）としかいうことはできず、それ以上のいかなる立言も不可能なのであります。それ以上のどのような立言も「ない」（μὴ εἶναι）を含意せざるをえず、パルメニデスによればただちに自己矛盾に陥るからであります。「ないはない」（断片B2）のであります。パルメニデスの「存在のテーゼ」は世界に関するいかなる陳述も封じるものであり、さらには世界そのものを封じるものであります。パルメニデスの「存在のテーゼ」によれば、世界についてわたしたちは何も立言できません。現象世界は「死すべき者どものドクサ」（βροτῶν δόξα）でしかなく、真実には存在しません。真理（Ἀλήθεια）は世界の存在を許さないのであります。言い換えれば、世界は実は実際には存在しない「ない」によってはじめて成立する何ものかなのであります。わたしたちはこの事実を深く認識しなければなりません。

したがって哲学がそれ以上の何かを語ることができるためには、別言すれば、世界の陳述を救い出し、さらには世界そのものを救い出すためには、パルメニデスの「存在のテーゼ」を何らかの形で緩和しなければなりません。特に「ない」（μὴ εἶναι）をいうこと、すなわち非存在（τὸ μὴ ἐόν）を語ることを何らかの形で容認しなければなりません。「ない」（μὴ εἶναι）も何らかの形であることを許容しなければなりません。しかしそれは不可能です。パルメニデスの「存在のテーゼ」に妥協の余地はないからであります。プラトン以降の西洋形而上学の哲学的努力はある意味でパルメニデスのこのテーゼから世界を救い出す努力であったといえなくもありませんが、しかし西洋形而上学がなしえたことは、結局、パルメニデスのテーゼを無視するか、それに目をつむることでしかありませんでした。あるいは、意識してであれ、無意識の内にであれ、パルメニデスを誤解することでしかありませんでした。

プラトンの対処

プラトンはパルメニデスの前掲のテーゼに比較的誠実に対処した人ですが、その彼のなしえたことも結局はパルメニデスのテーゼに目をつむることでしかありませんでした。プラトンは『ソピステス』篇において、ソピストを「虚偽を語る者」として断罪するとき、パルメニデスのこのテーゼに当面しています。そのことをプラトンは率直に認めています。

プラトン（『ソピステス』237 A）

エレアの客人　その説〔虚偽を語ることは可能という説〕は非存在もあることを前提としている。なぜなら、さもなければ虚偽があることにはならなかったろうからね。だが、君、偉大なるパルメニデスはわれわれが子供だったころから終始一貫してそのことを証言していたのだ。散文でも、また韻文でも、いつも次のようにいってね。曰く、「なぜならそのこと、『あらぬものがある』ということは決して証されぬであろうから。否、むしろ汝は探究のこの道から想いを遠ざけよ。」

ソピストをプラトンは「言いくるめて人間を報酬を受けて狩猟する者」とか「学識の販売業者ないしは小売業者」とか、あるいは「論争して金儲けをする者」、「実物を真似て見せかけだけの像を作る一種のいかさま師」などと定義していますが（プラトン『ソピステス』参照）、見せかけだけの像を作るということは、実際にはそうでないのにそうであるように見せることであり、これは真実でない何事かをいうこと、端的にいえば虚偽を語ることであります。ところで虚偽を語るということは「あるものをない」といい、「ないものをある」ということであります。したがって虚偽を語るということは非存在もある意味ではあるということを前提にしてはじめて可能になることであります。そこでプラトンは「非存在は存在しないし、それはまた思惟されることも語られることもできない」というパルメニデスの「存在のテーゼ」を緩和して、「非存在もある意味では存在するし、存在もある意味では存在しない」としました。憎きソピストを断罪するためにプラトンは彼自身ある種の印象をもって受け止めていたパルメニデスの「存在のテーゼ」を一時棚上げにしたわけであります。哲学を犠牲にしてでも断罪しなければならなかったところに、プラトンのソピストへの憎しみの深さが窺われます。

わたしたちはこのプラトンのソピストへの憎しみにギリシア的知の構造のひとつの断層を見なければなりません。この断層がギリシア哲学における幾多の相克と葛藤の震源となってきたのであります。この断層が存在と主観性という西洋形而上学を根底において規定してきた二大プレートに起因するものであることについては後日論じます。

パルメニデスのテーゼを黙殺するところからアリストテレスの存在論は始まった。

アリストテレスにいたっては一層ドラスティックであり、彼はパルメニデスの「存在のテーゼ」を完全に黙殺しています。しかも御丁寧にパルメニデスを完全に誤解することによってであります。パルメニデスを心底より誤解することによってアリストテレスは自らの対処をある意味で正当化しているのであります。まず誤解の手始めにアリストテレスはパルメニデスの「存在」（τὸ ἐόν）を感覚的存在（τὰ αἰσθητά）と断じます。

アリストテレス（『形而上学』Γ5. 1010 a 1）

彼らは存在するものについて真理を探究したが、存在するものといえばただ感覚的存在のみであると想定していた。

しかしパルメニデスの存在に関するテーゼを感覚的存在に係わるものとはさすがにアリストテレスもいうことができなかったので、それを思考に関する論の感覚的存在への転用と解釈します。

アリストテレス（『天体論』Γ1. 298 b 14）

彼らは感覚的実体以外の何ものも存在しないと想定しながら、認識とか思考がある以上、そういった実在がなければならないとはじめて考えた人たちであったので、そこでの論をいきおいこれらの感覚的対象の上に転用したわけである。

ここではパルメニデスが二重に誤解されています。まずパルメニデス哲学の対象を感覚的存在（τὰ αἰσθητά）とした点において、次にパルメニデスの存在思想を「思考や認識に関する論の感覚的存在への転用」としたことにおいて。何という誤解、何という不当でしょうか。これではパルメニデスが不憫としかいいようがないではありませんか。しかしこういった二重の誤解を梃にして、とにかくもアリストテレスはパルメニデスの「存在のテーゼ」を回避するを得たのであり、そのことによってはじめて自らの哲学をスタートさせることができたのであります。「存在はさまざまな意味で語られる」（τὸ ὂν λέγεται πολλαχῶς）（『形而上学』第七巻、第一章）というのがアリストテレスの存在のテーゼであり、彼の存在論の出発点ですが、これはパルメニデスの「存在のテーゼ」の黙殺宣言以外の何ものでもありません。パルメニデスを黙殺することによってはじめてアリストテレスは彼の「第一哲学」（πρώτη φιλοσοφία）をスタートさせることができたのであります。

哲学者アリストテレスの誠実性を疑わざるをえませんが、しかしアリストテレスの誠実性を云々するよりも、むしろわたしたちはここに、限界に当面したとき、それを無意識の内に回避しようとする心のメカニズムを見るということができるのではないでしょうか。もちろんわたしはこのようにいうことによってアリストテレスを免罪しようというのではありません。パルメニデスの「存在のテーゼ」の妥協のなさからして、免罪は不可能であります。しかし、いずれにせよ、この黙殺によってはじめて西洋形而上学が可能になり、哲学が救い出されたのであります。それゆえアリストテレス以降の西洋存在論はパルメニデスのこのテーゼを黙殺するところから始まったといって過言でないのであって、もしパルメニデスの「存在のテーゼ」が真摯に受け止められていたなら、西洋形而上学（西洋存在論）はそもそも始まることができなかったでありましょう。ただ「ある」（ἔστιν）としかいうことはできず、それ以上の立言は必然的に自己矛盾に陥るというのが、パルメニデスの「存在のテーゼ」ですから。同一律、矛盾律を定式化し、矛盾をあれほど嫌悪し排斥したアリストテレスの哲学が、実はこの自己矛盾の容認の上に立ち上がっていたというのは、何という事実でしょうか。

西洋形而上学の全歴史においてパルメニデスは誤解されるか封印されるしかなかった。

存在に関するパルメニデスのテーゼは二五〇〇年の西洋形而上学の歴史において一歩も越えられることはありませんでした。また真摯に受け止められたこともありません。「ある、そしてないはない」（断片B2）という簡潔な表現に込められたパルメニデスの存在洞察に比すれば、「存在はさまざまな意味で語られる」（『形而上学』第七巻、第一章）という前掲のアリストテレスのテーゼは一段低い次元に立つ存在思想でしかないし、「自らによって自存する存在そのもの」（ipsum esse per se subsistens）を神と考えるトマス（『神学大全』第一部、第四問、第二項）ですら、存在を正当に扱ったかどうか疑問であります。ハイデガーも指摘するように、西洋形而上学は総じて存在を存在者としてしか取り扱ってきませんでした。これをハイデガーは「西洋形而上学の存在忘却」として糾弾しますが、しかし西洋形而上学の存在忘却を告発してやまないハイデガー自身ですら、どこまで存在としての存在に正当に対処しえたか疑問なしとはなしえません。

ここでは詳しくは論じませんが、ハイデガーのパルメニデス解釈も常に誤解と曲解をベースとするものであったということは指摘しておかねばなりません。彼はパルメニデス哲学の基本テーゼである「あるものはある」（ἐὸν ἔμμεναι）を「あるもの、ある」という存在の二重襞を語ったパラタックス言語と解し、そこからパルメニデスの箴言を「存在の言」（die Sage des Seins）に祭り上げていますが（ハイデガー『思惟とは何の謂いか』参照）、ここではパルメニデスがハイデガーのマリオネットになり下がってしまっています。わたしはハイデガーのパルメニデス解釈を正当化することはとうていできません。のみならず、人類にはじめて存在の真理を垣間見せた偉大なギリシアの哲学者を自らの哲学の傀儡にするとは、何という不遜、不当でありましょうか。あのような信じがたい暴挙と不当をどうして許容することができましょうか。現存在の実存論的分析を通じて存在としての存在に肉迫しようとしたハイデガーの『存在と時間』におけるあの試みも失敗に終わりました。

二五〇〇年の西洋形而上学が存在を忘却していたとするなら、それは忘却せざるをえなかったからではないでしょうか。パルメニデスの「存在のテーゼ」は人間の知性をその限界に当面させずにいないのであって、パルメニデスによって知性は存在に対してもうそれ以上進むことのできない地点に達していたのであります。哲学の開始からほどなくして人類の知性は早くもその限界に当面していたというのは、これまた何という事実でしょうか。それ以降の哲学はすべてそこからの退避ないしは頽落でしかなかったといわねばならないとすれば、どうでありましょう。もうそれ以上前進することができなくなったとき、すなわち前途が閉ざされたとき、知性はそれを忘却しようとします。ハイデガーのいう西洋形而上学の存在忘却には知性と哲学の深い自己救済本能が隠されていたのではないでしょうか。パルメニデスの「存在のテーゼ」の黙殺ないし誤解の下にはそういった知性の自己救済本能の密かな作動があったのではないかとわたしは思います。世界が救い出されるために、そして哲学がなお活動しうるために、パルメニデスは誤解されるか、封印されねばならなかったのであります。哲学の救出とその後の展開はパルメニデス哲学の封印の上になったことだったのであります。

　今日再びパルメニデスに当面することによってわたしたちはこのことを痛感します。パルメニデスの解釈史もまた誤解の歴史であります。特に近代の『哲学史』におけるパルメニデス解釈の誤解と混乱は実にひどいものであって、その惨状は目を覆うものがあります。近代の哲学史家の多くがパルメニデスついて特別の熱意をもって論じましたが（K．ボルマン『パルメニデス』法政大学出版局、一九九二年参照）、彼らがパルメニデスを取り上げると必ずパルメニデスの誤解か曲解になるのは一体なぜでありましょう。それはあたかも、西洋形而上学が存在を忘却せざるをえなかったように、パルメニデスを誤解せざるをえないかのようであります。パルメニデスに対しては目を曇らさざるをえないかのようであります。女神の託宣から目を逸らさざるをえないかのようであります。このことからしても、近代世界は神を封じることによってはじめてなった世界であることが確認されます。真理の女神は、表向きの礼賛にもかかわらず、常に封印されてきたのであります。

　近代のパルメニデス解釈史ないし誤解史については次講で講じます。

第10講 エレア派(Ⅲ) パルメニデス(其の二)

近代のパルメニデス解釈史、ないしは誤解史。

パルメニデスは観念論の父か、唯物論の父か。

近代のパルメニデス解釈は特に断片B２と断片B３の読み方と解釈に関わって混乱し、混迷を深めてきました。

近代の哲学史においては、一般に、パルメニデスは断片B２をもって「在るものはあり、無いものはない」(Das Seiende ist, das Nichtseiende ist nicht.)という同一律を説き、断片B３をもって「思惟と存在は同一である」(Dasselbe ist Denken und Sein.)という観念論を主張したというように理解されてきました。このパルメニデス解釈はヘーゲル以来のドイツ系の哲学史においてひとつの伝統になった解釈であって、ドイツ系の哲学史においては今日でもこの解釈が根強く見られるし、わたしたちの周囲に見当たる一般的な哲学史を繙いてみても依然としてこのようなパルメニデス像を見出すことができます。このパルメニデス像においては、パルメニデスは一方では「論理学の父」(Vater der Logik)

であり、他方では「観念論の父」（Vater des Idealismus）なのであります。断片Ｂ２の三行目において「同一律」（principium identitatis）が、断片Ｂ２の三行目と五行目の総合において「矛盾律」（principium contradictionis）が説かれていると考えられてきました。また断片Ｂ３によって「思惟と存在の同一性」というヘーゲル流の観念論哲学と同じ思想が表現されていると見なされてきました。コーヘンはプラトンを観念論の創始者、パルメニデスをその先駆と位置づけています[文献1]。また断片Ｂ２を上のように解釈すれば、パルメニデスはアリストテレスの先駆者でもあることになるでありましょう。ユーバーヴェークの浩瀚な『哲学史』においても同様の読み方が採られているし[文献2]、ディールス、カルステンにおいても同様のパルメニデス像を見出すことができます[文献3]。

しかし他方ではこういった観念論的な解釈を嫌って、パルメニデスを唯物論哲学者と見立てようとする解釈が行なわれています。これはバーネットをはじめとする英国系の哲学史の伝統において根強い支持を見出している解釈傾向であって、この方向での解釈は断片Ｂ３がツェラーによって「なぜなら同じものが思惟されうるし、また存在しうるのでもあるから」（Denn dasselbe kann gedacht werden und sein.）と読まれうる可能性が示唆されたことに始まります[文献4]。ツェラー・バーネット解釈として知られるこの読み方によれば、断片Ｂ３は決して「思惟と存在の同一性」という観念論的な思想を語ったものではなく、思惟対象と存在者の同一性を語るに過ぎないものなのであります。すわわち「ただ存在するもののみが思惟されうる」という思想を語るに過ぎないものとなります。断片Ｂ３のこの読み方は今日の古典文献学界の中にあって多数の支持を見出した読み方であって、バーネットの他にも、ゴンペルツ、ネストレ、カペレ、レヴィ、モンドルフォ、フリーマン、ヘルシアー、コンフォード、レイヴン、ガスリー、タランなどがこの読み方を採っています[文献5]。断片Ｂ３をこのように読むことに加えてさらにバーネットは、断片Ｂ２の「ある」（ἔστιν）を it is と訳し、その it をもって断片Ｂ８の

「球形の塊」（ὄγκος σφαίρης）を指示するものと解釈します。バーネットによれば、パルメニデスのいう「存在」（τὸ ἐόν）は物体（body）なのであります。したがって「ある」（ἔστιν）というパルメニデスの「存在のテーゼ」は「宇宙はひとつの充実体である」という自然哲学上の思想を語るものでしかなく、こういった見地からバーネットは、コーヘン流の観念論的解釈を排して、パルメニデスをもって「唯物論の父」（father of materialism）としました［文献6］。

近代ヨーロッパ言語においてはパルメニデスは誤解されるか曲解されざるをえなかった。

しかし「観念論の父」にしても「唯物論の父」にしても、また「論理学の父」にしても、パルメニデスとは何の係わりもない規定であり、こういった規定をパルメニデスに冠するということは、近代の問題意識を不当に初期のギリシア哲学に押しつけることでしかなく、アナクロニズムと断じざるをえません。ドーヴァー海峡を挟んで戦われてきたバトル・オブ・ブリテンなどパルメニデスに何の係わりがありましょうか。これらの読み方によれば断片B2と断片B3ではまったく別の思想が語られているわけであり、この解釈によってはパルメニデス哲学全体の統一像が得にくいという難点が生じますが、そのことはまだよいとしても、前述の解釈はパルメニデスの存在思想の必然性を完全に消し去ってしまうがゆえに、パルメニデス哲学の解釈を漂流させずにいません。おそらくこのことが近代のパルメニデス解釈を混乱させる一因となったのでありましょう。事実近代のパルメニデス解釈が漂流し、パルメニデスと何の係わりもない規定に迷い込んでいった最大の理由は、パルメニデスの存在思想の必然性が認識されなかったという点にあるのであります。しかしそれは実は何人といえども否定しえないような必然性をもって人類の知性をその限界に当面させるようなものだったのであります。

なぜ近代のヨーロッパ人にとってパルメニデスの存在思想は明らかでないのでしょうか。その必然性がなぜ認識されなかったのでしょうか、またされないのでありましょうか。その原因のひとつは、前述のように、近代哲学の問題意識の不当な転嫁にあるのでありましょうが、しかしまた ἔστιν（ある）を it is とか es ist というように主語を冠して訳さざるをえなかった近代ヨーロッパ言語の制約にもその原因の一半は求められねばならないでありましょう。

　近代のヨーロッパ言語では、主語を欠いた平常文は文法的にありえません。ἔστιν も当然 it や es など何らかの主語を冠して訳さねばなりません。しかし ἔστιν をこのように読めば、その it や es が何を指すのかが当然問われねばならないことになります。多くの文献学者が ἔστιν や οὐκ ἔστιν が主語を持つことを当然のこととし、そしてその前提の上に立って、その主語が何であるかを論じてきたゆえんであります。ディールス、カルステン、ツェラー、ラインハルト、コンフォードによれば、それは das Seiende あるいは that which is 、すなわち「在るもの」（τὸ ἐόν）であるし[文献7]、バーネットによれば「物体」（body）であり[文献8]、クレーヴによれば「あること」（εἶναι）であります[文献9]。クランツの IST ist. NICHT IST ist という訳も εἶναι（ある）そのものを主語と見立てようとしたものでありましょう[文献10]。またリーツラーによれば「存在しているという状態」（das Seiend-sein）としての τὸ ἐόν がそれであります[文献11]。その他にも例えばヴェルデニウスは「存在するところのすべてのもの」（all that exists）、「事物の全体」（the total of things）を ἔστιν の主語として想定しているし[文献12]、レーネンは「或るもの」（τι）がそれであると考えています[文献13]。またウンタースタイナーによれば「探究の道」そのものであり[文献14]、オーエンによれば「語られ、思惟されるもの」でした[文献15]。このようにさまざまな対象が ἔστιν および οὐκ ἔστιν の主語として想定されてきたわけですが、これはしかし実に奇妙な現象といわねばなりません。書かれている ἔστιν そのものには少しも注意が向けられないで、書かれてもいない主語が探し求められ、その何であるかが議論されているのであります。このこと

は ἔστιν が何らかの主語の述語であると仮定してはじめて問題となることであるのに、それがひとつの仮定であるとは意識されないで、あたかも自明事であるかのように扱われてきたのであります。しかしこれはひとつの仮定であって、しかも根拠のない仮定といわねばなりません。

断片 B 2においてパルメニデスが問題としていたものは ἔστιν の主語ではなく、ἔστιν そのものであり、ἔστιν の存在性だからであります。ἔστιν そのものに着目しないで、勝手にそれに主語をあてがい、そしてその主語の何であるかを議論するのは、見当違いもはなはだしいといわねばなりません。しかも前記のごとき特定の存在者や具体的な事物ないし事柄がその主語として想定されるなら、それは明らかに断片 B 2の思想を存在に関する問題からあらぬ方向に導いていくことであり、承認しがたい誤導です。近代のパルメニデス解釈がこのような誤導に導かれざるをえなかった理由のひとつは、近代語の文法的制約にあったのであります。言語の制約が哲学においてもまたいかに決定的な要因であるか、わたしたちはここにその最も顕著な例を見るといわねばならないでありましょう。哲学といえども、言語を引き延ばすことはしえても、それを飛び越えることは原則できないのであります。

本質的存在と現実的存在

パルメニデスの存在思想を正しく把握するためには、それゆえ、ἔστιν そのものに着目し、その存在性に注目するのでなければなりません。近来のパルメニデス解釈においてこのような反省が起こってきたのは、おそまきながらも当然のことといえましょう。しかし ἔστιν の存在性といっても、その存在性はさまざまに解することができるのであって、εἰμί は、近代語の sein や être や be と同様、本質的存在の意味（essential）にも現実的存在の意味（existential）にも解することができるのであります。それゆえ断片 B 2 の解釈に当たって ἔστιν そのものに注目した文献学者たちにあっても、パルメニデスの語る存在を本質的存在（esse essentiae）と見るか現実的存在（esse existentiae）と見るかによって、その解釈は二通りに分かれているようであります。カロジェロ、レイヴンは前者に属し、タランは後者に属します。

フレンケルは、ἔστιν が特定の主語を取ることを否定して、それを非人称として読むべきことを提唱した点で、パルメニデスの解釈を軌道修正させた功績を有します［文献16］。特に ἔστιν が主語を持つという想い込みからパルメニデス研究を解放した功績は大きいものがあります。彼によれば、断片B2の ἔστιν や οὐκ ἔστιν は何らかの特定の主語の述語なのではなく、（es）regnet〔雨が降る〕というのと同様な非人称的表現なのであります。フレンケルのこの読み方は ἔστιν の主語を求めてパルメニデス解釈をあらぬ方向に導いていった従来の誤った解釈傾向からパルメニデス研究を解放したという点で称揚されるべきものではありますが、しかし彼が非人称的表現と解する ἔστιν（ist）の存在性を如何なるものと考えるかに関しては、フレンケルは残念ながら明確な態度を示していません。そういった意味で、フレンケルのパルメニデス解釈はなお途上にある解釈といわねばならないでありましょう。

レイヴンもまた、ἔστιν を it is と訳しはしますが、その際主語の it を不定なものと見なして、表現のウエイトは述語の is にあると考えます。そして彼はその is（ἔστιν）を述語的（predicativ）な表現と解釈します［文献17］。レイヴンの解釈によれば、断片B8の「あるか、それともあらぬか」（ἔστιν ἢ οὐκ ἔστιν）は it is so and so, or it is not so and so. といったほどの意味であり、この命題によってパルメニデスが語らんとしているところは、或るものについて述語する場合、それはかくかくであると肯定的に語るのが正しいか、あるいはそれはかくかくでないと否定的に語るのが正しいかということなのであります。すなわちこの命題でパルメニデスが問うているのは、肯定判断のみが有意味か、それとも否定判断のみが有意味かという、肯定判断と否定判断の二者択一であり、パルメニデスは断片B2によって前者のみが可能であり、後者は不可能であると宣言したのだとレイヴンはいいます。それゆえレイヴンの解釈にしたがえば、断片Ｂ２でパルメニデスが語っている思想は「……である」と肯定的に述語することにのみ意味があり、「……でない」と否定的に述語するのは無意味であるということ、すなわち肯定判断のみの有意味性と有意味な否定判断の不可能性の主張となります。

しかし断片Ｂ２の ἔστιν や οὐκ ἔστιν を「……である」とか「……でない」というように述語的に読むことは、既述のように、パルメニデスの存在思想からその必然性を奪い去ってしまうことであります。「……でない」という否定判断が不可能であるという思想は、それ自体としては何らの必然性も有してはいないからであります。「……である」という肯定判断と同様に、「……でない」という否定判断も明らかに有意味的になされうるのであります。それゆえそれを不可能とするパルメニデスの断定は「非存在は存在することも考えることもできないがゆえに」という根拠からの推論であるとレイヴンは解釈せざるをえませんでした。そしてその推論をパルメニデスは ἔστιν の存在的（existential）な使用と述語的（predicativ）な使用の混同によってはじめてなしえたとレイヴンはいいます。しかし実際にはこのような推論は存在せず、また ἔστιν の存在的（existential）使用と述語的（predicativ）使用との混同といったものも存在せず、οὐκ ἔστιν（ない）はそれ自身の自己矛盾性・自己撞着性によって排除されるのであって、何らかの先行命題からの帰結ではないのであります。パルメニデスの「ある」を述語的に、言い換えれば、本質存在の意味に解するレイヴンのパルメニデス解釈はパルメニデスの存在思想の必然性をまったく捉えておらず、むしろパルメニデスが訴えようとした非存在の不可能性という洞察を飛び越してしまっています。レイヴンの解釈からもパルメニデスの存在思想の必然性は浮かび上がってこないのであります。

カロジェロもまた ἔστιν に主語の必要性を認めませんでしたが、彼はそれを繋辞 copula と見なしました［文献18］。繋辞 copula は本質存在であるがゆえに、彼に対してもレイヴンに対するのと同じ指摘が当てはまるでありましょう。

ἔστιν は本質的存在（esse essentiae）ではなく、現実的存在（esse existentiae）でなければならないことにはじめて気がついた文献学者はタランであります［文献19］。タランもまた断片Ｂ２の ἔστιν や οὐκ ἔστιν を非人称的表現と解釈します。しかしタランはそれを述語的ないしは繋辞的表現と見るレイヴンやカロジエロの見解を否定して、あくまでもそれを現実的存在（esse existentiae）の意味、すなわち「……がある」という意味で読むべきことを主張します。英語とは異なり、現実的存在の意味に解しても、ἔστιν を非人称として読むことは可能だというのであります。おそらくそうでありましょう。断片Ｂ２の ἔστιν のタラン訳は exists であります。断片Ｂ２の三行以下のタラン訳を以下に引用しておきます。

> The one [says]: "exists" and "it is not possible not to exist," it is the way of persuasion (for persuation follows upon truth); the other [says]: "exists not" and "not to exist is necessary," this I point out to you is a path wholly unknowable. For you could not know that which does not exist (because it is impossible) nor could you express it.

主語をあえて排し、ἔστιν を exists と訳し、その esse existentiae 的意味を強調したまことに大胆な読み方でありますが、おそらくタランが目指した解釈がパルメニデスの存在思想に最も肉迫するものでありましょう。タランの解釈が目指すように、断片Ｂ２の主題は ἔστιν を述語とする何らかの「主語」ではなく、ἔστιν そのものであり、しかもその ἔστιν の存在性は本質的存在（esse essentiae）のそれではなく、現実的存在（esse existentiae）のそれと見なされるべきだからであります。そう考えてはじめて「ないはない」(οὐκ ἔστι μὴ εἶναι)という思想の必然性が浮かび上がってきます。しかしタランの解釈は、たしかにそれはパルメニデスの従来の解釈方向を修正し、パルメニデスの存在思想の本質に肉迫したという点において評価されるべきものではありますが、しかしその必然性を剔出するまでにはいたらなかったということもまた事実であって、タランのパルメニデス解釈もなお途上なのであります。彼の解釈がパルメニデスの存在思想の展開を欠くゆえんであります。

パルメニデスは西洋哲学にとって謎のままでありつづけている。

以上のことから、近代のパルメニデス解釈は結局誤解と混乱に終始してきたといわざるをえません。このことから分ることは、近代のヨーロッパ言語はパルメニデスの存在思想を再現出させ、その必然性を浮上させることに無力であり、西洋近代の哲学にとってパルメニデスは総じて謎のままでありつづけているということ、これであります。

しかしこの顚末はただ単に西洋近代の言語的制約のみによることではないでありましょう。存在(「ある」)を基本的に本質的存在(esse essentiae)の意味で受け取る西洋形而上学の根深い伝統こそがパルメニデスを受け取る素地を西洋形而上学から奪ってきたその当のものだったのではないでしょうか。存在を基本的に本質的存在の意味で受け取るという点では、プラトンもアリストテレスも一致しています。そしてそれが西洋形而上学の存在理解の伝統となりました。否、西洋文化そのものの伝統となりました。この点では西洋形而上学の存在忘却を告発して止まないハイデガーですらこの伝統の中にあり、そこから脱却していません。

前講でも述べたように、パルメニデスの断片に「存在の言」(die Sage des Seins)を見るハイデガーのパルメニデス解釈もまたパルメニデス哲学を自らの存在思想(存在の二重襞)の方向に改竄した解釈といわざるをえず、パルメニデス哲学そのものが有する必然性にまったく気づいていません。従来のパルメニデス解釈を排するあのハイデガー独自のパルメニデス解釈にもかかわらず、わたしはこう断じます（ハイデガー『講演と論文』、『思惟とは何の謂いか』参照）。

存在を本質存在の意味に取る西洋形而上学のこういった存在理解の伝統は実に根深いもので、この伝統の中では現実的存在としての存在そのものを問題にする視点は哲学から消え去らざるをえず、その結果パルメニデスの存在思想は西洋存在史の伝統の下に埋もれざるをえなかったのであります。レヴィナスは、存在は決して哲学の中立的概念ではなく、世界全体を蔽い尽くしていく威力であることを発見し、それをスピノザの表現を借りて conatus essendi と呼称し、告発しています。プラトン、アリストテレス以来の存在概念のこの conatus essendi にこそ全体主義の起源があるというのがレヴィナスとアーレントに共通した認識であります。レヴィナスの無限の哲学は「存在の他者」(l' autre d' être) を語ることによってこの本質存在の伝統を断ち切るべく「存在のコナートス」(conatus essendi) と全身全霊をもって戦った哲学でした。「存在の哲学」もまた「力への意志」(Wille zur Macht) なのであります。存在が「力への意志」であることは、意外なことにハイデガーもまたこれを認めています。ハイデガーのニーチェ解釈はニーチェを西洋形而上学の帰結とするものでした（ハイデガー『ニーチェ講義』参照）。

パルメニデス哲学にとって不幸であった点は、このヘレニズムの本質存在の伝統がこれまで一貫して西洋形而上学の伝統でありつづけてきたということ、しかもそれに対して疑問が呈されたことは一度もなかったということであります。当然そこではパルメニデスは埋没せざるをえなかったし、精々のところ誤解されるか曲解される形で問題とされるしかなかったのであります。西洋形而上学はその素地からしてパルメニデスを誤解せざるをえなかったということであり、パルメニデスの誤解は決して偶然でなかったのであります。プラトン、アリストテレス以来の本質の西洋形而上学から哲学が解放されつつある今日（デリダの「現前の形而上学批判」参照）、パルメニデスが二千数百年の星辰を経て永い休眠状態から再び不死鳥のように立ち上がってきた今日見られるあの不思議な現象もまた決して偶然でないのであります。

われわれ今日に生きる者もパルメニデスから逃れることはできない。

今日また再び人々はパルメニデスを問題にします。近代は飽くことなく繰り返しパルメニデスに手を出すのであります。結局逃れることができないのでありましょう。無視することができないのであります。人はセイレーンの唄に引き寄せられるかのように、パルメニデスの学説詩に引き寄せられ、そして混迷に陥ります。にもかかわらず、そこに何か異常な真理（Ἀλήθεια）が語られていることを人は本能的に感じ取っているのでありましょう。語られ、解釈されると、必ず誤解か摑み損ねになるにもかかわらず、止むことなく解釈され、語られていくというこの奇怪な現象こそ、パルメニデス哲学の異常さを何よりも雄弁に物語るものであり、そこにこそわたしたちは存在のアポリアが人類にとって不可避なアポリアであることを見紛いようもなく見るといって過言でないでありましょう。そしてこの点にこそ、今日世界的規模で戦わされているパルメニデスの断片をめぐる議論のあの激しさの秘密があるのではないでしょうか。

ある研究者の表現によれば、「一九六〇年以降パルメニデスに寄せられた研究書は十三を下らず、論文は優に七〇を超えている」とのことですが（井上、山本編訳『ギリシア哲学の最前線』Ⅰ、三一頁）、今日ではおそらくその倍近い数の研究書や論文を上げることができるでありましょう。しかもこの動向は一向に止む気配を見せず、パルメニデスに関する議論や論述は今なおどんどん増殖しつづけています。パルメニデスは今なお議論されているし、また今後も議論されつづけていかざるをえないでありましょう。人類がパルメニデスの「存在のテーゼ」の呪縛から逃れることなど永遠にないのであります。人類が今後も哲学的に問うことを止めないということであるならばであります。「存在」を問うことを止めることができないとするならばであります。存在問題（Seinsfrage）こそ、人類に突きつけられた久遠のアポリアなのであります。パルメニデスの学説詩は間違いなく女神の啓示だったのであります。

文献

1　H. Cohen, Logik der reinen Erkenntnis, 1922,Berlin.15ff.; H. Cohen, Platonsideenlehre und die Mathematik, 1878, 1-3.

2　F. Überwegs Grundriß der Geschichte der Philosophie, Erster Teil,Die Philosophie des Altertums. 80-83.

3　H. Diels, Parmenides' Lehrgedicht. Griechisch und Deutsch. Berlin, 1897, 33; Karsten, Parmenidis Eleatae carminis reliquiae Amsterdam 1835. 参照。

4　E. Zeller, Die Philosophie der Griechen, I. 1, 687.

5　J. Burnet,Early Greek Philosophy,173; Gomperz,Psychologische Betrachtungen, 7, Anm. 21; Nestle, Vorsokr.128; Capelle, Vorsokr. 165; A.Levi,Athenaeum N. 5, 1925, 270; Mondolfo,Problemi del pensiero antico,Bologna 1936, 158. Il pensiero antico, Florenz 1950, 76; K. Freeman, The Presocratic Philosophers,Oxford 1946,147; Hölscher, Varia Variorum, Festgabe, f.K.Reinhardt, 79f. Hermes 84, 1956, 394; Cornford, Plato and Parmenides.34; Kirk & Raven, The Presocratic Philosophers, 269; W. K. C. Guthrie, A History of Greek Philosophy. 14; L.Tarán, Parmenides, 41.

6　J. Burnet, Early Greek Philosophy.178-179,181-182.

7　H. Diels, Parmenides' Lehrgedicht.Griechisch und Deutsch.Berlin, 1897, 33; Karsten,Parmenidis Eleatae carminis reliquiae. Amsterdam 1835; E.Zeller,Die Philosophie der Griechen, I. 1, 687.; K.Reinhardt, Parmenides und die Geschichte der griechischen Philosophie. 1959, 35; F.M.Cornford, Plato and Parmenides, 30-31, note 2.

8 J. Burnet, Early Greek Philosophy.178.
9 F. M. Cleve, The Giants of Pre-Sophistic Greek Philosophy. Hague, 1973, II. 528.
10 Diels-Kranz, Die Fragmente der Vorsokratiker.16.Auflage, 231.
11 K. Riezler, Parmenides.Frankfurt am Main, 1970, 45-46.
12 W. J. Verdenius, Parmenides.Some Comments on his Poem.Groningen 1942, 32, note 3.
13 J. H. M. M. Loenen, Parmenides, Melissus, Gorgias.AReinterpretation of Eleatic Philosophy. Assen,1959, 12 ff.
14 M.Untersteiner,Parmenide.Testimonianze e frammenti.Firenze 1958,LXXXV ff.(cf. Tará n, Parmenides. 35)
15 Classical Quarterly.1960, 94-95.
16 H. Fränkel, Dichtung und Philosophie des frühen Griechentum.München 1962, 403, Anm. 13.
17 Kirk & Raven,The Presocratic Philosophers. 269-270, note 344.
18 G. Calogero, Studi sul Eleatismo.Roma 1932, 17-19. (cf. Tarán, Parmenides. 36)
19 L. Tarán, Parmenides.Princeton 1965, 36-37.

再び歴史的存在としてのパルメニデスに

イオニアの伝統に忠実な哲学者、パルメニデス。

さて、これだけの問題と動揺を哲学に突きつけておきながら、言い換えるなら、人類の知性をその限界に当面させておきながら、歴史的存在としてのパルメニデス自身は少しも動揺していません。現象世界には明らかに生成、消滅、場所、運動、変化、多が認められますが、それらは何らかの形で非存在（τὸ μὴ ἐόν）を認めない限り、説明しえないのであります。それゆえパルメニデスは、「真理」

（Ἀλήθεια）はかくのごとくであるが、「死すべき者どものドクサ」（δόξα βρότεια）にとっては世界はかくのごとくに見えるとして、光と闇ないしは火と土の二元論からなる宇宙生成論を「ドクサ部分」（Δόξα）において展開したわけですが、それは、前述のごとく、彼の「真理」（Ἀλήθεια）のテーゼが許さないものでした。しかしそれを押して彼は宇宙生成論を説いているのであります。彼はいわば暴力的に不整合、矛盾を自らの哲学の中に引き入れているのであります。イオニアの自然哲学の伝統が彼の意識にいかに深く根づいていたか、潜在的な基層の執拗性をわたしたちはパルメニデスの「ドクサ部分」（Δόξα）において見るといわねばならないでありましょう。パルメニデスはある意味でイオニアの伝統に忠実な哲学者だったのであります。そしてそれがために彼はエレアにおいて安定した市民でありえたのであります。

エレアは放浪ポカイア人によって南部イタリアに前五四〇年に建設されたポリスであります（ヘロドトス『歴史』I 167参照）。そこでは亡国の地イオニアの伝統がなお生きていた、というより、望郷の念からなお一層強く意識されていたに違いありません。あるいは意識に深く潜在していたに違いありません。その伝統はパルメニデスのいわば秘めた信念でもあって、「ドクサ部分」（Δόξα）はイオニアの伝統へのパルメニデスの忠誠の証ともいうべきものだったのであります。言い換えれば、「ドクサ部分」（Δόξα）はパルメニデスという現存在における歴史性の証明なのであります。彼はエレアにおいて尊敬される市民でした。彼は堂々とした立派な人物であったようであります。既述のように、ソクラテスですら彼を「畏敬すべく、同時に畏怖すべき人」（プラトン『テアイテトス』184 E）と評しています。彼は安定した人格であり、彼の内に動揺はまったく見られません。内面に調停しえない矛盾を抱えていたにもかかわらずにであります。彼は自らの内に抱えていた矛盾に煩悶していません。矛盾を矛盾としてほとんど実感しておらず、矛盾に苦しんでもいません。「真理」（Ἀλήθεια）と「ドクサ」（Δόξα）の矛盾は彼に何らの葛藤ももたらさなかったようであり、ために彼がクセノパネスのようなさすらい人になることはありませんでした。彼は一度アテナイを訪問した以外は生涯を生国のエレアで過ごしたようであります。むしろ彼は故国エレアにおいて著名な市民であり、市民から尊敬される立法家でもあって、市民たちは毎年その年の執政官にパルメニデスの法を守るよう誓わせるのでした。

プルタルコス（『コロテス駁論』32 p. 1126 A）

パルメニデスは自らの祖国を最上の法で整えた。したがって市民たちは毎年役人にパルメニデスの法を守ることを誓わせるのだった。

また近年のエレア（イタリア名ヴェリア）の発掘から、彼はエレアにおいて医者として活動していたことも知られています。このように彼が故国エレアにおいて尊敬される市民でありえたということは、彼はイオニアの伝統に立ちつづけた哲学者であったということの何よりの証拠なのであります。彼の「真理」（Ἀλήθεια）のテーゼは彼の哲学上の閃きではありましたが、パルメニデスという一個の現存在を根底から覆すようなものとはなりえなかったのであります。存在を根底において規定しつづけるもの、それは天才的な洞察であるよりは、むしろ潜在的な存在の構造、いわば沈黙の歴史的基層なのであります。潜在的構造はむしろパルメニデスの「真理」（Ἀλήθεια）をこそ否定していたのであります。潜在的基層、歴史的存在がいかにしぶといものであるか、あらためてわたしたちは「歴史的パルメニデス」においてそのことを確認するといわねばなりません。わたしたちがパルメニデス問題においてはからずも確認するもの、それは現存在の歴史性なのであります。パルメニデス哲学が総体としてわたしたちに提示しているもの、それこそ「現存在の実存と歴史性」（ハイデガー）の問題なのであります。

コラム：哲学者パルメニデス

パルメニデスは南イタリアのエレアの市民でした。エレアは放浪ポカイア人の一隊が前五四〇年に南部イタリアに建設したポリスであります。別の隊はさらに北上し、マッサリア（現在のフランス、マルセイユ）に殖民しました。したがって哲学者パルメニデスの出自も小アジアのイオニアであったことになります。彼もまた本来はイオニアの哲学者のひとりであり、イオニアの自然哲学の系譜上にあったということができます。

パルメニデスの年代については相当に開きのある二つの報告があり、そのどちらを採るべきかが議論されています。その一方はディオゲネス・ラエルティオスの『ギリシア哲学者列伝』の中に見出されるもので、それがアポロドロスの『年代記』（Chronica）に由来していることは明らかであります。それによるとパルメニデスは第69オリュンピア祭年（前五〇四—五〇一年）に最盛期にありました。しかしこれはエレア建設の年（前五四〇年）を彼の誕生の時と仮定するところから算出された推定でありましょう。そういうやり方がアポロドロスの年代算出の常套手法だったからであります。すなわちアポロドロスはエレア建設の年（前五四〇年）を、一方ではクセノパネスの最盛期（四〇歳）とし、他方ではパルメニデスの誕生の年としたのであって、これは便宜的に定められた年代設定でしかありません。そしてまた彼はパルメニデスの最盛期（四〇歳）をゼノンの誕生の時としています。これもまた便宜的な設定に過ぎません。

他方はプラトンの対話篇『パルメニデス』篇の中の叙述から推定されるものであります。『パルメニデス』篇の中でプラトンは、およそ六十五歳の時にパルメニデスは当時四〇歳近くであったゼノンを伴ってアテナイを訪れたが、その時ソクラテスは非常に若かったという報告をしています。ところで、ソクラテスは前三九九年に七〇歳で刑死したのですから、ソクラテスが生れたのは前四六九年です。仮にソクラテスがパルメニデスと対面した時を彼の十八歳から二〇歳の間とすると、彼がパルメニデスに会ったのは前四五一年から前四四九年の間、すなわち前四五〇年頃ということになります。それゆえ、プラトンのこの報告によれば、パルメニデスが生れたのは前五一五年頃となり、アポロドロス説とプラトン説の間にはおよそ二十五年から三十年の隔たりがあるのであります。

このわずか二、三十年の差が『哲学史』の争点となっており、この両説のどちらを採るべきかが議論されてきました。一般にドイツ系の『哲学史』は前者のアポロドロス説を採り、英国系のそれは後者のプラトン説を採用してきたということができます。例えばツェラーは前者を採用し、バーネットは後者を採るべきことを主張しています。一般にパルメニデスとソクラテスの対面をプラトンの戯曲的な創作と見なすところから、伝統的には前者が有力視されてきました。のみならず、ヘーゲル哲学の影響下にあったドイツ系の『哲学史』においてはパルメニデスをどうしてもヘラクレイトスの前に置かねばならない事情があったこともドイツ系の『哲学史』にアポロドロス説を採用させた密かな理由であったように思われます。ヘーゲルの『論理学』では有（パルメニデス）は成（ヘラクレイトス）の前でなければならないのであります。しかしバーネットも主張するごとく、アポロドロスの年代設定は、先に述べたような理由からしても、余り当てにならないものなのであります。それゆえ近来のところではむしろプラトン説の方が有力視されるようになっています。他にもパルメニデスやゼノンがアテナイを訪問したことを示す痕跡が存しているからであります。いずれにしても、パルメニデスの断片の中には明らかにヘラクレイトスを指すと思われる箇所があるが（断片B 6）、ヘラクレイトスの方は一言もパルメニデスに言及していないという事実が、パルメニデスをヘラクレイトスの後に位置づけることを正当化するでありましょう。

パルメニデスには荘重な叙事詩の形で書かれた『自然について』（Περὶ φύσεως）と題された著作があり、前講でも言及したように、シンプリキオスのおかげでそのかなりの部分が今日に保存されています。シンプリキオスはその当時すでにパルメニデスの原典が稀少化していたという事情を考慮して、自らのアリストテレスの注釈書の中に努めて多くを引用するように心掛けたのであります。第一部の真理（Ἀλήθεια）の部分は約90パーセント、第二部のドクサ（Δόξα）の部分は10パーセント程度保存されたものとディールスは推定しています(H. Diels, Parmenides' Lehrgedicht, S. 25, 26)。学説詩『自然について』は序曲と第一部「説得の道(真理)」と第二部「ドクサの道」の三つの部分からなりますが、特にその第一部「真理」の部分においてパルメニデスは女神の口を借りて前講で述べたような存在に関する彼独自の洞察を語りました。第二部の「ドクサの道」では現象の事実が「死すべき者どものドクサ」（βροτῶν δόξα）として述べられており、これはパルメニデスの構想する宇宙論を述べたものですが、残念ながら、残された断片がわずかであることもあって、その全体は必ずしも明らかでありません。しかしそこにこそ歴史的存在としてのパルメニデスの深い想いがあるというのが、本講の見解であります。なおパルメニデスの断片はH. Diels / W. Kranz ; Die Fragmente der Vorsokratiker, Erster Band に蒐集されています（日下部編訳『初期ギリシア自然哲学者断片集』①ちくま学芸文庫、二〇〇〇年、参照)。

本論でも論じたように、パルメニデスの「存在のテーゼ」は人類の思惟をその限界に当面させるものであり、結局わたしたちはパルメニデスのこのテーゼから逃れることができないのでありましょう。二五〇〇年の星辰を経てパルメニデスは再び蘇り、今日パルメニデスの断片の解釈をめぐって世界的規模で議論されています。

第11講　エレア派(Ⅳ)ゼノンとメリッソス

本講ではエレア派のもうひとりの哲学者ゼノンとエレア哲学の系譜上に位置づけられるサモスの哲学者メリッソスを取り上げて、彼らの哲学に省察を加えます。ゼノンをエレア哲学の否定面として、メリッソスをその肯定的表現として考察します。

(1)　ゼノン

否定性の哲学者、ゼノン。エレアの哲学者ゼノンの哲学は否定性が哲学の現場においてその姿を全面的にあらわにした哲学ということができる。ゼノン、否定性の喜悦の内に死す。存在の構造は否定性であり、否定性こそ真理である。

哲学者、ゼノン。

否定性は存在の真理であり、さまざまな姿を取って哲学の中に現れてきます。以下に否定性が攻撃的な形を取って哲学の現場に現れてきた一例としてエレアの哲学者ゼノンの哲学を概観し、その存在論的意味を考察します。

強い否定性に囚われた人物がそれがために己が身を滅ぼす例は、歴史において、政治において、哲学において、また日常においてすら、しばしば目撃されるところですが、攻撃的な否定性に捉えられた哲学者ゼノンもまた結局は己が身を滅ぼしてしまっています。己自身を滅ぼしてしまわずにいない否定性とは一体何でありましょうか。それが反省レヴェルの否定性でないことだけは確かでありましょう。否定性の源泉は、第1講でも指摘したように、言語の差異の構造にありますが、言語の構造は個体を越えた存在であるだけに、否定性もまた個体性を越えた威力としてしばしば現れるのであります。そのような超個体的存在である否定性の前に個体の存在は余りに非力であり、それに囚われた個体は己が身を滅ぼす危険にさらされずにいないのであって、そのような否定性に駆られ、そして遂にはそれによって自らの身を滅ぼしてしまった哲学者が、エレアの哲学者、ゼノンなのであります。政治において、哲学において、ゼノンを通して現れ、そして結局は彼を滅ぼしてしまった否定性とはどのようなものであったか、その本性を学説誌の報告を手がかりに見定めたいと思います。

否定性こそ存在の真理である。

ゼノンという哲学者において注目すべきは、多や場所や運動の存在を否定し去ったそのパラドキシカルな議論にあるというよりは（通常の『哲学史』ではゼノンのこの点にのみ焦点が当てられていますが）、むしろ彼をしてパラドックスを駆使してでも世界を葬り去らずにおれなくした否定のパトスにこそあるとわたしは考えます。それは恨みではありません。ゼノンに世界に対する恨みは見られません。世界否定のパトスを見るや、必ずそこに世界に対する怨恨を見ようとする近代哲学の品性の低さにわたしは辟易します。近代哲学は否定性を怨恨という主観性の心理でしか捉えられなくなっているのであり、ここにも近代の哲学が総じて主観性の哲学でしかなくなっている実情が端的に現れています。そのような品性の近代哲学はギリシア哲学の偉大さにとうてい及ばないというのが、わたしの常偽らざる感想であります。

否定性そのものは主観性の内に拘束されません。むしろそれは主観性を越えた存在の真理そのものなのであります。そして存在は否定性であり、否定性こそ存在の真理であることを身をもって示した哲学者がエレアの哲学者ゼノンなのであります。否定性が主観性の内に拘束されるとき、それは例えば恨みとなって現れます。否定性を恨みとしてしか語れないとするなら、それはその哲学が主観性の哲学でしかなくなっている結果であり、否定性を主観性の枠内でしか捉えられなくなっているのであります。実存主義やマルキシズムといった近代の主観性の哲学は総じてそのような哲学でしかありませんが、そのような哲学は否定性を存在の真理として捉えるにとうてい及ばないというのが、本講義のテーゼのひとつであります。実存主義の哲学は否定性という存在の巨大原理を主観性という細い蛇口から一気に放出させた哲学であり、それだけにその放出の威力は強烈で、強い情動でもって人々に訴えるものとなりましたが、だからといって、あれが存在の真理をその本来の姿においてあらわにした哲学であるとはわたしは考えません。繰り返しますが、否定性は存在そのものであり、それをそれとして捉えるには哲学もまた存在の哲学でなければならないのであります。初期ギリシアの哲学はまさにそのような存在の哲学であり、否定性に係わるそのひとつの具体的事例がゼノンの哲学なのであります。

ゼノンこそ哲学者である。

ゼノンは偉大な人物であります。彼こそは哲学者というべき人物であります。否、むしろ哲学そのものといった方が適切かも知れません。なぜなら、右でも述べたように、ゼノンにおいて現出している否定性は存在の否定性そのものだからであり、存在の否定性の化身と化したゼノンは、存在が個体性を越えているだけに、すでに超個体的存在と化してしまっているからであります。超個体的存在である否定性がゼノンを通って現れ出ているのであります。しかも攻撃的な形を取って現れ出ているのであります。彼が超個体的な存在の否定性に捉えられ、それが現れ出る現場になってしまったという事実こそ、ゼノンという哲学者において注目すべき点なのであります。存在の否定性がその本性をあらわにするとき、その現出の現場となった個体は自らを滅ぼす危機に瀕さずにいないのであって、その遂行が自らの破滅を予感させるようなものであっても、否定性に駆られた個体はそれをあくまでも貫遂しようとします。そこにはある種の使命意識すら感じ取れます。密かな喜悦すら読み取れることもあります。否定性のパトスに捉えられた個体がある種歓喜の内に己が身を滅ぼすというパラドキシカルな状況が生起する現場になったという点にこそ、哲学者ゼノンの重要性はあるのであります。ゼノンは否定性の炎によって自らの身を焼き滅ぼした哲学者なのであります。初期キリスト教の多くの殉教者がそうであったように、彼もまた否定性の喜悦の内に死にました。

ゼノンが一般に否定の人であったことは「彼はヘラクレイトスと同じくらい権威に対して軽蔑的であった」というディオゲネス・ラエルティオスの報告からも窺われます（『ギリシア哲学者列伝』IX 28）。要するにゼノンは権力と見れば反抗せずにおれないようなタイプの哲学者だったのでありましょう。こういう人物や哲学者は歴史や哲学史に多く見られるのであって、むしろ哲学史の底流に流れる哲学の根本的モチーフのひとつといって過言でないでありましょう。権力は否定性を身に招来せずにいない原理であり、このことはあらゆる権力者のよく知るところなのでありましょう。それゆえ権力者は権力を掌握した瞬間、突然不安となり、凶暴化せざるをえなくなります。世の権力者がすべからく暴君化するゆえんであります。ないしは「国家第一の市民」とか「人民の同志」などと自らを仮装しなければならなくなるゆえんであります。こういった事情は哲学においても異ならず、哲学史は政治史以上に闘争の場なのであります。ゼノンもまたそういった闘争の場にあった哲学者であり、ゼノンがある僭主の謀殺を企てて殺されたとのことは学説誌の多くが伝えるところであります。

ディオゲネス・ラエルティオス（『ギリシア哲学者列伝』IX 26）

ヘラクレイデスが『サテュロス綱要』においていうところによれば、彼〔ゼノン〕は僭主ネアルコス（別の人によれば、ディオメドン）を打倒しようとして捕らえられた。そして、その共謀者や彼がリパラに運び込んでいた武器について尋問されたとき、その僭主を孤立させようと考えて、僭主の友人の名をことごとく密告した。そしてさらにある者について耳打ちしたいことがあるからといって〔近づかせ、その耳に〕嚙みつき、刺し殺されるまで放さなかったとのことである。このようにして彼は「僭主殺し、アリストゲイトン」と同じ目にあったのである。デメトリオスは『同名人録』において、彼が嚙み切ったのは鼻であったといっている。アンティステネスが『哲学者の系譜』においていうところによれば、彼は〔僭主の〕友人たちの名を告げたあと、「まだ他に誰かいるか」と僭主に問われて、「国家の呪いであるお前が」といったとのことである。そして傍らにいる者たちに向かって、「もし今わたしが耐えているこのために君たちが僭主の奴隷になっているのだとすれば、君たちの臆病がわたしには不思議だ」といった。そして最後に舌を嚙み切り、それを僭主に吐きかけた。それで市民たちは激昂して、直ちに僭主を打ち殺したという。大部分の人がこれとほぼ同じことを語っているが、ヘルミッポスは、彼は臼の中に投げ込まれて殺されたのだといっている。

『スーダ』（「ゼノン」の項）

また彼［ゼノン］はエレアの僭主であったネアルコス（別の人によれば、ディオメドン）を打倒しようとして捕えられた。そして彼によって尋問されたとき、自らの舌を噛み切って僭主に吐きかけた。そして臼に投げ込まれてすり殺された。

ディオドロス（『世界史』X 18, 2）

祖国がネアルコスによって過酷に支配されるところとなったため、僭主に対する陰謀を彼［ゼノン］は企てた。だがそれは露見するところとなり、拷問の責め苦をもって一味の者は誰かネアルコスによって尋問されたとき、「舌の支配者であるように、身体に関してもまたそうでありたいものだ」と彼はいった。僭主はさらに拷問具で締め上げたが、ゼノンはまだしばらくは耐えていた。その後、責め苦から解放されると同時にネアルコスに復讐することを願って、次のようなことを企てた。拷問具が最大限締め上げられる中、魂が苦しみに屈服したかのように装って、「ゆるめてくれ。真実をすべて話すから」と彼は叫んだ。それで彼らがゆるめると、近寄って私的に聴くように彼は僭主に求めた。内密にした方がよい多くのことがこれからいうことの内にはあるからと。僭主が喜んで近寄り、耳を口元に寄せたとき、ゼノンは口を大きくあけて権力者の耳を噛み入れた。家来たちがあわてて走り寄って、拷問を加えることでその歯をゆるめさせようとあらゆる救援の手段を講じたが、彼はさらに一段と噛み締めるばかりだった。遂に彼らはその男の果敢さに打ち勝つことができず、歯を離させるために彼を刺し殺した。こういう奸計によって彼は苦しみから解放され、かつ僭主に対してなしうる限りの復讐をなし遂げたのである。

串刺しにされるか、臼ですり殺されるまで屈しなかった哲学者ゼノンに、人はあるいは彼の信念の強さ、正義感の強さを見るかも知れません。そのような不屈の信念や正義感を持つ人物はもちろん教訓的であり、プルタルコスもそのような見地でゼノンに言及し、称賛を送っています。

プルタルコス（『コロテス論駁』32 p.1126 D）

ところで、パルメニデスの知人のゼノンは僭主デミュロスに陰謀を企て、実行に関しては不運であったが、火の責め苦の中にあって彼はパルメニデスの教えが純金のごときもの、信頼にたるものであることを示したのであって、子供や女や女のような魂を持つ男どもは苦痛を恐れるが、大なる男にとっては恥辱こそ恐れの対象であるということを行為によって示したのである。すなわち彼は自分の舌を噛み切って僭主に吐きかけた。

クレメンス、テルトゥリアヌスなど、キリスト教の護教家たちも同様の観点でゼノンに言及し、その正義感と節操の堅さに称賛を送っていますが、おそらくそこに後代のキリスト教の殉教者たちの姿を二重写しに見ていたのでありましょう。護教家たちが最も言及するギリシアの哲学者は意外にもゼノンなのであります。

クレメンス（『雑録集』IV 57）

エラトステネスが『善人と悪人について』の中でいっているように、アイソポス人やマケドニア人やラコニア人は拷問にかけられても毅然として耐えたが、彼らのみならず、エレアのゼノンも秘密を明かすように強いられたとき、その拷問に耐えて何ひとつ白状しなかった。少なくとも彼は死に瀕しながらも舌を嚙み切り、僭主に吐きかけた。その僭主をある人はネアルコスであるといい、ある人はデミュロスであるといっている。

テルトゥリアヌス（『護教論』50）

エレアのゼノンは、哲学は一体何を授けることができるかとディオニュシオスに訊ねられて、「死の軽視を」と答えていたが、僭主の鞭にさらされても冷静さを持し、死にいたるまでその見解を示しつづけたのである。

否定性は主観性を超えた存在の真理そのもの。

ピロストラトスも同じ見地でゼノンに言及し、その正義感の強さを称えていますが（『アポロニオス伝』VII 2）、しかしわたしは「正義感」とは何であるか問いたいと思います。その正体はやはり否定性なのであって、それがどのような正義の仮装を採ろうとも、また美名に隠れようとも、その実体が否定性のパトスであることに変わりはないのであります。正義、倫理、批判、義憤、信仰、民族などの下に隠れていているものはたいていい否定性のパトスであり、ただそれが個体性を越えているというだけのことなのであります。個体性を越えた否定性は個体には「正義」と感じ取られるのであって、その強度はしばしば超人的な意志力となって現れます。その前では死すらほとんど意味を持たなくなります。個体性を越えた否定性に捉えられた者がいかなる責め苦にも屈服しない頑強さを示すといった例は珍しくないのであって、キリスト教の殉教史はそういった例に満ちみちています。多くの殉教者たちが、むしろ命だけは救おうとしたローマの総督たちの努力に頑強に抗して、喜悦の内に断首の刑に服しています（『殉教者行伝』教文館、一九九〇年、参照）。哲学者ゼノンの場合もまたその一例ということができるでありましょう。

ゼノンを通してわたしたちは、否定性が個体性を越えた存在であること、そしてそれは個体性を越えているだけに、いとも容易に個体を犠牲に供することを知るのであります。いわばここには否定性の真理が見られるのであって、否定性の本来の起源が個体性を越えたところにあることをわたしたちはエレアの哲学者ゼノンの言動から見紛いようもなく知るといわねばなりません。ましてやそれは主観性の内に拘束されるようなものでは断じてないのであって、むしろ否定性は主観性を越えた存在の真理そのものであり、それは主観性を破壊する原理ですらあるのです。否定性のダイモニオンに囚われた者がその否定性のために身を犠牲に供する例は珍しくなく、しかもそれはたいていある種の喜悦を伴ってすらいますが、哲学者ゼノンの滅びもまたそのようなものでした。否定性もまた一個の誘惑者であることをわたしたちはゼノンにおいて見るということができるでありましょう。否、おそらく否定性ほど抗し難い誘惑者は他に例がないといって過言でないのではないでしょうか。批判家や批評家が大衆に受けるのはその批判性、否定性によってであります。ただし彼らの否定性（批判）はその背後に彼らのちっぽけな主観性がすけて見えるようなものでしかなく、たちまちのうちに軽蔑の対象に堕さずにいない類のものではありますが。妥協によって否定性を裏切ったとき、彼らはたちまち没落します。政権与党に擦り寄った野党勢力の凋落をわたしたちは数多く目撃してきましたが、それは彼らの力の源泉であった否定性を裏切ったからであります。もし彼らが生きつづけようと思うのなら、それが合理であれ、不合理であれ、とにかく相手を否定しつづけねばならなかったでありましょう。ところが否定しつづけることに耐えられる人間は実は多くないのであります。人間は長期の漂流には耐えられず、どこかで漂流物にしがみつくように肯定性にしがみつきます。

ゼノンの哲学

哲学において表現されたゼノンの否定性は、見方によっては、政治の場面のそれより一層根源的といううことができるでありましょう。ゼノンにパラドックスを駆使させた否定性は、一権力、一党派の排除にとどまらず、世界そのものの抹殺だからであります。

ゼノンはその鋭い弁証法的思考によって多（πολλά）、場所（τόπος）、空虚（κενόν）、運動（κίνησις）の存在を否定しました。その議論はおよそ次のごとくであります（シンプリキオス『アリストテレス「自然学」注解』139, 5. 140, 27. 562, 3. アリストテレス『自然学』Z 9. 239 b 9 - 33 より）。

ゼノンのパラドックス

多（πολλά）の否定

(1)　もし多が存在するなら、それは有限であると共に無限でなければならないことになる。

一方それは、それが存在する数だけ、それだけ存在する。そしてそれより多くもなく、少なくもないはずである。だがそれが存在する数だけ存在しているのであれば、その数は限定されている。それゆえそれは有限である。

他方、もし多が存在するなら、存在するものの数は無限（無限定）でなければならない。なぜなら存在しているものの間には常に他のものが介在し、また他のものの間にも他のものが介在する。かくして存在するものは無限（無限定）であることになる。

このように多が存在すると仮定すると、その数は有限であると共に無限でなければならないことになり、これは矛盾である（シンプリキオス『アリストテレス「自然学」注解』140. 27）。

(2) もし多が存在するなら（もしそれが多であるなら）、それは大きさを持たないほどに小でなければならないと共に、限りなく大でなければならない。

なぜなら一方、一定の大きさを持ったものが多であるのだから、その大きさは多くの部分に分けることができる。それはどこまでも分割される。それゆえその最終の部分は大きさを持たないほどに小でなければならない。だが大きさを持たないものをいくら足し合わせても、そこからは一定の大きさを持ったものは出てこない。それゆえにもとのものも大きさを持たないほどに小であったのでなければならない。

しかし他方、それは無限の分割を許すのであるから、無限に大であったのでなければならない。それゆえ、もしそれが多であるなら、それは無限小であると同時に無限大でなければならないことになる（シンプリキオス『アリストテレス「自然学」注解』139. 5. 140. 24）。

以上の議論によってゼノンは、物が多数存在することも、またそれが大きさを持っていることも否定しました。

空間的な場所の存在を否定するゼノンの議論は次のようなものであります。

場所（τόπος）の否定

もし場所があるなら、それ自身何ものかの内になければならないであろう。というのは、およそ存在するものはすべて何らかのものの内にあるのであるから。それゆえ場所もまた場所の内にあり、そしてこの場所もまた他の場所の内にあらねばならないというように、このことは無限に繰り返される。これは不合理であり、それゆえ場所といったものは存在しない。

運動の存在を否定したゼノンの議論としては、次の四つがアリストテレスによって伝えられています（アリストテレス『自然学』Z 9. 239 b 9 - 33）。

運動（κίνησις）の否定

(1)　二分割の問題

人は有限の時間に無限の数の点を通過することはできない。ところで人は全コースを走り通す前に、まずその半分を走らねばならない。この半分を走る前にさらにその半分を走らねばならない。またその半分を走る前にさらにその半分をというように、このことは限りなくつづくがゆえに、あるコースのゴールに達するまでに人は無限の数の点を通過しなければならないことになる。だが有限の時間内に無限の数の点を通過することは不可能であるがゆえに、人は決してゴールに達することはないであろう。

(2)　アキレウスと亀

アキレウスは亀を決して追い抜くことはできないであろう。アキレウスが亀に追いつくためには、まず亀の出発した点までいかねばならない。ところがその時には亀は若干は前進している。それゆえアキレウスはさらに亀の前進した点までいかねばならない。だがまたその時には亀はさらに前進している。このことは無限に繰り返されるがゆえに、アキレウスは無限に亀に接近しはするが、決して亀を追い抜くことはできない。

(3) 飛矢の問題

飛んでいる矢は飛んでいない。なぜなら同一の場所を占めている限り、物は静止している。飛矢も各瞬間にはそれぞれ同一の場所を占めている。したがって各瞬間には矢は静止しているわけであり、それゆえ全体としても静止している。

(4) 並動の問題

運動があるとするなら、ある時間がその二倍の時間に等しいことになる。

図Iの示すような平行する三つの物体の列があるとする。(A)は静止し、(B)と(C)は等しい速度で互いに反対の方向に運動しているとせよ。そうすると(B)の点が(A)の点n個を通過する時間に(C)の点は(B)の点2n個を通過することになる。ところで、速度が等しい場合には、運動に要する時間は通過した距離に比例しなければならない。それゆえ(C)の点が(B)の点を通過した時間は(B)の点が(A)の点を通過した時間の二倍でなくてはならない。ところが同一の時間、すなわち(B)の点が(A)の点を通過した時間で図IIのようになったのである。それゆえ二倍の時間がその半分の時間に等しいことになり、これは矛盾である

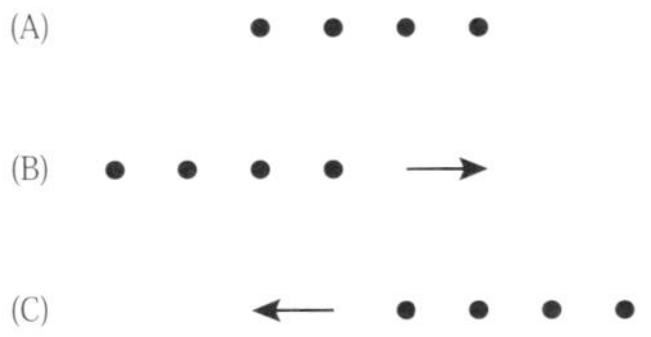

図 I

図 II

（図I、II参照）。

否定性こそが、アルケーである。

以上のような議論を駆使してゼノンは現象世界そのものを否定しました。彼は世界そのものを否定し去ろうとした哲学者なのであります。彼は半端ではないのであります。彼は徹底的な否定性でした。彼は「パルメニデス哲学の擁護者」というような地位に甘んじる哲学者ではなかったのであります。

ゼノンは前掲のごとき「ゼノンのパラドックス」と呼ばれる巧妙な間接帰謬法を駆使することによって現象界において見られる多や場所や運動を葬り去ったわけですが、つまり現象世界一般を葬り去りましたが、これらのゼノンの議論の遂行においてあらわになっている真理は、実は、多や場所や運動に関する背理（パラドックス）という論理認識論上の真理というよりは、「否定性こそが真理である」という存在論的真理そのものなのであります。否、むしろ真理の遂行なのであります。後出するゴルギアス（下巻、第16講）の場合と同様、否定性がゼノンを駆り立ててパラドックスを駆使させていたのであって、何らかの理論的根拠がそうさせていたのではほとんどありません。パラドキシカルな理由がゼノンの否定性を生み出したというよりは、否定性がパラドキシカルな理由を見出させたといった方が真相に近いでありましょう。否定性がむしろアルケー（原理）なのであります。

否定性は論理によって生み出されるようなものではないのであって、むしろ否定性こそがアルケー（原理）であり、論理はそれについてくるところのものなのであります。否定性はおめでたいイギリス人が礼賛してやまないロジック（論理）の枠に収め切れるものではありません。ヘーゲルもまた否定性を弁証法という彼の論理の中に組み込んでしまったために哲学をちっぽけなものにしてしまいました。世に喧伝されている「ヘーゲルの弁証法」など、否定性の矮小化でしかないのであります。否定性はヘーゲルにおいては論理の一項でしかありません。ここには否定性を論理の中でしか捉えない西洋哲学の根深い伝統があります。しかし否定性は、実は、論理をはるかに越えた存在の原理そのものなのであります。ゼノンの議論の動因は論理ではなく、否定性のパトスであって、それ以外のものでありません。なるほど彼は表向き自分の議論を「パルメニデス説の擁護」と位置づけています。事実それが彼の自らの哲学に対する自己認識であったことはプラトンの以下の報告からも窺われます。しかしそれは事態を正確に捉えたものではないのであって、自己認識が自己の正確な把握であるとは限らないのであります。自己認識はしばしば大いなる自己誤認でありえます。ここにわたしたちはユングのいう「ペルソナ」と「自己」の差を鮮明に見るということができるのではないでしょうか。「エレアの哲学者、パルメニデス哲学の擁護者ゼノン」というのは、ゼノンのペルソナでしかなかったのではないでしょうか。だとすれば、これまでの『哲学史』はすべてこのゼノンのペルソナ（仮面）に翻弄されてきたといわねばならないのではないでしょうか。

プラトン（『パルメニデス』128 B - E）

「そうだよ、ソクラテス」とゼノンはいった。「だが君はこの書の真実のところをすべての面において感じ取っているというわけではないのだ。たしかに君は、ラコニアの犬よろしく、語られているところをよく追跡し、嗅ぎ分けてはいるがね。しかし第一に君は次のことに気づいていない。すなわち、この書は君のいうような考えから書かれていて、人々には何か大それたことをなし遂げたものでもあるかのように秘密にするというような、そのような勿体をつけるものではまったくないということだ。君はこの書に付随することのひとつをいっているのであって、真実にはこの書はパルメニデス説の擁護なのだ。すなわち、もし〔存在を〕一であるとするなら、多くの笑うべきこと、自分に矛盾することがその説には降り掛かってくることになるとして、それを笑いものにしようと企てる者たちに対して、パルメニデスの説を擁護するものなのだ。そこでこの書は多を語る者たちに対して反論を語ることになる。そして同じだけのお返しを、否、一層多くのお返しをするのだ。すなわちこの書は、多があるという彼らの仮設の方が、仔細に検討してみるなら、一であるという仮設よりさらに一層笑うべきことを招来するということを示さんとするものなのだ。つまり、このような対抗心によってぼくはまだ若かった時にこれを書いたのであるが、誰かがこれを書き写して盗んでしまったのだ。その結果、これを公にすべきかどうか考慮することすら許されないというようなことになってしまったのだ。だから、ソクラテスよ、この点では君は見落としているわけだ。若者の対抗心によってこれが書かれたとは君は考えないで、年配者の名誉心によって書かれたと考えているのだからね。とはいえ、今もいったように、君の推測はまずくはなかったよ。」

ゼノンの議論は否定性の遂行でしかない。

実際のところ、ゼノンの議論はパルメニデス説の擁護といったレヴェルにとどまるものではなく、それをはるかに越える否定性の強度と深度を示しています。その語るところは、その実、否定性の遂行でしかないのであります。ゼノンの議論は、先のパラドックスでも見たように、多や場所や運動といった概念が内包する有限と無限の間の相克を内容としており、その両者を直接突き合わせるときに顕在化する矛盾を見せることによって現象世界に見られる多や場所や運動の存在を疑わしくするものですが、ゼノンの議論は多や場所や運動の仮定の中に含まれる矛盾を見せさえすればそれで満足し、立ち止まるといった性格のものではないのであって、そのいくところは一切の否定、世界そのものの抹殺であります。否、否定そのものの遂行であり、したがっておそらくどこまでいってもゼノンの議論はとどまるところを知らないでありましょう。ゼノンの否定性の議論はほとんどそれ自身が自己目的化しており、パルメニデス哲学のそれをはるかに越える強度と深度を示しているのであります。ゼノンの議論によって示されている否定性はパルメニデス説擁護という観点をはるかに越える志向性を示しているのであります。

パルメニデスはただ「非存在」(τὸ μὴ ἐόν) という概念の自己矛盾性に気づいただけであります。もちろんその結果、パルメニデスはただ「ある」(ἔστιν) としかいうことができなくなり、「ない」(μὴ εἶναι) を含意するようなものはすべて否定せざるをえなくなり、ために一切の生成、消滅、多、場所、変化、運動を葬り去ることになりましたが、言い換えれば、それらを前提せずしては成立しない現象世界を「死すべきものどものドクサ」(βροτῶν δόξα) として葬り去ることになりましたが、それはいわば結果なのであります。パルメニデス哲学は現象界に見られる一切の事象を否定し去ったかも知れませんが、パルメニデス自身は否定性のパトスに駆られた人ではありませんでした。そのことはエレアにおける彼の活動を見れば分かります。彼はエレアにおいて尊敬される立法者であり、また医者でもありました(プルタルコス『コロテス駁論』32 p. 1126 A 参照)。要するにパルメニデスはエレア社会にポジティブに対処した信頼すべき市民なのであります。しかしパルメニデスのそれと異なり、ゼノンの否定性は当初から己の遂行を目指しており、積極的、攻撃的であります。彼の哲学は全体として「否定性こそが真理である」ことを主張せんとするものなのであります。言い換えれば、否定性が存在の真理であることを否定性自身が自ら示したものなのであります。そこでは否定性そのものが現れ出ようとしていたのであって、ゼノンは否定性が攻撃的な形を取って現れ出てくる現場になった哲学者なのであります。ゼノン自身、彼の書は「若者の対抗心によって書かれたものである」と語っていますが、若者を通して存在の真理(否定性)はより鮮烈に現れ出るのであって、その否定性の強度は自ずとパルメニデス哲学のそれとは異なるものにならざるをえませんでした。パルメニデスの哲学とゼノンの哲学のこの差をセネカが的確に捉え、次のように表現しています。

セネカ（『書簡集』88, 44）

パルメニデスはあると思われているものの何ものも世界にはあらぬという。エレアのゼノンはそういった観点すら捨て去ることによって、一切の面倒を取り去った。彼は何ものもあらぬという。……パルメニデスを信ずれば、一者以外には何も存在しない。ゼノンを信ずれば、その一者すら存在しない。

セネカの指摘するように、ゼノンの哲学は一切の否定であります。パルメニデス哲学において許容された「一者」（τὸ ἕον）の存在すら否定します。いわばそれは否定のための否定の遂行なのであります。「ゼノンの哲学」というようなものを語ることが許されるとしても、それは要するに否定性の運動であって、定説ではありません。ただ彼の議論が間接帰謬法（reductio ad absurdum）の形を採るために、そこに何かが証明され、何かの定立が目指されているように見えるだけなのであります。間接的であれ、直接的であれ、すべてが葬り去られるということに変わりはありません。ゼノンにおいては世界そのものが否定し去られているのであって、ゼノンの議論はパルメニデス説擁護にとどまるものではなかったのであります。表向きそのような理由づけがなされているにせよ、ゼノン自身もまたそう信じていたにせよ、それでもゼノンの否定性そのものはそういった理由づけをはるかに越える強度を示しているのであります。ゼノンの哲学がはからずも示したもの、それは「否定性こそ存在の真理である」という存在論的テーゼであり、言い換えれば、「存在は否定性である」という真理であって、ゼノンの個人的意図がどうであれ、それに係わりなく、この真理がゼノンの活動を通して現れ出ていたのであります。ゼノンの哲学に踏みしめることのできる足場はありません。すべては奈落の底に崩落します。それは、それが存在の否定性の現れであり、ハイデガーのいう「存在の深淵」（Abgrund des Seins）だからです。ゼノンもまた、ゴルギアスと同様、否定性の強大なパトスによって突き動かされた哲学者でした。しかも過激に突き動かされた哲学者でした。そうしたゼノンにフロイトのいうタナトスの衝動〔死の衝動〕を見ることは見当違いでしょうか。彼の周辺には死の影が漂っています。しかしそこに死臭は嗅ぎ取られません。主観性を越えたところに死臭はないのであって、ゼノンの否定性は主観性を大きく越えているだけに、否定性でありながら、ある種のすがすがしさを伴ってすらいます。いずれにせよ、彼の一切の哲学的活動は、存在は否定性であり、「否定性こそが真理である」というテーゼが自らをあらわならしめ、自らを遂行したものでしかなかったといって過言でないでありましょう。ゴルギアスと同様、ゼノンもまた否定性が現れ出る現場となった哲学者であり、否定性の化身と化した哲学者であったということができるのではないでしょうか。ゼノンもまた哲学そのものともいうべき現象だったのであります。否、むしろ存在の深淵（Abgrund）を覗き込ませた哲学ともいうべき現象だったのであります。

付言――プラトンの深謀

「パルメニデス哲学の擁護者」というギリシア哲学におけるゼノンの位置づけにわたしはプラトンの深謀を見るものであります。もっともそれは自覚的になされたものでなかったかも知れませんが、それでもそこにはゼノンの一種の肯定化があるのであります。言い換えれば、一種の哲学史への位置づけ、一種の偽装があるのであります。ゼノンを否定性そのものとして取り出し、それを否定性の遂行として語ることはプラトンにはとうていできないことであったに違いありません。プラトンはイデアないし形相といった形で存在のポジティヴィテートを語った哲学者であり、また「善のイデア」という絶対的な肯定的価値をその哲学の中心に据えた哲学者だったからであります。「パルメニデス哲学の擁護者」という肯定化、言い換えれば、哲学史への一種の位置づけによって、はじめてプラトンはゼノンを取り上げることができました。またそのことによってゼノンの哲学史への組み入れも可能になりました。いずれにせよプラトンによるこの位置づけが哲学史におけるゼノンの定位置となり、プラトン以降の西洋哲学はほぼ一貫してこの位置でゼノンを扱ってきたといって過言でありません。この点から見てもプラトンは二千数百年の西洋哲学を支配した哲学者であったといって大袈裟でないかも知れません。しかしそれは全体として存在の真理の隠蔽と偽装の上になったことだったのであります。

(2) メリッソス

パルメニデス哲学の肯定版、メリッソス。人間は否定性に長くとどまれない。

ここでエレア哲学の肯定版ともいうべきサモスの哲学者メリッソスの哲学を見ておきたいと思います。パルメニデスの否定性を基調とする「存在の哲学」がメリッソスにおいてどのような変容を被ったかを見るためです。メリッソスの哲学はパルメニデスの否定的表現を基本とした存在論的な存在洞察を存在的次元で捉えた哲学であり、パルメニデス哲学のいわば肯定版ともいうべきものなのであります。

人間は否定性に長くとどまれない。

わたしたちはパルメニデスの存在論的な否定性の哲学の存在的次元への速やかな移行をサモスの哲学

者メリッソスの哲学において見るのであります。人間は否定性には長くとどまれないのであって、否定性には踵を接して肯定化がやってきます。パルメニデスの「ないはない」(οὐκ ἔστι μὴ εἶναι) という否定性を基調とする「存在の哲学」の肯定版、それがメリソッスの『自然について、あるいは有るものについて』(Περὶ φύσεως ἢ περὶ τοῦ ὄντος) の哲学なのであります。

メリッソスはいいます。

「有るもの」(τὸ ὄν) は永遠であり、それは常にあったし、また常にあるであろう。なぜなら、もしそれが生成したとするなら、生成する以前はそれは何ものでもないもの(無)であったのでなければならないが、何ものでもないもの(無)から何かが生じてくるということは不可能だから(シンプリキオスのいう「ギリシア自然学の共通の公理」の適用)。したがってそれには始まりもなければ終わりもなく、時間的に無限である。またそれは空間的にも無限である。もしその大きさが限られているとするなら、それは空虚によって限られているのでなければならないであろうが、空虚は何ものでもないもの(無)であるがゆえにおよそ存在しないからである。したがってそれは一でなければならない。なぜなら無限なものが二つあることはできないから。二つあるなら互いに限定し合い、それぞれが有限であることになろう。また空虚がない以上、運動も不可能である。それゆえそれは不動であり、生じることも滅びることも、大きくなることも小さくなることもなく、同一であって、位置によって様変わりすることも、姿の点で異なるものになることも、混ざり合うこともない。また苦しむことも悲しむこともなく、健康で無病である。また密でも粗でもなく、一様で充ちている。また一である以上、部分を持たず、したがって厚みを有さない。それゆえそれは非物体的(ἀσώματον)である。メリッソス自身の言い方によれば、「身体を持たない」(σῶμα μὴ ἔχειν)。

（シンプリキオス『アリストテレス「自然学」注解』162, 24. 103, 13. 29. 22. 109, 20. 110, 2. 110, 5. 111, 18. 103, 30. 109, 34. 109, 32、シンプリキオス『アリストテレス「天体論」注解』557, 14. 558, 19、擬アリストテレス『メリッソス、クセノパネス、ゴルギアスについて』第一章などからのパラフレーズ。）

以上のようにメリッソスはパルメニデスの「存在」（τὸ ἐόν）を時間的にも空間的にも無限な不変不動の一様で充ちた非物体的一者としてポジティブに設定しました。メリッソスの思考が対象性の内を動いていることは明らかであります。「非物体的」（ἀσώματον）、すなわち「身体を持たない」（σῶμα μὴ ἔχειν）といわれているにしても、メリッソスの「有るもの」（τὸ ὄν）が一個の対象として構想されていることは否定すべくもないでありましょう。しかもポジティフな対象的存在として眼前に置かれているのであります。これをハイデガー流に表現すれば、一個の事物的存在（Vorhandenes）として眼前に置かれているということであります。

このようにパルメニデスの否定性に基づく「存在の哲学」の後に踵を接してメリッソスの肯定的一者の哲学がつづいたということは、人間は否定性には長くとどまれない理を示しています。否定性には踵を接して肯定化がやってくるのであって、アナクシマンドロスの「無限なもの」（τὸ ἄπειρον）という否定性を基礎とする哲学の後に踵を接してアナクシメネスの「無限な空気」（ἀὴρ ἄπειρον）という肯定的原理を基体とする哲学がつづいたときにも、わたしたちはこれと同様の現象を目撃しました。否定性による存在論的真理の現出は、実存的真理と同様、僥倖のように時にあらわになることはあっても、そのままでそこに長くはとどまれないのであり、直ちに対象化されて、存在的レヴェルにおいて固定化されます。すなわち命題として固定化されます。わたしたち人間の思考は水に浮いたままの状態では長くとどまれないわたしたちの身体と本性を同じくしており、本来対象とはなりえない否定性の真理をもただちに対象として眼前に立て、命題として固定化せずにいないのであります。そしてそれとの間に主－客の関係を取り結び、その関係においてそれなりに安定するのであります。

これがハイデガーのいう「真理（アレテイア）の命題（アポパンシス）化」であります。しかし命題化され、固定化された真理はいわば真理の干乾びた形骸ともいうべきものであり、それ自身は、ハイデガーもいうように、非真理でしかありません。「真理」（Ἀλήθεια）はハイデガーのいう意味での現成（wesen）でなければならないからであります。しかしこの肯定化、対象化、命題的固定化こそ主観性の志向性の本性のなさしめるところであり、パルメニデスの否定性に基づく「存在論的な存在の哲学」からメリッソスの「存在的な肯定的一者の哲学」への速やかな移行においてわたしたちが見紛いようもなく見るものは、主観性の志向性のこの本性なのであります。主観性の思考は基本的に対象志向的であらずにいません。これをハイデガー流にいえば、一切のものをVorhandenes〔眼前存在〕と化すことが主観性の志向性の本性、表象的思惟（Vorstellen）の本性なのであります。この主観性の本性をかつてカントは人間本性の「腐ったしみ」と呼んだことがありますが（カント『単なる理性の限界内における宗教』カント全集、ベルリン・アカデミー版、一七八頁）、実存的概念のVorhandenes化とのこの戦いこそ、『存在と時間』を含むハイデガーの前期の哲学全体を貫く基本モチーフでした（ハイデガーの「形式的告知」の概念を参照のこと）。そういったVorhandenes化、対象志向的思考の光学の中に浮び上がったパルメニデスの存在論的な存在の哲学が、メリッソスの「存在的な肯定的一者の哲学」なのであります。

もはやメリッソスが散文でしか自らの哲学を語りえなかったとしても、当然のことといわねばなりません。存在的世界は散文の世界であり、主観性の対象的志向性の内に詩的パトスが生まれることはありません。基本的に主観性（Subjektivität）で構成された近・現代世界から天才が姿を消したゆえんでありましょう。詩的パトスは、霊感といわれる形においてであれ、何であれ、襲われるということによってはじめて生起するところのものですが、主観性が襲われることはありません。むしろ主観性は一切を自らの前に立てる強力な原理であるだけに、主観性が襲われるとか到来されるといったことは原則不可能なのであります。「インスピレーション」は襲われるという詩人の原体験を言語化した表現でありましょう。メリッソスの散文的、肯定的一者の哲学は、エレアの流れを汲むイオニアの哲学の一表現として重要というよりは、主観性のこの志向性の本性と必然性を、言い換えれば、「人間本性の腐ったしみ」（カント）を、はからずも露呈させた哲学として重要なのであります。

哲学は耐え通すことでなければならない。

メリッソスという哲学者のこういった現象を目の当たりにするとき、哲学はやはり、ハイデガーが繰り返し強調するように、「耐え通す」ことでなければならないということを実感します。安易に肯定化、対象化、命題化にしがみつくなら、それはもはや哲学ではありません。摑むものなき否定性、すがるもののなき不安定、無明の闇の不安、「実在の明るい夜」（ハイデガー）に耐え通すことによってしか、存在論的真理はあらわにならないでありましょう。哲学は本来ハデスの神々の仕事であって、人間の仕事ではありません。哲学者はどのみちハデスの住人であります。であるからこそ、その言葉がよく一〇〇〇年を越えて届くのでありましょう。

しかしこの肯定化、対象化、Vorhandenes化、否定性の肯定性への転化は、実はパルメニデス哲学そのものの中でもすでに起こっていたことであって、パルメニデスの断片B８の論述は明らかに存在を一個の対象として眼前に置く中で論じられています。「存在」（τὸ ἐόν）を「まるき球の塊のようなもの」というように形容できたということが、すでに決定的な対象化を物語っています。対象化、存在的レヴェルへの移行はすでにパルメニデス自身の中で音もなく起こっていたのであります。それほどにもこの移行は速やかなのであります。しかし断片B８の論述が広い意味での比喩でしかないことは実はパルメニデス自身が密かに意識していたことであって、そのことは「まるき球の塊のようなもの」（εὐκύκλου σφαίρης ἐναλίγκιον ὄγκῳ）というこの微妙な表現に現れています。「……のようなもの」（ἐναλίγκιον）というのは、「これは比喩ですよ」ということであります。パルメニデス自身が比喩だといっているのであります。シンプリキオスもそれをはっきり比喩と解しています。

シンプリキオス（『アリストテレス「自然学」注解』146, 29）

彼〔パルメニデス〕が一なる存在を「まるき球形の塊のようなもの」といっているとしても、驚くには当たらない。詩なるがゆえにある種の神話的な虚構に余計に手を出してしまうのである。したがって、そのようにいうのは、オルペウスが「白銀色の卵」というのと異ならないわけである。

第10講で言及したように、バーネットは「まるき球の塊」という表現を比喩としてではなく、文字通りに受け取るべきことを主張し、パルメニデスの「存在」（τὸ ἐόν）を「物体」（body）と解したわけですが（Early Greek Philosophy. 178）、バーネットのこの近代的解釈は明らかにパルメニデス自身の言に反しているし、古代のパルメニデス解釈とも異なっています。近代はどうしてかくも古代を捉え損なうのでしょうか。「何もかも掴み損ねる誤りなき本能の持ち主たち」とニーチェは近代の哲学者たちを罵っていますが、近代による古代の誤解はとても偶然とは思えません。このことはすべてのものを対象ないしVorhandenes〔眼前存在〕としてしか捉えない主観性の志向性の視点が近代においていかに根深いかを物語るものでありましょう。近代の哲学が総じて主観性の哲学でしかなくなっている実情がこのことにも端的に現れています。

パルメニデス哲学とメリッソス哲学の差

このような主観性の視点では古代哲学は変質して現れずにいず、そこに現出していた真理（アレテイア）は当然隠蔽されざるをえません。近代の誤解は決して偶然でないのであります。わたしたちは近代哲学の「腐ったしみ」（カント）を取り除かねばなりません。そしてこそはじめてギリシア人に開示されていた真理（アレテイア）に接近する可能性も開かれてくるでありましょう。古代ギリシア人ははるかに深い哲学的真理の中で生きかつ思索していました。彼らを「原初の思索家たち」(die anfänglichen Denker）と呼んだハイデガーの呼称は決して大袈裟でありません。

「まるき球の塊」という表現のみならず、断片B８の論述が全体として比喩であるとの意識はパルメニデス自身の内にすでにあったとわたしは思います。それゆえ断片B８の論述は、その論述内容の明快さにもかかわらず、どこかに「譬えていえば」といったような意識を伴っています。パルメニデス哲学の真髄は断片B２の「ないはないし、知ることも、語ることも、考えることもできない」という存在に関するその消極的な表現にあるのであって、断片B８のポジティブな表現はいわば全体として比喩なのであります。パルメニデス自身ですら否定性による存在の真理の現出という局面に長くはとどまれず、ほとんど一瞬間の内に、その自覚もなく、肯定的、存在的次元にワープしていたということでありましょう。しかしそれは彼の哲学の本質を剔出する表現でなかっただけに、どこかに本当のところではないといった感覚を伴っており、論述の明快さにもかかわらず、断片B８の論述には真の確信といったものが感じられません。それが全体として存在的レヴェルの論述であり、存在的な浅瀬にあることは否定しえないでありましょう。パルメニデス自身、真の確信をもって断片B８の論述を行なっていたわけではなかったとわたしは思います。それに対し、このレヴェルにおける存在の探求をある意味確信をもって語った哲学者がサモスの哲学者メリッソスなのであります。もし本当にピュタゴラスがサモス出身の哲学者であったとするなら、ここにピュタゴラスがサモスに残した残滓を見たとしても不当でないでありましょう。

　繰り返しますが、メリッソスの哲学は「有るもの」（τὸ ὄν）に諸々のポジティブな規定を付加することによって一面ではパルメニデスの存在の哲学に勝る明晰性を獲得しています。しかしまさにそのことによって、前述のように、パルメニデスの「存在」（τὸ ἐόν）を存在的な次元にまで引き上げてしまっているのであり、パルメニデスの存在論的な存在思想に本質的な変更を加えているのであります。

　パルメニデスの存在思想の真髄は、第9講（「パルメニデス講義」）でも指摘したように、存在についてはただ「ある」としかいうことはできず、それに対して否定の述語を付加することは不可能であるとする、その否定的・消極的な規定にあるのであって、このことによってパルメニデスは存在が肯定と否定の対立が可能となる統一の次元を超えた何ものかであることを示唆したのでした。もし存在に否定の述語を付加して「ない」といえば、非存在が語られていることになり、したがって「ないがある」ことになります。これはそれ自身に矛盾する不合理であります。それゆえ「ないはない」、「非存在は存在しない」とパルメニデスは主張しました。このことによって彼は、ある存在者に非存在者を対置するように存在に非存在を対立させることはできないということ、それゆえ存在は肯定と否定の対立が可能な次元を超えた何ものかであることを示唆したのであり、換言するなら、肯定と否定の対立が可能となる統一の次元においてはじめて成立しうるわたしたちの思惟や言語によっては存在を捉えることはできないことを示したのであります。要するに存在は統一の次元（カントのいう「統覚の超越論的統一」の次元）を超えた何ものかであることを示唆したのであります。彼は、消極的な規定をもってしてであるとはいえ、「存在」（τὸ ἐόν）を存在的な次元においてではなく、存在論的な次元においてはじめて思索した哲学者だったということができるでありましょう。あるいは人間の思考には接近不能な「存在」を垣間覗いた哲学者だったというべきかも知れません。パルメニデスの哲学の真髄は、それゆえ、存在に対するその消極的、否定的言説にあるのであり、積極的、肯定的規定はいわば比喩なのであります。

それに対してメリッソスは「有るもの」（τὸ ὄν）に積極的な規定を付加し、それをひとつの対象として捉えました。「非物体的」（ἀσώματον）といわれてはいますが、それが対象であることは否定しえないでありましょう。これは存在ではなく、存在者であります。ないしは一個の Vorhandenes（事物的存在）であります。メリッソスの哲学は、したがって、徹頭徹尾存在的な次元における存在の探究なのであります。存在的次元における存在の探究をある意味確信をもって行った哲学者、それがサモスの哲学者メリッソスなのであります。共に一者を唱え、それを不変不動であるとして、生成・消滅、多、空虚、運動を否定したという点においては同じ思想を語っているかに見えても、パルメニデスの否定性に基づく存在論的な存在思想とメリッソスの肯定的・存在的な存在思想とでは、次元をまったく異にする哲学が語られていたのであります。この差をアリストテレスは明確に意識していました。

アリストテレス（『形而上学』A 5. 986 b 25）

したがって彼らは、先にもいったように、当面の探究からは除外されて然るべきである。特にクセノパネスとメリッソスの二人は、いささか粗雑に過ぎるから、まったく除外されてよいが、パルメニデスはある場合には一層の洞見をもって語っているように見える。

哲学者はハデスの住人である。

ところで、歴史的存在としてのメリッソスは哲学者というよりは実務の世界の人でした。彼はサモスの政治家であり、サモスの艦隊司令官にも選出されています。サモス艦隊を指揮しておそらくソフォクレス指揮のアテナイ艦隊と交戦し、これを撃破したといわれています。またペリクレス指揮のアテナイ艦隊とも交戦し、勝利したことがあったともいわれます。

ディオゲネス・ラエルティオス（『ギリシア哲学者列伝』IX 24）

メリッソスはイタイゲネス（あるいはイタゲネス）の子で、サモスの人。彼はパルメニデスから学んだ。彼はまた政治家でもあって、市民から高い評価を得ていた。それがために艦隊司令官に選出され、その卓越性によってさらに一層の称賛を得たのである。

『スーダ』（「メレトス」の項）

〔彼（メリッソス）は〕エレアのゼノンやエンペドクレスと同時代に生きていた。彼は『有るものについて』と題する書物を書いた。彼はまたペリクレスの政敵でもあって、サモス人のために将軍となって出陣し、第84オリュンピア祭年〔前四四四―四四一年〕に悲劇作家ソフォクレスを相手に海戦を交えた。

プルタルコス（『ペリクレス伝』26 ff.）

というのは、彼〔ペリクレス〕が航海の途についてしまうと、イタゲネスの子メリッソスは（この人は哲学者で、当時サモスの将軍職にあった人であるが）〔敵の〕艦船の少数なるを侮ってか、あるいは敵将たちの経験の乏しさを侮って、アテナイ軍を攻撃するよう市民たちを説得した。かくて戦いとなってサモス軍は勝利を収め、アテナイ人多数を捕虜とし、また多くの艦船を破壊して制海権を獲得した。そしてまたそれまで得たこともないほどの軍需物資を手に入れた。アリストテレスのいうところによれば、ペリクレス自身もまたこのメリッソスと以前海戦を交え、打ち負かされたことがあったとのことである。

メリッソスは実務の世界において有能な人物なのであります。彼の判断力は的確だったのでありましょう。戦いにおいて勝利に貢献するものは何よりも戦況を的確に把握し、目標（敵）を正確に捉える判断力だからであります。状況を的確に把握し、目標を正確に捉える判断力こそが将軍メリッソスの資質だったとすれば、メリッソスの思考は対象を捉えるそれであります。メリッソスの思考は対象性の内を動くことにおいて的確だったのであり、彼の志向性は対象を志向するそれであります。そのような志向性に捉えられたパルメニデスの存在思想がメリッソスの「有るものについて」（περὶ τοῦ ὄντος）の哲学なのであります。パルメニデスの否定性に基づく存在論的な存在の哲学が一瞬の内に存在的な次元にワープしなければならなかったゆえんであります。メリッソスの哲学は主観性の表象的思考（Vorstellen）の中で否定性に基づく存在論的真理がどのような変容を蒙るかを端的に示した哲学なのであります。メリッソスの「有るもの」（τὸ ὄν）はパルメニデスの「存在」（τὸ ἐόν）の対象化、Vorhandenes 化であり、彼の哲学はパルメニデス哲学の存在的表現なのであります。当然彼の哲学は存在的次元という浅瀬に浮上せざるをえませんでした。パルメニデスとの比較においてアリストテレスがメリッソスに低い評価しか下せなかったのも当然のことといわねばなりません。

アリストテレス（『自然学』A 3. 186 a 6）

なぜなら両者とも、すなわちメリッソスもパルメニデスも争論家風に推論しているからである。すなわち、彼らは虚偽を前提としており、彼らの議論は非論理的である。メリッソスの議論はより凡庸であって、難しいものではない。ひとつの不条理が認められるなら、その他のことは〔そこから〕結論されるのであって、何ら難しいものではない。

注目すべきはギリシアにおけるメリッソス哲学のこの評価の低さであります。ギリシア人はメリッソス哲学の明快さに必ずしも満足していないのであります。アリストテレスのみならず、一般にギリシアの哲学者によるメリッソスの扱いがパルメニデスのそれに比して軽いことは否定できません。これはギリシア人がアナクシメネスの哲学をアナクシマンドロスのそれに比して軽く扱ったのと同様の現象ということができるでありましょうが、そこにはおそらく対象的明快さは存在の真理の真の剔出ではないとの感覚があったのであり、明快さより深さを求める人間の知性の、ある意味、確かさがここに見紛いようもなく現れています。

人は本能的に知っているのでありましょう。対象的明快さは存在の真理の真の露呈ではないということを。したがって主観性の志向性によっては存在の真理は捉えられないということを。人間は何よりも存在の真理をこそ求める存在者なのであります。人間がハイデガーのいう意味での「現‐存在」（Dasein）であるゆえんであります。特に初期のギリシアの哲学者はそうであります。合理的、客観的認識の名のもとに皮相な対象的規定に終始する科学的認識なるものをあてがわれたのでは、ギリシア人はたちまちにして知的情熱を喪失してしまったことでありましょう。あのような「科学」なるものに近代人がどうして耐えているのか、のみならず、それを知の代表ででもあるかのように遇しているのか、ギリシア人の上述の感覚と比較するとき、不思議な気すらしてきます。そこには主観性のイデオロギーとそれに基づく経済原理（ユーティリティ）があることを見て取らねばなりません。メリッソスの「有るものについて」（περὶ τοῦ ὄντος）の哲学をギリシア人は心底のところでは拒否していたとわたしは思います。この心底における拒否こそ、ギリシア人の哲学的センスの真正性を証する何よりの証拠なのであります。ギリシア人の学があくまでも「哲学」でなければならなかったゆえんであります。

わたしたちがメリッソスの哲学において確認すること、それは存在論的真理は速やかに存在的真理に移行せずにいないということ、否定性に基づく存在の真理の現出はたちまちの内に対象化され、命題として固定され、存在的世界に置かれるということ、これであります。これは実務家の世界であり、前者が本来の哲学者の世界であります。

哲学者の住まうところ、そこは原則ハデス（冥界）であります。メリッソスはむしろ実務家の世界に住む哲学者なのであります。哲学者と実務家との間の暗黙の対立と暗闘の構図をわたしたちはパルメニデス哲学とメリッソスの哲学の関係において見るといって不当でないでありましょう。メリッソス哲学がわたしたちに暗黙の内に語るもの、それは人類は基本的に哲学に不向きな存在であるということ、にもかかわらず彼らは存在の真理を求めずにいないということ、このことであります。この矛盾の間を人類はいきつ戻りつしてきたわけですが、この右顧左眄は今後も永遠に繰り返されずにいないでありましょう。人類がそれから脱することは永遠にないでありましょう。これもまた人類の運命（ゲシック）というべきでしょうか。

繰り返しますが、哲学は基本的に神々の仕事であって、人類の仕事ではありません。哲学者はハデスの住人であります。

第12講 エンペドクレス

本講ではピュタゴラス哲学の影響をまともに受けた初期ギリシアの哲学者、アクラガスのエンペドクレスを取り上げ、彼の哲学におけるピュタゴラス主義の影響の意味について省察を加えたいと思います。最初に彼の『カタルモイ』（Καθαρμοί）の思想に注目します。その後エンペドクレスの自然哲学（Περὶ φύσεως）を俯瞰します。本来イオニアの自然哲学の系譜上にあったエンペドクレスにピュタゴラス主義がどのように影響し、その結果エンペドクレス哲学がどのように変容したかを見定めるのが講義の課題であります。

哲学者エンペドクレス

構造的自然概念と主観性原理の個体内における相克と葛藤の例をわれわれはアクラガスの哲学者エンペドクレスにおいて見る。エンペドクレスはこの二大原理によって引き裂かれた最初期の哲学者であった。エンペドクレス、エトナに死す。

われわれは異邦人である。

主観性（Subjektivität）と構造的自然（φύσις）の個体内における相克と葛藤の一例をわたしたちはアクラガスの哲学者エンペドクレスにおいて見ます。エンペドクレスのあの苛立ちはある基層的意識の上に異質の原理が到来しましたことを物語るものであって、水と油のごとく容易には調和しない二つの原理の個体内における相克と葛藤の現れなのであります。エンペドクレスもまた本来はイオニアの自然哲学の系譜の上に立つ哲学者でした。彼は基本的にはイオニアの自然哲学者であります。彼が自然の探究にいかにその情熱を注いだか、彼の『自然について』（Περὶ φύσεως）の諸断片が雄弁に物語っています。エンペドクレスは、アリストテレスを除けば、おそらくギリシア最大の自然哲学者であったといって過言でないでありましょう。そこに「ピュタゴラス」がやってきたのであります。

ポルピュリオス（『ピュタゴラス伝』30）

エンペドクレスもまた彼〔ピュタゴラス〕について次のように語って、このことを証言している。

「かの者たちの中に並はずれたひとりの男がいた。まことにその者は心の最も豊かな富をわがものとし、ありとあらゆる知識の業に比類なく通じていた。なぜなら、ひとたびその全精神をもって求めたなら、彼は存在するもののすべてをやすやすと見て取ったからである。一〇度も二〇度も繰り返されたその生涯によって。」

「ピュタゴラス」との遭遇がエンペドクレスにとっていかに衝撃的であったか、このエンペドクレスのピュタゴラスへの言及が如実に物語っています。自らを神々のひとりとし、他の哲学者を認めることなどまずなかったエンペドクレスにとっても、ピュタゴラスだけは別格だったのであります。ピュタゴラス哲学との出会いは彼にとり運命的でした。ピュタゴラス主義、主観性原理（Subjektivität）との接触は彼の自意識を目覚まさずにいなかったのであって、その瞬間彼の前で世界は一変したのであります。大地が突然「アテ（禍）の歩む喜びなき大地」（エンペドクレス、断片B 121）に一変してしまっています。この断片はエンペドクレスの中で何かが変わってしまったことを雄弁に物語っています。

またピュタゴラス哲学との接触の結果、魂の輪廻説が彼を捉えました。それも魂一般ではなく、己の魂の転生がであります。

なぜならわたしはすでに一度は少年であり、少女であり、藪であり、鳥であり、海に浮かび出る物言わぬ魚であったがゆえに。

ディオゲネス・ラエルティオス（『ギリシア哲学者列伝』VIII 77）、ヒッポリュトス（『全異端派論駁』I 3）

魂の輪廻説は自我の自責意識と永生を希求する自我個体の欲求が裏で手を結んだ主観性の論理の極限形式ですが（罪障を償うためにこの世に何世もとどまりつづけねばならないというのは何という理屈でしょうか。この論理の中には、自らを責めながらもなお生きようとする自我個体の執念のような底意が隠れています）、この極限形式がエンペドクレスを襲ったのであります。その結果、彼の中でまどろんでいた自意識が突然目覚めることとなりましたが、この自意識の目覚め、主観性のこの汚染はいわば処女地へのはじめての汚染であっただけに、鮮烈でした。エンペドクレスの『カタルモイ』（Καθαρμοί）の諸断片が語る叫びにも似たあの痛切な響きは青年の失楽園体験のそれを思わせるものがあります。以下の諸断片の響きはエンペドクレスの中で何かが変わってしまったことを明らかに示しています。

クレメンス（『雑録集』III I 14）

エンペドクレスもまた次のように語っており、彼〔ヘラクレイトス〕と同意見であったことは明らかである。

「わたしは泣き叫んだ。見も知らぬ土地を見て。」

ヒッポリュトス（『全異端派論駁』VII 29）

そしてエンペドクレスが自らの出生について語るところはこうである。

「われもまた今はかかる者らのひとり。神のもとより追われたる者にして、放浪の身。」

ヒッポリュトス（『全異端派論駁』VII 29）／**プルタルコス**（『イシスとオシリスについて』28 p. 361 C）

彼〔エンペドクレス〕は次のようにいう。

「アイテールはわれらを大海へと追いやり、大海は大地へと吐き出し、大地は太陽の光の中へ投げ捨て、太陽はアイテールの渦の中へ投げ捨てる。それぞれが他から受け取るが、すべてがわれらを忌み嫌う。」

クレメンス（『雑録集』IV 12）

思うに彼は、

「何という栄誉から、何と大きな祝福から追放されて」

とエンペドクレスのいうごとく、この世にやってきて、死すべきものどもに立ち混じって時を過ごしていることを教え諭しているのである。

ここに語られているのは失楽園体験のあの決定的な感覚であり、根源的な孤独感であります。何かから落ちこぼれたという、自分の前で何かへの通路が閉ざされたという、あの根源的孤独感であります。エンペドクレスは突然自分を自然に忌み嫌われる存在と感じるようになったのであります。自らをすべてに忌み嫌われる存在と感じるということにはある原体験が語られているのであって、エンペドクレスにおいては自然との幸福な調和、自然との一体感は完全に失われています。自然存在が通常有する祝福感覚、祝福に包まれているという全体感覚が完全に失われているのであります。何がそれを失わせたのか。主観性（Subjektivität）であります。主観性の自意識、自責意識であります。主観性こそわたしたちの生命の拠り所である周辺部の「共通の神的なロゴス」との交流を断ち切るものであるとの認識はすでにヘラクレイトスにありましたが、エンペドクレスはまさにこのことを実体験したのであります。主観性によってエンペドクレスは自然（ピュシス）から切れたことを決定的に感じ取ったのであり、世界から打ち捨てられたとの意識を持ったのであります。自らをすべてに忌み嫌われる存在と感じるというこの根源的孤独感、これは主観性（自我）がはじめて自覚されたときの最も衝撃的な感覚であります。それはまた自らを異邦人としか感じられない主観性の自己感覚でもあります。エンペドクレスは異邦人たることを自覚したおそらく最初のギリシア人でした。何からの異邦人か。自然（ピュシス）からのでありあります。存在からのであります。

プルタルコス（『亡命について』17 p. 607 C）

エンペドクレスはその哲学の冒頭において、

「ここにアナンケー〔必然の女神〕の託宣がある。それは神々の太古の定め、
過ちによって自らの手足を殺生の血で穢した者あれば、
永生の命を得ているダイモーンといえども、
至福の者から離れて、一万年周期の三倍さまよわねばならぬ。
われもまた今はかかる者らのひとり、神のもとより追われたる者にして、放浪の身」
と宣言し、彼だけでなく、彼をはじめとして、われわれのすべてがこの世においてはさすらい人であり、異邦人であり、亡命者であることを教えているのである。

自意識の目覚めは祝福の喪失感情と裏腹ですが、エンペドクレスの場合にはそれがはじめてのそれであっただけに痛切でした。「一万年周期の三倍さまよわねばならぬ」と語っているところからしても、その痛切感を感得しなければなりません。エンペドクレスの喪失感覚はまさに青年が体験するそれでした。またその自意識も青年期のそれに似て、バランスを欠いて肥大化しています。「もし神が存在するなら、どうしてわたしが神でないことに耐えられようか。だから神はないのだ」とニーチェはいいましたが（『ツァラトゥストラはかく語りき』第二部）、エンペドクレスの場合は少し違う。彼の場合はこうです。「もし神が存在するなら、どうしてわたしが神でないことに耐えられようか。ところで神々が存在することは自明である。それゆえわたしもまた神々のひとりでなければならない。」

いずれも肥大化した主観性の自意識の命題的表現といえると思いますが、両命題間のこの差異はエンペドクレスがまだ基本的には神々と共に自然の境内にいる哲学者であったことを物語っています。もう完全にその外にいた近代人ニーチェの上記の三段論法の結論部は神の存在の否定でした。まだ神々の存在が自明である自然の境内にいたエンペドクレスの結論部は上のようなものであって、神々の存在

そのものを問題にするなどということは彼には思いもよらないことでありました。彼の関心は自分もその神々のひとりかどうかということにのみ向けられているのであって、そうでないことが許せない以上、彼は神でなければならないのであります。かくして事実彼は神々のひとりとして公衆の前に立ち現れたし、また子供たちをしたがえて神として街を練り歩きました。

ディオゲネス・ラエルティオス（『ギリシア哲学者列伝』VIII 73）

それゆえ彼〔エンペドクレス〕は、パボリノスが『覚書』においていうところによれば、紫衣を身に着け、黄金のベルトを巻いていたのである。また青銅の履物を履き、デルポイの花冠を頭に戴いていた。彼の髪は濃く、子供たちを付き従えていた。また彼は常にひとつの挙措を持し、気難しい表情をしていた。そのような姿で事実彼は〔街中を〕歩いたのであり、出会う市民たちはそれをまた一種の王権の印とも考えたとのことである。

『スーダ』（「エンペドクレス」の項）

彼は頭に金の冠を戴き、足には青銅製の履物を履き、手にデルポイの花冠〔のついた杖〕を持って諸都市をめぐり歩いたが、それは神であるとの彼にまつわる風評を定着させようとしてであった。

ピロストラトス（『アポロニオス伝』VIII 7. p. 156）

エンペドクレスもまた深紅のリボンを頭髪に巻いて、自分は人間から神になろうといった意味の頌歌を作り、吟誦しながら、ギリシアの町々を勿体ぶってめぐり歩いたからである。

ディオゲネス・ラエルティオス（『ギリシア哲学者列伝』VIII 62）

「おお、友よ、褐色のアクラガス河畔の大いなる町に、
都の高みに住む人々よ。善き業に心がける人々よ。
幸いあれ、わたしは御身らにはもはや死すべき者としてではなく、不死なる神として、
ふさわしい尊敬を身に受けながら、すべての者の間を歩みゆく。
リボンと華やかな冠を頭に戴いて。
華やかに咲き誇れる町にわたしがいたり着く時はいつも、これらの人々に、
男にも女にも、わたしは崇め奉られる。これらの者たちは万をなして付きしたがい、
そのある者は利得にいたる道はどこにあるかと尋ね、
またある者は予言を求め、ある者はあらゆる種類の病について、
その治療の託宣を聞こうと問い求める。」

エンペドクレス、エトナに死す。

神として街を練り歩くということが白昼堂々となされえたということ、また驚きの目で見ながらもそれをギリシア世界が許容したということ、まずこのことにわたしたちは驚きを禁じることができませんが、それに加えて一層驚くべきは、エンペドクレスが心底から真剣であったということであります。彼は心底からして神々のひとりでなければならなかったし、また人々にそう思われねばなりませんでした。彼の自意識は彼が神々のひとりであることに対するいささかの疑念にも耐ええなかったとみえて、自らが神であることを決定的に証明するためにエトナ火山に跳び込んだといわれています。いささか信じ難いといった気味を含みつつも、学説誌の中で繰り返し執拗に語られるこの伝承にも、そこにやはりある

種の真理は語られているのではないかとわたしは思います。また学説誌家たちも、そこにある種の真理を感じ取っていたからこそ、この一見突飛とも思われる伝承を執拗に語り伝えてきたのではないでしょうか。真理は必ず自らを伝承します。歴史的アプリオリーが歴史の中で自らを保存し、伝えていく威力を有することは、歴史においてしばしば目撃されるところであります。いずれにしても、事の真偽はともかくとしても、少なくともそのようなことをしても不思議でない人物としてエンペドクレスが古代の人々に受け止められていたということ、またそういうこともありうることとして古代世界においては認知されえたことを、これらの伝承は伝えています。

ホラティウス（『詩論』458）

エンペドクレスは不死なる神とみなされることを望み、冷厳にも燃えるエトナ火山に飛び込めり。

ディオゲネス・ラエルティオス（『ギリシア哲学者列伝』VIII 69）

またヒッポボトスは、彼〔エンペドクレス〕は宴席から立ち上がってアイトナ〔エトナ〕火山に赴き、火口に到着するや、それに飛び込んで姿を消したという。そしてそれは、神になったという彼にまつわる風評を立証せんがためであったが、彼のサンダルの片方が吹き出されて、事の次第が明らかになったという。

これが神の存在にいささかでも疑念を差し挟みうるような人物の取りえた行動でしょうか。近代人のとうてい取りえない行動であって、というのも近代人は、いかに信仰告白に熱心であっても、基本的に神の存在に疑念を差し挟みうる存在と化してしまっているからであります。近代人にとっては神はすでい、い、対象的存在でしかないのであります。言い換えれば、疑いを許す存在でしかないのであります。近代人の失楽園性の深さをわたしたちはここに確認するといわねばなりません。

エンペドクレスの行動と比較するとき、むしろわたしたち近代人の神無き世界の異様性が炙り出されてくるのであります。近代世界、進歩的知識人からいかに冷たい目で見られようとも、神々が輪舞する世界の方がノーマルなのであります。神々や大地の諸霊と共にある世界が自然なのであります。というのも、自然はそういったものも含み込んではじめて自然だからであります。自然は表層世界、物理的世界に尽きるものでは断じてありません。たとえデカルトによって世界が純物理的世界と化されてしまったにしてもであります。物理的表層世界だけでなく、深層世界も含み込んではじめて自然であり、そして人間も本来そういった自然に属するはずの存在者なのであります。

引き裂かれた哲学者、エンペドクレス。

自然を対象として前に立てたとき、人間はその外的存在となり、その一切を失わざるをえませんでした。わたしたちはエンペドクレスを笑うよりも、自らの失ったものに想いを致すべきでないでしょうか。神の存在を問題にしうるということがすでに決定的な失楽園性を物語っているのであります。その根拠は主観性（Subjektivität）であって、主観性は神的存在をすら対象と化さずにいない原理なのであります。主観性が出現させる世界はゲステル（Gestell）であり、そこでは神も自然も当然ゲステルの中に組み込まれずにいません。すなわち対象的存在とならずにいません。主観性の表象的思惟（Vorstellen）にとっては、神もその前に立つ一対象でしかないのであります。したがって当然それは考察の対象になります。言い換えれば、疑いの対象となります。

しかしエンペドクレスにとっては神々は、自然同様、基本的に対象ではありませんでした。エンペドクレスにおいては神々はまだゲステルに組み込まれていません。したがって基本的にそれらは彼の考察の彼方にありました。すなわち疑いの彼方にありました。この考察の彼方にある未だ対象化されざる神々（ニーチェのいう「未だ知られざる神」）と、ゲステルの中に組み込まれた対象としての神と、どちらが一体本当の神でありましょうか。はっきりいえることは、主観性の前にひとつの対象として立つような神はもはや神というに値しないということであります。そのような神は神としての威力をもはや発揮しえないでありましょう。したがってそのようなところに真の信仰が成立することはないのであって、いかに信仰告白が声高に叫ばれるのが聞かれようとも、そこに神々が臨在したもうことはもはやありません。神の臨在を感じ取ることができなくなった人間は存在から落ちこぼれた主観性でしかなく、もはや人間とはいえません。このもはや人間とはいえなくなったような者が「人権」などと称して自己主張しだしたところに、世界が変調をきたした最大ポイントがあるのではないでしょうか。自然（存在）は「人権」を笑います。

このエンペドクレスの極端がもし根源からのものであるなら、エンペドクレスこそ真に根源の動向をわたしたちに垣間見せた哲学者であったといわねばないのではないでしょうか。いかにその振舞いがわたしたち近代人の目からすれば奇矯に見えようともであります。事実それは根源からのものだったのであり、エンペドクレスのあの常軌を逸した奇矯な振舞いを彼の個人的な性格なり資質に解消してしまってはなりません。通常の『哲学史』においてはそのような扱いしかなされていませんが、そのような実存的解釈ではギリシア哲学の真実は総じて捉えられないというのが、本講義においてわたしが特に強調したいと思う点であります。もしそれを彼の個人的な性格や資質の結果としてしまうなら、エンペドクレスの行動は奇矯以外のものでありません。彼は奇人以外の何ものでもなく、そこに語るべきものは何もありません。個人の資質や性格など、およそ哲学では問題となりえないからであります（実存主義者への注)。

しかし彼の行動のよってきたる根拠はそのようなものではなく、根源からのものだったのであり、彼の中では明らかに二つの原理が戦っていたのであります。彼は二つの原理によって引き裂かれた哲学者でした。二つのプレートに乗った大陸のごとく彼は引き裂かれたのであります。わたしたちも引き裂かれていますが、しかしわたしたちは引き裂かれてしまっているために、そのことにもうほとんど痛痒すら感じません。しかしエンペドクレスはまさに引き裂きの現場なのであります。彼は呻き声を発さずにおれませんでした。その発声は当然のことながらあからさまなものにならざるをえませんでした。プロティノスはエンペドクレスを「あからさまに語るピュタゴラス」(『エンネアデス』IV 8, 1)と形容していますが、けだし本質を言い当てた形容といえましょう。わたしはプロティノスという哲学者の洞察の深さにしばしば舌を巻いてきましたが、エンペドクレスに関するこの省察もその一例であります。

プロティノス(『エンネアデス』IV 8, 1)

エンペドクレスも世に落ちるのは過ちを犯した魂にとって定めであるとし、彼自身も狂える争いを信じたばかりに神のもとより追われたる者となり、〔この世に〕やってきたと語っているが、彼はただ、ピュタゴラスやその後継者たちが、この問題や、あるいは他の多くの問題について、謎めいた仕方で語ったことを、あからさまに語ったに過ぎないのである。

ピュタゴラスが学派に沈黙を命じ、また自らを帳の奥深くに隠さざるをえなかったゆえんのもの、それをエンペドクレスはあからさまに発声したのであります。そのゆえんのものとは何か。それは主観性の失楽園性格、その祝福のなさであります。主観性は自らの正体をよく知っているのでありましょう。

自分の祝福のなさをよく知っているのであります。それゆえそれは警戒的、猜疑的であらざるをえません。自らを隠さざるをえないというのが主観性の、おそらく主観性自身にもどうしようもない性向なのでありましょう。ピュタゴラス派を決定的に特徴づけているもの、それはまさにこの警戒心、猜疑心であります。ピュタゴラス学徒のあの尋常ならざる沈黙はピュタゴラス主義の本質を漏らして余りあるものがあります。それは修練という概念のみで説明できるようなものではないのであって、ピュタゴラス主義はその本性からして自らを隠さざるをえない哲学だったのであります。ピュタゴラス学派を色濃く特徴づけている神経症的な過敏性、閉鎖性、猜疑心、警戒心に鈍感であってはなりません。学派内におけるあの猛烈ないじめ現象に見られるような心底から人に怯え、憎む感情に鈍感であってはなりません。プロティノスの指摘するように、エンペドクレスの哲学はある意味でピュタゴラス主義の秘密を漏らすものだったのであります。事実彼は学派の秘密を漏らしたとしてピュタゴラス派の講筵に列することをピュタゴラス学徒たちによって差し止められていますが、ゆえないことでなかったのであります。しかもそれは一学説の漏洩といったレヴェルのものではなく、真実にはピュタゴラス主義の根幹に係わる漏洩だったのであります。

ディオゲネス・ラエルティオス（『ギリシア哲学者列伝』VIII 54－55）

彼〔エンペドクレス〕はピュタゴラスから学んだとティマイオスは〔『歴史』〕第九巻において伝えているが、またその当時起こった学説の剽窃に係わって嫌疑をかけられ、プラトンもまたそうされたように、〔ピュタゴラス派の〕講筵に列することを拒まれたとのことである。……ピュタゴラス学徒はピロラオスやエンペドクレスの時代まで教義を共有していたが、エンペドクレスが詩によってそれらを洩らしてしまったので、いかなる詩人も教義に関与させてはならないという法を制定したとネアンテスはいう。またネアンテスは、プラトンもこれと同じ扱いを受け、〔ピュタゴラス派の〕講筵に列することを拒まれたといっている。

存在をめぐる巨人闘争

主観性と存在の対立と葛藤こそ二五〇〇年の西洋形而上学に通底する対立と葛藤でした。西洋形而上学の根底において戦われてきたもの、それは主観性と存在の戦いであり、プラトンはそれを「存在をめぐる巨人闘争」（γιγαντομαχία περὶ τῆς οὐσίας）と呼んでいます（プラトン『ソピステス』246 A）。プラトンは理念的世界をはじめて出現させた主観性の哲学者ですが、西洋形而上学の根底において戦われているものが何であるか、よく分っていたのでありましょう。この「存在をめぐる巨人闘争」はそういう意味においてまさに西洋形而上学の運命（ゲシック）ともいうべきストライトであり、西洋精神史における最も根本的な対立なのであります。そしてこの両原理の対立と葛藤が一個体内において生起した最初の例が、以上に述べたように、アクラガスの哲学者エンペドクレスなのであります。エンペドクレスは「存在をめぐる巨人闘争」の現場となった最初期の哲学者であり、そういう意味において彼はまさに西洋形而上学の運命と苦悩を一身に引き受けた哲学者だったといって過言でないでありましょう。これほど大きい戦いの現場となった個人というのはまさに稀有な事例であり、そういった意味において、彼もまたひとりの哲学者というよりは、哲学そのものともいうべき現象だったといって過言でありません。彼こそは西洋形而上学の運命（ゲシック）の具体的表現なのであります。エンペドクレスを前にするとき、このことにもはや痛痒すら感じないわたしたち近代人の失楽園性の深さにあらためて戦慄せずにおれません。

エンペドクレスの自然哲学

以上のごとくエンペドクレスはピュタゴラス哲学の影響をまともに受けて自らの人格を分裂させてしまった哲学者といわざるをえませんが、彼はまた同時にイオニアの自然哲学の系譜上にある自然哲学者でもありました。エンペドクレスは、アリストテレスを除けば、ギリシア最大の自然哲学者であったといっておそらく不当でないでありましょう。以下ではエンペドクレスの著作『自然について』（Περὶ φύσεως）に表明された学説を、学説誌の諸断片から知りうる限りにおいて、展望しておきたいと思います。ピュタゴラス哲学に汚染される以前のエンペドクレス哲学の本来の姿を確認することができればと思います。

万物のアルケーは火、空気、水、土である。

エンペドクレスは四元素説を唱えることによってギリシア哲学史上はじめて明確に多元論的原理を導入した哲学者として知られます。彼は火（πῦρ）と空気（ἀήρ）と水（ὕδωρ）と土（γαῖα）の四元素を万物の原理（アルケー）としました。

アエティオス（『学説誌』I 3, 20）／**セクストス・エンペイリコス**（『諸学者論駁』X 315）

まずは聞け、万物の四つの根を。
輝けるゼウス〔火〕、生命育むヘラ〔土〕、またアイドネウス〔空気〕、そして死すべき人の子らのもとなる泉をその涙によって潤すネスティス〔水〕を。

彼以前の自然哲学者たちはそれぞれそのひとつを万物のアルケーとして掲げ、互いに譲らず対立していたのが思い出されるでありましょう。タレスは水が万物のアルケーであるといい、アナクシマンドロスはト・アペイロンがそれであるといい、アナクシメネスは空気がそれであるとし、ヘラクレイトスは火を主張しました。またクセノパネスは土を万物のアルケーとしたといわれています（もっとも彼は土と水を掲げたともいわれていますが）。このように各人がそれぞれひとつの元素をもって万物のアルケー（原理）であるとして互いに譲らず、反目し合っていたわけですが、ここにエンペドクレスが出るに及んで、政治家的な妥協案を示し、これらのすべてをあっさりと同等の資格を持った原理として認めてしまったわけであります（ラッセル）。これらの四元素をエンペドクレスは万物の根（ῥιζώματα τῶν πάντων）と呼びます。火、空気、水、土の四つの根から万物は形成されているというのが、エンペドクレス哲学のアルケー論であります。

しかし彼のアルケー論はすでに見出されていた元素のすべてを原理として認めただけのものですから、この点に彼の思想の独創性を見出すのは困難でありましょう。彼の思想の独創性は、そのアルケー論にあるというよりは、むしろこれらの四つの根（四元素）の結合と分離から万物の生成・消滅を説明したその機械論的な生成消滅論にあります。本来の意味での生成・消滅は不可能であるとする点では彼はパルメニデスに同調します。また元素の質的変様による生成・消滅も、彼の考えからすれば、やはり不可能でした。四元素はそれぞれ永遠に自己の本性を持ちつづけるからであります。エンペドクレスは四つの根（四元素）の混合（μίξις）と分離（διάλλαξις）によってすべての事物の生成・消滅を説明しました。彼によれば、生成とはすなわち四元素の結合であり、消滅とはその分離なのであります。そしてその際ももちろん四元素そのものは生成することも消滅することもありません。このように生成と消滅を四元素の混合と分離に還元することによって、彼は一方では生成・消滅は存在しないとするパルメニデスの存在思想を満足させ、他方では現象において見られる生成・消滅の事実、ヘラクレイトス哲学のいう「パンタ・レイ」(「万物は流れる」)を説明せんとしたのでありましょう。

四元素が結合するところに万物の生成があり、分離するところに消滅があります。しかし四元素そのものは自ら結合したり分離したりする能力を有しません。それゆえエンペドクレスはここに四元素を結合させたり分離させたりする新たな原理を導入しなければなりませんでした。結合する原理として愛(Φιλότης)を、分離する原理として争い(Νεῖκος)を導入しました。エンペドクレスによってはじめて質料因の他に動力因が自然の説明原理として導入されたとアリストテレスの評価したゆえんであります(アリストテレス『形而上学』A 4. 985 a 29)。もちろんアリストテレスは、いつもそうであるように、エンペドクレスのこの見解も以下の引用に見られるように、かなり批判的に論じてはいますが。

アリストテレス(『形而上学』A 4. 985 a 21)

またエンペドクレスにしても、この人の方が彼〔アナクサゴラス〕より一層広範にそれらの原因を使用してはいるが、しかし十分にでもなければ、それらにおいて一貫性を見出してもいない。少なくとも彼においては多くの場合に、愛が分離し、争いが結合する仕儀になっている。なぜなら争いによって全体が諸元素に分解される時には、火は〔火どうしで〕ひとつに結合され、他の諸元素のそれぞれも〔それぞれ〕ひとつに結合されるからであり、また再び愛によってひとつになる時には、諸部分が再びそれぞれ〔の結合〕から分離されざるをえないからである。さて、エンペドクレスはそれ以前の人々とは異なり、その原因〔動力因〕を区別することをはじめて提案したわけであるが、運動の原理をひとつとはしないで、異なり対立する〔二つの〕原理を立てた。さらに彼は質料の意味で語られたものとして四元素を語った最初の人でもある。しかしながら彼はそれらを四つとして使用してはおらず、あたかも二つのものであるかのように使用している。すなわち一方の火はそれ単独で使用し、他方の土、空気、水はひとつの本性のものとして〔火に〕対立するものとして使用しているのである。このことは少し考察すれば誰にでもその詩句から分かるはずである。

世界の四つの時期

世界はそれゆえ、エンペドクレスによれば、火、空気、水、土という四つの根（四元素）が愛（Φιλότης）によって結合されたり、争い（Νεῖκος）によって分離されたりするところに成立します。エンペドクレスは世界に次の四つの時期を区別します。

第一の時期は愛が完全に支配している時期であります。この時期には愛の完全支配によって万物は統一的に結合されて、ひとつの球体（Σφαῖρα）をなしているといいます。球体の中には完全な静寂があり、争いは圏外に去っています。

第二の時期は愛の支配する球体の中に争いが到来し、愛と争いが闘争する時期であります。諸存在が生み出される第一の創造の時期です。

やがて争いが完全に支配するに及んで、事物は完全に元素に分解され、愛が圏外に立ち去る時期が第三の時期をなします。すべてが解体され、破壊され尽くす時期であります。

しかし愛が再び到来し、分離されていた元素を集め、争いの去る時期がきます。これが第四の時期であり、諸々の存在者や有機体が形成される創造の時期はおそらくこの時期に当たります。

この第四の時期（第二の時期かも知れない）にわたしたちが目にするような諸存在が生み出されたの

ですが、この創造は次のような経過を経てなされたとエンペドクレスはいいます。最初に、分離状態のところに愛の力が加わって、等しいものが等しいものに結びつきます。その結果、諸星、大地、天空、大海が生み出されたのであります。これが第一の創造であります。
次に、愛と争いの闘争によって植物や動物などの有機体が生み出されます。動物の発生に関するエンペドクレスの構想は多分に進化論的であります。最初に各器官が別々に独立して大地から発生しました。首を持たない多くの頭が芽吹き、裸の腕が肩から離れてさまよい、眼だけが額につかずに徘徊しているのでした。やがてそれらの器官は出遭うがままに任意に結合し合い、そこから奇怪な姿をしたさまざまな化物が出現したといいます。顔を両面に持つものや胸を両面に持ったものとか、「人間の顔をした牛の子供」や「牛の顔をした人間の子供」とか、あるいは「男女の両性を具有するもの」など、さまざまな生き物が出現しました。

アイリアノス（『動物誌』XVI 29）
自然学者エンペドクレスもまたおそらく動物の特性について語っており、形態の混合によってさまざまに異なっていて、身体の統一性によって形づくられているのでないある合体した動物が生まれたといっている。彼のいうところは次のごとくである。
顔を両面に有するものや、胸を両面に持った多くのものが生まれ、
人間の顔をした牛の子や、また逆に牛の顔をした人間の子が飛び出してきた。
あるところでは男に由来するものを混じえ、
あるところでは女の性質を混じえて陰なす部分を具えたものが。

そしてこのようにして出現したさまざまな生き物のうち、生存に適したものだけが生き残り、その結果現在わたしたちが目にするような生き物に落ち着いたのだといいます。これは適者生存説であり、エンペドクレスの生物発生論そのものは突拍子もない空想であるにしても、その考え方はダーウィンの進化論にも通じる合理性があるのであります。

エンペドクレスはこのように合理的精神に満ち、科学的探究心の旺盛な人でした。彼はまた医者でもあったから、さまざまな医学的、生理学的研究も行なったようであります。おそらく解剖も行なったと想像されます。彼は医術のイタリア派の創始者とされ、その水準は極めて高かったといわれています。特に女性の子宮に多大の関心を示しており、胎児の形成のされ方なども詳しく研究した模様であります。

等しいものは等しいものによって認識される。

彼は「等しいものは等しいものによって認識される」という原則をはじめて明確に主張した人として知られます。これを homeopathic theory といいます。エンペドクレスによれば、「われわれは土によって土を見、水によって水を見、空気によって神的な空気を見、火によって焼き尽す火を見、愛によって愛を見、悲しむべき憎しみによって憎しみを見るのであります」（アリストテレス『デ・アニマ』A 2. 404 b 8.『形而上学』B 4. 1000 b 5）。わたしたち人間がこれらのすべてを認識することができるのは、人間の内には四つの根（四元素）のことごとくが含まれているからであるといいます。すなわち、彼によれば、身体の硬い部分は土であり、血液は水であり、呼吸は空気であり、魂は火だからであります。

この homeopathic theory をエンペドクレスは具体的には「流出物」とその「通路」という構想によって根拠づけました。彼の認識論はテオプラストスの『感覚論』（De sensu）における記述からかなり詳しく知ることができます。それによると、物が知覚されるのは対象物から放出される流出物（ἀπορροή）が知覚の通路（πόρος）に適合することによってであるといいます。流出物はそれぞれ粒子の大きさを異にしています。例えば、火のそれはもっとも微細であるが、土のそれはもっとも粗大であるというように。それゆえ火の流出物は火の通路にしか適合せず、水のそれは水の通路にしか適合しません。そこから、火は火によってしか知覚されず、水は水によってしか知覚されないといったことが起こるのだといいます。この理論はある感覚が別の感覚の対象を判別することができない事情をよく説明するように思われます。ある対象を知覚するにはある感覚の通路は広過ぎるし、ある感覚のそれは狭過ぎるからであり、その結果、細かい流出物は通り抜け、粗い流出物は全然入ることができないといったことが起こるのであります。

眼の仕組をエンペドクレスは角灯を例にして説明しています。眼は真中が火で、その周囲を水と空気と土が取り巻く角灯にも似たものであるといいます。角灯は吹きつける風は払い散らしますが、火は一層微細であるためにそれを突き抜けていきます。ちょうどそれと同じように、その他の流出物は遮られるが、光（火）の流出物は周囲を取り巻く土や水を通り抜けて真中の火に達し、そのことによって知覚されるのであります。

また彼は思考や感覚の座は頭にではなく、血液にあると考えていました。われわれは血液によって最もよく思慮するといいます。というのは、四元素は血液において最もよく混ざり合っているからでありますす。アリストテレスもまた思考の座は頭ではなく胸にあると考えていたことを考えあわせると、このエンペドクレスの理論が当時としては決して風変わりな理論でなかったことが理解されます。

科学者、エンペドクレス。

その他にもさまざまな科学的発見が彼によってなされています。空気が独立の実体であることを発見したのも彼でした。エンペドクレスはそれをクレプシュドラ（盗水器）によって確認しています。すなわち、上の栓を閉じてクレプシュドラを水の中につけても、水はある程度までしか入ってこないからであります。この事実から彼はまた呼吸の現象も説明しました。呼吸とは、血液が皮膚の表面まで細い管をつたわって出てきたり、また奥へとって返ったりすることによって空気が押し出されたり、吸い込まれたりする現象であるといいます。それゆえ、エンペドクレスによれば、呼吸は鼻と口によってのみなされている作用なのではなく、皮膚の表面上のあらゆる穴によってもなされているのであります。ここから彼はまた空虚の存在を否定しました。

またエンペドクレスは、月が自らの光で輝いているのではなく、太陽の反射光線によって光っていることも知っていました。彼の断片のひとつは日蝕の起こる正しい理由を彼が知っていたことを示していますが（エンペドクレス断片B42参照）、それをはじめて発見したのが彼であるかどうかは断定できません。その最初の発見者をアナクサゴラスとする説もあるからです。

このようにエンペドクレスは才気煥発で、科学的探究心の旺盛な人でした。その言動には、先にも見たように、一般からすると奇異なところがありましたが、しかし当時としてはやはり一流の卓越した知性人であり、第一級の自然学者であったことは間違いありません。それで人々が「神だ、神だ」などと褒め称えるものだから、自分でもその気になって、神であることを証明するためにエトナ火山に飛び込んだというようなことであったのかも知れません。ギリシア人の通念によれば、神といっても特別その姿形が人間と異なっているわけではなく、人間が可死（θνητός）であるのに対し、神は不死（ἀθάνατος）であるという点で異なるに過ぎないからであります。もちろん彼は神でなかったわけで、生きて再び火口から出てくることはなかったのであります。

いかにもエンペドクレスらしい死に方ということができるとは思いますが、しかしこれは彼の奇行から生み出された風聞でしかなかったというのが近代の『哲学史』の見方のようであります。近代の『哲学史』はどのようなことも無味乾燥に説明するということで首尾一貫した哲学史であるわけです。エンペドクレスは、その晩年は、政治的亡命者となってペロポネソス半島を放浪しながら不遇の内にその生涯を閉じたと『哲学史』は推測しています。エンペドクレスはアクラガスにおける民主派の政治家でもありました。口八丁手八丁によって一時は相当に有力な存在となっていたようですが、最後には御多分にもれず、追放されてしまったというのであります。追放されて後は自分を墜落した神々のひとりと考えて自らを慰めたようであります。栄光と悲惨が同居できる人でした。アリストテレスの語るところでは、弁論術（ῥητορική）は彼の創始になります（アリストテレス『ソピステス』断片65）。エンペドクレスはソピストの先駆的存在でもあったわけであります。事実ゴルギアスは彼の弟子でした。

以上、エンペドクレスの自然哲学を彼の著作『自然について』（Περὶ φύσεως）の諸断片から概観しましたが、これが、先ほども指摘したように、元来のエンペドクレス哲学でした。彼は本来はギリシアの自然概念（ピュシス）の伝統の上に立つイオニアの自然哲学者なのであります。そこに「ピュタゴラス」がやってきたのであります。その結果が前項に見た彼の『カタルモイ』（Καθαρμοί）に表現された叫びにも似たあの痛切な諸断片であります。まったく血筋を異にする二つの哲学がエンペドクレスの中で邂逅し、葛藤を秘めて共在していたのであります。その結果、エンペドクレスは自らの人格を分裂させてしまいました。近代人はこれを笑うかも知れませんが、エンペドクレスこそ哲学の二大精神の葛藤の中に生きた悲劇の哲学者であったといって過言でないとわたしは思います。

コラム：**アクラガスの哲学者エンペドクレス**

エンペドクレス（Empedokles 前四九四頃―四三四年頃）はシケリア島のアクラガスの市民でした。アクラガスはイオニア人によってシケリア島南岸に殖民されたイオニア系のポリスであり、現在のアグリジェントゥムであります。したがってエンペドクレスは、その出自からいっても、イオニア系の自然哲学者であったということができます。

アポロドロスによれば、エンペドクレスの最盛期（四〇歳）は第84オリュンピア祭年の第一年（前四四四年）ですが、これはトゥリオイ建設の時（前四四四年）にエンペドクレスがこの地を訪問し、それを称える頌歌を作ったというグラウコスの報告によっています。エンペドクレスがトゥリオイを訪問したとのことはおそらく事実でしょうが、それを彼の四〇歳の時とする特別な理由が他にあるわけではありません。そうするのはアポロドロスのいつもの常套手法です。ツェラーは諸般の事情を考慮して、彼の生年をもう一〇年遡らせるべきであるとし、前四九四年を彼の生年としています。エンペドクレスは、したがって、年代的には次講で取り上げるアナクサゴラス（前五〇〇―四二八年）の後輩になりますが、その思想はアナクサゴラスのそれの前に位置づけられるべきものであるとされ、アナクサゴラスを論じるに先立ってエンペドクレスの哲学を論じるのが『哲学史』の一般的な扱いとなっています。もっともそのような扱いをした最初の人は、この場合もまたアリストテレスであって、「クラゾメナイのアナクサゴラスは年齢の点では彼〔エンペドクレス〕より先であるが、業績の点では後の人であった」（『形而上学』A 3. 984 a 11）というアリストテレスの認識によっています。彼は六〇歳で没したとされていますので、少なくとも前四三四年頃までは生きていたであろうと推測されます。

彼は多才な人であったというよりは、むしろ少し変わった人であって、通り一遍の哲学者ではなく、同時に詩人であり、政治家であり、弁論家であり、科学者であり、医者であり、農業技術者であり、また魂の輪廻説を信奉する宗教家でもありました。果ては予言者、魔法使い、イカサマ師といった性格までその身に帯びています。またその性格も操鬱変化の激しい性格であったと見えて、ある時は自分を大変な罪人であると感じるかと思えば、またある時には自分を栄光に満ちた神々のひとりであると公言してはばからないのでした。その死に方についても、本論で言及したようないかにも彼らしい話が伝わっています。彼にはヘクサメトロスの詩形で書かれた『自然について』(Περὶ φύσεως)と『浄め』(Καθαρμοί)という二つの著作がありました。その多くの断片(約一五〇片)が今日に伝えられています(日下部編訳『初期ギリシア自然哲学者断片集』②ちくま学芸文庫参照)。

第13講 アナクサゴラス

本講ではクラゾメナイの哲学者アナクサゴラスを取り上げ、彼の自然哲学のギリシア世界における存在意味について考察します。

伝統の哲学者、アナクサゴラス。

「最も自然哲学者らしい自然哲学者」とセクストスも形容するアナクサゴラスはまさにギリシア自然哲学の伝統を体現した哲学者であった。そのアナクサゴラスにソクラテスは不倶戴天の対抗意識を持たざるをえなかった。アナクサゴラスとソクラテスの関係においてもまたわれわれは構造的な自然概念（存在）と主観性原理（Subjektivität）の対立・抗争のギリシアにおける顕在化を見ることができる。

哲学者アナクサゴラスのギリシアにおける存在感

アナクサゴラスの存在は当時のギリシア世界にあっては今日のわたしたちが想像するより大きかったのではないでしょうか。アナクサゴラスこそ真に偉大なギリシアの哲学者であったといえば、奇を衒っているように思われるかも知れませんが、ところがそういった評価がその当時のギリシア人の大方の受け止め方であったように思われるのであります。彼がアテナイの偉大な政治的指導者ペリクレスのブレーンともいうべき存在であったことは広く一般に知られていました。ペリクレスの存在に威厳と風格を与えていたのがアナクサゴラスないしはアナクサゴラスの哲学であることも広く一般の認めるところでした。否、むしろ当時のアテナイ人の認識によれば、そもそもペリクレスをそういった存在にまで高めたものはアナクサゴラスないしアナクサゴラスの哲学なのであります。ソクラテスないしプラトンですらそのことを認め、以下のように証言しています。

プラトン（『パイドロス』269 E）

〔ソクラテス〕技術の中でも重要であるほどのものは自然についての弁論と高遠な議論を要求するものである。というのも、ああいった高尚さや万事にわたっての達成力は何かそういったところからくるように思われるからだ。ペリクレスもまた、資質が優れていたという点に加えて、それをわがものとしていたのである。というのも、彼はそういった人であったアナクサゴラスに出会い、高遠な議論を十分に吹き込まれ、アナクサゴラスが論じるところ多かったヌース〔知性〕と無思慮の本性に想到して、そこから言論の技術に資するものを引き出し、それに役立てたからである。

プルタルコス（『ペリクレス伝』4）

しかしペリクレスと最も親しく交わり、彼に民衆煽動家たる域を越えた重厚な威厳と風格を身に着けさせ、その性格の品性を全面的に高め上げたのはクラゾメナイのアナクサゴラスであった。この人のことを当時の人々はヌース〔知性〕と呼んだが、それは自然学に対する彼の造詣の深さと並はずれた際立ちに人々が驚嘆したためか、あるいは彼が万有を秩序づける原理として偶然や必然ではなく、ヌース〔知性〕を立てた最初の人であったためである。このヌース〔知性〕は純粋で混じり気なく、どのような混合物の中にあってもその同質性〔品性〕を他のものから区別することのできるものなのである。

キケロ（『弁論家について』III 138）

この人〔ペリクレス〕を教えたのは水時計に向かって吠え立てるような弁論家ではなかったのであって、それは、われわれの伝え聞くところでは、かのクラゾメナイのアナクサゴラスであった。

以上の報告からアナクサゴラスないしアナクサゴラス哲学の古代世界における根強い評価と存在感を感得しなければなりません。これらの報告はアナクサゴラスこそ当時の人々にとって「哲学者」という に相応しい存在であり、そのアナクサゴラスないしアナクサゴラスの哲学は「民衆煽動家たる域を越えた重厚な威厳と風格」を生み出すようなものであったこと、また「品性を全面的に高め上げる」のに資するものであったことを伝えているわけですが、言い換えれば、彼の哲学はそれだけ重いものとして当時のアテナイ人に受け止められていたことを伝えているわけですが、そもそもアナクサゴラスないしアナクサゴラス哲学をそのようなものにしていたものは一体何か。それはギリシア世界の基層に構造として横たわる存在（ピュシス）に基づくギリシアの伝統意識であり、そういったギリシアの伝統意識に裏打ちされた知恵ないし哲学なのであります。ソクラテスのそれのような主観性の倫理意識などでは断じてないのであります。常に「よい」、「悪い」を自問せずにおれない主観性の自責意識、常に人を裁かずにいない主観性の告発的眼差ではそのような品性を生み出すことはとうていできません。要するにアナクサゴラスの哲学は当時のアテナイにおいてギリシアの存在に基づく伝統を体現する哲学として受け止められていたのであって、それだからこそペリクレスにあれだけの存在感を得させることができたのであります。「民衆煽動家たる域を越えた重厚な威厳と風格」というのは主観性を越えた存在感ということであり、そういった存在感は伝統という存在によってはじめて生み出されるところのものであって、主観性の倫理意識、「正しさ」の観念に呪縛された主観性の告発意識が生み出しうるようなものではありません。そしてそういった伝統意識の上にペリクレスという存在もまたあったのであります。ペリクレスは民主的な政治手法を採っていましたが、彼が決して民主主義者ではなかったことは当時のアテナイ人が気づいていたことであります。それにもかかわらずアテナイ人がペリクレスを自らの指導者として認めたということは、ペリクレスの存在感がそれほどのものであったということでありましょう。

プルタルコス（『ペリクレス』9）

トゥキュディデスはペリクレスの政治を貴族的なものとして、「名目上は民主政治であるが、実際は第一人者による支配であった」としている。

トゥキュディデス（『歴史』II 65）

かくして「ペリクレスの統治は」名目上は民主主義であるが、実際は第一人者による支配であった。

「第一人者」はアウグストゥス帝が自らを称した呼称であり、ローマにおいては皇帝というのとほとんど同義であります。同時代の歴史家トゥキュディデスによってそのように呼ばれたペリクレスはペロポネソス戦争前夜のアテナイにあって、むしろ偉大な独裁官とでも呼ぶべき存在だったのであり、その堂々とした風格が人々を驚かせましたが、彼がそのような存在でありえたというのも、彼はギリシアの構造的な存在に基づく伝統意識を自らのバックに据えた政治家だったからでありましょう。そしてペリクレスがバックにしていた伝統意識の保証の少なくともひとつはアナクサゴラスの哲学だったのであります。ペリクレスはギリシアの伝統を体現する政治家として振舞いました。だからこそアテナイのみならず、全ギリシアにその存在感を示しえたのであり、そしてこそ彼はアテナイをヘラスの盟主ともいうべき地位に高めえたのであります。スパルタが嫉妬したのはアテナイの繁栄ではありません。そんなものはスパルタははなから捨てています。ヘラスの盟主であるということ、すなわちギリシアの伝統の正当な継承者であり、守護者であるということ、これこそがスパルタ人にとって問題だったのであり、それだけはスパルタの断じて譲れないものでした。

人は体面のためにこそ戦うのであります。自由人であることを人間たる存在の条件としていたギリシア人は特にそうであります。なぜスパルタがあのような過酷な国制を選択したのか。またなぜ一〇〇万ものペルシアの大軍に対してわずか三〇〇人で戦うという常軌を逸した行動を決断したのか、また決断しえたのか、その理由をよく考えてみなければなりません。あのような過酷な国制によって彼らが守ろうとしたものは何か。「国民の生命・財産」などではありますまい。そもそも守らねばならない財産など彼らは持たないし、それに彼らは国家目的のためであれば個人の命など躊躇なく犠牲に供する人々だったからであります。彼らが守ろうとしたものはスパルタの地位ないし名誉であり、スパルタという類を体現する国家（ポリス）とヘラスにおけるその地位なのであります。要するに彼らにとって重要だったのは、スパルタという類であって、個人ではありません。あの過酷な国制に耐えた彼らの想いと情熱を見誤ってはなりません。ギリシア人にとって至高の価値を持っていたもの、ギリシア人がそのために生き、そのために死ぬことができたもの、それは己の実存などといったケチなものではなく、ギリシアの父祖伝来の伝統と父祖伝来の伝統を体現した国家（ポリス）であって、アナクサゴラスの哲学もその偉大な伝統の上にあったのであります。アナクサゴラスの哲学が当時のギリシア世界においてどのような意味を持っていたか、それを知るには伝統に対するギリシア人の尋常ならざる意識を理解しなければなりません。

ギリシア人の歴史的パトス

ギリシア人の伝統意識は今日のわたしたちには想像もつかないほどのものであったことを見誤るべきでありません。なぜ彼らにとってホメロスがあれほどにも重要であったのか。ホメロスこそギリシア人の教師ともいうべき存在でした。ホメロスがギリシア人にとってそのような存在であったというのも、ホメロスこそまさにギリシア人の父祖の歴史、ギリシアの父祖伝来の伝承を語る存在だったからであります。言い換えれば、ギリシア民族の歴史性を回想させる存在だったからであります。ソクラテス、プラトンのホメロス評価に目を曇らされてはなりません。ギリシア人にとってホメロスは、その中に民族の歴史的本質が保存され、守護されている、そのような存在だったのであります。

またなぜポリスに不可欠の施設としていずれのポリスにおいても必ず大規模な円形劇場が造営され、多大の費用と手間をかけて彼らは民族の伝承に基づく悲劇を上演し、観劇しつづけたのか。決して娯楽のためではありません。ローマであればそういった観点からの説明も不当とはいえないでありましょうが、ギリシアにおいてこの現象をそういった観点から説明するのは、はなからギリシア人を誤解してかかるものであるといわねばならないでありましょう。娯楽とか慰安、あるいは市民を慰撫するための政治的施策といった観点もたしかにそこにはあるでありましょうが、しかしそれらをはるかに越える意味がそこにはあったのであり、もしその意味を見誤るなら、わたしたちはギリシア精神の重要な側面を取り逃がしてしまうことになるでありましょう。それらに捧げた彼らの情熱も努力もほとんどわけの分からないものにしてしまうでありましょう。よく語られるアリストテレスの悲劇効用論もギリシア悲劇の真の意味を語ってはいません。

「情念のカタルシス論」（アリストテレス『詩学』参照）は、たしかにそれは一面の真理ではありますが、悲劇の個人に対する効果しか語っていないがゆえに、説明としては近代的に過ぎます。もし悲劇が当時のギリシア世界においてそのようなことを主目的とする興行であったなら、劇場は下町にあったでありましょう。近代の劇場がたいてい下町にあるように。したがって近代劇なるものはその素姓においていかがわしい。そのカタルシスがどれほど高尚なそれであろうとも、そのための施設は基本的に人間の下半身に対応すべきものであろうからであります。ところが、ギリシアの円形劇場は大規模な土木事業によってなった国家の中心施設であり、その挙行も国家的事業だったのであります。ギリシアの円形劇場はほぼ例外なくポリスの守護神に献堂された神殿に隣り合って設けられています。すなわちそれらは基本的に神域内にあるのであります。したがってギリシア悲劇の挙行も基本的に祭礼であったわけであります。ここから神殿内において祭られている御神体は、それがどのような神々の姿でもって祭られておろうとも、その実体がギリシアの歴史的本質以外のものでなかったことが知られます。ギリシア人が悲劇において共感していたパトスは歴史的パトスだったのであり、したがって悲劇的パトスはギリシアにおいては決して低位の情念ではなかったのであって、むしろそれは類的パトスともいうべきものであり、ギリシア民族の生成に係わるようなパトスだったのであります。ニーチェと共にわたしたちはギリシア人の悲劇的パトスの深刻さと高貴さを認識しなければなりません（ニーチェ『悲劇の誕生』参照）。そこに表現されていた高貴なパトスを認識するかどうかに、ニーチェがソクラテスに突きつけた疑問符の理解が懸っています。ソクラテスこそ、ニーチェにいわせれば、理性の問いかけをもって悲劇を支離滅裂にし、そのようにして悲劇を自殺に追い込んだ張本人なのであります。そのことによってギリシアから高貴さが奪い取られました。ギリシア民族を堕落させた元凶こそソクラテスの反省的知性なのであります。また同時にギリシア悲劇の深い歴史的意味の理解が懸っています。

ギリシア悲劇は基本的に運命劇であり、運命にあらがいながらも没落する人間の運命（存在）への帰依の感情がそこには表現されています。「高貴なパトス」というものに対する感性の欠如こそ近代人の著しい特徴ですが、それは同時に近代人の歴史的感性の欠如を示すものでもあります。そういった感性を欠如した近代人はもうほとんど「歴史」（Geschichte）に対して資格を持たないといわねばなりません。今日「歴史学者」と称している人たちの歴史的本質に対する感性の欠如には、ほとほと恐れ入る次第であります。「民主的歴史学者」というのは矛盾概念でしかありませんが、これが矛盾概念であることが自覚もされずに堂々と主張されているところに、今日の歴史学的状況の問題の深刻さがあります。ハイデガーも強調するように、歴史（Geschichte）はヒストリー（Historie）ではありません。それは存在の運命（Geschick）なのであります。「現存在の歴史性」（『存在と時間』第二編）というハイデガーの現存在理解を軽視してはなりません。

むしろギリシア人は生存するためにこそ、ホメロスを聴き、悲劇を観たのであります。すなわち彼らは常に父祖を回想しておらずしては生きられない人々だったのであり、彼らはその精神においては、個的存在というより、まだほとんど類的存在だったのであります。ギリシア人は一般的には未だ種族（類）として生きていました。小国の諸ポリスに分立割拠していたにもかかわらずにであります。否、むしろそうであったからこそ、ギリシア人は自らをヘラス人としてことさらに意識しなければならなかったのでありましょう。ギリシアにおける個体はその精神においては未だギリシア民族という全体のアスペクトのごとき存在でしかなく、まだ完全な独立を果たしておりません。個人はまだ種族という類から切れていません。

ところで、種族は時間を越えた存在であります。したがって彼らにとって民族の過去は、時間的には非存在であるにせよ、精神においては存在だったのであり、伝統意識は過去の回想、したがって非存在の回想ではなく、存在そのものの感得だったのであります。この存在から切れて生きることは彼らにはできませんでした。それはわたしたちが自然から切れては生きることができないのと同様であります。伝統はギリシア人のごとき類的存在にとっては過去（非存在）ではなく、存在なのであり、ホメロスの朗詠や悲劇の上演はこの存在を顕現化させる作用なのであります。ホメロスを聴き悲劇を観ることによって彼らは種族という時間を貫いて潜在する存在を立ち現させ、それと一体化することによってやっと生きる命を得ていたのであります。彼らの感涙は命の泉を啜った喜びの涙であります。ニーチェが見て取ったギリシア人の暗い歴史的激情と運命に対する深い帰依の感情に鈍感であってはなりません。ソクラテスを疑問視する感性に鈍感であってはなりません。それこそ主観性とその思想を問題視し、嫌悪する存在の感性そのものだったのであります。

伝統が彼らにとってかくのごときものであったとするなら、それを背景にしたペリクレスがなぜあれほどの存在でありえたのか、それにスパルタがなぜ安全を脅かされたわけでもないのに挑戦しなければならなかったのか、納得がいくのではないでしょうか。そして当時のギリシア世界にあってアナクサゴラスの哲学がどのようなものとしてギリシア人の眼に映っていたのかもまた、おのずと感得されるのではないでしょうか。ペリクレスの政治的成功をペリクレスの巧みな政策でのみ説明する歴史家はペリクレスという存在を理解していません。かつて「偉人」として歴史に名をとどめたような人物はたいていある何らかの原理と一体化することによって偉大であったのであり、テクニックによってそうなったというようなケースはむしろ稀ではないでしょうか。歴史的人物に世界精神の顕現を見たヘーゲル哲学は依然として色褪せていないとわたしは思います。彼はイェーナの街を馬上騎行するナポレオンに世界精神を見ました。歴史に潜在する世界精神というものに対する深い感性なくしては、あのような歴史哲学はとうてい語りえなかったでありましょう。

ソクラテス vs アナクサゴラス

アナクサゴラスの存在感は、ソクラテスもまたこれを反面的に証言しています。アナクサゴラスがヌース〔知性〕を原理として説いていると聞き、それに感激してさっそくアナクサゴラスの『自然について』(Περὶ φύσεως)を一ドラクマ出して買い求め(これはソクラテスにとっては多大の出費でした)、期待感をもって読んだとソクラテスは語っています。少し長くなりますが、ソクラテスの言をそのまま以下に引用しておきます。「ソクラテスの自叙伝」とも呼ばれる『パイドン』97 B 以下の文言はほとんどソクラテスの肉声であります。

プラトン(『パイドン』97 B ff.)

　ある時、ある人がアナクサゴラスの(という話だったが)書物から、万物を秩序づけ、万物の原因となっているものはヌース〔知性〕であるというようなことを読んで語ってくれるのをぼく〔ソクラテス〕は聞いて、その原因に狂喜したのだ。ヌース〔知性〕を万物の原因とするのは、やり方によってはよい考えであるようにぼくには思われた。そしてそれがその通りであるなら、いやしくもヌース〔知性〕が秩序づけるのである以上、それはすべてのものを最善であるように秩序づけ、またそれぞれのものを最善であるところに置くだろうとぼくは考えた。……このようにしてぼくは事物の原因をぼくの意に適った仕方で教えてくれる師をアナクサゴラスに見出したと思ったのだ。そしてぼくは考えた。まず最初に彼はぼくに大地が平たいか丸いかを告げてくれるであろう。そしてそれを告げた後、その原因と必然性を説明してくれるであろう。それも「よりよい」ということを語り、大地はそうであることがよりよいことだったのだということを語るという仕方でである。そしてもし彼がこれらのことをぼくに明らかにしてくれるなら、他の種類の原因を望むなどということはもうあるまいとぼくは心に決めたのだ。さらにまた太陽や月やその他の天体についても、それらの相対的な速度や回帰点や、その他の諸現象に関して、それと同じように学ぼうと心に決めた。つまり、それぞれの天体が作用したり、また作用を及ぼされたりする場合に、そのようにされることが一体どうしてよりよいことなのかということを。というのも、いやしくもそれらはヌース〔知性〕によって秩序を与えられていると主張するからには、それらは現にあるような状態にあることが最善なのだということ以外の何か別の原因を彼がそれらに差し向けるなどということはよもやあるまいとぼくは考えたからである。そこで彼は、それらのそれぞれと共通の原因を万有に割り当てるにあたって、個々のものにとって最善なるものと万有に共通なる善を詳しく説明するであろうとぼくは思った。この期待はぼくにはいかほどの代価にも値するものであった。ぼくは大急ぎでその本を手に入れ、可及的速やかに読んだのだ。一刻も早く最善なるものと悪なるものを知りたいと思って。

ソクラテスの期待は当然のことながら失望をもって終わらざるをえなかったわけですが、しかし彼を失望させた理由を単に自然学的な観点でのみ説明するなら、事態を幾分単純化することになるでありましょう。アナクサゴラスはせっかくヌース〔知性〕という原理を導入しておきながら、それをその宇宙生成論において、最初の一点を除いて、少しも活用していないというようなことであるなら、彼はアナクサゴラスを笑えばよかったのであります。事実アリストテレスは笑っています。

アリストテレス（『形而上学』A 4. 985 a 18）

なぜならアナクサゴラスにしても、ヌース〔知性〕を宇宙創造のために機械仕掛けの神として用いるだけで、どのような原因によって必然的にそうあるのかということでアポリアに陥ったときなどにはそれを持ち出してくるが、その他の場合には生成するものの原因をむしろすべてヌース〔知性〕以外のものに帰しているからである。

しかしソクラテスの失望はそのような単純なものでなかったようで、そこには明らかにもっと複雑な屈折した感情が読み取れます。ソクラテスは、アナクサゴラスがヌース〔知性〕を口にしたことで、もしかすればアナクサゴラスは自分の陣営の側に立つ哲学者ではないかと期待したのであります。知性はしばしば主観性と混同されるのであります。またそれはしばしば主観性と一体のものとして語られます。特に近代哲学においてそうであります（近代の啓蒙主義の哲学を参照のこと）。アナクサゴラスほどの哲学者が実は自分の側にいる哲学者であったとすれば、その発見はソクラテスをどれほど喜ばせたことでありましょう。それほどにもアナクサゴラスはソクラテスにとっても重い存在だったのであります。ところが実際はソクラテスが期待したようなものではなく、アナクサゴラスは向こう側にいる哲学者でした。彼の書を読めば読むほど、ソクラテスはそのことを思い知らざるをえなかったでありましょう。ソクラテスのアナクサゴラスへの言及が恨み節にならざるをえなかったゆえんであります。ソクラテスの失望と怒りの深さを認識しなければなりません。

プラトン（『パイドン』97B）

だがこの尋常ならざる期待からも、友よ、ぼくは運び去られ、立ち去らざるをえなかったのだ。というのも、読み進んでいくうちに、ぼくはヌース〔知性〕を少しも活用せず、事物に秩序を与えるどのような原因もそれに帰することをしないで、空気とかアイテールとか水とか、その他多くの場違いなものを原因としている男をそこに見出したからである。

ソクラテスはアナクサゴラスと一度も対面していないという事実にバーネットは注目していますが（バーネット『初期ギリシア哲学』、西川亮訳、三七九頁参照）、その理由の推測においてバーネットは誤っています。ソクラテスははっきりとした自覚のもとにアナクサゴラスに会わなかったのであります。ソクラテスが哲学に踏み出したときにはアナクサゴラスはすでにアテナイを去っていたというような外面的な理由によることではないのであります。ソクラテスはアナクサゴラスの哲学と自分の哲学が原理的に両立できないことをはっきりと見て取ったのであり、しかもアナクサゴラスの存在が無視できないものであっただけに、不倶戴天の気持を持ったのであります。ソクラテスの敵意の深さを認識しなければなりません。ソクラテスははっきりとアナクサゴラスを意識していました。しかしアナクサゴラスはソクラテスの存在に気づいていません。ないしは問題としていません。

　ソクラテスのアナクサゴラスに対する要求もまた不当であります。アナクサゴラスは「なぜそうであるか」は説明したが、「なぜそうである方がよいのか」は説明しなかったといってソクラテスはアナクサゴラスを責めているわけですが、むしろそのような説明をしていないということこそ、アナクサゴラス哲学の大きさを証明するものなのであります。「よい」とか「悪い」ということ、すなわち善・悪は主観性の基準観念であって、そのような基準を世界に押しつけるということは、まさに主観性の基準を世界に押しつけることであり、これこそまさに主観性の不遜、宇宙的規模で犯された不当でありま す。一体誰が世界について、その「よい」・「悪い」を判断しうるというのか。「よい」・「悪い」を語るのは結局人間ではないのか。だとすれば、「いやしくも大地の深さも広大なるアイテールも限りがない以上、それが万有のほんのわずかしか見たことのない者の舌の根にのぼり、その口から流布されることの何と空しいことか」（エンペドクレス、断片B 39）。それ自体として存在する世界に対して自らの観念を押しつけるということ、自らの基準で世界を判決しうると考えること、これこそ主観性の常軌を逸した思い上がりであり、むしろ己を見失った狂気であります。人間が世界を判決しうると考えるというのは、何という途方もない自惚れでありましょうか。「自惚れは気違いである」というヘラクレイトスの吐言（断片B 46）はソクラテスにこそ該当します。世界は善・悪の彼方にあります（ニーチェ『善悪の彼岸』参照）。思い上がった主観性がやがて自然から見捨てられ、自然から落ちこぼれていくことになるとしても、文句をいえる筋合いはいささかもないといわねばなりません。ソクラテス哲学はそれへの第一歩でした。しかも、もはや引き返しのきかない一歩でした。ここにこそ近代哲学までつづく西洋形而上学の運命（ゲシック）ともいうべき決定的な一歩があったのであります。

そのこともさることながら、深刻なのは、哲学が「よい」・「悪い」という主観性の基準観念の内に拘束された決定的瞬間がここにあったということであります。ソクラテスがターニング・ポイントでした。「ソクラテス以前・以後」にコンフォードはギリシア哲学のターニング・ポイントを見ていますが、了としなければなりません（F. M. Cornford, Before and after Socrates, 1932 参照）。ソクラテスが分水嶺でした。これ以降の哲学はもはや主観性の哲学でしかありません。そのようなものもなお「哲学」と呼びうるとしての話ですが。「哲学」はもはや主観性の視点でしか世界を見ません。しかもその眼差はたいてい世界を判決しようとする告発的眼差なのであります。その典型がソクラテスの哲学であります。アナクサゴラスの哲学はそのような基準に拘束されていませんでした。アナクサゴラスの哲学に告発的眼差は皆無であります。したがって告発的意識からも自由でした。それは自然がそのような基準に拘束されないのと一般であります。もし哲学が自然の認識、世界一般の認識、存在の知であるとするなら、アナクサゴラスでもって哲学は終焉したといわねばないでありましょう。主観性の基準の内に拘束されたような知にどうして「哲学」という偉大な名を冠することができましょうか。そういった想いがソクラテス、プラトンの哲学に反対した当時の圧倒的多数のギリシア人の想いだったのではないかとわたしは思います。

自然に対する畏敬と帰依の念

ギリシア哲学を「善の優位性の思想」と規定するジルソンの哲学史観にわたしは賛同することができません（E・ジルソン『中世哲学の精神』（上）服部訳、筑摩書房、一九七四年、七七頁参照）。ギリシア哲学のトータルをこういった規定のもとに置くということは、ソクラテス・プラトン哲学でもってギリシア哲学の全体を塗りつぶすことであり、換言すれば、ギリシア哲学の中の一エピソードでしかない哲学でもってその全体を代表させるということであり、とうてい承服できません。ギリシア哲学の本体はイオニア以来の自然哲学にこそあります。ピュタゴラス派の系譜上にあった者を除けば、ギリシア哲学は全体として自然をはるかに大なる存在と感じており、自然に対する畏敬と帰依の念で満ちみちています。むしろ彼らは自然からこそ基準（ロゴス）を学び取ろうという態度で一貫しています。自然に自らの基準を押しつけるなど、彼らの思いもよらないことでした。

「最も自然哲学者らしい自然哲学者」（『諸学者論駁』VII 90）とセクストス・エンペイリコスも形容するアナクサゴラスの自然哲学もまたそういった自然に対する畏敬と帰依の念の哲学的表現であって、アナクサゴラスの哲学をギリシアにおいて存在感あるものとしているのは、彼の個々の学説というよりは、この自然に対する畏敬の念と帰依の感情なのであります。「君には故国のことが気にならないのかね」と尋ねた人に対してアナクサゴラスは「とんでもない、ぼくにも故国のことは大いに気になるのだ」と答えていますが、その指は天を指していたのであります（ディオゲネス・ラエルティオス『ギリシア哲学者列伝』II 7）。彼はひたすら天界を見詰める哲学者でした。天界、すなわち自然界を見詰め、自然から学び取ろうという態度で彼の哲学は一貫しています。ソクラテスとは異なり、人間から学ぼうなどとはアナクサゴラスは全然考えていないのであって、彼は人間をほとんど見ていません。偉大な哲学は人間など見ないのであります。人間しか見ない哲学は卑小であります。たいていの近代哲学がそうであるように。彼の哲学が多少浮世離れしたものになったとしても、止をえない仕儀ではありました。

プルタルコス（『ニキアス伝』23）

なぜなら、月の満ち欠けについて最も明快でまた大胆な説をはじめて書きものにしたアナクサゴラス自身は昔の人ではなかったが、その説は一般の認めるところとはなっておらず、なお禁断の説としてある種の警戒の念とか信じる気持を伴いつつ、少数の人々の間に流布していたに過ぎなかったからである。人々はその当時「メテオロレスケース」（「天を見詰める者」あるいは「高遠なことを空しく語る者」の謂）と呼ばれた自然哲学者たちを、神的なことを非理性的な原因や、そこに摂理のかけらも見られない力や必然的事象に帰して時を過ごしている者どもと見なして、歓迎していなかったのであって、プロタゴラスですら亡命せざるをえなかったし、アナクサゴラスも投獄され、ペリクレスがやっと救い出したという次第である。

プルタルコス（『ペリクレス伝』16）

このような〔家政上の〕厳密さを完全に維持できたのは彼〔ペリクレス〕の召使のエウアンゲロスただひとりであった。この男は他に例がないほどよい素質に恵まれていたか、ペリクレスによって家政を仕込まれていたかであろう。ところで、こうしたことはアナクサゴラスの知恵とは異なるもので、この人は〔哲学に対する〕熱中と気宇高邁さのために家を捨て、土地を荒れ放題にして羊が食い荒らすにまかせたとのことである。

ウァレリウス・マクシムス（『著名言行録』VIII 7 ext.6）

またどのような熱意でアナクサゴラスが〔哲学の研究に〕燃えていたか信じられようか。彼は永い外国滞在から祖国に帰って荒れ果てた家屋敷を見たとき、「こういったものが失われることなくしては、わたしは健全になれなかったであろう」といったのである。まさに求められるべき知恵を具えし言葉ではないか。なぜなら、もし彼が才能を教化することより家屋敷に専念していたなら、彼は屋敷内にあって家族のよき主人ではありつづけていたであろうが、かくのごときアナクサゴラスとして彼らのもとに帰ってくることはなかったであろうからである。

これらの逸話は、彼にとって問題とすべきものは天界以外になかったこと、言い換えれば、自然世界以外になかったこと、自然世界の認識の前には人間界のことなど彼にとっては何ほどの意味も持たなかったことを伝えているわけですが、これをどう評価するにせよ、これらの逸話は彼の自然に対する深い帰依の念を語って余りあるものがあります。自然に対する畏敬の念と帰依の感情こそアナクサゴラスの哲学が全体としてわたしたちに伝えているところのものであって、この帰依の念を大方のギリシア人はアナクサゴラス哲学と共に自らのものとして共有していたのであります。彼の哲学はギリシアにおいて圧倒的な支持を得ていたとわたしは思います。そのことがペリクレスをしてアナクサゴラス哲学を自己の精神的バックボーンとして重視させ、またエウリピデスに深い感銘を与えたゆえんのものであって、たしかにヌース〔知性〕といった新規の原理に手を出したが腰砕けに終わったり、天界を見詰める余り先祖伝来の土地を羊に食い荒らさせてしまったりして、世の失笑をかってはいますが、彼の哲学のギリシアにおける存在感は疑うべくもないのであります。その片鱗はエウリピデスのアナクサゴラスへの尋常ならざる傾倒にも示されています。エウリピデスが敬愛したのはアナクサゴラスであって、ソクラテスではありません。エウリピデスのアナクサゴラスへの傾倒を多くの学説誌が特記すべきこととして証言しています。

サテュロス（サテュロス断片37）

彼〔エウリピデス〕はアナクサゴラスを驚くほど敬愛した。

ゲリウス（『アッティカの夜』XV 20）

アイトリアのアレクサンドロスはエウリピデスについて次のような詩を書いている。

アナクサゴラスの本当の養い子、少なくとも余には辛辣と呼ぶべき人にして、
笑いを嫌う人、酒の席でもふざけることを決して学ばなかった人。

ニーチェはエウリピデスに対するソクラテスの存在を過大視したことによって誤っています（ニーチェ『悲劇の誕生』参照）。エウリピデスの「饒舌」は当時のアテナイの一般的な啓蒙的状況によるものであって、格別ソクラテスの影響とすべきようなものではありません。むしろソクラテスに対してはエウリピデスはどちらかといえば冷ややかであり、アリストパネスはソクラテスを喜劇の題材としか感じませんでした（アリストパネス『雲』参照）。プラトンがいかに称揚しようとも、ソクラテスはアテナイにおいては一個の批判家でしかなかったのであって、批判家は王道をいく存在ではないのであります。女嫌いの饒舌家エウリピデスもアリストパネスもむしろギリシアの伝統に深く想いを寄せる劇作家であって、伝統の意味をよく知っていたのであります。したがってそれに対する批判で目を眩まされるような人々ではなかったのであります。これまでややもすれば否定的にしか論じられてこなかったソクラテスに対するアリストパネスの軽視ないしは蔑視の内にこそ、深いギリシアの精神が隠されていたとすればどうでありましょう。喜劇作家は喜劇役者ではないのであります。

アテナイのアナクサゴラス

しかし民主主義的風潮が蔓延し、主観性が跳梁跋扈するにいたった当時のアテナイの啓蒙主義的状況下にあっては、アナクサゴラスのごとき偉大な伝統は日干しにならざるをえませんでした。そのアテナイにおける晩年、アナクサゴラスは誰からもかえりみられなくなって、すっかりしょげかえっています。もう死んでしまおうと食を断ち、布を頭からすっぽり被って横たわっていました。それを思いとどまらせようと必死になって説得しにかかったペリクレスにアナクサゴラスは、布からちょっと顔を覗かせて、「ペリクレスよ、ランプを燈しつづけようと思えば、油を注がねばならないよ」といっていますが、かえりみられなくなった村の社の氏神の声を聞く想いがします。

プルタルコス（『ペリクレス伝』16）

またこんな話がある。ペリクレスが忙しくて、アナクサゴラスは誰からもかまわれず、すでに老齢でもあったので、食を断って死んでしまおうと衣で顔を覆い隠して横たわっていた。このことがたまたまペリクレスの耳に入り、彼はびっくりして直ぐさまこの人のところに駆けつけ、もしこういう政治上の相談相手を失うなら、アナクサゴラスではなく、むしろ己が身が嘆かれると言葉を尽くして〔思いとどまるよう〕懇願した。するとアナクサゴラスは覆いから顔を覗かせて、ペリクレスに向かって、「ペリクレスよ、ランプを必要とする者はそれに油を注ぐものだよ」と。

啓蒙的自己解体の過程にあったアテナイがもはやアナクサゴラスに耐えられなくなっていたとしても、不思議でありません。主観性は伝統に対して嫉妬深いのであります。死刑の判決が下されたことが彼に伝えられたとき、それに対して彼は「あの人たちについても、わたしについても、自然はとおの昔に判決を下している」と語っていますが、けだし哲学者ではありませんか。また同時に伝えられた息子たちの死についても、「彼らが死すべき者として生まれたものであることをわたしは知っていた」といったとのことであります（ディオゲネス・ラエルティオス『ギリシア哲学者列伝』II 13）。

この二つの逸話だけでも、アナクサゴラスという哲学者がどのような人物であったか、窺い知るに十分であります。逸話が三つあれば哲学者を描くに十分であるとニーチェはいいましたが、アナクサゴラスの場合には二つで十分であります。「ギリシアの哲学者」が、アナクサゴラスではなく、ソクラテスになったことをわたしは心より残念に思うものであります。そこにこそギリシア哲学の巧妙なすり替えがあったとわたしは思います。ここにわたしたちは歴史の偽造のひとつの典型を見るといって過言でないのではないでしょうか。「権力は必ず歴史を偽造する」とは梅原猛氏の言ですが、主観性も歴史においてはひとつの権力であったということでしょうか。しかもこの上もない権力だったということであリましょう。主観性のいつもの権力批判にたぶらかされてはなりません。主観性こそ、存在を攻撃することによって、ひそかに歴史において権力を狙ってきたのであります。この主観性の動向は今日も変わりません。

ともあれ、ソクラテスをギリシア哲学の代表とすることによって、はじめて西洋形而上学は「ギリシア哲学」を受け取ることができました。この点に西洋形而上学が何ものであったか、その血筋と本性が隠しようもなく現れています。そのような西洋形而上学からすれば、アナクサゴラスを「ギリシアの哲学者」と位置づけることはとうていできないことであったかも知れませんが、アナクサゴラスは、以上に述べたところからも知られるように、まさにギリシアの基層たる存在（ピュシス）に基づく伝統を体現した哲学者として当時のギリシア世界において重きをなした存在だったのであり、その実態は近代の評価とは異なるのであります。ローマの啓蒙的、進歩的知識人キケロですら、アナクサゴラスには感じるところがあったとみえて、「アナクサゴラスは立派である」との感想を漏らしています。

キケロ（『トゥスクルム荘対談集』I 43, 104）

アナクサゴラスは立派である。彼はランプサコスで死の床にあったとき、友人たちから万が一の時には故国のクラゾメナイに運んでもらいたいかと尋ねられて、「その必要はない。どこからであってもハデスにいたる道は同じくらいだろうから」と答えている。

かくしてアテナイはアナクサゴラスを失うと共に伝統意識を失い、そして瓦解していきましました。しかしランプサコスのごとき地方都市にはまだ伝統を尊ぶ気風があったとみえて、ランプサコスの人々はアナクサゴラスをいたく尊重しました。ランプサコスの人々のアナクサゴラスに寄せる追想の念は彼の死後一世紀以上に及んだことが次のアルキダマスの報告から知られます。アルキダマスは前四世紀のアイオリス地方エライア出身のソピストであります。

アルキダマス（アリストテレス『弁論術』B 23. 1395 b 15 による）
ランプサコスの人々はアナクサゴラスを、外国人ではあったが、〔丁寧に〕埋葬し、今日もなお尊んでいる。

ランプサコスの人々のアナクサゴラスへの敬意も、彼の学説への敬意というより、伝統を尊ぶ気持の現れと見るべきでありましょう。敬意というものは個々の学説よりは、その精神にこそ示されるものだからであります。その死後、アゴラに「ヌース」と「真理」に捧げる祭壇が設けられ、また彼の命日はその遺言によって学童の休日とされましたが、このことによってランプサコスの人々は、アナクサゴラス個人というよりは、ギリシアの伝統を追想したのであります。ここにハイデガーのいう「存在への追想」（Andenken des Seins）を見ることは不当でありましょうか。

アイリアノス（『ギリシア奇談集』VIII 19）
また祭壇も彼〔アナクサゴラス〕のために設けられていて、それには、ある人によれば「ヌース」、他の人によれば「真理」の文字が刻まれていた。

ディオゲネス・ラエルティオス（『ギリシア哲学者列伝』II 14）

最後には彼〔アナクサゴラス〕はランプサコスに退き、その地で没した。その折、その国の執政官たちが「何かしてもらいたいことはないか」と彼に尋ねたところ、「自分の死んだ月には毎年、子供たちに遊ぶ日を設けてやってもらいたい」と彼は答えたといわれる。そしてその習慣は今も守られているのである。

彼が死んだとき、ランプサコスの人々は彼を手厚く葬り、〔その墓に〕次のように刻み込んだ。

「はるか宇宙の最果てまで真理を追い求めしアナクサゴラス、ここに眠る。」

この墓碑銘にもあるように、彼こそは一切の人的考慮を離れて存在の真理を追い求めた哲学者でした。二千数百年の哲学の歴史を見渡しても、「哲学者」(φιλόσοφος)という呼称が彼ほど相応しい人物は他に見当たりません。アナクサゴラスこそ哲学の尊厳の証であります。

アナクサゴラスの自然哲学

ここでアナクサゴラスの自然哲学を概観しておきたいと思います。前項の所論の補強になればと思う次第であります。セクストスもいうように、彼こそは「イオニアの自然哲学者」と呼ばれるに相応しい哲学者でした。

万物の種子とその結合・分離

アナクサゴラスの自然哲学は、生成・消滅を四元素の結合・分離に還元することによって、一方では生成・消滅は存在しないとするパルメニデスの存在思想を満足させ、他方では現象において見られる生成・消滅の事実を説明せんとしたエンペドクレスの試みをさらに一歩押し進めたものと一般には受け止められています。

アナクサゴラスもまた真の意味での生成や消滅は存在しないとし、普通に生成といわれているものは元素の混合（συμμίσγεσθαι）に過ぎないし、また消滅といわれているものはその分離（διακρίνεσθαι）に過ぎないとします。この点では彼はエンペドクレスに同調します。しかし彼は、混合され、分離されるものを、エンペドクレスのように、火、空気、水、土の四元素とはしないで、それを無限に多であり、無限に小であるものとしました。この無限に小さく、無数に存在する原質をアナクサゴラスは万物の種子（σπέρματα τῶν πάντων）と呼びます。それゆえ無限に小さい無数の質料的原質「種子」の混合と分離から万物は形成されているというのがアナクサゴラスの自然哲学のテーゼであります。

種子は一定の性質を有する同質的な物質、例えば肉や骨や金などの無限に小さい質的単位として構想されたものであります。それゆえアリストテレスはそれをまた「同質素」（ὁμοιομερῆ）とも呼んでいます（アリストテレス『形而上学』A 3. 984 a 11）。しかし種子は均質的な単一の性質を持ったもうそれ以上分割されない元素、最小の粒子のようなものと考えられてはなりません。アナクサゴラスによれば、種子は無限に小だからであります。すなわちどのようなものも無限に分割可能なのであります。また種子は潜在的にはその中にあらゆる性質と可能性を含んでいます。それゆえにこそ、それらは種子と呼ばれるのであります。種子とは、その中にさまざまな性質と可能性を蔵しながらも、それが発展させられると一定の同質的な物質として現れる能力を内に秘めた無限に小さい質的可能性に対する呼称なのであります。それゆえアナクサゴラスの種子は本来の意味では「元素」（ストイケイア）と呼ばれるにふさわしくありません。それはもはやそれ以上分割されない均質的な最小の単位（元素）ではないのであります。もうそれ以上分割しえない均質的な最小の単位としての「元素」（ストイケイア）という概念を否定するところに、アナクサゴラスの自然哲学の最大ポイントがあります。アナクサゴラスによれば、物質に最小の部分といったものは存在しないのであって、それは無限に分割可能であります。エンペドクレスによれば、物質は分解されると最後には火と空気と水と土の四元素（四つの根）に還元されるのでした。しかもこれらの元素の各々は均質的であって、それ以上の分割を許さないものと考えられていたと思われます。しかしアナクサゴラスは、物質をどれほど分割しても、決して均質的な最小の単位（元素）に達することはないといいます。彼によれば、物質のどのような微細な部分を取ってみても、それらはさらに分割可能であるはずであり、決して最小ではないのであります。そもそも最小も最大もないとアナクサゴラスは主張します。最小といっても、さらにそれより小さいものが考えられるし、最大といっても、さらに大きいものが考えられるからであります。アナクサゴラスは大小を相対的な規定に過ぎないと考えていたようであります。「各々のものは、自らに比べて、大きくもあれば、小さくもある」（シンプリキオス『アリストテレス「自然学」注解』155, 30）といいます。

それゆえ、アナクサゴラスによれば、物質に最小の部分といったものは存在しません。物質は、どれほど分割されようとも、決して単一の性質を持った究極的な元素に還元されることはありません。換言するなら、物質のどのような部分を取ってみても、それらは決して均質的な元素ではないのであって、そのいかなる部分も純粋ではありません。それゆえ物質の最も微細な部分の中にもそこにはすでにあらゆる性質とあらゆる可能性が含まれているといいます。アナクサゴラスによれば、物質から純粋に均質的な部分を取り出すことは不可能であって、そのどのような微細な部分を取ってみても、そこにはすでにあらゆるものの種子が混入されているのであります。

すべてのものの中にすべてのものがある。

部分が純粋でない以上、それからできているいかなるものも純粋でありえないこと、必然です。それゆえ均質的な単体は存在せず、どのような事物の中にも潜在的にはあらゆるものが含まれているのであります。「すべてのものの中にすべてのものがあり、すべてのものがすべてのものの部分を含んでいる」（シンプリキオス『アリストテレス「自然学」注解』164, 25）というのがアナクサゴラス哲学の常套句であります。アナクサゴラスによれば、一定の同質的な性質を示しているものも、その中に対立するものの若干は含んでいるのであります。「雪もまた黒い」とアナクサゴラスはいったといわれています（セクストス・エンペイリコス『ピュロン哲学の概要』I 33）。アナクサゴラスのこの思想は、あるものがどうして他のものから、例えば髪が髪でないものから、肉が肉でないものから生じるのかという問題をよく説明するように思われます。

すべてのものの中にはすべてのものがあります。このようにどのようなものもすべてのものを多かれ少なかれ自己の中に含んでいますが、内に含まれたものの最も優勢なものによってその物の性質が決定されるのだといいます。例えば、火はその中に温も冷も乾も湿も含んでいますが、そのうち温が最も優勢であるがゆえにあのような性質をわたしたちに示すのであります。それゆえ火もまた冷たいのであります。アナクサゴラスによれば、そもそも温と冷、乾と湿は、こういった表現が示すように切り離されてはいないのであって、アナクサゴラスはすべてのものの連続性と相対性を説きました。「温と冷は、手斧で切断するように切り離すことはできない」（シンプリキオス『アリストテレス「自然学」注解』175, 11）といいます。温かさもある観点からは冷たいし、冷たさもある観点からは温かいからであります。それゆえまた彼は空虚の存在を否定しました。これを彼はクレプシュドラ（盗水器）や空気を詰めた皮袋によって示したといわれています。

アナクサゴラスの宇宙生成論——ヌース（知性）

ところで、原初にはすべてのものの中にすべてのものがあって、渾然一体となり、そこでは何ひとつとして区別することができなかったといいます。無限に小さい無数の種子が渾然とした混合状態をなし、何ひとつ区別しえない巨大な集積をなしているのでした。それゆえアナクサゴラスはここに、エンペドクレスの場合と同様、渾然一体となった種子の集合に運動を与え、そこから一定の同質的なものを区別し出す原理を導入しなければなりませんでした。種子そのものは自らの内に運動の原理を有さないからであります。エンペドクレスの愛と争いに代えて、アナクサゴラスが導入した運動原理はヌース〔νοῦς〕でした。無数の種子の渾沌とした集合はヌース〔知性〕によって旋回運動を与えられ、そこからさまざまな同質的事物が区別し出されたというのが彼の宇宙生成論であります。

アナクサゴラスがヌース〔知性〕という観念的原理を世界の形成原因として導入したのは、世界の内にあのように美しい秩序や合目的性が見られる以上、世界の運動は世界の秩序づけと緊密な関連を有するはずだと考えたためでありましょう。エンペドクレスの愛と争いのような結合したり分離したりするだけの原理では、とうてい世界の合目的性や秩序は説明しえないからであります。それを説明するには、結合すると同時に秩序や合目的性を付与する知的原理の存在が想定されねばなりません。このように動かすと同時に秩序や合目的性を付与する原理として、アナクサゴラスはヌース〔知性〕を導入したのであります。それゆえアナクサゴラスのヌース〔知性〕は動力因であると共にまた目的因でもあり、その両原因性を兼ね合わせた原理ということができるでありましょう。アナクサゴラスによってはじめて目的因らしき原理が導入されたとアリストテレスの評価したゆえんであります（アリストテレス『形而上学』A 3. 984 b 15）。

ヌース〔知性〕は「すべてのものの中で最も繊細で、最も純粋であり、すべてのものについてすべての知識を持ち、力においても最大である」（シンプリキオス『アリストテレス「自然学」注解』159,13）とアナクサゴラスはいいます。「他のすべてのものはすべてのものの部分を有しているが、ヌース〔知性〕は無限であり、自律的であって、何ものとも混じり合うことなく、ひとり自分だけである」（シンプリキオス『アリストテレス「自然学」注解』164,24）のでした。これは素朴ではありますが、ヌース〔知性〕の観念的性格を語らんとした表現であります。他のすべてのものの中にはすべてのものが混入されているが、ヌース〔知性〕だけはそれらから独立し、最も純粋で、何ものも自己の内に混入させていなかったというのは、ヌース〔知性〕の非物質性、観念性を語ったものでありましょう。それゆえアナクサゴラスによってはじめて自然の説明にヌース〔知性〕という観念的原理が導入されたということができます。

これはソクラテスを非常に喜ばせました。そのあたりの事情をアリストテレスは「それまでのよい加減に語った人たちに比べると、彼だけがしらふの人のように見えた」（アリストテレス『形而上学』A 3.984 b 15）と表現しています。アナクサゴラスがヌース〔知性〕を原理として説いていることを聞き、それに感激してさっそくアナクサゴラスの『自然について』（Περὶ φύσεως）を一ドラクマ出して買い求め、期待感をもって読んだとのことは前項で見た通りであります。しかし、そこでも指摘しましたが、その感激はまもなく失望にとって代わられました。その期待が大きかっただけに、失望もまた大でありました。アナクサゴラスはヌース〔知性〕という観念的原理を導入しはしたが、それを自然の説明において少しも徹底させていないのをソクラテスは見出したのであります。

アナクサゴラスの世界生成の説明は次のごとくであります。原初においては、すべてのものの中にすべてのものがあり、無数の種子が渾然一体となって混合し合い、そこでは何ひとつとして区別しえない渾沌をなしていました。しかしヌース〔知性〕だけはそれらと混じり合うことなく、その圏外に立ち去っているのでした。しかしやがてヌース〔知性〕がこの渾沌の中に入っていき、中心部に旋回運動（περιχώρησις）を伝えたといいます。この中心部に起こされた旋回運動が徐々に拡がって、遂には全体が巨大な回転となり、そのことによってさまざまな同質物が分離されたというのがアナクサゴラスの宇宙生成論であります。すなわち旋回運動によって、最初に稀薄なものと濃密なもの、熱いものと冷たいもの、明るいものと暗いもの、乾いたものと湿ったものが分離されました。次にこの一方の稀薄で熱く明るく乾いたものはその軽さのために周辺部に追いやられてアイテール（αἰθήρ）、すなわち火を形成し、他方の濃密で冷たく暗く湿ったものは重さのために中心部に集って空気（ἀήρ）を形成したといいます。そしてこの中心部に形成された空気がさらに濃縮化されて雲霧となり、水となり、土となり、遂には固まって石になったというのであります。また周辺部のアイテール（火）からは諸星が形成されました。

　旋回運動から同質的なものを分離させるアナクサゴラスのこの構想は遠心分離機の原理を宇宙に適用したものであります。それゆえアナクサゴラスの宇宙生成論においては、最初に中心部に旋回運動を起こす役割しかヌース〔知性〕には与えられていないのであって、それ以降のすべては遠心分離機の原理によって徹頭徹尾機械論的に説明されているのであります。既述のように、このことがソクラテスには不満でした。アナクサゴラスはヌース〔知性〕という観念的原理を導入しはしたが、彼の世界説明は、最初の一点を除けば、まったく機械論的な説明に終始しているからであります。アリストテレスがアナクサゴラスのヌース〔知性〕は機械論的な原理ではもはや説明しえなくなったときの窮余の神頼み（機械仕掛けの神 Deus ex machina）として持ち出されたものに過ぎないと評したとのことについても前項で見ました。

　アナクサゴラスによれば、宇宙はこのように巨大な旋回運動をしています。それゆえ大地は平たいテーブル状であり、空気の上に浮かんでいるといいます。これはアナクシメネスの宇宙像と同じであり、その宇宙論に関してはアナクサゴラスはアナクシメネス以来のイオニアの自然哲学の見解を踏襲しているのであります。このことはアナクシメネスの宇宙論がアナクサゴラスの時代になってもなおイオニアでは生きていたことを示すものとして興味深い事実ということができます。イオニアの自然哲学の伝統という観点から見たとき、アナクシメネス哲学の存在史的意味は一般に考えられているより重要なのかも知れません。またアナクサゴラスは「太陽は石であり、月は土である」(プラトン『ソクラテスの弁明』26 D)と教えたという理由で不敬罪に問われ、アテナイを追放されたといわれますが、実際またそれが彼の見解でした。彼がこういう見解を抱くにいたったのにはもちろんそれなりの理由があります。その当時(前四六五年頃)、巨大な隕石がケルソネソス半島のアイゴス・ポタモイ付近に落下したのであります。

プリニウス(『博物誌』II 149 f.)

次のことはギリシア人のあまねく知るところである。第78オリュンピア祭年の第二年目〔前四六六/五年〕にクラゾメナイのアナクサゴラスは天文学書の知識から数日の後に太陽から岩石が落ちてくるであろうと予言したが、そのことが実際またトラキアのアイゴス河〔アイゴス・ポタモイ〕付近で日中に起こった。その石は荷車一台分もある大きさで、色は褐色、今もなお見ることができる。またその夜には彗星も輝いていたという。

エウセビオス(『年代記』)

アブラハム暦一五五一年〔第78オリュンピア祭年の第三年目=前四六五年〕、アイゴス・ポタモイに天から石が落下した。

空に神秘的に輝く星も、落ちてくればただの石であったという事実は、人々に示唆するところ大であったでありましょう。月が自らの光で光っているのではなく、太陽の反射光線によって光っていることを彼もまた知っていましたが（プラトン『クラテュロス』409A）、この第一発見者がエンペドクレスであるかアナクサゴラスであるかは断定できません。エンペドクレスもまたこのことを知っていた模様だからであります。月は土であり、そこには平野や峡谷があるといいます（ヒッポリュトス『全異端派論駁』I 8, 10）。このことをわたしたちはアポロ11号の月面着陸によってはじめて現実のものとして実感することができたのでした。エンペドクレス同様、アナクサゴラスもまた日・月蝕の起こる正しい理由を知っていましたが、これを発見したのがエンペドクレスであるかアナクサゴラスであるかも断定できません。おそらくアナクサゴラスによって発見されたのでありましょう。また彼は太陽と月は星の下にあり、月は太陽の下にあるという正しい見解を抱いていました。太陽は何でもペロポネソス半島よりも大きいのだそうであります（ヒッポリュトス『全異端派論駁』I 8. 8）。星もまた灼熱した石ですが、その熱さをわたしたちが感じないのはそれが遠くにあるためであるといいます。しかしこの見解はアナクシメネスの説をそのまま語ったものであったかも知れません。いずれにせよ彼の宇宙論は、全体として、アナクシメネス以来のイオニアの自然哲学の伝統を踏襲しているのであります。

植物は大地に固定された動物である。

すべての存在物をアナクサゴラスはヌース〔知性〕を持つか否かによって区別しました。このことによって彼は生命を持つものと生命を持たないものを区別したのであり、これは原理によって生物と無生物を区別した最初の理論であります。すべての生物の中には、動物の中にも植物の中にも、ヌース〔知性〕がありますが、このヌース〔知性〕はすべての生物において同じはずですから、動物界や植物界においては見られるさまざまな知的程度の相違は、知性（ヌース）の相違に基づくものではなく、身体の仕組に基づく現象に過ぎないといいます。彼によれば、人間が最も賢明なのは、優れたヌース〔知性〕を持つからではなく、手を持つがゆえなのであります（アリストテレス『動物部分論』Δ 10, 687 a 7）。植物の中に存するヌース〔知性〕ももちろん動物の中に存するヌース〔知性〕と同じであり、それゆえ植物もまた快苦を感じるといいます。アナクサゴラスは植物を動物と同一視し、「植物を大地に固定された動物」（プルタルコス『自然学的諸問題』1. 911 D）と呼んだとのことであります。

エンペドクレスは「等しいものは等しいものによって認識される」という見解を唱えていました。これに対してアナクサゴラスは「反対のものによって感覚は生じる」（テオプラストス『感覚論』27）と主張します。これを Allopathic theory といいます。熱いものによって冷たいものが、塩水によって真水が、辛いものによって甘いものが認識されるのだといいます。それゆえ、彼の見解では、あらゆる感覚には苦痛が伴っているのであります。また感覚によっては真理を認識することができないという見解がアナクサゴラスにおいてはじめて見出されますが、これを彼は感覚の弱さによると考えたようであります（セクストス・エンペイリコス『諸学者論駁』VII 90）。

以上、アナクサゴラスの自然哲学を概観しました。以上に述べた学説はアナクサゴラス哲学のほんの一部であったかも知れませんが、セクストスがアナクサゴラスを「最も自然哲学者らしい自然哲学者」と形容したゆえんが何がしか分かるような自然哲学ではあります。彼がアテナイに現れたとき、まさにイオニアの自然哲学の伝統を体現する哲学者として受け止められたであろうことが、これらの所説からも感得されます。

コラム：クラゾメナイの哲学者アナクサゴラス

アナクサゴラス（Anaxagoras 前五〇〇―四二八年）はイオニアのクラゾメナイの名門の生れでしたが、二〇歳の時に家財を捨ててアテナイに出てきて、その地に哲学を植え付けたというのが哲学史の定説であります。彼はアテナイに住んだ最初の哲学者でした。彼がアテナイにやってきたのは、デメトリオスの『執政官録』によればカリアスの治下（前四五六年）ですが、これはカリアデスの治下（前四八〇年）の誤記であろうとする点で諸家は一致しています。彼がアテナイにくるにいたったのはおそらくクセルクセスのギリシア侵攻（第二次ペルシア戦争、前四八〇年）と無関係でなかったであろうと推測されています。このことが後年のアナクサゴラスのアテナイ追放の遠因になったと推測している学者もいます。彼はアテナイにほぼ三〇年間とどまりました。アテナイ文化興隆の一翼を担ったものと推測されます。すなわち哲学はアナクサゴラスによってはじめてアテナイにもたらされ、植え付けられたのであります。それまでは哲学は小アジアのイオニア地方や南部イタリア、シケリア地方といったギリシア周辺地域において盛んだったのであります。

彼はアテナイではペリクレスやエウリピデスやプロタゴラスなどと交わりました。特にアテナイ帝国の偉大な政治的指導者ペリクレスと親しく、彼のブレーンともいうべき存在であったと思われます。しかし前四五〇年頃にペリクレスの政敵から不敬罪とペルシアに荷担したとのかどで告発され、アテナイを追放されるにいたりました。その不敬罪というのは、彼が「太陽は灼熱した石であり、月は土である」と説いたからということですが、これはペリクレスの政敵がペリクレスに対する攻撃をその周辺部から始めたことの結果でありましょう。アテナイを去って後は小アジア北方のランプサコスに退き、そこで七二歳で没しました。ランプサコスの人々はアナクサゴラスをいたく尊敬しました。その死後アゴラに「ヌース」と「真理」に捧げる祭壇を設けたほどであります。また彼の命日は学童の休日とされましたが、これは彼の遺言によります。

それゆえ彼は年代的にはエンペドクレスの先輩になりますが、彼の哲学はむしろエンペドクレスのそれの延長線上にあるということができることから、エンペドクレスの後に位置づけて取り扱うのが『哲学史』の慣例になっています。この場合もまた『哲学史』は「クラゾメナイのアナクサゴラスは年齢の点では彼〔エンペドクレス〕より前の人であるが、仕事の面では後の人であった」（『形而上学』A 3, 984 a 11）というアリストテレスの見解にしたがっているわけであります。

彼には『自然について』（Περὶ φύσεως）という表題で一般に呼ばれている著作がありました。これは当時広く流布していた書であって、ソクラテスの時代にもアテナイでは一ドラクマ出せばいつでもこの書を手に入れることができたそうであります（プラトン『ソクラテスの弁明』26 D参照）。二〇片余の断片が現存します（vgl. H. Diels / W. Kranz ; Die Fragmente der Vorsokratiker, Zeieter Band : 日下部編訳『初期ギリシア自然哲学者断片集』② ちくま学芸文庫、二〇〇一年 参照）。

第14講
デモクリトス

本講ではアブデラの哲学者デモクリトスを取り上げ、彼の原子論哲学に省察を加えたいと思います。本講義では、通常の『哲学史』の扱いとは異なり、むしろ原子論哲学の裏面に焦点を当てて考察します。第5講でピュタゴラスに係わって伝承されてきた「テラトポイイア」(不思議な業)に言及しましたが、原子論哲学の深層にも秘められていたであろうそれと同じ層を剔出することが本講義の課題であります。

哲学者、デモクリトス。

極めて近代的、合理的な原子論哲学の体系的提唱者デモクリトスは同時に魔術や錬金術といった非合理的な暗黒の知に深く通じる哲学者であった。「合理は非合理によって、意識は無意識によって補償されねばならない」(ユング)。

魔術師、錬金術師、デモクリトス。

デモクリトスもまた合理（ロゴン）は非合理（アロゴン）によって補償されねばならないことを自然哲学の分野で身をもって示した哲学者でした。デモクリトスは一面では極めて合理的な、それゆえ「近代的な」唯物論哲学者ですが、他面では魔術や錬金術といった非合理的深層世界に深く通じる哲学者なのであります。「デモクリトス」というこの奇妙な二面的存在においてわたしたちは、「意識は無意識によって、合理（ロゴン）は非合理（アロゴン）によって補償されねばならない」というユングのテーゼを再確認するのであります。

デモクリトスは近代の『哲学史』では極めて合理的な原子論哲学を唱え、世界をはじめて純物理的世界として現出させた唯物論哲学者としてのみ紹介されていますが、彼は同時に魔術師、錬金術師、魔術がかった医者でもあったという事実に目を閉ざしてはなりません。少なくともデモクリトスは古代においてはそのような人物として伝承されていました。古代の学説誌は、その多くがデモクリトスのそういった側面に注目し、その種の記述を特別な熱意をもって書き残しています。近代の『哲学史』はデモクリトスのその側面を完全に消去してしまいましたが、哲学者デモクリトスを一面化し、抽象化するものであるといわねばなりません。彼はオリエント魔術界における最大の存在、オスタネスの高弟であったと伝えられています。これは近代人にはスキャンダラスな報告として受け止められたようであり、完全に無視されつづけてきましたが、古代の学説誌家たちによるこの種の報告は執拗を極めており、「学」（Wissenschaft）の名のもとにどこまでその種の報告を封印しつづけることができるか、疑問であります。

擬シュネシオス（『ディオスコロスに与うるデモクリトス注解』Berthelot, Coll. d. Alchim. I p. 56, 7）

デモクリトスはアブデラ出身の自然学者。あらゆる自然物を探究し、諸存在をその本性に即して記述した。アブデラはトラキアのポリスであるが、彼は最高の学識者となった。彼はエジプトに赴き、メンフィスの神殿でエジプトの全神官と共に大オスタネスから秘儀を伝授された。そしてそれを出発点として染色に関する四書、『金について』、『銀について』、『石について』、『紫貝について』を著した。つまりわたしがいいたいのは、デモクリトスのこれらの著作は大オスタネスを出発点としているということである。というのも、この大オスタネスこそ「自然は自然を喜び、自然は自然を支配し、自然は自然に打ち勝つ」と書いた最初の人だからである。

シュンケロス（『年代記』I 471）

アブデラの自然哲学者デモクリトスが盛年にあった。彼〔デモクリトス〕はエジプトでメディア人〔ペルシア人〕のオスタネスによって秘儀を伝授された。オスタネスは当時のペルシア王によってメンフィスの神殿にあって他の神官や哲学者と共にエジプトの諸神殿を監督するために派遣されていたのである。その中にはヘブライ人の賢女マリアがいたし、またパンメネスもいた。デモクリトスは金や銀や石や紫貝について著述したが、両義的な仕方でであった。マリアも同様である。しかし彼ら、デモクリトスとマリアは、多くの賢明な謎によってその術を包み隠したとして、オスタネスから褒められた。他方パンメネスはあからさまに書いたとして非難された。

これらの報告はデモクリトスの極めて合理的な、それゆえ「近代的な」唯物論的自然哲学と調和しないように見えますが、それゆえディールスはこういった方面の資料を偽作断片としてデモクリトスの真正断片から区別し、魔術や錬金術に係わるデモクリトスの報告を歴史から抹殺しようとしていますが

(H. Diels/W. Kranz: Die Fragmente der Vorsokratiker, II. S. 207.)、「それは無駄である。誰にもまして人々の魂にその〔魔術の〕甘い魅力を印象づけたのがこの人〔デモクリトス〕であることはあまねく知られている事実だからである」(プリニウス『博物誌』XXX 9)。このように近代的視点にそぐわない資料を不合理の名のもとに抹殺し、両側面の一方を切り取るところに近代科学のイデオロギー性が隠れようもなく現れています。近代科学(近代的知性)の手にかかれば人間はすべて半面でしかなくなりますが、近代の『哲学史』における「原子論哲学者デモクリトス」もまたその一例であります。しかも顕著な一例といわねばなりません。

プリニウス(『博物誌』XXVIII 5 ff.)

ギリシア人のもとにも、爪の切り屑にいたるまで一切合切を調べ上げたあげく、内臓や四肢の味についてまで語っている者が少なからずいる。それはあたかも人間が獣になり、医療行為そのものの中において病気ともいうべきようなものを生じさせることが正気の沙汰と見なしうるかのごとくであるが、もしそれが何の役にも立たないものであるなら、その無益さたるや尋常のものでないであろう。人間の内臓を見ることすら冒瀆とされている。ましてやそれを口にするとは何事か。誰がそのようなことを考えついたのか。オスタネスよ。というのも、事はお前と共にあることだからだ。人間の法の破壊者にして怪物の造り主よ。お前こそが、その人生が忘れられないようにと、そういったことをはじめて創始したのだとわたしは思う。誰が人間の四肢のひとつひとつを試してみるということを思いついたのか。どのような推測に導かれたのか。どのような起源でかかる医術が起こりえたのか。誰が有毒飲料を薬剤より無害と信じ込ませたのか。なるほどこの儀式を考え出したのは異民族や外国人であったかも知れないが、ギリシア人もまたこの術を自らのものとしてはいなかったか。ある病には罪人の頭の骨がよく効き、またある病には友人や客のそれがよく効くと語っているデモクリトスの論文（魔術がかった医術書）が現に存在しているのである。

合理的、近代的な唯物論的原子論哲学と魔術や錬金術といった非合理な暗黒の知がデモクリトスという一個の人格内においてどのように共存しうるのか、ディールスをはじめとする近代の哲学史家にははなはだ理解しにくいことであったようですが、デモクリトスの魔術師、錬金術師、魔術がかった医者という側面は彼の唯物論的原子論哲学者という側面と少しも矛盾しないとわたしは思います。その極端な合理的自然哲学からすれば、彼にそういった側面があったことはむしろ必然的であって、というのも、彼のいう原子（ἄτομον）はもはや自然存在ではなく、ほとんど数学的存在と化してしまっているからであります。すなわちピュタゴラス哲学の影響を強く受けたデモクリトスの原子論においては自然（ピュシス）はほぼ完全に抜き取られているのであります。ピュタゴラス哲学のデモクリトスに対する影響は決定的でした。ピュタゴラスの影響はデモクリトス哲学の根幹に係わるとの認識は、古代の学説誌家たちもこれを逸してはいません。

ディオゲネス・ラエルティオス（『ギリシア哲学者列伝』IX 38）

彼〔デモクリトス〕がどのような人物であったかは、彼の著作からも窺われる。彼はピュタゴラス学徒の崇拝者であったように思われるとトラシュロスはいう。のみならず、彼は同名の著作においてピュタゴラスその人に言及し、彼を讃美しているのである。彼は一切をピュタゴラスから得ているように思われるのであって、もし年代上の妨げがなかったなら、彼の弟子であったとすら考えられよう。しかし、いずれにせよ、ピュタゴラス学徒の誰かから彼は学んだのであって、そのことは彼と同時代に生きたレギオンのグラウコスの語るところである。キュジコスのアポロドロスもまた彼はピロラオスと一緒に暮したといっている。

原子は数である。

デモクリトスの原子（ἄτομον）はもはや自然学的原理ではなく、数学的原理なのであります。原子がその本質において「数」（ἀριθμός）であることはアリストテレスもまた看破するところであって、次のように指摘しています。いうまでもないことですが、もちろんこれをアリストテレスは嘆かわしいこととして批判的に語っているのであります。アリストテレスは自然概念（ピュシス）からの呼び声に忠実な哲学者であっただけに、デモクリトスの原子（ἄτομον）の異質性に鈍感であることができなかったのでありましょう。デモクリトスの原子（ἄτομον）を自然学的原理として認知することはアリストテレスにはとうていできないことでした。デモクリトスの原子（ἄτομον）に関するアリストテレスの記述は、その表面上の冷静さにもかかわらず、極めて警戒的、批判的であることに鈍感であってはなりません。以下の言及は明らかに告発のそれであります。

アリストテレス（『天体論』Γ 4. 303 a 4）

彼ら（レウキッポスとデモクリトス）もまたある意味では諸存在のすべてを数であり、また数からなるとしているのである。明確に表現していないにしても、それが彼らのいわんとしているところである。

レウキッポス

アリストテレスと共にデモクリトスの原子（ἄτομον）に「数」（ἀριθμός）を見るとき、デモクリトスの原子論の起源は果たしてレウキッポスであろうかという疑問が起こってきます。通常の『哲学史』においてはもっぱらそのように解されており、また学説誌の報告もおおむねデモクリトスをレウキッポスの後継に位置づけ、レウキッポスを原子論哲学の創始者、デモクリトスをその体系的完成者とする見方でその記述はほぼ一致しているようですが。そうであるなら、デモクリトスの原子（ἄτομον）はなお自然存在（τὸ φυσικόν）であります。果たしてそうでありましょうか。

ところで、レウキッポスという哲学者が歴史的に実在したとしての話ですが、レウキッポスの「不可分なもの」（原子）はパルメニデスの存在（τὸ ἐόν）をこなごなに打ち砕いたものであるといわれます(E. Zeller, Grundriss der Geschichte der griechischen Philosophie.Leipzig. 1920. S. 78, 79 参照)。これはE・ツェラーが行なっている説明方式ですが、これがまたレウキッポスをことさらにエレア派に関係づけるテオプラストスの説明方式でもあったのではないかとわたしは思います（シンプリキオス『アリストテレス「自然学」注解』28. 4 参照）。もしそうだとすれば、テオプラストスはレウキッポスの原子論哲学の本質を正確に見て取っていたのではないでしょうか。エレア哲学によって生み出された閉塞状態を破砕する小規模な爆発がこの時期にあったとしても不思議でないし、否、むしろエレア哲学が結果した閉塞の深刻さを想うとき、爆発の必然性が確認されるのであります。その当時のギリシア哲学はエレア哲学が生み出した閉塞によって出口を見出せなくなったエネルギーに充満していました。パルメニデスの「存在のテーゼ」の結果、わたしたちはただ「ある」（ἔστιν）としかいえず、「ない」（μὴ εἶναι）ということすらすでに矛盾を犯さずしては語りえないのであります。その結果、わたしたちは世界について何も語れなくなってしまいました。その当時の自然哲学者たちにおいてももちろん世界について何事かを語りたいという欲求が満ちみちていたと想像されますが、その彼らの一切の言説をエレア哲学が封じてしまったのであります。エレア哲学が生み出したこの閉塞状態はすでに限界点に達していたと想像されます。レウキッポスがパルメニデスの存在（τὸ ἐόν）をこなごなに打ち砕かざるをえなくなったとしても、不思議でないのであります。エレア哲学の閉塞を打ち砕く小爆発、それがおそらくレウキッポスの原子論哲学だったのではないでしょうか。だとすれば、レウキッポスの原子論哲学を生み出したものはエレア哲学の閉塞によって鬱積したエネルギーだったことになります。明らかに原子論哲学の中には怒りがあるのであります。こう考えてこそレウキッポスの原子論哲学の生成の必然性が確認されるし、ひいてはレウキッポスという哲学者の歴史的存在もまたアプリオリに確認されます。レウキッポスの歴史的存在に関する資料の稀薄さやエピクロスの否定的発言による疑義にもかかわらず、レウキッポスの歴史的存在はその思想の生成の歴史的必然性によって十分確認されるとわたしは思います。

ちなみに、原子論哲学が蔵している怒りの因子が近代の唯物論哲学者たちに原子論哲学を採用させた、あるいはそれにシンパシーを抱かせた、隠れた、それゆえ真の因子だったのではないかとわたしは思います。怒りの因子が両哲学に共通することに鈍感であってはなりません。唯物論哲学は、世界に鬱積した怒りの因子を糾合することによって、前世紀にあのような怒りの巨大勢力になりました。

以上のように推測されるとするなら、レウキッポスの原子論哲学はエレア哲学の否定面であったことになります。言い換えれば、その裏面であったことになるでありましょう。ということは、レウキッポスの哲学もまた全体としてはエレア哲学の圏内にあったということであります。事実という点から見ても、レウキッポスがエレア派と深い関係を有する哲学者であることは学説誌の幾多の伝承の伝えるところであります。否、むしろ大方の学説誌の報告によれば、レウキッポスはエレア派の学統に属する哲学者なのであります。レウキッポスをエレアの出身としている報告すらあるくらいです。ディオゲネス・ラエルティオス『ギリシア哲学者列伝』IX 30、クレメンス『雑録集』I 64、シンプリキオス『アリストテレス「自然学」注解』28, 4、ヒッポリュトス『全異端派論駁』I 12［Dox. 546］、エピパニオス『異端派論駁』III 2, 9［Dox. 590］などの以下の報告を参照いただきたいと思います。

ディオゲネス・ラエルティオス（『ギリシア哲学者列伝』IX 30）

レウキッポスはエレアの人、しかしある人のいうところによればアブデラの人であり、二三の人によればミレトスの人である。彼は〔エレアの〕ゼノンの講義を聴いた。

クレメンス（『雑録集』I 64）

そこで、パルメニデスはクセノパネスの弟子であり、ゼノンはパルメニデスの弟子であり、次にレウキッポスはゼノンの弟子であり、そしてデモクリトスはレウキッポスの弟子であることになる。

シンプリキオス（『アリストテレス「自然学」注解』28, 4）

レウキッポスはエレアの人ないしはミレトスの人であって（というのは彼についてはそのどちらともいわれているから）、パルメニデスと哲学を共にしたが、こと存在するものに関してはパルメニデスやクセノパネスと同じ道を歩みはしなかった。むしろ反対の道を歩んだように思われる。なぜならパルメニデスとクセノパネスは万有を一であり、不動であり、不生であり、限定されているとして、非存在を探究することを認めないのに対し、レウキッポスは無限〔無数〕の常に運動している元素、すなわち原子を仮定したからである。そしてそれら原子における形態は、何ものもこれこれのものである以上にこれこれのものであるわけでないがゆえに〔何ものもこれといった定まったものでなければならないという特別な理由あるわけではないがゆえに〕、数の点で無限であり、諸存在における生成や転化は絶え間がないと彼は考える。また「有るもの」も「有らぬもの」以上にあるわけではなく、両者とも同様に生成の原因である。なぜなら、原子の実体を詰まった充実したものと彼は想定して、それを「有るもの」と呼び、空虚の内を運動するとするからである。そしてこの空虚を「有らぬもの」と彼は呼んだが、この「有らぬもの」も「有るもの」に劣らずあると彼はいうのである。

ヒッポリュトス（『全異端派論駁』I 12［Dox. 546］）

レウキッポスはゼノンの仲間であるが、同じ学説を守りはしなかった。むしろ彼は〔元素は〕無限であり、常に運動しており、生成や転化は連続しているという。また充実体と空虚が元素であると彼は語っている。

エピパニオス（『異端派論駁』III 2, 9［Dox. 590］）

ミレトスのレウキッポスもまた、ある人によれば彼はエレアの人であるが、彼もまた争論的である。彼もまた、一切は無限の内にあって、すべては想像と思いなしによっており、真実によるものは何もなく、水中の櫂のような現れに過ぎないという。

少しくどく引用しましたが、以上の報告を正面から受け止めるなら、レウキッポスを「エレア派の哲学者」と呼んでも見当違いとはいえないのではないでしょうか。したがってデモクリトスの原子論哲学の起源がレウキッポスであるとするなら、デモクリトスはパルメニデス、ゼノン、レウキッポスの学統上に立つ哲学者であり、彼はイオニアの自然哲学者の系譜、特にエレア哲学の系譜に位置づけられねばなりません。だとすれば、彼の原子（ἄτομον）はパルメニデスの存在（τὸ ἐόν）のこなごなに打ち砕かれた破片であり、それゆえ自然存在の一種ということになります。学説誌がレウキッポスとデモクリトスをセットで取り扱うとき、デモクリトスの原子（ἄτομον）はおおむねこのような観点で捉えられているのであります。そしてこれがまたアリストテレス以来の通常の『哲学史』のデモクリトス理解でもありました。少なくともレウキッポスの哲学とデモクリトスの原子論哲学は学説の構造上実によく似ており、そういった見地から眺めるとき、この取り扱いは一概に否定されるべきものとはいえないでありましょう。

主観性の哲学者、デモクリトス。

しかしこのようにデモクリトスをイオニアの自然哲学の系譜の中に閉じ込めてしまったのでは、彼の原子論哲学が持つ強い主観性性格がどうしても説明できないようにわたしには思われます。わたしはデモクリトスの原子論哲学に強く主観性性格を感じ取るものですが、そのことを考慮するとき、その起源をピュタゴラス派以外のどこにも見出せないのであります。もしピュタゴラス派の学統にデモクリトスの原子論哲学を位置づけるなら、原子は「数」（ἀριθμός）であります。アリストテレスの前掲の所見はこのことを指摘するものであります。トラシュロスやレギオンのグラウコスに基づくディオゲネス・ラエルティオスの報告は、前出のように、はっきりとデモクリトスに対するピュタゴラス哲学の影響を語っています。それはおそらく歴史的事実の証言というよりは、その本質に対する洞察に基づくものであったのかも知れませんが。この系譜上に原子論の起源を求めるなら、原子（ἄτομον）はもはや自然存在（τὸ φυσικόν）ではなく、数学的存在（τὸ μαθηματικόν）であります。したがってデモクリトスは、その出自はどうであれ、もはやイオニアの自然哲学者とは見なしえません。こういった見方が明らかに古代のデモクリトス解釈のひとつとして存在しているのであります。だとすれば、学説誌の上にデモクリトスのまったく異なる二つの解釈傾向が存在していたことになります。エレア派の学統に属する「イオニアの自然哲学者デモクリトス」とピュタゴラス派の学統に位置づけられる「主観性の哲学者デモクリトス」であります。古代の学説誌の記述においてすでにこの二様の解釈傾向が存在しているのであります。これは一体どういうことでしょうか。

事態はおそらくこういうことではないでしょうか。彼の哲学は、その外面的な姿から見れば、明らかにイオニアの自然哲学のひとつであります。そういった観点から彼は常にレウキッポスとセットで扱われるようになりました。それが通常の『哲学史』の中に見出されるデモクリトス像であります。しかし彼の内面、その精神はピュタゴラス派のそれだったのであり、彼は、トラシュロスやディオゲネス・ラエルティオスなどの指摘するように、ピュタゴラス派の影響下にあった哲学者だったのであります。だとすれば、デモクリトスの原子論哲学はいわばイオニアの自然哲学という外面の内にピュタゴラス派の主観性の精神を秘めた哲学だったということになるのではないでしょうか。ここにわたしたちはディオゲネス・ラエルティオスによって弁別された「イオニアの系譜」と「イタリアの系譜」の接触と合体のひとつの絶妙な事例を見るということができるかも知れません。否、イオニアの自然哲学の中にもぐり込んだピュタゴラス派の主観性の哲学を見るということができるのではないでしょうか。

ピュタゴラス哲学とデモクリトスの原子論哲学。

ピュタゴラス哲学とデモクリトスの原子論哲学の血縁関係を傍証するもうひとつの証拠は、原子論はすでにピュタゴラス派にあったという証言であります。ピュタゴラス学徒のエクパントスという人物がすでにデモクリトスのそれとほぼ同じような原子論哲学を唱えていたという証言がヒッポリュトスとアエティオスに見出されます。

ヒッポリュトス（『全異端派論駁』I 15［Dox. 566］）

シュラクサイのエクパントスという人は次のようにいった。存在するものを正しく認識することはできない。自分がよいと思うように定めることができるだけである。第一の物体は不可分であり、その位相には、大きさ、形、力の三つがあり、これらから感覚されるものが生じる。それらの大きさは限定されたものであり、またその点で無限である。その物体を動かすものは重さでもなければ衝突でもなく、神的な力である。彼はこれを知性および魂と呼んでいる。

アエティオス（『学説誌』I 3, 19［Dox. 286］）

シュラクサイの人エクパントスは、ピュタゴラス派の一人であるが、不可分の物体（原子）と空虚が万物の原理であるとした。すなわち彼はピュタゴラス派の「一」（モナス）を物体であると明言した最初の人なのである。

原子論が実際にピュタゴラス派内にあったかどうかは別にしても、ピュタゴラス派内にありえたことは右の証言から確信しえます。そのとき「不可分の物体」（原子）は「一」ないし「モナス」（単位）であります。すなわち「数」（ἀριθμός）であります。その延長線上にデモクリトスの原子もあったとするなら、デモクリトスの原子論哲学はピュタゴラス哲学からのひとつの派生物ということになります。デモクリトスの原子（ἄτομον）は、パルメニデスの存在（τὸ ἐόν）のこなごなに砕かれた破片であるよりは、明らかに「モナス」、すなわち「一」なのであります。彼の原子は自然学的原理の姿を取った「数」（ἀριθμός）なのであります。だとすれば、レウキッポスの「原子」とデモクリトスの「原子」はその精神においてはまったく異質の原理であったことになります。レウキッポスとデモクリトスは常にセットで語られるにもかかわらず、資料を注意深く読むとき、両者の接点がまったく報告されていないことが注目されます。デモクリトスがレウキッポスに学んだという証言はないし、のみならず、外面的であれ、出会ったという報告すらありません。ディオゲネス・ラエルティオスに見られる以下の記事もこれに対する反証とはなりません。

ディオゲネス・ラエルティオス（『ギリシア哲学者列伝』X 13）

アポロドロスは『年代記』の中で、彼〔エピクロス〕はナウシパネスとプラクシパネスの講義を聴いたといっている。しかし彼自身はエウリュロコス宛書簡の中でこのことを否定し、自分自身から学んだのだと主張し、レウキッポスというような哲学者はいなかったといっている。彼自身とヘルマルコスはそう主張する。だが（エピクロス派のアポロドロスを含む）二三の人は、彼〔レウキッポス〕がデモクリトスの先生であったと主張している。

その実在が疑われているような状況の中で「デモクリトスの先生であった」といわれても、それをレウキッポスに関する歴史的事実の証言と見なすことはとうていできません。したがってこの記事を歴史的事実の証言として受け取ることはできません。にもかかわらず学説誌において彼らが常にセットで取り扱われ、また場合によっては「レウキッポスがデモクリトスの先生であった」というような主張がなされるということは、先にも述べたように、両者の学説が構造上酷似していることに起因することでありましょう。両者の関係は歴史的事実でないことはもちろん、哲学思想上の共通性ですらなく、単にその学説が構造上よく似ているということから後代の学説誌の記述の中でセットされるようになったものでしかないのではないでしょうか。学説の構造上の類似性にもかかわらず、その精神はまったく異なっていたのであります。レウキッポス哲学の精神はエレア派の流れを汲むイオニアの自然哲学のそれであり、デモクリトス哲学の精神はピュタゴラス派のそれなのであります。デモクリトスはその精神においては主観性の哲学者なのであります。そう解してはじめて彼の原子（ἄτομον）が有する強い主観性性格も理解できます。

原子は脱自然化された故郷喪失的原理。

「数」（ἀριθμός）は主観性の超越的志向性の先端に成立する抽象的原理であります。デモクリトスの原子（ἄτομον）が事実上数学的存在であるなら、当然それは脱自然化された故郷喪失的原理として立ち現れてこずにいません。言い換えれば、自然（ピュシス）から遊離した原理として立ち現れざるをえません。デモクリトスが原子をしばしば「不可分なイデア」（プルタルコス『コロテス論駁』8 p. 1110 F）と呼ぶ根拠もここにあります。彼の原子（ἄτομον）は、脱自然化されているという点では、プラトンのイデアとほとんど同列の原理なのであります。ピュタゴラス派（ピロラオス）ないしはプラトン（『ティマイオス』）において、四元素（火、土、空気、水）は、それぞれ正四面体（三角錐）、正六面体（立方体）、正八面体、正二十面体といった幾何学的立体に還元され、その抽象化、脱自然化が計られましたが、デモクリトスの原子（ἄτομον）もそれと同じ自然学的原理の脱自然化、抽象化の遂行なのであって、彼らによって元素は自然（ピュシス）の内にそのあり場所を持たない故郷喪失的原理と化されたということができるでありましょう。彼の体系に機械論的な必然性や偶発性ないしは偶然性が説明原理として入ってくるゆえんであります。機械論的な必然性や偶然性が説明原理として入ってくるということこそ、原理が外面的、故郷喪失的になったことの何よりの証拠なのであります。

アリストテレス（『動物部分論』E 8. 789 b 2）

デモクリトスは「そのためであるそれ」（目的）を語ることをなおざりにし、自然が係わるすべてを〔機械的な〕必然に帰している。

シンプリキオス（『アリストテレス「自然学」注解』327, 24）

しかしまたデモクリトスもまた「あらゆる種類のイデアを含みこんだ渦が万有から分離した」といっているところからして（もっとも、どのようにして、またいかなる原因によってであるかは語っていない）、それ〔宇宙〕を偶発と偶然から生じさせたように思われる。

エピクロス（『自然について』〔ヘルクラネウム・パピュロス 1065, col. 25〕）

彼ら〔デモクリトスなどの原子論者〕は原因の探究を最初から十分に行ない、それ以前の人たちのみならず、後代の人々とも極めて異なる考え方をし、多くの点で偉大であったが、必然と偶発を万能とすることによって、それを何倍も上回るほど事柄を容易にしたことに自身は気づいていなかった。

ラクタンティウス（『信教提要』I 2）

あの問いからまず第一に取り上げるべきは、第一の自然と考えるべきは何かということである。すべてのものを配剤している摂理といったものがあるのか、それともすべては偶然によって起こり、また出来したのか。この後者の見解の創始者はデモクリトスであり、その確立者はエピクロスである。

ここで「必然」（ἀνάγκη）といわれているものも「偶発」（αὐτόματον）あるいは「偶然」（τύχη）といわれているものも、すべて同種の原理であり、いずれも相互に無関心的な数学的存在の説明原理なのであります。ヘーゲルの表現を借りていえば、外面性（Äußerlichkeit）が説明原理として登場しているのであります。外面性こそ向自有たる数的存在の本質であります（ヘーゲル『大論理学』参照）。言い換えれば、非自然的原理の本質であります。そしてそれらの実質意味するところは、まさに本質性、実体性、故郷性、すなわちヘーゲルのいう内面性（Innerlichkeit）の反対なのであります。元素という本来は自然学的な原理が原子という数学的原理の形を取り、偶然によって説明されることによって、一挙に内面性、故郷性から解放されたのであります。それゆえデモクリトスの原子論体系においては自然（ピュシス）はほぼ完全に抜き取られています。自然（ピュシス）は密かに抜き取られ、地下に封印されました。数学的合理性のみで自然学体系が打ち立てられ、自然学から自然（ピュシス）は排除されました。言い換えれば、内面性が駆逐されました。その結果、世界は極めて合理的な物理的世界として立ち現れることになりました。デカルトの「延長する物体世界」（res corporea extensa）とほぼ同じ純物理的、物体的世界がここに出現したのであります。ところが自然（ピュシス）は、虚的ではあっても、強力かつ執拗な存在であり、封印されつづけるようなものではないのであって、何としてでも現れ出ずにいません。自然性を排除した合理性の体系においては、自然（ピュシス）は不合理という姿を取って歪な形で現れ出てくるのであって、デモクリトスにおいて魔術や錬金術、魔術がかった医術といった非合理的、地下的知がことさらに顕在化してくるのはこのことの当然の結果なのであります。合理は非合理によって、顕在的意識は潜在的無意識によって補償されねばならないのであります（ユング『タイプ論』、『自我と無意識』参照）。数学的原子論体系の完成者デモクリトスが同時に魔術師、錬金術師、魔術がかった医者でもあったという歴史的事実は、まさにこのユングのテーゼを確認させる顕著な事例なのであります。

デモクリトスは魔術や錬金術の熱烈な追求者とならねばならなかった。

合理化、意識化が極端化すればするだけ、潜在的無意識からの呼びかけもそれだけラディカルにならずにいません。極端な合理的、唯物論的哲学者デモクリトスは同時に魔術や錬金術の熱烈な追求者でなければなりませんでした。その方面における彼の探究努力は尋常の域を越えており、ソロモン王の魔術上のライバルといわれるダルダノスの書物をその墓の中まで探し求めたといわれています。

プリニウス（『博物誌』XXX 8 ff.）

実際にわたしが見出した限りでは、その著作が現存している中でそれ〔魔術〕について著作した最初の人はオスタネスであって、彼はペルシア王クセルクセスの対ギリシア戦争に随行し、その途次この奇怪な術のいわば種を撒き散らし、いく先々で世間を〔この悪習に〕染まらせた。・・・しかし確かなことは、誰にもましてこのオスタネスがこの学の狂気——これはもう熱狂なんてものではない——へとギリシアの民衆を駆り立てたということである。もっともわたしとしても、文筆における最高の栄光と栄誉は古来ほとんど常にこの学から生れてきたということに気づいていないわけではない。疑いもなくピュタゴラス、エンペドクレス、デモクリトス、プラトンはそれ〔魔術〕を学ぶために渡航した。それは旅行というよりは真実には亡命としてなされたものであるが。そして帰国後彼らはそれを公に披瀝もしたが、また後には秘密にした。デモクリトスはコプト人のアベロベスクやポイニクス人〔フェニキア人〕ダルダノスを世に明らかならしめた。ダルダノスの書物をその墓の中まで探し求めたといわれている。実際彼らの教えに基づいて彼は自分の著作を公刊したのであるが、これらがいかなる人によるにもせよ、人々に受け入れられ、記憶を通じて伝えられてきたということほど驚くべきことは人の世においてまたとあるものではない。それらには信頼性も道理も一切欠けているため、その人のその他のことは是認する人も、これらの作品が彼のものであることは否定しているほどである。だがそれは無駄である。誰にもまして人々の魂にその甘い魅力を印象づけたのがこの人〔デモクリトス〕であることはあまねく知られている事実だからである。そして双方の術のいずれもが、わたしがいうのは医術と魔術のことであるが、その双方が同時に花開いたということ、このこともまた不思議に満ちたことである。前者はヒッポクラテスが、後者はデモクリトスが、同時代に、すなわちローマ建都三〇〇年から戦われたギリシアのペロポネソス戦争の時代に流布させた。

デモクリトス、世界中を歩き廻る。

デモクリトスは知的好奇心に駆られて、エジプト、エチオピア、紅海、ペルシア、インドなど、当時の全世界を歩き廻った人物ですが、その好奇心は単なる好事家のそれではなかったようであります。彼の関心は表面世界だけでなく、深層世界にも向けられていたのであり、むしろその方面に強い傾向性を示しています。デモクリトスの知的好奇心はおよそ尋常のものでなく、それに駆られて世界中を遍歴したあげく、アブデラに帰郷したときには父から遺贈された巨額の遺産をすっかり蕩尽してしまっていて、その結果郷里に自らの墓を持つ資格を剥奪されるという危機に瀕したほどですが（この危機は公衆の面前で自作の『大宇宙』を朗読することによって称賛を得、回避された）（ディオゲネス・ラエルティオス『ギリシア哲学者列伝』Ⅹ39参照)、あの尋常ならざる知的好奇心は一体何に発していたのでしょうか。またあの強度はどこにその発生源があったのでしょうか。

一般にプレソクラティクスたちの精神は人間の発達段階でいえば知恵熱が発生するような少年期の段階にあったことを窺わせますが、その中でもその最も典型的な人物がデモクリトスであって、「笑う哲学者デモクリトス」という呼称が彼の哲学の性格を端的に示しています。知的関心以外のどこにも彼の関心はありませんでした。そのことは彼が人生の目的を「明朗さ」(εὐθυμία)に置いたことからも窺われます。知的好奇心の周りに醸し出されるあの知的な明朗さが彼の人格を取り巻く雰囲気、いわば彼の人となりでした。彼はただひたすら知ることに嬉々として携った人物なのであります。「人間にとって最善のことは、人生を送る上で、できるだけ多く喜び、できるだけ少なく悲しむことである」(断片B189)という単純素朴な格率が彼の人生訓ですが、ここでいう「喜び」は知的な喜び以外のものではありません。彼には知的関心以外の何事にもこだわりはなく、功名心などといったものすら彼の関知するところではありませんでした。「アテナイにもいったが、わたしと認める者は誰もいなかった」とは彼自身の言であります(ディオゲネス・ラエルティオス『ギリシア哲学者列伝』Ⅸ36)。人の注目などおよそ彼の関心の存するところではなく、彼はただひたすら知らんがために生きたのであります。そういう意味において彼はプレソクラティクスのひとつの典型であったといって過言でないでありましょう。彼こそは一個の人格内において知性が意志にまさった稀有な事例なのであります。意志の全能性、絶対性を説いたショーペンハウアーですら「稀にありうること」として認めざるをえなかった「知性の自立」という稀有な現象の典型的事例なのであります。人間は所詮マルクスかフロイトかアドラーだといった人がいます。わたしはこの言葉の否定し難さを日々痛感するものですが、ただわたしとしてはデモクリトスという哲学者もまたいたという事実だけは指摘しておきたいと思います。

理念化への方向と深層への方向

前述のように、精神的には未だ少年期を脱していなかったということが彼の知的好奇心を一般的には説明するでしょうが、しかしそれだけではあのどちらかといえば異常な知的関心のエネルギーは説明がつかないようにわたしには思われます。彼の関心は単に表面的な好事家のそれではないのであって、潜在的な深層世界に向かう傾向性を強く示しています。なぜでしょうか。それは、前述のように、彼の哲学が理念化への方向を強く志向する主観性のそれだったからではないでしょうか。そういう哲学はそれとは逆方向の深層世界にも強い傾向性を示さずにはいないのであります。高く立ち上がる木はそれだけ深く地中に根を降ろさねばならない道理が人間の精神にも当てはまるのであって、理念化への方向はそれだけ強い深層への方向を生み出さずにいません。彼の志向性は理念化の方向と深層への方向との間に張られており、その両方向に向かう志向性がそれぞれの方向に極端化することによって、その志向性はそれだけ張り詰めたものにならずにいませんでした。彼の知的関心の特徴はその烈しさ、過激さですが、その発生源は両方向に張り詰めた志向性の緊張にあったのではないでしょうか。そこに彼をして世界中を歩き廻らせたエネルギーの発生源があったのではないでしょうか。理念化への方向と深層への方向、意識化の方向と無意識化の方向、合理の方向と非合理の方向との間に張り詰めた志向性の緊張、それが「哲学者デモクリトス」という現象だったのではないでしょうか。そしてそのような現象を生じさせていたもの、それもまた自然哲学の土壌の上にピュタゴラスによって植え付けられた主観性原理と理念的世界を志向せずにいない主観性の超越的志向性だったのではないでしょうか。理念化の方向と深層への方向は同一の超越的構造内の両極なのであります。

合理は非合理によって、意識は無意識によって補償されねばならない。

いずれにせよ、合理化は非合理によって、意識化は無意識によって補償されねばならないのでありま す。この点は古代においても、近代においても変わりません。狂信的なカルト教団の中心メンバーの多くが高度な数理学的知識を身に着けた理学生であったという意外な事実にわたしたちが驚かされたのは、まだ記憶に新しいところであります。合理と非合理、意識と無意識は互いに両立しうるだけではありません。むしろ不可分のパートナーとして求め合います。そういった事例は古代においても見られるし、中世や近世においても、近代においても見られます。むしろ世界中のあらゆる場所、あらゆる時代に見られる普遍的現象ということができるでありましょう。ところが古代においてはそれは是認されたが、中世ないし近世・近代においては処罰の対象になったという点が異なります。中世にあって神秘主義者は地獄の業火によって焼かれねばならない異端であり、近世・近代において魔術や錬金術を行う者はほとんど犯罪者の類なのであります。ここには明らかに理性と一体化した主観性の強権が作動しているのであって、そういったものを不合理の烙印のもとに地下に追いやる、そういった権力がそこにはあるのであります。狂気をはじめとする非理性（アロゴン）を一般施療院に囲い込むことによって「理性」が自己を確立したあの古典時代に起こったのと同じ現象、フーコーによって指摘されたあの現象が自然概念に係わってここに大規模に見られるわけですが、ただしこれは近世ないし古典時代にいたってはじめて生起した現象ではなく、実はその発端はヘブライズムとの接触によってヘレニズムが完全に変容した古代末期ないしは中世の黎明期にあったのであります。そしてヘレニズムの完全な変容は、自然（ピュシス）が構造的な深層から対象的な顕在層に置き換えられ、ゲステル（Gestell）に組み込まれたという点に端的に見られるのですが、この置き換えを必然ならしめたものこそヘブライズムの神という名の巨大な主観性だったのであります。非合理（アロゴン）を地下に封印したもの、それもまた主観性

(Subjektivität) なのであります。

プラトン、デモクリトスを憎む。

それにしてもなぜプラトンはあれほどにもデモクリトスを憎んだのでしょうか。プラトン学者はプラトンのこの側面をまったく取り上げようとしませんが、プラトンのデモクリトスに対する根深い憎しみは古代の著者たちにははっきりと認識されており、彼らはこの事実を明確に伝えています。プラトンは集めえた限りのデモクリトスの著作を燃やしてしまおうとしたが、ピュタゴラス学徒のアミュクラスとクレイニアスによって引き止められたといわれます。

ディオゲネス・ラエルティオス（『ギリシア哲学者列伝』IX 40）

アリストクセノスが『歴史覚書』においていうところによれば、プラトンは集めえた限りのデモクリトスの著作を燃やしてしまおうとしたが、ピュタゴラス学徒のアミュクラスとクレイニアスが、「そんなことをしても何にもならない、それらの書物はすでに多くの人々のもとに流布しているから」と諭して、彼を引き止めたとのことである。

「しかしプラトンがそうしようとしたのは明らかである」とディオゲネスはいいます（『ギリシア哲学者列伝』IX 40）。のみならず、プラトンのデモクリトス無視の異常さもまた古代の著者たちの注目を引かずにはいませんでした。

ディオゲネス・ラエルティオス（『ギリシア哲学者列伝』IX 40）

というのも、プラトンは過去の哲学者のほとんどすべてに言及しているのに、デモクリトスには一度もはっきりとした形では言及していないからであり、彼に対して何らかの反論をする必要があると思われる場合ですらそうだからである。明らかにプラトンは哲学者の中で最高の者になろうとすれば、彼にとってデモクリトスが〔最大の〕ライバルになろうことを知っていたのである。

プラトンはどうしてもデモクリトスの存在を認めることができなかったようですが、その理由はディオゲネスのいうようなライバル意識だけではありますまい。またそれを観念論哲学者プラトンの唯物論哲学者デモクリトスへの嫌悪と考えるのも、おそらく正確でないでありましょう。昔、教室で、プラトンは観念論哲学者であるのに対し、デモクリトスは唯物論哲学者である。プラトンのデモクリトス排斥は観念論哲学者の唯物論排斥に他ならないといった趣旨の講義を聴いたことがあります。この高説はわたしを笑わせましたが、おそらくそのようなことではないでありましょう。そうだとすれば、プラトンはデモクリトスをバカにするだけでよかったのであります。しかしプラトンのデモクリトスに対する態度はそのような優越的なものではなく、そこには明らかに動揺が感じられます。むしろ動揺しているのはプラトンなのであります。憎しみは冷笑とは異なります。だとすれば、プラトンのデモクリトスに対する憎しみは何に発していたのか。プラトンの憎しみは近親憎悪のそれだったのではないかとわたしは思います。プラトンのイデア論もデモクリトスの原子論もピュタゴラスの数学的な理念的世界から出てきた兄弟学説のようなものなのであります。一方、ピュタゴラスの理念的世界に忠実なプラトンは自然学の地盤を完全に捨ててしまいました。自然（ピュシス）を捨て、イデア界に飛翔しました。そこにプラトン哲学の自負と同時に不安もあります。ところがピュタゴラスの数学的世界の自然学への転用という点ではまったく同様なデモクリトスの原子論は、なお自然哲学の地盤にとどまっているのであります。デモクリトスは彼の原子論哲学を自然哲学として語っているのであります。少なくとも人々に自然哲学と思われている。このことがプラトンには許せなかったのではないでしょうか。理念化された原理を使いながらも、なお自然（ピュシス）を語るとは何事か。自然（ピュシス）を捨てるという犠牲を払ったプラトンにしてみれば、事実上理念的哲学を語りながら、それをなお自然哲学として語るデモクリトスはとうてい許すことができなかったのではないでしょうか。何という無邪気、何という無恥。何という不当。プラトンの「義憤」が見えるようであります。デモクリトスの「笑い」をプラトン以上に憎んだ人物はおそらくいないでありましょう。プラトンの憎しみの深さにわたしたちは自然（ピュシス）を捨てることの犠牲の大きさを見るといわねばなりません。

存在をめぐる巨人闘争

イデア論によって出現した英知界と感性界の二世界論はその後の二千年以上に及ぶ西洋形而上学の基本的構図となりました。霊的世界と世俗的世界という中世キリスト教的枠組みはその世俗的展開であり、カントの可想界と現象界はその近代的な哲学的表現であります。ところが、そういった枠組みの創始者プラトン自身は、それを、その晩年、捨てていたという事実は何を物語るのでしょうか。プラトンもギリシアの哲学者であっただけに、葛藤を秘めた人物だったのでありましょう。近代人の無邪気なプラトン礼賛はもうほとんど晩年の葛藤に苦しんだプラトンに対する冒瀆であります。イデア論に対する疑義を自ら表明し、遂にはそれを捨ててしまった『テアイテトス』、『パルメニデス』、『ソピステス』などのプラトンの後期の対話篇を軽く扱ってはなりません。それはプラトン最晩年の付け足しのようなものなのではなく、そこにこそギリシアの哲学者、プラトンの深い葛藤と苦悩が表現されているのであります。その葛藤こそ、他ならぬギリシア古来の構造的自然概念「ピュシス」と主観性の超越的志向性に基づくイデアの葛藤なのであって、これをプラトンは「存在をめぐる巨人闘争」（γιγαντομαχία περὶ τῆς οὐσίας）（『ソピステス』246 A）と呼んでいます。この抗争の深刻さをプラトンは知っていたのであります。主観性原理に完全に蔽い尽された世界に生きるわたしたち近代人はもうこの抗争の深刻さをそれとして感じ取ることができなくなっていますが、それを「進歩」ということができるでありましょうか。またいうべきでしょうか。この「存在をめぐる巨人闘争」は今日にいたるもなお世界に深刻な葛藤と動揺を与えつづけています。存在から立ち上がった合理的、理念的世界は、近代が思い込んでいるほど確立された世界でも安定した世界でもないのであります。否、むしろそもそも理念的世界は存在の転倒の上になった世界であり、この世界の転倒を生涯をかけて告発しつづけた哲学者こそニーチェですが、彼はこの転倒を生み出した原理をこそ告発すべきでした。

デモクリトスの死の引き延ばし

以上のデモクリトス解釈は、デモクリトスをイオニアの自然哲学の系譜に位置づけるよりは、むしろピュタゴラス派の学統上にある主観性の哲学と見なすものですが、だからといってわたしはデモクリトスに「エゴ」を見るものではありません。むしろデモクリトスはエゴイズムからは最もかけ離れた心性の持ち主なのであります。自らの臨終に際してなお人に配慮しえたような人物をどうしてエゴイズムの哲学者ということができましょうか。彼はソクラテスとは違うのであります。主観性は必ずしも「エゴ」でないことをわたしたちはデモクリトスという哲学者から知るのであります。人口に膾炙している「デモクリトスの死の引き延ばし」というあの逸話がもし事実であるなら、彼こそはまさに人間という現存在が現出させうる究極の優しさを世界に現出させた人物ということができるのではないでしょうか。

何人が自らの臨終に際してなお人に配慮を示すことができましょうか。その心性がいかに慈善に満ちた人物であっても、自らの死という極まった局面に当面すれば、やはり「エゴ」が出てくるのではないか。そのような局面においてなお人の想いを優先させた「デモクリトスの死の引き延ばし」というあの逸話に、わたしは人間というこの現存在が現出させうる奇跡の瞬間を見るものであります。年老いた妹の懸念に配慮して自らの死を三日間引き延ばした後、「彼はまったく苦しむことなく人生を終えた」とのことですが、さもあろうと素直に信じられます。

ディオゲネス・ラエルティオス（『ギリシア哲学者列伝』IX 43）

デモクリトスの最期は次のようなものであったとヘルミッポスはいう。彼はもうすでにたいへんな高齢になっていて、臨終間近にあった。そこで彼の妹は、テスモポリア祭の期間中に彼が死ぬようなことになれば、女神への務めを果たせなくなると悩んでいた。そこで彼は心配しないようにといい、毎日彼に温かいパンを持ってくるように指示した。そしてそれを鼻にあてがって、祭の期間中自分を持ちこたえさせたのである。祭の期間（それは三日間であった）が過ぎると、彼はまったく苦しむことなく人生を終えた。ヒッパルコスのいうところによると、その時彼は一〇九歳であったという。

ロンドン資料の逸名著作家（c. 37, 34 ff.）

またそこで彼〔アスクレピアデス〕は次のようにいっている。ある話によると、デモクリトスは四日もの間何も食べないでいて、いよいよ〔埋葬のために〕運び出されるまでになっていたが、何人かの女からもう何日か生きつづけてくれるように呼びかけられた。その期間に行なわれるテスモポリア祭が不運にも彼女たちにとって無効のものになってしまわないようにというのであった。そこでデモクリトスは降ろすように命じてパンの前に腰を降ろした。パンはできたての湯気を吹いていたという。そしてデモクリトスは竃から立ち昇る湯気を吸って力をつけ、なお幾ばくかの余命を生きたとのことである。

原子論哲学概観

ここで『哲学史』において一般的に語られる「原子論哲学」について概観しておきたいと思います。レウキッポスを創始者とし、デモクリトスをその体系的完成者として語られるあの「ギリシアの原子論哲学」であります。しかしこの定式が学説の構造上の類似性から学説誌の上でセットされるようになったことに基づくものでしかないことは、前項で指摘した通りであります。

レウキッポスとデモクリトスはソクラテスとプラトンに似た関係にあり、少なくとも外見から見る限り、彼ら両者の哲学を厳密に区別することは不可能であります。それゆえ彼ら二人の哲学を一括して「原子論」として取り扱うのが『哲学史』の慣行となってきました。以下に述べるところはそういった『哲学史』において語られてきた「原子論哲学」でしかないことをご承知おきください。

原子と空虚

原子論は、もはやそれ以上分割しえない最小の単位としての充実体（τὸ πλῆρες）、すなわち無数の原子（ἄτομα）と、原子がそこにおいて運動する空虚（τὸ κενόν）を世界構成の基本要素とします。原子とは、性質の上からはまったく同等であり、ただ形と大きさによってのみ異なる無数に存在する不生不滅の微粒子をいいます。それは充実しており、その内に空虚を含まないがゆえに分割されないとされました。それゆえにそれは原子（ἄτομα）と呼ばれるのであります。アトマ（ἄτομα）とは「断ち切ることのできないもの」、「分割することのできないもの」という意味だからであります。もっともそれは原子（ἄτομον）とのみ呼ばれたわけではありません。充実体（τὸ πλῆρες）と呼ばれることもあれば、密なるもの（τὸ ναστόν）と呼ばれることもあり、あるいはまたイデア（ἰδέα）とも呼ばれたようであります。彼らはこの充実体をまた存在（τὸ ὄν）とも呼んでいます。

またパルメニデスやゼノンに抗して、彼らは原子の運動を保証するために空虚（τὸ κενόν）を導入しました。運動が可能なためには空虚の存在が不可欠だからであります。ところで空虚は非存在（τὸ μὴ ὄν）であります。それゆえ彼らは非存在も存在に劣らず存在すると主張しました。「存在も非存在以上に存在するわけではない」（οὐδὲν μᾶλλον τὸ ὂν τοῦ μὴ ὄντος）（アリストテレス『形而上学』Α 4. 985 b 4）、「有るものも有らぬもの以上にあるわけではない」（μὴ μᾶλλον τὸ δὲν ἢ τὸ μηδὲν εἶναι.）（プルタルコス『コロテス論駁』4 p. 1108）と彼らはいったといわれます

原子論は質的に同一な無数に存在する微粒子（原子）と、そこにおいて原子が運動する空虚というこの二つの要素のみから世界を成立させます。アリストテレスの表現によれば、レウキッポスとデモクリトスは充実体（τὸ πλῆρες）と空虚（τὸ κενόν）を万物の元素（στοιχεῖα）としたのであります（アリストテレス前掲箇所）。

事物の質的相違は原子の形態と配列と位置に基づく。

ところで原子は質的には異なりません。それらはただその形と大きさによって異なるだけです。あらゆる合成物はもちろん原子の結合からできています。彼らは事物の質的な相違と質的変化を原子の形態

(σχῆμα) と配列 (τάξις) と位置 (θέσις) によって説明しました。別言すれば、格好 (ῥυσμός) と並び (διαθιγή) と向き (τροπή) によってであります。形態によって異なるというのはAとNのように異なることをいい、配列によって異なるのはANとNAが異なるような仕方で異なることであり、位置 (向き) によって異なるというのはNとZのように異なることをいいます (アリストテレス前掲箇所参照)。原子論者たちは事物の質的な相違や変化を原子の形や配列や位置といった純然たる物理的相違に還元したのであります。したがって彼らによれば、世界のさまざまな諸相は原子の組み合わせの相違に過ぎないことになります。「同じ文字から、悲劇も喜劇もできている」(アリストテレス『生成消滅論』A 1. 315 b 6) のであります。

原子は永遠に運動している。

エンペドクレスやアナクサゴラスと同様、レウキッポスとデモクリトスも、分離した原子が集合することによって合成物は生成し、結合した原子が離散することによって消滅すると考えます。この際も原子そのものはもちろん生成することも、消滅することもありません。しかしエンペドクレスやアナクサゴラスが元素を結合させたり分離させたりする原理として愛と争いやヌース (知性) を導入したのに対し、レウキッポスとデモクリトスはこういった動力的、目的的ないかなる原因も導入する必要性を認めませんでした。彼らによれば、原子はすでに「永遠に運動している」(ἀεὶ κινεῖσθαι) のであります。原子論者たちは原子の集合離散を徹頭徹尾機械論的に説明するのであって、そこに目的論ないし生命的ないかなる原理も混入させることを拒否しました。

原子のこの「永遠の運動」をどのようなものと考えるかに関しては、議論があります。原子は固有の性質として重さを有しており、したがって落下運動をしているが、重い原子は速く落ち、軽い原子は遅いがゆえに、そこに衝突が起こって上に突き返され、二つの相反する方向の運動が起こり、そこから巨大な旋回運動が起こったのだという、ルクレティウスによって退けられるべき考えとして言及されているあの巧妙な説明をレウキッポスないしはデモクリトスのものとする説もありますが、これはもっと後代のものであって、おそらくレウキッポスやデモクリトスのものではないでありましょう。彼らが重さを形や大きさと同様に原子固有の性質と考えたかどうかは、はなはだ疑問とされています。たとえ重さをそういったものとして考えたにしても、それは下方へ向う運動傾向ではなく、原子の衝突と反撥の強さの度合を意味するものでしかなかったと考える説が近来の最も有力な解釈のようであります。レウキッポスとデモクリトスの考えた運動はさまざまな方向への交錯運動であったように思われます。窓から差し込む光線に浮かぶ塵埃がその例とされたようであります（以上はバーネット説）。

いずれにせよ、彼らの考えによれば、この永遠の運動から衝突が起こり、渦巻運動（δίνη）が起こって、そこから遠心分離機の原理によって類似のものが類似のものと集まって区別され、やがて世界が形成されたのであります。すなわち、渦によって微細な原子は篩にかけられたように外周へ出ていき、より大きい原子は互いに絡み合って中心部に集まり、球形の集まりを形成しました。この球形の集まりはさまざまな物体を包んだ皮膜のようでしたが、さらに大きい原子が（その重さのために）中心に集まって真中に大地を形成し、そしてその外に月を、その外に諸星を、最も外の軌道に太陽を形成したのであります。星も最初は冷えた原子の塊でしたが、運動のために徐々に乾燥していき、遂には（おそらく摩擦のために）発火しました。太陽はこの燃え上った星によって点火されたのであり、月も火の一部を受け取っているといいます（ディオゲネス・ラエルティオス『ギリシア哲学者列伝』IX 31－33）。より微細な（したがってより軽い）原子が外周へいき、より大きい（より重い）原子が中心部に集まるというのは遠心分離機の原理に反するように見えますが、これはより大きい（重い）ものはそれが示す抵抗ののために運動しにくく、その旋回運動が遅いからと考えられたゆえのようであります。渦巻運動は接触（ἐπιψαύσις）によって全体に伝えられると考えられているからであります。しかしこれらのことは決して偶然によって起こるのではなく、すべては必然性をもって起こるといいます。「何ものもいわれなくしては生じない。すべてのものは根拠から必然によって生じる」（アエティオス『学説誌』Ⅰ25, 4）と、彼のものとされる唯一の断片の中でレウキッポスは語っています。原子論はその徹底的な物理的、機械論的必然性を特徴とします。

原子論の宇宙像

このように原子論においても、宇宙の生成は、結局は、渦巻運動と遠心分離機の原理によって説明されています。それゆえ大地は平たい円盤状であり、空中に浮いているとされました。これはミレトスのアナクシメネスの宇宙論と同じであり、原子論もその宇宙生成論に関してはイオニアの自然哲学の系譜上にあるのであります。太陽が最も高いところにあり、その下に諸星があり、その下に月があります。大地は南の方に傾いているが、それは南の方が暖かいために空気が一層稀薄となって大地を支え切れないのに対し、北方では氷と寒さのために空気が濃密となって大地を支えるからであるといいます。これは黄道帯の傾きの説明であります。デモクリトスはまた世界は無数にあると考えましたが、それは彼が、原子の運動が永遠であり、また空虚も無限である以上、無限の過程の中でさまざまな世界が形成されたはずだと考えたからであります。それゆえ成長の過程にある世界もあれば、最盛期の世界もあり、衰えつつある世界もあるといいます（ヒッポリュトス『全異端派論駁』Ⅰ13）。われわれの世界はそういった無数の世界の中のひとつに過ぎないのであります。これは、自分の世界を唯一絶対と考える不遜と頑迷を宇宙的規模において破壊するという点で有意義な思想であります。

デモクリトスの感覚論

デモクリトスの感覚論（これはレウキッポスの説かも知れませんが）には、注目すべきことに、後にロックによってなされた第一性質と第二性質の区別の先駆ともいうべき考えが見られます。事物の一切の性質はそれを構成する原子の形や大きさや配列や向きによって決定されていますが、それらの性質の中には事物そのものに属する真の性質と、知覚する主観に事物が作用することによって主観の側に生み出される習慣的な性質との区別が存するといいます。形、大きさ、重さ、密度、硬さなどは前者に属し、甘さ、辛さ、温かさ、冷たさ、色などは後者に属します。それゆえデモクリトスは視覚、聴覚、臭覚、味覚、触覚といった感覚を闇の認識（σκοτίη γνώμη）として、真正の認識（γνησίη γνώμη）である思考から区別しました（セクストス・エンペイリコス『諸学者論駁』VII 135, 138）。したがって物の真の姿は感覚によっては捉えられず、思考（διανοία）によってはじめて把握されるのであります。

またデモクリトスは視覚や思惟を剥離像（εἴδωλα）によって説明しました。知覚や認識は個々の印象が全体に再構成されることによって成立するのではなく、像全体が事物から剥離して空中を伝わってくることによって起こるのだといいます。空中を飛び回っている剥離像（エイドーラ）が人々によって神々と呼ばれているものなのであります（キケロ『神々の本性について』I 12, 29）。神といっても原子論においては、例えばダイモニオンのようなものが想像されており、それは壊れにくいものではあるが、壊れないものではないとされました。原子論は唯物論であると共にまた無神論的傾向性も示しているのであります。デモクリトスは魂を火、すなわち球形の原子（σφαιροειδῆ ἄτομα）と考えました（アエティオス『学説誌』IV 3, 5）。球形の原子はすべてのものの中に最も容易に侵入しうるからであります。

デモクリトスの倫理思想

前項でも述べましたが、デモクリトスの倫理思想は一種の快楽主義であって、「人間にとって最善のことは、できるだけ多く喜び、できるだけ少なく悲しむことである」（ストバイオス『精華集』III 1. 47）といいます。彼は明朗快活を大切と考えるのでして、人生の目的を明朗さ（εὐθυμία）に置きました。感覚的な強度の快はかえって苦痛を招くがゆえに退けました。彼は何よりも魂の安らかさと静かさを重要と考えるのであって、それゆえむしろ節制（σωφροσύνη）の意味を強調しています。また知を重視し、「知性を伴わぬ名声や富は危険な持ちものである」（ストバイオス『精華集』III 4. 82）とも語っています。彼の目指したものは知的な活動によって最もよく得られる晴朗な喜びの状態であったように思われます。彼は倫理思想に関してもエピクロスの先駆だったのであります。

以上、蛇足になったかも知れませんが、『哲学史』の中で「原子論哲学」として一般に紹介されている思想を併せて概観いたしました。しかしこの哲学の存在史的意味は「自然哲学の土壌の上に築かれた主観性の哲学」であったという点にあるというのが、本講義の主旨であるとご理解ください。

第15講 ハイデガーと原初の哲学者たち
――アナクシマンドロス、ヘラクレイトス、パルメニデス――

初期ギリシアに対するハイデガーの基本スタンス

アナクシマンドロス、ヘラクレイトス、パルメニデスの三人の哲学者をハイデガーは「原初の思索家たち」(die anfänglichen Denker) と呼びます。それは彼ら三者が初期ギリシア期に属する哲学者たちだからということではありません。ハイデガーにいわせれば、彼らは単なる「ソクラテス以前の哲学者」(ディールス) でも「プラトン以前の哲学者」(ニーチェ) でも「アリストテレス以前の人々」(ヘーゲル) でもないのであります。彼らが原初の思索家であるのは、彼らは「原初によって捉えられた者たち」(die vom An-fang An-gefangenen) だからであり、「原初から原初の内へ取り入れられた思索家、原初のもとに呼び集められた思索家」(GA 54, 11) だからなのであります。原初 (存在) によって呼び出され、「存在の言」の告知者として用いられた思索家たち、それがアナクシマンドロスであり、ヘラクレイトスであり、あるいはパルメニデスなのであります。断片という形でしか今日のわれわれに伝わらない彼らの言葉をハイデガーは「箴言」(Spruch) と呼びますが、それら箴言は、ハイデガーの見立てによれば、彼ら自身の言葉というよりは、「存在の言」(die Sage des Seins) (GA 71, 60) なのであります。

一九五一年の冬学期講義『思惟とは何の謂いか』の劈頭で、ハイデガーはヘルダーリンの一詩句 Ein Zeichen sind wir, deutungslos. (われらはしるしである、解釈なしの) を掲げ、講義全体の基本スタンスを示していますが、この詩句の背後にはヘラクレイトスの断片B 93「デルポイの神託所の主なる神〔アポロン〕は語ることも隠すこともせず、しるしを示す」が響いています。「われら〔詩人〕は〔アポロンの送る〕しるしである」というのはヘルダーリンの詩人としての自覚ないし自己確認の言でありましょう。ハイデガーも同講義においてパルメニデスの断片をヘルダーリンと同じスタンスで受け取ろうとするのであります。すなわち、アポロンの「しるし」(σῆμα) のレヴェルにおいて原初の思索家たちの言を受け取ることをハイデガーはヘルダーリンの詩句に寄せて宣言しているのであります。しかも「解釈なし」(deutungslos) にであります。通常神託では神の言を受け取る巫女の下にその言を解釈する神託解釈者〔神官〕がいて、神の言を人間の言葉に変換して、それを一般のものにする構造を有しますが、その「解釈なし」にであります。ここには原初の思索家たちの箴言をあくまでも人間の言葉以前の言として、アポロンの「しるし」(σῆμα) のレヴェルで受け取ろうとするハイデガーの決意のようなものが表現されています。まさにこのアポロンの「しるし」(σῆμα)、「存在の言」(die Sage des Seins) をとにかくも言葉にもたらした初期ギリシアの哲学者たちが、ハイデガーの理解によれば、前掲の「原初の思索者たち」(die anfänglichen Denker)、アナクシマンドロス、ヘラクレイトス、パルメニデスなのであります。

したがって原初の思索家たちの箴言は通常の人間のシュンタックス言語〔構文言語〕ではなく、パラタックス言語〔並列言語〕であったとハイデガーはいいます (GA 8, 186)。パラタックス言語というのは

「そばに」とか「並んで」を意味するギリシア語のπαράをもじって作られた文法用語でしょうが、箴言が「存在の言」(die Sage des Seins)であるなら、当然その「言」(Sage)は人間の言葉以前の言語でありましょう。原初の思索家たちの言葉は幼児言語のような並列言語であり、シュンタックス(構文)を具えたロゴス以前の言語であったというのが、ハイデガーが原初の思索家たちに向かうときの基本認識なのであります。構文を具えたシュンタックス言語という人間の言語レヴェルにおいてロゴスを哲学に導入したのはプラトンからであり、そこから西洋形而上学が始まったというのがハイデガーの西洋哲学理解のようであります。やがてそれはアリストテレスにおいてἀπόφανσις(命題)となり、その結果、「真理」(Ἀλήθεια)は「正しさ」(Richitigkeit)に頽落しました。

原初の思索家たちに向かうようになった頃のハイデガーの存在思想は「存在の二重襞」(Zwiefalt des Seins)というあの着想によるそれでありました。『存在と時間』期のハイデガーは「存在者」(das Seiende)に「存在」(das Sein)を対立させ、存在者しか問うてこなかった西洋形而上学を「存在忘却の歴史」として厳しく告発していたし、『哲学への寄与論稿』期においてすら、τί τὸ ὄν(ὄνとは何か)というプラトンやアリストテレスの問いの様式を形而上学の「主導的問い」(Leitfrage)として、それに対して存在の真理への「根本的問い」(Grundfrage)を対置していました。ところがある時期からか、ハイデガーはプラトンやアリストテレス級の哲学者がτί τὸ ὄνという様式で存在を尋ねたことに深い意味を認めるようになったようで、むしろ「存在」(τὸ εἶναι)や「存在者」(τὰ ὄντα)はὄνから分岐した派生態であると見なすようになります(GA 55, 76–77)。ギリシア語の分詞ὄνは、邦語の「存在」と同様、存在も意味すれば、存在者も意味します。ここにハイデガーは存在の深い動性を見るようになったのであります。存在といっても、それは「存在者の存在」(Sein des Seienden)であるし、存在者は「存在における存在者」(das Seiende in Sein)であります。それらは決して切り離せるものではなく、一体のものとして働いています。動詞でもあれば名詞でもある分詞 ὄν の二側面はいわば存在の「二重襞」（Zwiefalt）ともいうべきもので、この襞の「開襞」（Entfaltung）こそが、存在が自らを秘匿しつつも存在者を現前者（das Anwesende）として送り届けてくる存在の動性そのものであるとハイデガーは考えるのであります。そしてこの存在の開襞が存在の送る運命（Geschik）であり、それが時代という形をとって刻まれた歴史（Geschichte）に他ならないとハイデガーはいいます。時代（エポック）というのは、ハイデガーによれば、存在のエポケー（立ち止まり）なのであります（GA 5. 337–338）。しかも存在は存在者へと自らを開蔵（Entbergen）しながらも、それ自身はどこまでも覆蔵性（Verborgenheit）にとどまります。自らを明らめつつ（Lichten）、自らを覆蔵（Bergen）する。これが「真理」（Ἀλήθεια）というギリシア的概念の意味する存在の根源的動性であり、そこでは「隠れ」（λήθη）と「顕現」（Ἀλήθη）の闘争が統べています。ラテン語の veritas やドイツ語の Wahrheit がその内に何の対立も含まない平板な概念でしかないのに対し、Ἀλήθεια にはその概念そのものの中に闘争があり、そこにハイデガーは隠れと顕現という存在の緊張をはらんだ対向的動性を見るのであります。そしてそれら一切の依るところが「存在の二重襞」（Zwiefalt des Seins）なのであります。二重襞こそ「存在の謎」（das Rätsel des Seins）であるとハイデガーはいいます（GA 5. 344）。「覆蔵性」（Verborgenheit）と「非覆蔵性」（Unverborgenheit）、「隠れ」（λήθη）と「顕現」（Ἀλήθη）というあの後期ハイデガーの存在思想が、この時期、「存在の二重襞」（Zwiefalt des Seins）という構想によってより明確なイメージで展開されるようになったと見ることができるでありましょう。

　ちなみに、この「存在の二重襞」という思想が前期、中間期、後期と幾多の表現形態を取って展開されてきたハイデガーの存在思想の最終的表現なのであります。後半期以降ハイデガーはこの概念を使ってさまざまに論じていますが、セザンヌ論もそのひとつであります。「思索されたもの」と名付けられてルネ・シャールに捧げられた一連の詩の中に次の一節がありますが、「現前するものと現前することの二重の襞」（die Zwiefalt von Anwesendem und Anwesenheit）という表現によってセザンヌの絵画が半ば謎めいた仕方で、しかし印象深く論じられています。小川侃氏の著書『風の現象学と雰囲気』（二〇〇〇年、晃洋書房、一〇九頁）から以下に転載しておきます。

Im Spätwek des Malers ist die Zwiefalt
Von Anwesendem und Anwesenheit einfältig
geworden, »realisiert« und verwunden zugleich,
verwandelt in eine geheimnisvolle Identität.

〔画家の後期の作品では
現前するものと現前することの二重の襞が
一重になり、《実現され》、同時に克服されて、
秘密に満ちた同一性に変じられている。〕

セザンヌの絵画の中にハイデガーは「存在の二重襞」の絵画的表現とその秘密に満ちた同一性を見たわけであります。一般にこの時期のハイデガーにおいては、前期から中間期にかけてのハイデガー哲学の基本コンセプトであった存在者に存在を鋭く対立させる「存在と存在者の存在論的差異」（die ontologische Differenz von Sein und Seiendem）（『現象学の根本諸問題』）というテーゼは克服されており（小川氏によればクリストフ・ヤメ氏もそう見ているようであります。前掲書、一一一頁、注55）、「存在」（das Sein）と「存在者」（das Seiende）は ὄν のいわば二側面とされ（襞とされ）、その両襞の緊密な（場合に

よっては秘密に満ちた）相互対向的動性と絡み合いの中でその存在思想が展開されるようになったと見ることができるでありましょう。

そして原初の思索家たちの箴言において告知された「存在の言」（die Sage des Seins）もまた、まさにこの「存在の二重襞」とその動向が「存在の初期語」（das frühe Wort des Seins）において語り出されたものに他ならないとハイデガーは考えるのであります。以下、それを具体的に見たいと思います。

アナクシマンドロス

まずハイデガーはアナクシマンドロスの断片B 1を取り上げます。

ἐξ ὧν δὲ ἡ γένεσίς ἐστι τοῖς οὖσι καὶ τὴν φθορὰν εἰς ταῦτα γίνεσθαι κατὰ τὸ χρεών, διδόναι γὰρ αὐτὰ δίκην καὶ τίσιν ἀλλήλοις τῆς ἀδικίας κατὰ τὴν τοῦ χρόνου τάξιν. ※〔諸存在にとって生成がそれからであるそのものへと消滅もまた必然にしたがってなされる。なぜなら、それらは時の秩序にしたがって、また相互に不正の償いをするからである。〕

そしてバーネットの提案を受け入れ、前半を切り取って後半の κατὰ τὸ χρεών, διδόναι γὰρ αὐτὰ δίκην καὶ τίσιν ἀλλήλοις τῆς ἀδικίας. のみを真正断片として採用します。バーネットが前半を切り取った理由は γένεσις とか φθορά といったタームはプラトンの専門用語（termini technici）だからということですが（J.Burnet, Early Greek Philosophy, 1930, Lodon, p. 52, note 6）、ハイデガーはそれには同意しません。それらのタームは古くはホメロスにも見られるからであります。しかしこの断片を今日に伝えているシンプリキオスがこれを自らのアリストテレスの注釈書の中に書き留めたのはおよそ紀元五三〇年頃、アナクシマンドロスより一〇〇〇年以上も後のことなのであります〔資料1〕。そうした事情も考慮してハイデガーはこの後半の部分のみがアナクシマンドロスの真正断片であると確信したのでありましょう。そしてそれに対して最終的に以下のような訳文を付けます。

...entlang dem Brauch: gehören nämlich lassen sie Fug somit auch Ruch eines dem anderen (im Verwinden) des Un-Fugs.〔用いに沿って、すなわちそれらは不適合の（克服において）適合と、したがってまた相互への配慮を属させるから。〕(GA 5, 372)

要するにアナクシマンドロスのこの箴言においてハイデガーが聴き取るのは、存在がその接合構造（das Gefüge）を維持し、その破れを修復しようとする存在そのものの動向なのであります。アナクシマンドロスのこの箴言において第一義的に問題とされているものは、「生成」、「消滅」、「不正」、「償い」といった断片内に見られる諸概念というよりは、「それら」（αὐτά）によって指示されている「諸存在」（τὰ ὄντα）であることをハイデガーはまず強調します。ハイデガーの表現でいえば、「存在するものの全体」（das Seiende im Ganzen）であります。ところでそれら諸存在（τὰ ὄντα）は存在から到来し、また存在に去往していきます。別言すれば、覆蔵性（Verborgenheit）から非覆蔵性（Unverborgenheit）に到来してきて、暫しそこにとどまった後、また覆蔵性に去往していきます。この動性の全体が存在の接合構造（das Gefüge）であります。しかしそれら「その都度とどまるもの」（das Je-Weilige）はしばしば「我意」（der Eigensinn）によってそこに留まりつづけようと「固執」（Beharren）します。その結果、存在の「接合構造から外れる」（aus der Fuge）ことになります。この「接合構造からの外れ」（die Un-Fuge）がすなわち「不正、不適合」（der Un-Fug）ということであり、これを存在は修復しようとするのであります。しかもそれら諸存在（τὰ ὄντα）を互いに適合させ合い、配慮させ合うことによってであります。そしてこのことを司るのが冒頭の κατὰ τὸ χρεών であります。κατὰ τὸ χρεών は通常は「必然にしたがって」と訳される語句ですが、それをハイデガーはギリシア語の ἡ χείρ（手）に関係づけて entlang dem Brauch と読みます。der Brauch は「手渡し」とか「手の中に保持する」といったほどのことを意味する中世ドイツ語だそうですが、このことによって結局すべては存在の手中にあり、存在の「用い」（Brauch）によることが語られているとハイデガーは考えるのであります。このように τὸ χρεών による接合構造全体を管理する存在の働きそのものがアナクシマンドロスの箴言に語り出されていたその当のことに他ならないというのがハイデガーのアナクシマンドロス解釈なのであります。τὸ χρεών は、ハイデガーによれば、「存在」（Sein）そのものであり、それはヘラクレイトスの Λόγος やパルメニデスの Μοῖρα と同様、「存在の初期語」（das frühe Wort des Seins）（GA 5, 365）なのであります。

ヘラクレイトス

ヘラクレイトスはハイデガーが後年最も傾倒した哲学者であり、その断片の多くに言及し、共感をもって論じていますが、その中からここでは断片 B 50 を取り上げてハイデガーの論じるところを聴きたいと思います。断片 B 50 は次のようにいいます。

οὐκ ἐμοῦ ἀλλὰ τοῦ Λόγου ἀκούσαντας, ὁμολογεῖν σοφόν ἐστιν Ἓν Πάντα.〔わたしに聞くのではなく、ロゴスに聞きて、万物がひとつであることを認めるのが知というものだ。〕［資料2］

これに対してハイデガーは以下のような訳文を付します。

Nicht mir, aber der lesenden Lege gehörich: Selbes liegen lassen: Geschikliches west (die lesened

Lege): Eines einend Alles.〔わたしではなく、集め置きに聴従。同じものを横たわらせること。適合的なものが現成する（集め置き）。一にして全。〕（GA 7, 231）

この箴言においてハイデガーが聴き取るものもまた、収集し前に横たわらせことによって世界を開くロゴスとしての存在の動性そのものなのであります。ハイデガーにとってロゴスは第一義的には人間の言葉ではありません。同語根のドイツ語 legen（置く、横たえる）や lesen（読む、集める）、それにラテン語の legere（読む、集める）などを指示しつつ、ハイデガーは λέγειν の本来の意味が「置くこと」、「集めること」であることを強調します。むしろ問題は本来「集め置くこと」を意味した λέγειν がどうして「語ること」を意味するようになったかなのであります。「語り」と「収集」というロゴスの二義がその起源のところでどのような関係にあるのか、ハイデガーも結局見極め切れなかったようですが、しかしハイデガーはロゴスを第一義的には「収集」の意味に解する立場をあくまでも固持します。そしてそれを大文字で ὁ Λόγος と表記するのであります。ハイデガーによれば、ὁ Λόγος あるいは λέγειν は、本来は「言葉」ないし「語る」ことではなく、むしろ「集める」こと、丁度葡萄の房を摘み取って集めるように諸存在を集めて前に置き、そして前に横たわるものを非覆蔵性（Unverborgenheit）の中に保持し、そのようにしてそこに諸存在を現前させる存在そのものの働きなのであります。このことが、ハイデガーが何度も強調するように、「真理」（Ἀλήθεια）ということであります。われわれの前には海や山脈が横たわっています。さらに町や島、神殿や空、村や家が横たわっています。それらはすべてロゴスの集め置く作用によってそのようなものとしてそこに現前しているのであります。そしてその ὁ Λόγος に応じて集めたり言ったりすることが ὁμολογεῖν であるとハイデガーは解釈するのであります。ὁμολογεῖν は一般的には「認める」、「同意する」というほどの意味ですが、ハイデガーはこれを Selbes liegen lassen〔同じものを横たわらせる〕と読みます。ὁμολογεῖν は大文字の ὁ Λόγος に応じてあらしめるもろもろのことをいっており、その結果そこに σοφόν が生まれます。ハイデガーは σοφόν を「適合的なもの」（Geschikliches）と読みます。σοφόν からもハイデガーは「知」という主観性の臭いを消し去るわけであります。σοφόν とは、ハイデガーによれば、Λόγος に適合したあり方なのであります。したがってこのヘラクレイトスの箴言においても、アナクシマンドロスのそれの場合と同様に、ロゴスとそれに応じる ὁμολογεῖν の作用によって全体として接合構造（das Gefüge）が現成していることが語られていることになります。そしてそのようにロゴスがすべてのもの（Πάντα）を集めて単純な現前の内へと集中すること、言い換えれば、一（Ἕν）にすることがヘラクレイトスによって Ἕν Πάντα（一にして全）と表現されていたその当のことに他ならないとハイデガーは解釈するのであります。Ἕν Πάντα は、ヘラクレイトスにおいては、昼と夜、冬と夏、戦争と平和、満腹と飢餓、覚醒と睡眠、ディオニュソスとハデスなどの諸対立が、根源のところでは、上り坂と下り坂がひとつの同じ坂であるように、ひとつであることを語るものでしたが〔資料3〕、ハイデガーもまた Ἕν Πάντα というヘラクレイトスの言葉の中に諸存在が対立し競合し合いながらもひとつに集められて接合構造をなすロゴスの真相を見るのであります。

またロゴスのこの働きをギリシア人はピュシス（φύσις）として経験したとハイデガーはいいます。ハイデガーは「ピュシス」を das von sich aus Aufgehende.〔自分から立ち上がるもの〕と訳しますが、自ら立ち上がってきて前に横たわるもの、むしろ集めて横たわらせ置くもの、それがピュシスという側面から見られたロゴスなのであります。ハイデガーが特に愛惜したヘラクレイトスの言葉は Φύσις κρύπτεσθαι φιλεῖ.〔自然は隠れることを好む〕（断片 B 123）ですが、これをハイデガーは Das Aufgehen (aus dem Sichverbergen) dem Sichverbergen schenkt's die Gunst.〔（自らを覆蔵することからの）立ち上がりは自ら覆蔵することに好意を送る」と読みます（GA 7, 279）。存在の中で覆蔵と開蔵、隠れと顕現が互いに祝福し合っているということでありましょう。真理（Ἀλήθεια）の中には闘争があるというのが、前述のようにハイデガーの真理観ですが、その闘争は憎み合ったそれではないようであります。そしてこのことによっても自らを開蔵しつつ自らを覆蔵するあの「存在の二重襞」（Zwiefalt des Seins）の動性がギリシア人のもとでピュシスとして経験されていたとハイデガーは見るのであります。ロゴスは、ハイデガーの理解によれば、このようにピュシスとして立ち現れるかと思えばまた自らの内に隠れる収集として働く存在そのものの動性なのであります。ロゴスやピュシスもまた存在を言い表す「最古の名称」（der älteste Name）（GA 5, 365）なのであります。

パルメニデス

パルメニデスについてもハイデガーは断片B８の34以下や断片B３などを取り上げ、さまざまに論じていますが、ここでは断片B６の次の詩句に限ってハイデガーの議論を見ておきたいと思います。χρὴ τὸ λέγειν τε νοεῖν τ᾽ ἐὸν ἔμμεναι.〔あるものがあると語り、かつ考えることが必要である。〕［資料４］そしてこれを最終的に次のように訳します。

brauchet es das Vorliegenlassen und so das In - die - Acht - nehmen auch: Seiendes seinend.〔前に横たわらせ、またそのように注視の内に取り入れることもそれは用いる。：あるもの、ある。〕（GA 8, 227）

パルメニデスのこの箴言こそ、まさにハイデガーのいう「存在の二重襞」（Zwiefalt des Seins）の初期語における託宣に他ならないのであります。パルメニデスに真理を託宣する匿名の女神をハイデガーは「真理の女神」と断じます（GA 54. 6 - 7）。パルメニデスの箴言は、パルメニデス自身がそのような形で提示しているように［資料5］、まさに真理の女神の託宣なのであります。そしてその内容は ἐὸν ἔμμεναι、すなわち「存在の二重襞」（Zwiefalt des Seins）なのであります。ἐὸν ἔμμεναι は「あるものがある」と読まれるのが一般的ですが、ハイデガーはその二語を「あるもの、ある」と並置し、それを存在の二重襞を語ったパラタックス言語と解します。そして λέγειν τε νοεῖν も、通例のように「語り、かつ思惟すること」とは読まず、「前に横たわらせ」（Vorliegenlassen）、またそのようにして「注視の内に取り入れること」（das In-die-Acht-nehmen）と読むのであります。そしてその全体を、アナクシマンドロスの箴言の場合と同様、χρή が「手の中に保持し」、「手渡し」、「用いる」と解するのであります。したがってパルメニデスのこの箴言こそ、まさに存在がその襞を開襞することによって現前するものを前に横たわらせ、同時にそのことを注視の内に取り入れる存在そのものの動性を語った「存在の言」（die Sage des Seins）であることになります。特にこの箴言において注目すべきは νοεῖν が語り出されていることであります。ただし、その νοεῖν は第一義的にはわれわれのいうような意味での「思惟」（Denken）ではありません。νοεῖν をハイデガーは、前述のように、「注視の内に取り入れること」（das in- die- Acht-nehmen）とか「認知」（Vernehmen）などと読みますが、こういった意味で語り出された νοεῖν と前に横たわらせることによっていわば注視を誘引する λέγειν こそが実は「思惟」（Denken）を現前へと呼び起こした当のものであったのだとハイデガーは考えるのであります。やがてそれは ratio となり、表象的思惟（Vorstellen）となることによってヨーロッパ的思惟となり、そこから西洋形而上学が立ち上がりました。そのなれの果てが西洋近代の啓蒙主義の諸哲学であります。しかし、もし前に横たわらせる λέγειν とそれを注視の内に取り入れる νοεῖν の接合構造が、その接合構造そのものがそこに接合されているἐὸν ἔμμεναι によって開襞されなかったなら、ヨーロッパ的思惟なるものはなく、したがって飛行機のモーターが回転することも原子力発電が稼動することもなかったであろうとハイデガーはいいます。そしてそれらすべてを送り届けてくるもの、それこそがἐὸν ἔμμεναι、すなわち「存在の二重襞」(die Zwiefalt des Seins)なのであります(GA 8, 243)。「存在の二重襞」こそが、われわれに思惟を命ずるのであります。「何がわれわれに思惟を命ずるのか」(Was befielt uns Denken?)「何がわれわれに思惟を言い渡すのか」(Was heißt uns Denken?)、というのが五一年の冬学期講義『思惟とは何の謂いか』の究極のテーマでした。答えは「存在の二重襞」、ἐὸν ἔμμεναι であります。そしてさらに断片B8の37の「モイラ」(Μοῖρα)へのパルメニデスの言及を捉え、存在がその開襞を「運命」(Geschick)として送り届けてくる次第がパルメニデスのこの箴言においても語られていたとハイデガーは見るのであります。

回顧と展望

したがって、アナクシマンドロスの箴言においても、ヘラクレイトスのそれにおいても、パルメニデスのそれにおいてすらも、結局は同じことが告知されていたことになります。原初の思索家たちの箴言はすべて、ハイデガーの確信するところによれば、二重襞を開襞することによって現前者を現前させ、同時にその接合構造を維持する存在の動性を示す「存在の言」(die Sage des Seins)に他ならないのであります。ただそれが、χρεών とか Λόγος とか、あるいは νοεῖν とか Μοῖρα といった多少異なる初期語で語られたという点で異なるだけなのであります。ヘラクレイトスは πάντα ῥεῖ.(「万物は流れる」)を説いた生成の哲学者であるのに対し、パルメニデスは οὐκ ἔστιν μὴ εἶναι(「ないはない」)というテーゼによって一切の生成・消滅、運動を否定し去った存在の哲学者であるとして、両者を鋭く対立させるのがヘーゲル以来の『哲学史』の定説的な扱いですが、ハイデガーは両哲学を基本的に異なる哲学とは見ません。ハイデガーによれば、両箴言は、結局は、同じ託宣を告知しているのであります。原初の思索家たちの箴言がいずれも「存在の言」（die Sage des Seins）である以上、それらは異なりようがないのであります。ハイデガーがアナクシマンドロス、ヘラクレイトス、パルメニデスを「原初の思索家たち」（die anfänglichen Denker）として一体のものとして扱うゆえんでありましょう。

これらの半ば神懸った断片解釈を、どのように評価すべきでしょうか。これらの箴言に仮託して語られた「存在の二重襞」というハイデガー哲学最終の存在思想そのものは、それはそれとして受け止めることができるにしても、もしこれらの解釈を歴史的存在としてのアナクシマンドロス、ヘラクレイトス、パルメニデスの断片解釈として受け取らねばならないとすれば、どうでありましょう。しかしこのように彼らの言葉を「存在の言」（die Sage des Seins）に祭り上げてしまったのでは、彼らの主体性が消されてしまうことになりはしないか。これらの哲学者たちも実際に生きた歴史的存在であり、あるいは対象性をはるかに越えた自然への帰依を語り、あるいは「ないはない」という洞察を驚きをもって女神の託宣として開陳し、あるいは主観性原理（Subjektivität）に対する拒否を怒りをもって語った、すぐれて主体的な哲学者たちだったのであります。

アナクシマンドロスは主観性によって生み出された超越の構造に組み込まれる以前の自然に生きた自然哲学者であり、彼にとって自然（ピュシス）は対象ではありませんでした。対象でない以上、自然は「無限なるもの」（τὸ ἄπειρον）である以外になかったのであります。アナクシマンドロス哲学の基本テーゼは、キケロもいうように、「自然の無限」（infinitas naturae）であります（『アカデミカ第一』II 37.118）。アナクシマンドロスの「ある無限な自然」（τινὰ φύσις ἄπειρον）は主観性をはるかに越えた存在そのものであり、彼の自然哲学はハイデガーの存在思想と基本的に同じ構造をしているのであります。ハイデガーがアナクシマンドロスにシンパシーを感じるゆえんでありましょう。しかしその哲学は存在の接合構造を主題的に語るものではありませんでした。

パルメニデス哲学のポイントは非存在の不可能性の洞察にあります。「ないはない」（οὐκ ἔστιν μὴ εἶναι）のであります。その結果彼は「ない」（μὴ εἶναι）を含意せずしては成立しない生成、消滅、多、場所、運動の一切を否定せざるをえなくなり、現象世界を「死すべき者どものドクサ」（βροτῶν δόξα）として葬り去ることになりましたが、このことは「非存在」（τὸ μὴ ἐόν）という概念が自己矛盾を含む概念である以上避けることのできない事態なのであります。彼の哲学は「ないはない」（οὐκ ἔστιν μὴ εἶναι）というアルキメデスの一点の上に築かれた「氷のような抽象の硬直」（ニーチェ『ギリシア人の悲劇時代の哲学』9）であり、一切の妥協を許さないものでした。彼の「存在のテーゼ」は人類の思惟をその限界に当面させずにいないものだったのであります。ちなみに、人類はこの限界を今日にいたるもなお超克しえておりません。というよりは、人類がこの限界を越えることなど永遠にありえないことなのであって、パルメニデスの「存在のテーゼ」は人類の思惟が存在の中で生きるものでしかないことを、言い換えれば、存在を脱してそれを対象として扱うことなど原則不可能であることを否定すべくもなく示すものなのであります。これを脱して「存在」を対象として思考したと思わせるのは、一切のものを己の前に立つ対象と化すところの、したがって「存在」（Sein）をすら一個の対象として己の前に立てる主観性（Subjektivität）の哲学の幻想に過ぎません。「表象的思惟」（Vorstellen）はすべてのものを対象として前に立てます。対象は、しかし、ハイデガーが一貫して主張してきたように、「存在者」（das Seiende）ではありえても、「存在」（Sein）ではありません。「存在」（Sein）が思考の前に一対象として立つことなど決してないのであります。「存在」（Sein）もまた表象的思惟（Vorstellen）の前に立つ対象になるとするなら、非存在（τὸ μὴ ἐόν）もそうされる以上、非存在もまたあることになるでありましょうが、それは矛盾であります。非存在（τὸ μὴ ἐόν）はないからであります。ここにパルメニデスの全哲学がその上に立つ究極の一点があります。この真理を端的に表現したのが断片B２の「ある、そしてないはない」（ἔστιν, οὐκ ἔστι μὴ εἶναι）なのであります。ハイデガーがこの断片を完全に無視しているのは驚くべきことといわねばなりません。肝腎要の断片B２［資料６］を欠落させておいて、どうしてパルメニデスの正当な解釈といえましょうか。

ハイデガーの初期ギリシア解釈の不当性が最も極まるのはヘラクレイトスの扱いに関してであります。ヘラクレイトスはハイデガーが後年最も傾倒した哲学者であったはずですが、そのヘラクレイトスの想いといったものが汲み取られていない。彼の怒りを斟酌していません。ヘラクレイトスは「暗い哲学者」である以上に「怒る哲学者」なのであります。何に対して怒っていたのか。ピュタゴラスとピュタゴラスが西洋世界に持ち込んだ原理に対してであります。ピュタゴラスとその原理に対する怒りの余り、ヘラクレイトスは遂にはあのような壮絶な最後を遂げねばならなかったのであります［資料７］。ピュタゴラスは西洋世界にはじめてアートマン（主観性）を持ち込んだ哲学者でした。初期ギリシア世界はこの原理を徹底的に否定しましたが（ピュタゴラス派大迫害）、それがギリシアから完全に駆逐されるということはなく、それはやがて前五世紀の後半にギリシア中央部に到着してソクラテス、プラトンに受け取られ、ソクラテス・プラトンの理念的哲学として立ち上がりました。ハイデガーのいう「主観性の形而上学」（die Metaphysik der Subjektivität）の立ち上がりであります。そしてそれがキリスト教という姿を取って西洋精神史に遅れて登場してきたヘブライズムの本体と合体して（いわゆるプラトニズムとヘブライズムの合体）、そのようにしてヘブライズムを基幹とする西洋形而上学（die abendländische Metaphysik）がヨーロッパ精神史の基幹思想となり、西洋世界全体を席巻するにいたったのであります。

その結果が中世世界であり、あるいは近・現代世界であります。デカルト以降の近代哲学は主観性が自己意識（自覚）にいたった哲学であります。その結果、主観性の超越的構造によって生み出された認識と対象の間に開いた距離が気づかれ、その距離・空白が主観性を苛みつづけることになったのであります。近代の哲学が総じて「認識の哲学」に堕していったゆえんがここにあります。近代の認識の諸哲学はいずれもこの距離・空白を埋めようとする空しい試みに他なりません。それというのも、この距離・空白を生み出している当のものは主観性に他ならず、その距離を消失させようとするのは、主観性に主観性でなくなれといっているようなものだからであります。主観性は距離そのものであり、主観性である限り、距離はありつづけます。しかし知に確実性（certitude）を求めるこの動向は近代哲学において極めて執拗であり、このことはフッサール現象学にいたるまで基本的に変わりません。言い換えれば、近代哲学はほぼ例外なく主観性の超越的構造に組み込まれ、その構造の中で主観性に発する問題性に呻吟する哲学でしかなかったということなのであります。このことは哲学のみに限りません。近代世界そのものが巨大な主観性のイデオロギー総体であり、近代世界を根底において駆動する原理こそ、何度もいいますが、主観性（Subjektivität）に他ならないのであります。そしてこの巨大原理が世界を覆い尽くしつつあるというのが今日の世界情勢なのであります。アメリカ発のグローバリゼイション［注1］はこの原理の地球的規模での世界浸透に他なりません。ハイデガーは近代にあってこの巨大原理と対決した哲学者であり、そういう意味において彼はヘラクレイトスと軌を一にする哲学者なのであります。ヘラクレイトスとハイデガーはいわば同志的関係にあり、彼がヘラクレイトスに深く傾倒したのもゆえないことでなかったのであります。しかしそのヘラクレイトスの怒りを彼は汲み取ろうとしない。なぜか。ピュタゴラスを無視したからであります。その結果、ハイデガーは初期ギリシア哲学の動向を正確に見て取る視点を確保することができませんでした。初期ギリシアへの深い傾倒にもかかわらずにであります。計算的理性への嫌悪からか、ピュタゴラスをドロップ・アウトさせることによってハイデガーは初期ギリシア哲学の真相を見極める視点を完全に失ってしまったと断じざるをえません。ピュタゴラス哲学の本性に対する洞察こそ、初期ギリシア哲学の深層を見極める鍵なのであります。彼はヘラクレイトスのピュタゴラスとその原理に対する怒りをこそ共有すべきでした。その言葉を「存在の言」（die Sage des Seins）に祭り上げたところで、ヘラクレイトスは喜びはしないとわたしは思います。

※〔　〕内に論者の訳を付記する。出典は『初期ギリシア自然哲学者断片集』①（ちくま学芸文庫、2000年）。

（下巻に続く）

注1　あるいはむしろ「Weltjudentum 発の」というべきであろうか。いずれにせよ、グローバリズムの起点とみなされてきたその当のアメリカで反グローバリズムの動きが起ってきたことは瞠目すべきことといわねばならない。

資料①（アナクシマンドロス断片B 1）

シンプリキオス（『アリストテレス「自然学」注解』24, 13）

原理はひとつであり、運動し無限であるという人々のうち、タレスの後継者であり弟子であったプラクシアデスの子、ミレトスのアナクシマンドロスは、「無限なるもの」（ト・アペイロン）が諸存在の原理であり元素であると主張した。ちなみに彼は原理［アルケー］というこの名称を導入した最初の人である。彼は、原理は水でもなければ他の元素といわれるもののいずれでもなく、それらとは異なる無限なある自然であって、それから全天界と天界の内にある世界のすべては生成するという。「諸存在にとって生成がそれからであるそのものへと消滅もまた必然にしたがってなされる。なぜならそれらは、時の秩序にしたがって、また相互に不正の償いをするからである」というふうに、やや詩的な言葉で彼はそのことを語っている。明らかに彼は四元素の相互転化を観察して、それらのひとつを基体とするのではなく、それらとは別のものを基体とする方が適当であると考えたのである。また彼は、元素が質的に変化することによってではなく、永遠の運動によって反対のものが分離されることによって生成はなされるとする。それゆえにアリストテレスは彼もまたアナクサゴラス一派の人々の中に加えたのである。

資料②（ヘラクレイトス断片B 50）

ヒッポリュトス（『全異端派論駁』IX 9）

ところでヘラクレイトスは、万有は分割しうるのでもあれば不可分でもあり、生成するのでもあれば不生でもあり、死すべきものでもあれば不死でもあり、永遠のロゴスでもあり、父でもあれば息子でもあり、正義なる神でもあるという。「わたしに聞くのではなく、ロゴスに聞きて、万物がひとつであることを認めるのが知というものだ」と彼は語っている。

資料③（ヘラクレイトス断片B 67）

ヒッポリュトス（『全異端派論駁』IX 10）

神は昼と夜、冬と夏、戦争と平和、満腹と飢餓である。それが姿を変えるのは、ちょうど〈火が〉香と混ぜ合わされると、それぞれの香りに応じて［さまざまに］呼ばれるのと同様である。

資料④（パルメニデス断片B 6）

シンプリキオス（『アリストテレス「自然学」注解』117, 2）

矛盾は同時に真でありえないことを、彼はかの詩によって語っているのである。そしてまた彼はそれによって対立するものを同一とする人々を非難している。すなわち、曰く。

あるもの［のみ］があると語り、かつ考えることが必要である。なぜならあるはあるが、
無はあらぬからである。このことを心に銘記するようわたしは汝に命じる。
なぜならまず最初に探究のこの道からわたしは汝を〈遠ざける〉からである。
それから次に死すべきものどもが何ひとつ知ることなく、
双つ頭をしながらさまよう道からも〈遠ざける〉。なぜなら困惑が彼らの
胸中でさまよう心を導いているのだから。彼らは引き回される、
聾にして盲、呆然自失、物の見分けもつかない群衆のごとく。
彼らにはあるとあらぬが同じであり、かつ同じでないと見なされており、
あらゆるものについて逆向きの道がある。

資料⑤（パルメニデス断片B 1）

セクストス・エンペイリコス（『諸学者論駁』VII 111.）

すると女神がわたしをねんごろに迎えて、わが右手を
その手に取って、次のごとく言葉をかけて、われに語れり。
おお、若者よ、不死なる御者に伴われ、
汝を運ぶ駿馬もてわれらが館にいたれし男よ、
よくぞきました。決して悪しき定めがこの道を行くよう汝を送り出したのでないがゆえに。
まことにこれは人間どもの道とはほど遠きところにある道。
否、むしろこれは掟であり正義なるぞ。汝はすべてを聞きて知らねばならぬ。
説得的な真理の揺るぎなき心も、
死すべき者どものまことの確信なきドクサをも。

資料⑥（パルメニデス断片B 2）

プロクロス（『プラトン「ティマイオス」注解』I 345, 18）

また重ねて、
いざ、わたしは語ろう。汝はこの言葉を聞きて心に留めるがよい。
探究の道として考えられはただこれらあるのみ。
そのひとつは「ある」、そして「ないはない」という道。
これは説得の道である。真理にしたがうがゆえに。

他方は「ない」、そして「ないがあらねばならない」という道。
だがこれはまったく探ねざる道であることをわたしは汝に告げる。
といい、そして、
なぜならないものを汝は知ることもできねば（それはなしえぬことであるから）、
語ることもできないから。
といっている。

資料⑦（ヘラクレイトス断片 A 1, A 1a）

ディオゲネス・ラエルティオス（『ギリシア哲学列伝』IX 3）

彼は遂には人間嫌いになり、世間を逃れて、山中で草木を食料として暮らした。しかしそのために倒れて、水腫ができたので町に下り、医者たちに謎をかけて洪水から乾燥をつくり出せるかと訊ねた。だが彼らはそれを理解しなかったので、自らを牛小屋に埋めた。それは牛の糞の熱で水分が発散されることを期待してである。しかし何の効果も得られず、そのようにして彼は六〇歳でその生涯を終えた。

ディオゲネス・ラエルティオス（『ギリシア哲学列伝』IX 4）

彼は医者たちに、誰か腸を空にして液体を吐き出さすことはできないかと訊ねたとヘルミッポスはいう。それはできないと彼らが答えると、自らを太陽に晒させ、牛の糞を塗りつけるように子供たちに命じた。そしてそのようにして長々と横たわったまま翌日死亡し、アゴラに埋葬されたという。キュジコスのネアンテスは、彼は牛の糞を取り去ることができずにそのままの状態でいて、姿が変わっていたことから彼とは気付かれず、犬の餌食になったという。

『スーダ』(「ヘラクレイトス」の項)

彼は水腫に罹ったが、医者たちが彼を治療しようとしたその仕方には自らを委ねず、牛の糞を全身に塗って太陽によって乾かされるにまかせた。そのようにして横たわっていたところ、犬がやってきてばらばらにした。

テキスト

Der Spruch des Anaximander (1946), In: Holzwege (1950), GA 5.『アナクシマンドロスの言葉』田中加夫訳、ハイデッガー選集Ⅳ、理想社、一九五七年。『アナクシマンドロスの箴言』茅野良男訳、ハイデッガー全集、第五巻『杣径』創文社、一九八八年、所収。

Logos (Heraklit, Fragment 50) (1951), Moira (Parmenides, Fragment 8, 34 - 41) (1952), Aletheia (Heraklit, Fragment 15) (1954), In: Vorträge und Aufsätze (2000), GA 7.『ロゴス、モイラ、アレーテイア』宇都宮芳明訳、ハイデッガー選集33、理想社、一九八三年。

Was heißt Denken? (1954), GA 8.『思惟とは何の謂いか』四日谷敬子訳、ハイデッガー全集、第八巻、創文社、二〇〇六年。

Der Spruch des Anaximander, Manuskript einer nicht vorgetragenen Vorlesung, geschrieben vermutlich Sommer / Herbst 1942, GA 78.

Heraklit, Freiburger Vorlesungen Sommersemester 1943, 1944, GA 55.『ヘラクレイトス』辻村誠三、岡田道程訳、ハイデッガー全集、第五十五巻、創文社、一九九〇年。

Parmenides, Freiburger Vorlesung Wintersemester 1942/43, GA 54.『パルメニデス』北嶋美雪、湯本和男訳、ハイデッガー全集、第五十四巻、創文社、一九九九年。

Einführung in die Metaphysik (1935), GA 40.『形而上学入門』川原栄峰訳、平凡社、一九九四年。『形而上学入門』岩田靖

夫訳、ハイデッガー全集、第四〇巻、創文社、二〇〇〇年。
Das Ereignis (2009), GA 71.

レイヴン, J. E. 244, 249-251
レヴィ, A. 245
レヴィ・ストロース（現代フランスの構造主義哲学者、民族学者）29
レヴィナス, E.（リトアニア出身の現代フランスの哲学者）124, 253
レウキッポス（原子論哲学者）22, 24, 358-364, 366, 367, 380-385
レーネン, J. H. M. M. 247
ロック, J.（イギリスの経験論哲学者）385
ローティ, R.（現代アメリカのネオ・プラグマティズムの哲学者）18, 52

人）203, 388
ヘルマルコス（エピクロス学徒）366
ヘルミッポス（スミュルナ出身の哲学者、カリマコスの弟子）128, 175, 267, 379, 408
ヘルメイアス（『異教哲学者を諷す』の著者）89
ヘルモドロス（エペソスの法律解釈者）193
ペレキュデス（シュロスの）47, 113, 119, 130, 133, 134
ヘロドトス（ハリカルナッソス出身の歴史家）15, 16, 44-46, 56, 61, 118, 119, 126, 257
ペロプス（神話上の人物）154
ポコス（サモスの、『航海用天文学』の著者とされる。）49
ボードリヤール, J.（現代フランスの思想家）38
ポリュクラテス（サモスの僭主）100
ホメロス（前8世紀の叙事詩人、『イリアース』『オッデュセイア』の著者）48, 116, 147, 186, 188, 195, 199, 202, 204, 205, 208-210, 216, 217, 324, 326, 327, 392
ホラティウス（ローマの詩人）139, 154, 155, 302
ポリュビオス（アルカディア地方メガポリス出身の歴史家）116
ポリュムナストス（ピュタゴラスの徒）114
ポルピュリオス（新プラトン派の哲学者、プロティノスの弟子）110, 212, 295
ホワイトヘッド, A. N. 130

ま　行

マクロビウス（『スキピオの夢』の著者）212
マリア（ヘブライ人の賢女、オスタネスの弟子）355
マルクス・アウレリウス（ローマ皇帝にしてストア哲学者）173
マルクス, K. 197, 198, 372
ミダス（プリュギアの人）135
ミノス（神話上の人物）154
ミロン（競技者の、クロトンの人）114, 159
ミュリアス（クロトンの人）135
メリッソス（サモスの哲学者）262, 281-285, 287-293
モイラ（神名、運命の女神）234, 399
モーゼ（ユダヤ民族の指導者）66
モンドルフォ, R. 245

や　行

ユークリッド（エウクレイデス、前3世紀のアレクサンドリアの数学者）158
ユスティニアヌスI世（東ローマ帝国皇帝）231
ユーバーヴェーク, F. 245
ユング, C. G.（スイスの心理学者）29, 104, 137, 224, 276, 353, 354, 370
ヨセフス（ユダヤ人作家）47, 119-121
ヨハネ（使徒の）192

ら　行

ラインハルト, K. 223, 247
ラクタンティウス（護教家、『信教提要』の著者）368
ラッセル, B.（英国の哲学者、思想家）53, 58, 79, 137, 190, 197, 309
リーツラー, K. 247
リュシス（ピュタゴラスの徒）114, 117, 159, 160
ルクレティウス, T. C. L.（ローマのエピクロス主義者）383
ルネ・シャール 391

131, 133-140, 146, 153, 157-170, 173
193, 195, 196, 216, 217, 287, 288, 294-296, 305, 306, 316, 353, 357, 370, 373, 376, 402, 404
ピュタゴラスの徒（ピュタゴラス学徒、ピュタゴラス派、ピュタゴラス教団） 16, 17, 21, 23, 24, 51, 59, 111-117, 126-128, 134, 135, 139, 140, 142, 144-146, 148-161, 163-166, 223, 306, 307, 357, 363-365, 367, 375, 378, 402
ヒュパティア（アレクサンドリアの女流哲学者、数学者）29
ピロストラトス（『アポロニオス伝』の著者）269, 300
ピロポノス（アリストテレス注釈家）212
ピロラオス（前4世紀のピュタゴラス派の哲学者）21, 127, 128, 166, 306, 358, 367
フーコー, M.（現代フランスの哲学者） 131, 132, 136, 137, 394
フッサール, E.（ドイツの現象学哲学者、現象学の祖）34, 122, 129, 403
プトレマイオス, C.（アレクサンドリアの天文学者）149
プラクシアデス（アナクシマンドロスの父）64, 65
プラクシパネス（エピクロスの先生）366
プラトン（アテナイの大哲学者、アカデメイアの創立者）16-21, 24, 25, 30, 43, 51, 59, 61, 63, 75, 107, 119, 121, 123, 126-130, 145, 146, 149, 151-154, 157, 194, 204, 210, 227, 235-239, 245, 252, 253, 257, 259, 260, 276, 281, 282, 307, 320, 324, 328, 331, 333, 337, 348, 349, 352, 367, 370, 375-378, 380, 387, 389, 392, 402, 403, 407
ブランディス, C. A.（ドイツのギリシア哲学史家）42
プリニウス, G. P. S.（『博物誌』の著者） 60, 348, 356, 370
フリーマン, K. 245
プルタルコス（カイロネイアの、『英雄伝』の著者）48, 60, 97, 186, 187, 208, 209, 221, 222, 258, 268, 278, 290, 297, 298, 320, 322, 334, 335, 338, 350, 367, 381
擬プルタルコス 65, 78, 188, 221
フレンケル, H. 249
フロイト, S.（オーストリアの精神分析家）280, 372
プロクロス（新プラトン派の学者）47, 59, 208, 227, 407
プロタゴラス（ソピストの）335, 351
プロティノス（新プラトン派の哲学者、新プラトン哲学の体系的完成者）42, 229, 305, 306
ヘカタイオス（ミレトスの）169
ヘーゲル, G. W. F.（ドイツ観念論の大哲学者）21, 39, 40, 52, 127, 204, 244, 245, 260, 275, 328, 369, 387, 400
ヘシオドス（前7世紀の叙事詩人）53, 169, 199, 202, 208, 217
ヘーベル, J. P.（シュヴァーベンの詩人） 179
ヘラ（神名）308
ヘラクレイトス（エペソスの哲学者）16, 22, 29, 51, 106, 118, 126, 167-194, 217, 223, 260, 265, 297, 298, 309, 310, 332, 387, 388, 394, 396, 399, 400, 402, 404-406, 408, 409
ヘラクレイトス（文法家の）186
ヘラクレイデス（『サテュロス綱要』の著者）266
ペリクレス（アテナイの偉大な政治家） 15, 24, 290, 291, 320-323, 327, 335-338, 351, 352
ヘルシアー, H. 245
ヘルダーリン, J. C. F.（ドイツの国民的詩

24, 45, 51, 353-359, 361-373, 375-386
擬デモステネス（『恋する者の弁』の著者）145, 146
デリダ, J. 34, 254
テルトゥリアヌス（キリスト教の護教家）268, 269
トゥキュディデス（アテナイの歴史家）207, 322, 323
ドゥリス（サモスの歴史家）45
ドッズ, E. R.（『ギリシア人と非理性』の著者）117
トマス・アクィナス（スコラ神学者）27, 241
トラシュロス（エジプトのメンデス出身の占星学者、著作編纂者）357, 363, 364

な　行

ナウシパネス（エピクロスの先生）366
ナポレオン・ボナパルト（フランス皇帝）328
ニコマコス（ゲラサの）114
ニーチェ, F. W.（現代ドイツの哲学者、古典文献学者）36, 37, 80, 110, 121, 124, 132, 150, 173, 176, 180, 182-184, 190, 223, 229, 230, 236, 253, 286, 299, 304, 325-327, 332, 337, 338, 378, 387, 401
ネアルコス（エレアの僭主）266, 267, 269
ネアンテス（キュジコスの）108, 175, 307, 408
ネイレオス（タレスと共にフェニキアからミレトスにやってきたとされる）45
ネスティス（神名）309
ネストレ, W. 223, 245
ネプトゥヌス（神名、ポセイドン）85

は　行

ハイデガー, M.（現代ドイツ最大の哲学者）19, 21, 26, 28, 37, 63, 66, 67, 69, 87, 93, 95, 104, 106, 121, 123, 125, 127, 129, 132, 146, 155, 170, 171, 177, 179, 180, 183, 191, 218, 231, 241, 242, 252, 253, 258, 280, 283-285, 287, 292, 326, 340, 387-404
ハッセイ, E. 14, 50
パティン, A. 223
ハデス（神名、冥界の王）396
バーネット, J. 223, 245-247, 260, 286, 331, 383, 392
パボリノス（アルル出身の後2世紀の哲学者、ソピスト）142, 300
ハルパゴス（ペルシアの太守）217
パルメニデス（エレアの）22, 23, 186, 193, 205, 217, 219-230, 232, 235-246, 248-261, 268, 275-293, 309, 310, 341, 359-363, 365, 381, 387, 388, 394, 397-402, 406
パントオスの子（エウポルボス）155
パントン（ピュタゴラスの徒）114
パンピレ（エピダウロス出身の女流哲学者）47
パンメネス（魔術師、オスタネスの弟子）355
ヒエロン（シュラクゥサイの僭主）209, 210
ヒッパソス（メタポンティオンの、ピュタゴラスの徒）165, 180
ヒッパルコス（不詳）379
ヒッポクラテス（コス島出身の医師）203, 212, 217, 371
ヒッポボトス（不詳）108, 302
ヒッポリュトス（ローマの）64, 90, 98, 110, 180, 181, 188, 189, 220, 221, 296, 297, 349, 361, 362, 364, 365, 384, 405, 406
ヒッポン（サモスの）55
ピュタゴラス（クロトンの哲学者）15-18, 21-24, 45, 47, 100, 107-123, 125-

トテレス注釈家）48, 55, 65, 81, 91, 18C, 181, 200, 201, 221, 227, 230-232, 261, 271, 272, 282, 283, 286, 343, 344, 346. 359-361, 368, 392, 405, 406
ストバイオス（『精華集』『自然学抜粋集』の著者）148, 152, 185, 211, 386
スピノザ, B. D. 253
スピンタロス（アリストクセノスの父）111, 140
ゼウス（神名）157, 308
セクストゥス・エンペイリコス（後期懐疑派の哲学者、医師、『諸学者駁論』の著者）24, 171, 172, 199-201, 208, 221, 227, 308, 334, 344, 350, 385, 407
セザンヌ, P.（フランスの画家）391
セネカ, L. A.（ローマのストア哲学者、皇帝ネロの家庭教師）278, 279
ゼノン（エレアの）22, 259, 260, 262-273, 275-281, 290, 361, 362, 381
ソクラテス（アテナイの哲学者）17, 18, 21, 24, 25, 107, 109, 121, 126, 130, 151-154, 157, 178, 204, 216, 236, 257, 259, 260, 276, 277, 319, 320, 322, 324, 326-334, 337-339, 346-348, 352. 378, 380, 387, 402, 403
ソシュール, F. d.（現代フランスの言語学者）30, 31, 37
ソフォクレス（ギリシア最大の悲劇詩人）290

た　行

ダーウィン, CR. 313
タラン, L. 245, 251, 252
ダルダノス（ポイニクス人の）370, 371
タレス（ミレトスの哲学者）14, 15, 21, 44-50, 52-62, 65, 76, 119, 187, 213, 214, 309, 405
チャーニス, H. 74
ツァラタス（ツァラトゥストラ）110
ツェラー, E. 42, 223, 229, 245, 247, 260, 317
ディオクレス（ピュタゴラスの徒）1114
ディオゲネス・ラエルティオス（『ギリシア哲学者列伝』の著者）16, 21, 45-47, 49, 57, 86, 100, 102, 108, 128, 133, 143, 149, 168, 169, 171, 174, 175, 178, 193, 194, 196, 202, 221, 259, 265, 266, 290, 296, 300-302, 306, 334, 338, 340, 357, 360, 361, 363, 364, 366, 371, 372, 375, 376, 379, 383, 408
ディオドロス（エペソスの）86
ディオドロス（エレトリアの）110
ディオドロス（『世界史』の著者）267
ディオニュシオス（シュラクゥサイの僭主）128, 269
ディオニュソス（神名、別名バッカス）156, 157, 191, 396
ディオメドン（エレアの僭主か）266, 267
ディケー（神名、正義の女神）233
ティトヌス（神話上の人物）154
ティマイオス（歴史家の）306
ティモン（懐疑派の諷刺家）127, 128, 194, 208
ディールス, H. 57, 194, 223, 225, 245, 247, 261, 355, 357, 387
テオドレトス（『ギリシア医療術』の著者）211, 215
テオプラストス（ペリパトス派の第２代学頭）81, 182, 194, 213, 221, 313, 350, 359
テオポンポス（『ギリシア史』『ヒリッポス誌』の著者）108
デカルト, R. 122, 123, 303, 369, 403
テミスティオス（『弁論集』の著者）190
デミュロス（エレアの僭主か）268, 269
デメトリオス（『同名人録』の著者）266, 351
デモクリトス（アブデラの哲学者）22,

オスタネス（ペルシア拝火教の大神官）354-356, 370
オッペンハイマー, R.（原子物理学者、原爆の開発者）192
オリゲネス（キリスト教護教家）188
オリュンピオドロス（『賢者の石による聖なる術について』の著者）212
オルペウス（ギリシアの伝説的宗教家、オルフィック教の祖）157, 286

か 行

ガスリー, W. K. C. 245
カドモス（ミレトスの）45, 119
カペレ, W. 245
カリアス（前456年のアテナイ執政官）351
カリアデス（前480年のアテナイ執政官）351
カルステン, S. 245, 247
ガレノス（ペルガモン出身の医師）91, 92, 212
カロジェロ, G. 249, 250
カント, I. 71, 72, 122, 172, 284, 285, 287, 288, 377
カンビュセス（ペルシア王）112
キケロ, M. T.（ローマの政治家、演説家）21, 63, 82, 84, 92, 150, 194, 207, 321, 339, 385, 401
キュアクサレス（アステュアゲスの父）57
キュロス（ペルシア王）61, 217
キュロン（クロトンの）113, 115, 159
キルケゴール , S. 26, 33, 35
クセノパネス（コロポン出身の漂泊の哲学者）16, 22, 118, 126, 169, 193, 195, 196, 198-202, 204-219, 221, 258, 259, 289, 309, 361
クセノピロス（ピュタゴラス学徒）114
クセルクセス（ペルシア王）351, 370
グラウコス（レギオンの）317, 358, 363
クランツ, W. 247
クリオブゥリネ（タレスの母）45
クリストフ・ヤメ（ドイツ・リューネブルク大学教授）391
クレイニアス（ピュタゴラス学徒）375
クレーヴ, F. M. 247
クレメンス（アレクサンドリアの）108, 172, 174, 187, 190, 191, 200, 201, 229, 268, 297, 360, 361
クロイソス（リュディアの王）57, 61
ゲリウス（『アッティカの夜』の著者）127, 142, 336
ケンソリヌス（『生誕の日について』の著者）78
コドロス（伝説的なアテナイ王）192, 193
コーヘン, H. 245, 246
ゴルギアス（ソピスト、弁論家の）37, 275, 280, 283, 316
コンフォード, F. M. 245, 247, 332
ゴンペルツ, Th. 245

さ 行

サテュロス（ペリパトス派の歴史家、伝記作者）336
サビノス（1世紀後半から2世紀初頭に活躍した医師）212
サルトル, J. P. 16, 37
シバ神（神名）192
擬シュネシオス（『ディオスコロスに与えるデモクリトス注解』の著者）354
シュペングラー, O. A. G.（『西洋の没落』の著者）111
シュンケロス（『年代記』の著者）354
ショーペンハウアー, A.（ドイツの哲学者、「生への意志」を根源的原理とする。）99, 372
ジルソン, E. H.　327,
シンプリキオス（新プラトン派のアリス

アリュアッテス（リュディアの王、クロイソスの父）57, 119
アルキダマス（アイオリス地方エライア出身のソピスト、弁論家）340
アルキッポス（タラス出身のピュタゴラス学徒）114, 159
アルキメデス（ヘレニズム時代の科学者、シュウラクゥサイの人）149, 229, 401
アルキュタス（タラスのピュタゴラス派哲学者）　21, 23, 139-156
アルベルトス・マグヌス（中世のスコラ神学者、ドミニコ会士）27
アレクサンドロス（アイトリアの）386
アレクサンドロス（アプロディアスの）221
アーレント, H.（ドイツ出身のユダヤ人哲学者、思想家）253
アンティステネス（『哲学者の系譜』の著者）266
アンドロクロス（エペソスの建設者）193
アンミアヌス・マルケリヌス（アンティオキア出身の歴史家）84
イアンブリコス（シリア出身の新プラトン派の哲学者）16, 113, 115, 117, 133, 135, 136, 140, 159
擬イアンブリコス　112
イソクラテス（アテナイの弁論家）109, 146
イタイゲネス、あるいはイタゲネス（哲学者メリッソスの父）290
ウァレリウス・マクシムス（『著名言行録』の著者）335
ヴェルデニウス, W. J. 247
梅原猛　24. 197, 338
ウンタースタイナー, M. 247
エウアンゲロス（ペリクレスの召使）335
エウセビオス（カエサリアの、教会史家）348
エウデモス（ロドス出身のペリパトス派の哲学者、アリストテレスの直弟子）57, 59, 148
エウトキオス（パレスティナ、アスカロン出身の数学者、「アルキュタスの解法」の著者）148
エウリピデス（アテナイ三大悲劇詩人のひとり）15, 157, 178, 336, 337, 351
エウリュストラトス（アナクシメネスの父）90, 91
エウリュロコス（エピクロスの書簡宛氏名）366
エクサミュエス（タレスの父）45, 55
エクパントス（ピュタゴラス学徒の）364, 365
エケクラテス（ピュタゴラス学徒の）114
エディー夫人（メリー・ベーカー・エディー、クリスチャン・サイエンス教会の創設者）137
エデット・シュタイン（現象学者、フッサールの弟子、カルメル会修道女）27
エパメイノンダス（テーバイの名将）114, 160
エピクロス（快楽主義の哲学者）207, 360, 366, 368, 369, 386
エピパニオス（『異端派論駁』の著者）361, 362
エラトステネス（キュレネ出身の文献学者、天文地理学者）269
エルトマン, J. E. 42
エンペドクレス（アクラガスの哲学者）22 ,23, 29, 51, 86, 87, 118, 139, 153, 191, 213, 226, 290, 294-317, 332, 342, 343, 345, 349, 352, 370, 382
オーエン, G. E. L. 247
小川侃 391

人名索引

あ　行

アイドネウス（神名）308
アイリアノス, C. A.（『ギリシア奇談集』の著者）87, 109, 133, 135, 136, 141, 145, 312, 340
アインシュタイン, A. 137
アウグスティヌス, A.（キリスト教教父、ヒッポ・レギウスの司教）76, 77, 92
アウグストゥス帝（初代ローマ皇帝）323
アエティオス（『学説誌』の著者）98, 99, 161, 180, 181, 214, 308, 365, 384, 385
アキレウス（トロイア戦争のギリシア方英雄）273, 274
アゲノル（タレスの出自であるテリダイ一族の祖）45
アスクレピアデス（ピテュニアの）379
アステュアゲス（メディアの王）57
アテナイオス（『食卓の賢人たち』の著者）141
アテノドロス（ストア派の哲学者、ポセイドニオスの弟子。『勤勉と遊びについて』の著者）141
アドラー, A.（オーストリアの心理学者）372
アナクサゴラス（クラゾメナイ出身の哲学者、哲学をアテナイにもたらす。）14, 15, 23, 24, 29, 51, 102, 179, 310, 315, 317, 319-321, 323, 324, 327-331, 333-352, 383, 405
アナクシマンドロス（ミレトスの哲学者 14, 22, 62-92, 95, 187, 213, 283, 292, 309, 387, 388, 392-394, 396, 398-401, 405
アナクシメネス（ミレトスの哲学者）14, 22, 88-102, 187, 213, 283, 292, 309, 348, 349, 384
アナンケー（神名、必然の女神）234, 299
アベラール, P.（中世フランスの論理学者、神学者）27
アベロベスク（コプト人の）370
アポロドロス（『年代記』の著者） 57, 194, 259, 260, 317
アポロドロス（エピクロス派の）366
アポロドロス（キュジコスの）358
アポロニオス（『奇談集』の著者）133, 135, 136
アポロン（神名）109, 135, 388
アミュクラス（ピュタゴラス学徒の）375
アリスタルコス（サモスの）108
アリストクセノス（タラス出身のペリパトス派の文献学者）108-111, 114, 115, 133, 144, 375
アリストクリトス（5世紀のマニ教徒、『神智学』の著者）191
アリストゲイトン（「僭主殺し」の）266
アリストテレス（マケドニアのスタゲイラ出身の大哲学者）19, 20, 22, 24, 27, 29, 34, 43, 48, 49, 51, 53-56, 58, 61, 65, 73-77, 80-83, 87, 91, 96, 105, 109, 129, 130, 134-136, 142, 160, 164, 165, 180, 181, 185, 188, 200, 201, 205, 212, 213, 221, 231, 232, 235, 236, 239-241, 245, 252, 253, 261, 271-273, 282, 286, 289-292, 295, 308, 310, 313, 314, 316, 317, 325, 330, 340, 342-347, 350, 352, 358-361, 363, 368, 381, 382, 387, 389, 392, 405, 406
擬アリストテレス（『メリッソス、クセノパネス、ゴルギアスについての著者』）283
アリストパネス（アテナイの喜劇作者）337

【著者紹介】

日下部吉信（くさかべ・よしのぶ）

1946 年京都府生まれ。立命館大学名誉教授。1969 年立命館大学文学部哲学科卒。75 年同大学院文学研究科博士課程満期退学。87-88 年、96-97 年ケルン大学トマス研究所客員研究員。2006-07 年オックスフォード大学オリエル・カレッジ客員研究員。著書に『ギリシア哲学と主観性――初期ギリシア哲学研究』（法政大学出版、2005）、『初期ギリシア哲学講義・8 講（シリーズ・ギリシア哲学講義 1）』（晃洋書房、2012）、 編訳書に『初期ギリシア自然哲学者断片集』①②③（訳 ちくま学芸文庫 2000-01）など。

ギリシア哲学30講 人類の原初の思索から（上）
「存在の故郷」を求めて

二〇一八年十一月一〇日 初版第一刷発行
二〇二二年一〇月三一日 初版第三刷発行

著　者——日下部吉信
発行者——大江道雅
発行所——株式会社 明石書店
〒一〇一-〇〇二一 東京都千代田区外神田六-九-五
電　話 〇三-五八一八-一一七一
ＦＡＸ 〇三-五八一八-一一七四
振　替 〇〇一〇〇-七-二四五〇五
https://www.akashi.co.jp

装幀——明石書店デザイン室
印刷——モリモト印刷株式会社
製本——モリモト印刷株式会社

（定価はカバーに表示してあります）
ISBN 978-4-7503-4742-4

西田幾多郎の実在論

AI、アンドロイドはなぜ人間を超えられないのか

池田善昭［著］

◎四六判／上製／256頁　◎1,800円

世界は存在するのか、しないのか。生命とは、人間とは何か。西田幾多郎の哲学は世界のあり方を問う実在論であった。生命論を手がかりに西田哲学と一体化する池田哲学の真骨頂が展開する。ピュシスの発する声に耳を傾ける『福岡伸一、西田哲学を読む』の続編。**福岡伸一氏推薦！**

《内容構成》

第一章　西田幾多郎の根本的思想 —— 実在、時間、宇宙意識

Ⅰ 実在とは何か ──「人間」における人と人との「間」の問題／Ⅱ 西田幾多郎は実在をどう考えたか ── ピュシス、根源的な絶対矛盾の論理／Ⅲ 実在＝「有」があるが故に「無」と自覚できるもの ──「有」と「無」のあいだ／Ⅳ 西田幾多郎の「宇宙意識」

第二章　西田幾多郎の実在論 —— アンドロイドはなぜ人間を超えられないのか

はじめに／Ⅰ 絶対矛盾的自己同一／Ⅱ 叡智としての行為的直観／Ⅲ 生命の自覚（身体的に自覚する）／Ⅳ 哲学と科学における知の統合／Ⅴ 世界の自己表現作用／Ⅵ「絶対現在」の自己限定／Ⅶ「存在」と「実在」の違いについて〜石黒浩教授のアンドロイド考／おわりに〜脱近代をめざして

第三章　生命と場所 —— 福岡伸一と西田幾多郎

はじめに／緒論 考えるということ／Ⅰ 生命であること／Ⅱ 時間と空間／Ⅲ 有と無／Ⅳ 絶対現在／Ⅴ 個多即全一、全一即個多／Ⅵ 時間即空間、空間即時間／おわりに

第四章　カントにおける近代科学の論理をどう乗り越えるか

第五章　愛と時 —— 他者問題をめぐる西田幾多郎の思想について

はじめに／Ⅰ「愛」とは一体何であるのか／Ⅱ「包みつつ包まれる」という場所／Ⅲ 自然（ピュシス）の愛／Ⅳ 他者問題（der Andere）

〈価格は本体価格です〉